GESTÃO DE PESSOAS

Respeite o direito autoral

O GEN | Grupo Editorial Nacional – maior plataforma editorial brasileira no segmento científico, técnico e profissional – publica conteúdos nas áreas de ciências sociais aplicadas, exatas, humanas, jurídicas e da saúde, além de prover serviços direcionados à educação continuada e à preparação para concursos.

As editoras que integram o GEN, das mais respeitadas no mercado editorial, construíram catálogos inigualáveis, com obras decisivas para a formação acadêmica e o aperfeiçoamento de várias gerações de profissionais e estudantes, tendo se tornado sinônimo de qualidade e seriedade.

A missão do GEN e dos núcleos de conteúdo que o compõem é prover a melhor informação científica e distribuí-la de maneira flexível e conveniente, a preços justos, gerando benefícios e servindo a autores, docentes, livreiros, funcionários, colaboradores e acionistas.

Nosso comportamento ético incondicional e nossa responsabilidade social e ambiental são reforçados pela natureza educacional de nossa atividade e dão sustentabilidade ao crescimento contínuo e à rentabilidade do grupo.

Joel Souza Dutra

GESTÃO DE PESSOAS

Modelo, Processos, Tendências e Perspectivas

2ª Edição

O autor e a editora empenharam-se para citar adequadamente e dar o devido crédito a todos os detentores dos direitos autorais de qualquer material utilizado neste livro, dispondo-se a possíveis acertos caso, inadvertidamente, a identificação de algum deles tenha sido omitida.

Não é responsabilidade da editora nem do autor a ocorrência de eventuais perdas ou danos a pessoas ou bens que tenham origem no uso desta publicação.

Apesar dos melhores esforços do autor, do editor e dos revisores, é inevitável que surjam erros no texto. Assim, são bem-vindas as comunicações de usuários sobre correções ou sugestões referentes ao conteúdo ou ao nível pedagógico que auxiliem o aprimoramento de edições futuras. Os comentários dos leitores podem ser encaminhados à **Editora Atlas Ltda.** pelo e-mail editorialcsa@grupogen.com.br.

Direitos exclusivos para a língua portuguesa
Copyright © 2015 by
Editora Atlas Ltda.
Uma editora integrante do GEN | Grupo Editorial Nacional

Reservados todos os direitos. É proibida a duplicação ou reprodução deste volume, no todo ou em parte, sob quaisquer formas ou por quaisquer meios (eletrônico, mecânico, gravação, fotocópia, distribuição na internet ou outros), sem permissão expressa da editora.

Rua Conselheiro Nébias, 1384
Campos Elísios, São Paulo, SP – CEP 01203-904
Tels.: 21-3543-0770/11-5080-0770
editorialcsa@grupogen.com.br
www.grupogen.com.br

Capa: Leonardo Hermano
Composição: Set-up Time Artes Gráficas

DADOS INTERNACIONAIS DE CATALOGAÇÃO NA PUBLICAÇÃO (CIP)
(CÂMARA BRASILEIRA DO LIVRO, SP, BRASIL)

Dutra, Joel Souza
Gestão de pessoas: modelo, processos, tendências e perspectivas / Joel Souza Dutra. – 2. ed. – [2. Reimpr.] – São Paulo: Atlas, 2018.

Inclui bibliografia.
ISBN 978-85-97-00365-9

1. Administração de pessoal I. Título.

02-0066   CDD-658.3

Índices para catálogo sistemático:
1. Gestão de pessoas : Administração de empresas   658.3
2. Pessoas : Gestão : Administração de empresas   658.3

Sumário

Apresentação da 2ª edição, 11

Parte I – Visão geral da gestão de pessoas, 13

1 **A gestão de pessoas passada a limpo, 15**
   Introdução, 15
   Novo contrato entre pessoas e organizações, 20
   O porquê de um novo modelo de gestão de pessoas, 23
   Processo evolutivo da gestão de pessoas, 27
   Processo evolutivo no Brasil, 31
   Conclusões, 35
   Questões e exercícios do Capítulo 1, 35
   Bibliografia do Capítulo 1, 37

2 **Bases conceituais para a gestão de pessoas na empresa contemporânea, 41**
   Introdução, 41
   Proposta de um modelo de gestão de pessoas, 42
     Papel das pessoas, 44
     Papel das organizações, 45
     Processos de gestão de pessoas, 45
     Bases estruturais, 47
     Processos de apoio, 48
   Bases conceituais para compreender a gestão de pessoas, 49
   Competência, 50

Articulação entre estratégia empresarial e competências
     individuais, 51
   Caracterização das competências individuais, 54
Complexidade, 59
Espaço ocupacional, 64
Conclusões, 66
Questões e exercícios do Capítulo 2, 66
Bibliografia do Capítulo 2, 68

Parte II – Processos de gestão de pessoas, 73

3 Movimentação de pessoas, 75
Introdução, 75
Movimentação e a gestão estratégica de pessoas, 77
Mercado de trabalho, 82
Planejamento do quadro de pessoas, 85
Captação de pessoas, 95
   Fontes de captação, 97
   Acesso ao mercado externo pela empresa, 98
   Acesso ao mercado pelas pessoas, 100
Internalização, 101
Transferência, 103
Expatriação, 104
Recolocação, 106
Conclusões, 107
Questões e exercícios do Capítulo 3, 108
Bibliografia do Capítulo 3, 112

4 Desenvolvimento de pessoas, 115
Introdução, 115
Protagonismo da pessoa na gestão de seu desenvolvimento e de sua
     carreira, 117
Postura das pessoas em relação ao seu desenvolvimento e carreira, 119
Por que pensar em carreira?, 121
   Armadilha profissional, 121
   Desconforto profissional, 122
   Visão restrita de oportunidades, 123
Importância do projeto profissional consciente, 123
   Como pensar a carreira, 124
Construção de um projeto de carreira, 126
   Estabelecimento de objetivos, 127
   O autoconhecimento, 128

Projeto profissional, 129
Negociação da carreira, 130
Papel da pessoa na gestão de sua carreira, 131
Sistema de administração de carreira, 139
Princípios, 140
Estrutura de carreira, 140
Instrumentos de gestão, 141
Papéis na administração de carreiras, 142
Aplicação do sistema de administração de carreira, 144
Gestão do desenvolvimento das pessoas, 150
Construção da gestão do desenvolvimento, 157
Estruturação das ações de desenvolvimento, 164
Construção conjunta de um plano de desenvolvimento, 168
Consciência da necessidade de se desenvolver, 168
Aquisição de conhecimentos e habilidades através da formação, 170
Experimentação, 170
Reflexão sobre o aprendizado, 172
Ações de desenvolvimento para lidar com maior complexidade, 173
Avaliação das ações de desenvolvimento, 176
Conclusões, 177
Questões e exercícios do Capítulo 4, 178
Bibliografia do Capítulo 4, 181

5 Valorização de pessoas, 187
Introdução, 187
Padrões internos de equidade, 189
Agregação de valor, 189
Padrões de complexidade × padrões de agregação de valor, 192
Novos padrões de valorização × padrões tradicionais, 195
Remuneração, 196
Tipos de remuneração × tipos de contribuição, 196
Parâmetros para a determinação da remuneração adequada, 200
Lógica do mercado em relação à remuneração, 202
Remuneração fixa, 204
A importância da remuneração fixa, 204
Formas tradicionais para estabelecer a remuneração fixa, 205
Remuneração como função da complexidade, 208
Remuneração variável, 211
Benefícios, 213
Gestão da massa salarial, 214
Composição e impactos da massa salarial, 214

Racionalização e uso estratégico da massa salarial, 215
    Salário fixo *versus* remuneração variável, 216
    Salário fixo *versus* desenvolvimento, 217
    Massa salarial *versus* dimensionamento do quadro, 219
Conclusão, 222
Questões e exercícios do Capítulo 5, 223
Bibliografia do Capítulo 5, 225

Parte III – Dinâmica da gestão de pessoas, 227

6   Avaliação de pessoas, 229

Introdução, 229
Avaliação de desenvolvimento, 233
    Mensuração do desenvolvimento, 233
    Exemplos de mensuração do desenvolvimento, 235
    Descrição de casos e exemplos de avaliação de desenvolvimento, 239
Avaliação de performance, 249
    O que é performance e como mensurar, 250
    Performance e as outras dimensões do desempenho, 253
    Exemplos de avaliação e valorização da performance, 254
Avaliação de comportamento, 260
    Exemplos de práticas na avaliação do comportamento, 262
Avaliação de potencial, 270
    Formas para identificar pessoas com potencial, 271
    Instrumentos e processos utilizados para avaliar potencial, 276
        Lista de itens utilizados pelas organizações para identificar potenciais, 276
Processos colegiados de avaliação, 286
    Composição, preparação e condução de processos colegiados, 287
Conclusões, 293
Questões e exercícios do Capítulo 6, 294
Bibliografia do Capítulo 6, 296

7   Ações gerenciais decorrentes da avaliação, 299

Introdução, 299
Principais ações gerenciais decorrentes da avaliação, 300
    Final do período fiscal, 300
    Início do período fiscal, 301
    Ações após a avaliação colegiada, 304
Ações gerenciais decorrentes dos colegiados, 305
    Processo sucessório, 305

Retenção, 307
Remuneração, carreira e desenvolvimento, 310
Movimentação, 311
Importância da avaliação para as pessoas, 313
Evolução da avaliação de pessoas, 315
Indicadores de sucesso do processo de avaliação, 317
Clima organizacional, 317
Canais de comunicação, 318
Sugestões, 318
Ambulatório médico, 319
Produtividade, 319
Alcance de metas, 320
Rotatividade, 321
Conclusões, 322
Questões e exercícios do Capítulo 7, 323
Bibliografia do Capítulo 7, 326

Parte IV – Discussões avançadas na gestão de pessoas, 327

8 **Sucessão, 329**
Introdução, 329
Estruturação da sucessão, 333
Mapa sucessório, 335
Programas de desenvolvimento, 341
Vantagens e riscos da estruturação da sucessão, 344
Aspectos comportamentais do processo sucessório, 350
Maior eficiência da liderança, 353
Conclusões, 355
Questões e exercícios do Capítulo 8, 355
Bibliografia do Capítulo 8, 359

9 **Liderança, 361**
Introdução, 361
Bases da legitimidade da liderança, 362
Manter o foco no que é essencial, 366
O líder com maiores chances de sucesso, 367
Desenvolvimento de lideranças, 369
Etapas de desenvolvimento do líder, 372
Conclusões, 373
Questões e exercícios do Capítulo 9, 374
Bibliografia do Capítulo 9, 379

Parte V – Tendências e perspectivas para a gestão de pessoas, 381

10 O futuro da gestão de pessoas, 383
   Introdução, 383
   O futuro das relações de trabalho no Brasil, 384
   Os efeitos perversos da gestão de pessoas a serem evitados, 385
   Tendências e desafios para a gestão de pessoas, 386
      Preparação de pessoas, 386
      Movimentos geracionais no mercado de trabalho, 387
      Longevidade e ciclos mais curtos de carreira, 388
   Organização do trabalho, 389
   Padrões culturais, 391
   Impacto sobre a forma de pensar a gestão de pessoas, 392
      Transparência nos critérios, 392
      Recompensa em diferentes padrões de relação de trabalho, 393
      Fidelização da pessoa com a empresa, 393
      Diferentes vínculos empregatícios, 393
   Conclusões, 394
   Questões e exercícios do Capítulo 10, 395
   Bibliografia do Capítulo 10, 400

Apresentação da 2ª Edição

No início dos anos 2000, escrevi a primeira versão deste livro, com o objetivo de sistematizar os resultados dos estudos e pesquisas realizados por minha equipe e por mim e de apresentar de uma forma estruturada um sistema integrado de gestão de pessoas. Ao longo destes últimos dez anos, assistimos a grandes transformações no contexto mundial e brasileiro, com impacto na forma de as pessoas encararem sua relação com o trabalho e com as organizações. Muitas das ideias apresentadas na primeira versão necessitam ser revisitadas, e questões que se desenhavam timidamente no horizonte das empresas brasileiras são hoje de grande importância, tais como: processos de internacionalização, sucessão, preparação de lideranças etc.

Empreendemos a revisão do livro e vimos a necessidade de apresentar uma versão ampliada, aprofundando-nos em questões ligadas à dinâmica do sistema de gestão de pessoas e em temas que consideramos avançados em função da sua complexidade e pelo fato de serem mais exigentes em termos de empenho da organização e das pessoas. Frente a esse, fato apresentamos um livro mais completo, no qual os capítulos existentes foram revisados e novos temas inseridos.

Este livro está estruturado em cinco partes. Na primeira parte é apresentado o pano de fundo em que nasce uma nova proposta de gestão de pessoas e os principais conceitos e premissas que sustentam essa proposta. É apresentada, ainda, a discussão sobre a construção de modelo de gestão de pessoas. Na segunda parte, são apresentadas as partes componentes do modelo de gestão de pessoas. Nessa parte, são tratados os conceitos aplicados e as ferramentas deles derivadas. Na terceira parte discute-se a dinâmica da gestão de pessoas, com ênfase em sistemas de avaliação de pessoas e ações gerenciais decorrentes. Na quarta parte apresentamos discussões avançadas sobre gestão de pessoas com ênfase nos processos sucessórios e preparação de lideranças; na quinta, parte do futuro da gestão de pessoas, apontando algumas tendências, perspectivas e desafios futuros para a gestão de pessoas.

Gostaria de deixar registrado meu agradecimento aos colegas, professores do Departamento de Administração da FEA (Faculdade de Economia, Administração e Ciências Contábeis) da Universidade de São Paulo, que me estimularam, orientaram e ofereceram seu suporte em meus estudos e pesquisas. Também gostaria de agradecer ao Gen/Atlas pelo contínuo estímulo. Este livro não seria possível sem a participação de vários amigos e profissionais da área de gestão de pessoas.

Gostaria de registrar também um agradecimento especial à minha esposa e às minhas filhas, que, com seu apoio e carinho, incentivaram-me a iniciar e concluir este livro.

O Autor

Parte I

VISÃO GERAL DA GESTÃO DE PESSOAS

A gestão de pessoas ganhou grande relevância em um ambiente cada vez mais exigente e competitivo que vivenciamos no Brasil desde o início dos anos 1990. Entender a origem desse processo é fundamental para compreendermos o momento que vivemos e as tendências para os próximos anos. Por essa razão o objetivo, nesta parte do livro, é oferecer uma visão geral de onde viemos, onde estamos e para onde provavelmente caminhamos em gestão de pessoas.

No primeiro capítulo vamos analisar as bases conceituais sobre as quais estão assentadas as práticas das organizações que têm conseguido atuar de forma mais efetiva na gestão de pessoas. Nesse capítulo, cara leitora e caro leitor, há uma reflexão sobre o significado da gestão de pessoas tanto para a própria pessoa quanto para a organização. Também nesse capítulo é apresentada a evolução da gestão de pessoas até o presente.

O segundo capítulo estabelece uma visão articulada das políticas e práticas de gestão, desenhando uma proposta de modelo para a compreensão do papel da pessoa e da organização. Esse capítulo oferece a chave para a articulação de todo o conteúdo deste livro e também uma base conceitual para trabalhar a gestão de pessoas na organização contemporânea.

1

A gestão de pessoas passada a limpo

INTRODUÇÃO

Historicamente, as pessoas vêm sendo encaradas pela organização como um insumo, ou seja, como um recurso a ser administrado. Apesar das grandes transformações na organização da produção, os conceitos sobre gestão de pessoas e sua transformação em práticas gerenciais têm ainda como principal fio condutor o controle sobre as pessoas. Em contraponto, as organizações vêm sofrendo grande pressão do contexto externo, que as força a uma revisão na forma de gerir pessoas. As principais mudanças nas empresas têm sido:

- estruturas e formas de organização do trabalho flexíveis e adaptáveis às contingências impostas pelo ambiente, gerando demanda por pessoas em processo de constante adaptação;
- processos decisórios ágeis e focados nas exigências do mercado, por decorrência, descentralizados e fortemente articulados entre si, necessitando de pessoas comprometidas e envolvidas com o negócio e com uma postura autônoma e empreendedora;
- velocidade para entrar e sair de mercados locais e globais e para revitalizar seus produtos e/ou linhas de produtos/serviços, demandando pessoas atualizadas com as tendências do

mercado e de seu campo de atuação tanto em termos nacionais como internacionais;
- alto grau de competitividade em padrão global, necessitando de pessoas que se articulem muito bem entre si, formando um time em processo contínuo de aprimoramento e aperfeiçoamento.

De outro lado, as alterações em padrões de valorização socioculturais, a velocidade das transformações tecnológicas e do ambiente e as alterações nas condições de vida têm afetado profundamente o conjunto de expectativas das pessoas em sua relação com as organizações e com seu trabalho, tais como:

- pessoas cada vez mais conscientes de si mesmas e, por consequência, mais mobilizadas pela autonomia e liberdade em suas escolhas de carreira e de desenvolvimento profissionais;
- pessoas mais atentas a elas mesmas em termos de sua integridade física, psíquica e social, que cultivam a cidadania organizacional e exercem maior pressão para a transparência na relação da empresa com elas e para processos de comunicação mais eficientes;
- pessoas com uma expectativa de vida maior, ampliando seu tempo de vida profissional ativa, como decorrência disso há maior exigência de condições concretas para o contínuo desenvolvimento;
- pessoas que demandam oportunidades e desafios profissionais e pessoais e contínua atualização e ganho de competência como condição para a manutenção da competitividade profissional.

Esse quadro vem gerando grande pressão por novas formas de encarar a gestão de pessoas por parte das organizações. Verificamos que essas novas formas têm assumido como premissas:

- O desenvolvimento da organização está diretamente relacionado à capacidade dela em desenvolver pessoas e ser desenvolvida por pessoas, originando dessa premissa uma série de reflexões teóricas e conceituais acerca da aprendizagem da organização e das pessoas e como elas estão inter-relacionadas. O desenvolvimento das pessoas deve estar centrado nas próprias pessoas, ou seja, é efetuado respeitando cada um a partir de sua individualidade.

- A gestão de pessoas deve ser integrada, e o conjunto de políticas e práticas que a forma deve, a um só tempo, atender aos interesses e às expectativas da empresa e das pessoas. Somente dessa maneira será possível dar sustentação a uma relação produtiva entre ambas.
- A gestão de pessoas deve oferecer à empresa visão clara sobre o nível de contribuição de cada pessoa e às pessoas uma visão clara do que a empresa pode oferecer em retribuição no tempo;
- As pessoas abrangidas pelas práticas de gestão da empresa não são apenas aquelas que estabelecem um vínculo formal de emprego com a organização, mas todas as que mantêm algum tipo de relação com a organização.

Diante dessas premissas, podemos caracterizar a gestão de pessoas como:

Um conjunto de políticas e práticas que permitem a conciliação de expectativas entre a organização e as pessoas para que ambas possam realizá-las ao longo do tempo.

Vamos ampliar essa definição. Ao falarmos de um conjunto de políticas e práticas, estamos nos referindo à *política* como princípios e diretrizes que balizam decisões e comportamentos da organização e das pessoas em sua relação com a organização, à *prática* como os diversos tipos de procedimentos, métodos e técnicas utilizados para a implementação de decisões e para nortear as ações no âmbito da organização e em sua relação com o ambiente externo.

A conciliação de expectativas está relacionada ao compartilhamento de responsabilidades entre a empresa e a pessoa. Nessa abordagem, a pessoa tem um papel ativo no dimensionamento da sua relação com a empresa, e deve ser responsável pela concepção e negociação com a empresa de seu projeto profissional e pessoal. Essa negociação com a organização passa pela análise das condições concretas oferecidas pela realidade da empresa e do ambiente onde se insere e também pela consciência por parte da pessoa de sua capacidade de contribuição. À empresa cabe o papel de estimular e dar o suporte necessário para que as pessoas possam entregar o que têm de melhor ao mesmo tempo em que recebem o que a organização tem de melhor a lhes oferecer.

A gestão de pessoas tem sido compreendida como uma função organizacional. Essa abordagem nasce com Fayol, que em 1916 efetua a analogia da administração de empresas com a anatomia. Nessa analogia procura compreender a administração subdividindo-a em "funções essenciais existentes em qualquer empresa" (FAYOL, 1981, p. 23). Nesses termos, a gestão de recursos humanos é entendida como um conjunto de atividades essenciais, tais como:

- "Atração, manutenção, motivação, treinamento e desenvolvimento do pessoal de um grupo de trabalho" (TOLEDO, 1978, p. 22).
- "Prover as organizações com uma força efetiva de trabalho. Para conseguir esse propósito, o estudo da gestão de pessoas revela como empresários obtêm, desenvolvem, utilizam, avaliam, mantêm e retêm o número e tipo certo de trabalhadores" (WERTHER, 1983, p. 6).
- "Interessa-se pela procura, desenvolvimento, remuneração, integração e manutenção de pessoas de uma organização, com a finalidade de contribuir para que a mesma atinja suas principais metas ou objetivos" (FLIPPO, 1970, p. 25).

O olhar funcionalista da gestão de pessoas ajuda-nos a compreender o seu posicionamento relativo na organização, mas falta outra dimensão, que é a forma como a gestão de pessoas interage com as demais funções organizacionais e como as políticas e práticas que a compõem interagem entre si. Para nos auxiliar na compreensão desse processo, temos a abordagem sistêmica da gestão de pessoas. Essa abordagem nasce do

"desenvolvimento de uma teoria geral dos sistemas. De acordo com a abordagem sistêmica, a organização é vista em termos comportamentais inter-relacionados. Há uma tendência de enfatizar mais os papéis que as pessoas desempenham do que as próprias pessoas, entendendo-se papel como um conjunto de atividades associadas a um ponto específico do espaço organizacional, a que se pode chamar de cargo [...]. A organização acaba por ser entendida como um sistema de conjuntos de papéis, mediante os quais as pessoas se mantêm inter-relacionadas" (MOTTA, 1979, p. 74).

De acordo com essa abordagem, a gestão de pessoas é vista como um sistema inserido em um sistema maior com o qual interage. Como um sistema a gestão de pessoas é vista também como constituída por subsistemas que interagem entre si e modificam o todo.

"A Administração de Recursos Humanos é constituída de subsistemas interdependentes [...] que formam um processo através do qual os recursos humanos são captados e atraídos, aplicados, mantidos, desenvolvidos e controlados pela organização. Contudo, esses subsistemas não são estabelecidos de uma única maneira. São contingentes ou situacionais: variam conforme a organização e dependem de fatores ambientais, organizacionais, humanos, tecnológicos etc." (CHIAVENATO, 1989, p. 181-182).

A abordagem sistêmica procura entender a gestão de pessoas a partir da interação entre os seus subsistemas e destes com toda a organização, com o ambiente externo e com as pessoas. Essa abordagem nos ajuda a enxergar o papel da empresa na gestão e o movimento da empresa para a pessoa. Falta-nos, entretanto, enxergar o papel da pessoa e o movimento da pessoa em direção à empresa.

A pessoa tem um papel importante na gestão de pessoas. Se pensássemos a pessoa com consciência de um projeto profissional e, portanto, mais exigente na sua relação com a organização e com seu trabalho, a gestão de pessoas deveria atender às expectativas e necessidades da mesma para fazer sentido. Desse modo, caso as políticas e práticas de gestão estabelecidas pela empresa não agreguem valor para as pessoas, não terão efetividade no tempo.

Nem a visão funcionalista, nem a sistêmica consegue dar conta da perspectiva da pessoa. Existe aí uma lacuna conceitual que embaça a visão da realidade. Melhor explicando, a lente utilizada a partir de conceitos baseados na visão funcionalista e/ou sistêmica distorce a visão do que realmente ocorre nas relações entre as pessoas e as organizações. É necessário, portanto, complementar essas visões para compreendermos a realidade e para podermos agir sobre ela.

Podemos identificar algumas alterações nas práticas estabelecidas pelas empresas. Essas alterações constituem uma sinalização da direção dada à gestão de pessoas pelas organizações. Verificamos que há uma crescente preferência por:

- transparência nos critérios que norteiam as relações entre a empresa e as pessoas;
- práticas de gestão que privilegiem a conciliação de expectativas das pessoas e da empresa;
- carreira e remuneração centradas na agregação de valor das pessoas para a organização;
- processos de comunicação para que as pessoas possam contribuir para o negócio da empresa e aprimoramento de sua relação com a empresa;
- espaços para que as pessoas possam assumir atribuições e responsabilidades de maior complexidade em função de sua competência.

Para obtermos uma leitura mais clara da realidade organizacional no que se refere à gestão de pessoas, vamos adicionar à visão funcionalista e à visão sistêmica a visão do desenvolvimento humano. Com base nessa visão procuraremos, ao longo deste livro, analisar o processo pelo qual a pessoa agrega valor para a organização e esta agrega valor para a pessoa.

NOVO CONTRATO ENTRE PESSOAS E ORGANIZAÇÕES

A gestão de pessoas pelas organizações passa por grandes transformações em todo o mundo. Essas transformações vêm sendo motivadas pelo surgimento de um novo contrato psicológico entre as pessoas e a organização. O contrato psicológico é um contrato tácito, ou seja, ele está presente independentemente de estar formalizado ou de as partes terem consciência dele. O contrato psicológico entre as pessoas e a organização está sempre presente e define as expectativas na relação entre ambas.

Esse novo contrato psicológico advém de um ambiente mais competitivo, no qual as organizações, para sobreviver, necessitam estar em processo contínuo de desenvolvimento. O desenvolvimento organizacional está intimamente ligado à capacidade de contribuição das pessoas que trabalham na organização. Embora não esteja explícito nas organizações, a valorização das pessoas, manifestada por aumentos salariais, promoções ou conquista de espaço político, dá-se à medida que elas aumentam o seu nível de contribuição para o desenvolvimento organizacional. Essa contribuição se manifesta de forma natural e muitas vezes não é percebida nem pela organização nem pela pessoa. Por exemplo, temos dois gestores: um obtém os resultados esperados "esfolando viva" a sua equipe; outro obtém os resultados esperados porque desenvolveu sua equipe, aprimorou procedimentos e/ou introduziu no trabalho novos conceitos; os dois conseguiram os resultados, porém o primeiro terá dificuldades de sustentá-los ao longo do tempo, enquanto o segundo não só conseguirá sustentá-los como terá grande probabilidade de ampliá-los. O exemplo ilustra o tipo de cobrança que está cada vez mais presente nas organizações, onde se demanda das pessoas que façam contribuições, que a um só tempo obtenham os resultados esperados e criem condições objetivas e concretas para resultados sustentados e continuamente ampliados.

O novo contrato psicológico é influenciado, também, por alterações importantes nas expectativas das pessoas em relação à organização. A partir de um ambiente mais competitivo, as pessoas percebem rapidamente que sua mobilidade, tanto no interior da organização quanto no mercado, está atrelada ao seu contínuo desenvolvimento. As pessoas passam a demandar das organizações a criação de condições objetivas e concretas para o seu desenvolvimento contínuo, passam a assumir investimentos em seu desenvolvimento e mudam valores na relação com as organizações. Como efeito dessa transformação, foi possível perceber no Brasil alguns sinais importantes: as pessoas dispostas a trocar remuneração por desenvolvimento no final da década de 1990, a criação e ampliação rápida de cursos de pós-graduação e da ideia de educação continuada ao longo da década de 1990 e a mobilidade das pessoas se dando em função da busca de condições de desenvolvimento a partir dos anos 2000.

O novo contrato psicológico está assentado no desenvolvimento mútuo, ou seja, a relação entre pessoa e organização se mantém à medida que a pessoa contribui para o desenvolvimento da organização, e a organização, para o desenvolvimento da pessoa. O desenvolvimento organizacional está cada vez mais atrelado ao desenvolvimento das pessoas, e, ao mesmo tempo, as pessoas valorizam cada vez mais as condições objetivas oferecidas pela empresa para o seu desenvolvimento. Esse novo contrato envolveu inicialmente os segmentos mais competitivos do mercado e hoje abrange toda a nossa sociedade e todos os tipos de organização: públicas, privadas e organizações da sociedade civil (terceiro setor).

Esse novo contrato psicológico altera substancialmente o papel das pessoas e da organização na gestão de pessoas. Entretanto, observamos que a maior parte das organizações brasileiras tem suas práticas baseadas em um modelo tradicional de gestão de pessoas, considerando modelos de gestão constituídos por um conjunto de pressupostos, práticas e instrumentos de gestão (BREWSTER; HEGEWISCH, 1994; FISCHER, 2002; ULRICH, 1997). Esse modelo tradicional tem sua gênese nos movimentos de administração científica, na busca da pessoa certa para o lugar certo, e está ancorado no controle como referencial para encarar a relação entre as pessoas e a organização (BRAVERMAN, 1980; GORZ, 1980; FRIEDMANN, 1972; HIRATA et al., 1991; FLEURY; FISCHER, 1992). O controle do qual falamos é o pressuposto de que a empresa sabe o que é melhor para seus empregados e, portanto, determina treinamentos e ações de desenvolvimento a serem empreendidos pelas pessoas, determina movimentações e as condições de trabalho. No modelo tradicional, a pessoa tem um papel passivo e submisso, já que é o objeto do controle, enquanto a realidade atual do mercado exige uma pessoa com papel ativo em relação ao seu desenvolvimento, como condição necessária para a sua contribuição para o desenvolvimento organizacional.

No Brasil, a efetividade de uma prática calcada no mútuo desenvolvimento esbarra em questões culturais. Embora o brasileiro esteja preocupado com o seu desenvolvimento, raramente assume a gestão dele e de sua carreira, normalmente cobra da empresa a oferta de situações e de oportunidades de aprendizagem (DUTRA, 1996). De outro lado, a empresa brasileira tem normalmente uma postura de proteção e provimento, o que vai ao encontro das ansiedades das pessoas, mas camufla uma forma sutil de controle.

Nos últimos anos é possível observar através de pesquisas mudanças importantes no comportamento das organizações, criando mais espaço para as pessoas e respeitando as individualidades, estimulando o desenvolvimento a partir delas e abrindo um diálogo mais frequente e profundo com as pessoas. Ao mesmo tempo, observamos as pessoas mais exigentes na relação com as organizações, valorizando o diálogo, as condições de trabalho que as respeitem em sua individualidade e as oportunidades concretas de aprendizagem e desenvolvimento profissional.

O PORQUÊ DE UM NOVO MODELO DE GESTÃO DE PESSOAS

Segundo André Fischer (2002), o modelo de gestão de pessoas pode ser entendido através da maneira pela qual a organização gerencia e orienta o comportamento humano no trabalho. Para tanto, define princípios, estratégias, políticas e práticas. Segundo o autor, o modelo de gestão de pessoas é influenciado pela tecnologia adotada, estratégia de organização do trabalho, cultura organizacional, estrutura e contexto em que a organização se insere.

As organizações vêm passando por grandes transformações em função de pressões que recebem tanto do contexto externo quanto do interno. As mudanças por que passam as organizações não estão limitadas a suas estruturas organizacionais, seus produtos ou seus mercados, mas afetam principalmente seus padrões comportamentais ou culturais e seus padrões políticos ou relações internas e externas de poder. Essas mudanças não são de natureza episódica, mas sim processos contínuos na vida das organizações (FISCHER, 1992).

As pressões relativas ao contexto externo têm sido bastante estudadas, enquanto as relativas ao contexto interno não têm sido ainda objeto de grande aprofundamento. Por conta disso daremos maior ênfase neste capítulo às discussões relativas ao contexto interno. Vamos iniciar, entretanto, por uma visão do contexto externo.

Verificamos na década de 1980 o questionamento e as mudanças profundas das práticas organizacionais motivadas por uma sequência de ondas de globalização, inicialmente do sistema financeiro, posteriormente do sistema de comercialização e do sistema de produção. Com a globalização do sistema de produção busca-se um processo de aquisição, transformação e distribuição globalizado e altamente integrado, agregando vantagens competitivas onde elas existirem. À globalização somamos grande turbulência tecnológica e um maior nível de exposição das organizações em função da necessidade de parcerias com fornecedores, clientes e concorrentes em termos globais, tornando-as muito mais susceptíveis às transformações do ambiente onde se inserem.

As características desse contexto levaram as empresas à procura de maior flexibilidade para se adequarem à volatilidade do ambiente, maior prontidão para usufruírem das oportunidades quando estas surgem e maior efetividade para apresentar respostas com qualidade, preço e condições de entrega. O esforço das empresas na década de 1980 para se adequarem às exigências do contexto externo conduziu-as a uma profunda revisão de seu comportamento, sendo a mais dramática a aproximação do processo decisório à base operacional. Esse movimento exigiu a descentralização do processo decisório, conduzindo-o cada vez mais para a capilaridade da organização, tornando os gestores responsáveis pela gestão do negócio e de todos os recursos colocados à sua disposição, humanos, materiais, financeiros, tecnológicos e de informação. Ao fazê-lo, as empresas, além de obterem maior agilidade na resposta aos estímulos do mercado, reduziram seu custo operacional em torno de 30%, tornando esse movimento obrigatório para que as empresas pudessem manter as suas vantagens competitivas em termos internacionais.

Como resultante desse movimento, o perfil dos gestores transforma-se radicalmente, passando de um perfil obediente e disciplinado para um perfil autônomo e empreendedor. Há também grande transformação da relação entre as áreas-meio e as áreas-fim; as primeiras, que eram responsáveis pelo controle dos recursos, passam a responder unicamente por assessorar os gestores e a empresa na gestão de recursos, com um consequente enxugamento de suas estruturas; as áreas-fim ganharam importância crescente, sendo o principal foco dos processos de ganhos de eficiência das organizações.

As organizações, a partir de então, dependem cada vez mais do grau de envolvimento e comprometimento das pessoas com seus objetivos estratégicos e negócios. O envolvimento e o comprometimento das pessoas tornam-se vitais para:

- produtividade e nível de qualidade dos produtos e serviços;
- velocidade na absorção de novas tecnologias;
- otimização da capacidade instalada;
- criação de oportunidades para a aplicação das competências organizacionais;
- velocidade de resposta para o ambiente/mercado.

Acompanhando o resultado de pesquisas realizadas nos EUA e em países europeus, as pesquisas realizadas no Brasil demonstram que organizações consideradas "boas para se trabalhar", na percepção dos trabalhadores, são mais lucrativas e produtivas quando comparadas com organizações do mesmo setor. As organizações percebidas como um bom local para se trabalhar oferecem, em primeiro lugar, condições para a pessoa sentir-se satisfeita e motivada e, em segundo lugar, estímulo e condições concretas para a aprendizagem e o desenvolvimento.

A obtenção do envolvimento e comprometimento das pessoas não se dá com um discurso bonito e bem preparado sobre os objetivos sociais ou sobre a importância da organização, nem se dá com a cooptação das pessoas com salários, benefícios ou facilidades, mas sim através do atendimento de suas expectativas e necessidades no tempo. Ou seja, caso a pessoa não verifique vantagens concretas para si própria com base na relação com a organização no presente e no futuro, ela dificilmente irá comprometer-se. Atualmente, questiona-se duramente a eficácia de programas arrojados de benefícios e salários para gerar compromisso; esses programas geram apenas dependência e sentimento de gratidão, que se mostram cada vez mais inadequados para suportar as pressões de um ambiente competitivo em escala global.

O fato de as organizações serem obrigadas a observar melhor o conjunto de expectativas e necessidades das pessoas fez com que surgissem as pressões do contexto interno, ou seja, de dentro da própria organização. Essas pressões têm sua principal origem na forma como as pessoas passaram a enxergar sua relação com o trabalho e com a organização a partir dos anos 1980. Nessa década, vai cristalizando-se a importância do ser em detrimento do ter na sociedade ocidental, ao mesmo tempo que o ambiente que cerca as pessoas vai tornando-se cada vez mais volátil. As pessoas, principalmente nas nações desenvolvidas, são impelidas a estabelecer sua relação com o mundo com base nelas próprias, pois qualquer referencial buscado fora delas se torna movediço. Esse remeter-se a si mesmo torna as pessoas mais preocupadas em cuidar de sua integridade física, mental, social e espiritual e mais críticas quanto às suas relações com o ambiente.

Esse movimento torna as pessoas mais atraídas por situações profissionais ou de trabalho que lhes permitam maior autonomia e liberdade. Dessa forma, uma organização com postura autoritária tem mais dificuldade de conseguir o envolvimento das pessoas do que uma organização que estimula e oferece suporte para a participação delas nos processos decisórios que lhe digam respeito.

A maior preocupação das pessoas com sua integridade e os avanços na medicina vêm permitindo aumento significativo na expectativa de vida das pessoas. Essa maior longevidade afeta seu conjunto de expectativas com grandes reflexos no projeto profissional e pessoal. Por exemplo, uma pessoa com 50 anos está preocupada em se preparar para a continuidade de sua vida ativa, em vez de estar preparando-se para um período de inatividade; um jovem com 30 anos sabe que enfrentará pelos 20 anos seguintes um ambiente de grande competitividade, em que não há cadeira cativa para ninguém, e precisa assumir mais a postura de um fundista do que a de um velocista, pois as carreiras rápidas e meteóricas podem ser uma verdadeira armadilha ou muito difíceis de ser sustentadas. Nos casos exemplificados, à medida que a organização não tem sensibilidade e não oferece ao profissional de 50 anos oportunidades de desenvolvimento ou não permite ao jovem de 30 anos visualizar um processo de desenvolvimento sustentado, ela terá dificuldade para obter o comprometimento deles.

As pressões do contexto externo e interno geraram a necessidade de uma profunda reflexão acerca da gestão de pessoas com um deslocamento do foco no controle das pessoas para o foco em seu desenvolvimento. Desse modo, a pessoa deixa de ser um paciente do processo de gestão para ser um agente do processo, e passa, portanto, a assumir papel importante na gestão de seu próprio desenvolvimento e de sua competitividade profissional. Nesse quadro, cabe à organização estimular e dar suporte às pessoas em seus processos de desenvolvimento e definir com maior precisão as expectativas em relação a elas.

As organizações, de forma geral, têm grande dificuldade de definir com clareza o que esperam das pessoas e dificuldade ainda maior de definir horizontes profissionais que podem oferecer. O grande desafio que o contexto atual e futuro impõe às organizações é o de criar condições para que as pessoas tenham atendidas suas expectativas de desenvolvimento, realização e reconhecimento. Quanto mais conscientes de si mesmas, mais exigirão transparência por parte da organização, e esses aspectos se tornarão fatores críticos para a sustentação da competitividade.

Esse é o pano de fundo para o surgimento da necessidade de uma nova forma de pensar a gestão de pessoas, abrindo caminho para um novo modelo de gestão. Antes de iniciarmos a discussão sobre o modelo de gestão que emerge desse processo, vamos repassar rapidamente o histórico da gestão de pessoas.

PROCESSO EVOLUTIVO DA GESTÃO DE PESSOAS

De forma geral vamos verificar que, embora a gestão com pessoas remonte à Antiguidade (GEORGE, 1968), somente no final do século passado é que essa questão assume a relevância necessária para merecer uma sistematização dos conhecimentos acumulados até então. Verificamos preocupação com a gestão de pessoas desde a Revolução Industrial, na Inglaterra, por pressões dos sindicatos e do parlamento, e nos EUA, por receio da organização dos trabalhadores, como ilustra Werther:

> "Alguns empresários reagiram aos problemas humanos causados pela industrialização e criaram o posto de secretários do bem-estar. Esses secretários existiam para atender às necessidades dos trabalhadores

e impedir que eles formassem sindicatos. Assim, os secretários sociais marcaram o nascimento da administração especializada de recursos humanos, distintamente da supervisão cotidiana de pessoal pelos gerentes operativos" (WERTHER, 1983, p. 25-26).

Nos EUA, embora haja registros de gestão profissionalizada de empresas desde o início do século XIX (CLANDLER, 1962, p. 19-29), a gestão de pessoas é sistematizada no movimento de Administração Científica.

"A Administração Científica mostrou ao mundo que o estudo sistemático científico do trabalho podia levar à melhor eficiência. Seus argumentos em prol da especialização e treinamento fomentaram a necessidade de um departamento de pessoal. Estimuladas pelos desenvolvimentos da administração científica e dos primeiros sindicatos, as décadas iniciais do século XX presenciaram os primitivos departamentos de pessoal substituindo os secretários de bem-estar" (WERTHER, 1983, p. 26).

Na França, são observadas no século XIX discussões estruturadas sobre a gestão de pessoas em conjunto com aquelas efetuadas sobre as relações de trabalho e sobre a regulamentação social do trabalho e, ainda, relatos de autores, como Victor Hugo, Émile Zola, Malot e outros (PERETTI, 1990, p. 5).

É no século XX que a gestão de pessoas se estrutura. Essa estruturação ocorre com base na Escola de Administração Científica. Esse fato condiciona a gestão de pessoas durante todo o século XX aos paradigmas de gestão criados por esse movimento na história da administração. É essencial, portanto, darmos uma olhada nas características desse movimento.

A Administração Científica está suportada pelas seguintes ideias:

- "O homem é um ser eminentemente racional e que, ao tomar uma decisão, conhece todos os cursos de ação disponíveis, bem como as consequências da opção por qualquer um deles.
- Existe uma única maneira certa que, uma vez descoberta e adotada, maximizará a eficiência do trabalho.

- Fixados os padrões de produção, era preciso que fossem atingidos. Para isso eram necessários a seleção, o treinamento, o controle por supervisão e o estabelecimento de um sistema de incentivos" (MOTTA, 1979, p. 8).

Essas ideias geraram um modo de organização do trabalho e princípios norteadores da gestão de pessoas que foram importantes para suportar a produção de bens e serviços em larga escala, aspecto essencial para o desenvolvimento econômico do mundo ocidental durante o pós-guerra. O sucesso desse modo de organização do trabalho fez com que ele fosse reproduzido em todas as organizações, independentemente da ideologia ou da finalidade delas. Esse modo de organização do trabalho foi sendo confirmado como a forma mais eficiente "para se fazer", e foi chamado de paradigma taylorista ou fordista, lembrando o nome de dois expoentes da Administração Científica, Taylor e Ford.

Podemos destacar os seguintes traços característicos desse paradigma:

- "Racionalização do trabalho com uma profunda divisão – tanto horizontal (parcelamento das tarefas) quanto vertical (separação entre concepção e execução) – e especialização do trabalho;
- Desenvolvimento da mecanização através de equipamentos altamente especializados;
- Produção em massa de bens padronizados;
- Salários incorporando os ganhos de produtividade para compensar o tipo de processo de trabalho predominante" (HIRATA, 1991, p. 8).

Esse modo de organização do trabalho foi duramente criticado por tornar o trabalho humilhante e degradante e ainda por não permitir um processo de desenvolvimento das pessoas a partir delas próprias. No tempo, as restrições impostas às pessoas por esse modo de produção limitaram as próprias organizações, tirando-lhes o oxigênio necessário para a sua contínua renovação (BRAVERMAN, 1980; ARENDT, 1987; FRIEDMAN, 1972; GORZ, 1980).

Na década de 1960 são percebidas as primeiras fissuras nos modelos de gestão de pessoas centrados no paradigma taylorista/fordista, principalmente em segmentos industriais atuando em segmentos de maior turbulência tecnológica, tais como aeroespacial e processamento eletrônico de dados. Mas é na década de 1970 que surgem críticas mais fundamentadas, gerando as bases para uma ruptura profunda nos princípios que sustentavam as políticas e práticas de gestão de pessoas (BRAVERMAN, 1980; ARENDT, 1987; FRIEDMAN, 1972; GORZ, 1980).

Grandes transformações no contexto marcam a década de 1980, particularmente na Europa e nos EUA, com impactos importantes nos cenários cultural, econômico, geopolítico e tecnológico. O ambiente empresarial torna-se extremamente competitivo e evidente a importância da gestão de pessoas como um diferencial competitivo. Os anos 1990 ocorrem em um ambiente cada vez mais globalizado, fazendo com que os aprendizados fluam com maior velocidade, e torna-se cada vez mais comum observarmos estruturas de gestão de pessoas globais.

Os anos 2000 são marcados pela chegada ao mercado de trabalho de uma nova geração e pelos avanços na tecnologia de comunicação e informação. Esses movimentos alteram a forma de organizar o trabalho, o tempo das pessoas à disposição das organizações e a mobilidade delas dentro das organizações e no mercado de trabalho.

O processo evolutivo da gestão de pessoas é lido de forma diversa por diferentes autores. Alguns procuram classificar as várias fases desse processo evolutivo com base em funções desempenhadas na organização pela gestão de pessoas. Na abordagem funcionalista, podemos identificar três fases:

- **Operacional** – até a década de 1960. Nessa fase a gestão de pessoas preocupa-se basicamente com a operacionalização da captação, treinamento, remuneração, informações etc.
- **Gerencial** – dos anos 1960 até início dos anos 1980, em que a gestão de pessoas passa a influir nos diferentes processos da organização, sendo requisitada como parceira nos processos de desenvolvimento organizacional.
- **Estratégica** – a partir dos anos 1980, quando a gestão de pessoas começa a assumir um papel estratégico na absorção de novos conceitos para pensar o papel das pessoas na

geração de valor para as organizações (FOMBRUM, 1984; ROTHWELL, 1988).

Outros autores, como Werther (1983) e Peretti (1990), procuram relacionar as fases aos desafios do ambiente sobre as organizações. Desafios oriundos da legislação, tecnologia, econômicos, políticos, culturais, demográficos etc. Ao relacionar os desafios, esses autores reforçam as três fases apresentadas; em face dos desafios no final dos anos 1960 e início dos anos 1970, as organizações americanas e europeias iniciaram a profissionalização da gestão de pessoas. Nesse processo, a preocupação central é a adequação dos processos às exigências principalmente legais, tecnológicas e demográficas.

PROCESSO EVOLUTIVO NO BRASIL

No caso brasileiro, o processo evolutivo passou por fases peculiares de nossa história. Para a maior parte dos autores brasileiros a evolução das relações de trabalho e da gestão de pessoas no Brasil segue as fases históricas brasileiras, quais sejam (FLEURY; FISCHER, 1992; FAUSTO, 1977; AQUINO, 1980; WOOD JR., 1995; ALMEIDA, 1993):

- **Até 1930 (Primeira República)** – Nesse período, assistimos a uma atividade industrial incipiente, resultado do esgotamento do modelo exportador cafeeiro, transferindo parte dos recursos excedentes desse setor para a atividade industrial (DEAN, 1977). Os núcleos de trabalhadores mais organizados nesse período são o ferroviário e o portuário, por conta do modelo exportador; temos ainda como núcleo importante o setor têxtil. Entretanto,

"as políticas de gestão da força de trabalho assumiam contornos variados conforme o setor de atividade. Em pequenas empresas de setores como gráfico, sapatos, mobiliário, nos quais ainda predominava atividade semi-artesanal, as distâncias hierárquicas e de qualificação entre patrão e empregados eram menores, manifestando-se padrões mais informais de gestão. No setor têxtil o grau de mecanização era maior e o número de empregados por unidade fabril superior. A imposição coercitiva da disciplina do trabalho fabril constituía a mola mestra do sistema de gestão de uma mão-de-obra de baixa qualificação composta por homens, mulheres e crianças. Essa disciplina era exercida por diversos escalões hierárquicos, intermediando relações extremamente predatórias entre capital e trabalho" (FLEURY; FISCHER, 1992, p. 7).

Essa fase é denominada por Wood Jr. pré-jurídico-trabalhista, caracterizando-se pela inexistência de legislação trabalhista e por funções de gestão de pessoas dispersas nos diferentes níveis de comando das organizações (WOOD JR., 1995; ALMEIDA, 1993) Nesse período verificamos a inexistência de qualquer estruturação da gestão de pessoas, uma vez que elas eram recursos abundantes, pouco organizados entre si para pressionar as organizações, e as manifestações de trabalhadores eram consideradas caso de polícia; não havia nenhuma legislação que disciplinasse as relações entre capital e trabalho e não havia preocupação com uma gestão estruturada;

- **De 1930 a 1945 (Estado Novo)** – Esse período é caracterizado pela formatação de um corpo de leis para disciplinar as relações entre capital e trabalho, pela criação de uma estrutura de sindicatos de trabalhadores e de empresas e pela formatação de uma estrutura jurídica para mediar conflitos entre capital e trabalho. Nesse período, há o fortalecimento da atividade industrial no país e ao final dele é iniciada uma indústria de base. Esse conjunto de fatos gera a pressão para que as organizações busquem estruturar a gestão de pessoas dentro das exigências legais estabelecidas. É um período marcado pela gestão burocrática de pessoas. Existem poucos registros de organizações preocupadas com a estruturação de sua gestão, como é o caso relatado por Segnini (1982) da Cia. Paulista de Estradas de Ferro, que introduziu conceitos da administração científica. Quase a totalidade das empresas desenvolvia uma administração empírica, o que naturalmente abrange também a gestão de pessoas. Esse período ficou marcado pelo início da gestão burocrática e legalista de pessoas, que perdura até os dias atuais em uma grande parte das empresas brasileiras, em que a atividade de gestão de pessoas resume-se a atender às exigências legais.

- **De 1945 a 1964 (Segunda República)** – O país vive nesse período um processo de redemocratização, preocupado com o desenvolvimento econômico por meio da intensificação dos investimentos na indústria de base e do movimento de substituição de importações (FURTADO, 1977; TAVARES, 1976). Empresas multinacionais são estimuladas a se instalar aqui trazendo práticas estruturadas de gestão de pessoas. Essas práticas estavam baseadas no paradigma taylorista/fordista e foram disseminadas para as demais empresas brasileiras e ratificadas na formação de quadros de dirigentes empresariais brasileiros. Esse momento marca o início de uma gestão mais profissionalizada de pessoas, extremamente impregnada do referencial taylorista.

- **De 1964 a 1984 (Governo Militar)** – A intervenção estatal na economia marca os 30 anos seguintes de nossa história, sendo revertida somente no final dos anos 1990. O início desse período é marcado por um regime de exceção, em que o referencial taylorista de gestão de pessoas e toda a estrutura de controle das relações de capital e trabalho, montada no Estado Novo, são reforçados. Associado ao regime de exceção, o país vive nos anos 1970 um período de grande expansão econômica em que o paradigma taylorista/fordista de gestão encontra um terreno fértil para sua expansão e consolidação. Cria-se um paradoxo interessante: enquanto na Europa e nos EUA esse paradigma é extremamente criticado, no Brasil é cultuado e encanta a grande maioria dos dirigentes empresariais brasileiros. Não é por acaso que a trajetória privilegiada para acesso às posições de topo nas áreas de recursos humanos nesse período é a de cargos e salários, em que esses paradigmas são aplicados mais fortemente, como, por exemplo, nas ideias de racionalização, descrição de cargos, definição da remuneração justa, no dimensionamento do quadro etc. O desenvolvimento econômico da década de 1970 trouxe maior competitividade por quadros e preocupação com a capacidade de atração e retenção de pessoas, daí a necessidade de profissionalização da gestão de pessoas, em que as atividades mais complexas eram exatamente as questões ligadas à remuneração, que necessitavam, de um lado, de competência técnica e, de outro, política para costurar as decisões com a cúpula das organizações. Há, portanto, no início desse período um reforço dos paradigmas tayloristas/fordistas no Brasil. Quando surgem os primeiros cursos de administração de empresas, o conteúdo da administração de pessoas reforça as questões legais e técnicas, em que as técnicas se resumem às questões ligadas à remuneração. A década de 1980 inicia-se no país com um clima conturbado entre empresas e trabalhadores, sendo valorizadas as competências de negociação, e essa negociação se dá basicamente em torno de questões legais e de remuneração, reforçando as competências valorizadas durante os anos 1970, embora estivessem surgindo nos países europeus e nos EUA novas propostas de gestão de pessoas, consolidando uma preocupação com a gestão estratégica de pessoas. No Brasil, embora esse discurso comece a aparecer, ele não se consubstancia nas organizações. Com a crise dos anos 1980, o país se vê forçado a estimular as exportações, e as empresas começam a se voltar para o mercado externo, tendo que efetuar ajustes em seus modelos de gestão. Esse processo afeta os setores da economia de forma diferente: alguns são mais pressionados para maior competitividade, outros não. Será somente com a abertura da economia e a estabilidade econômica e política que a partir de 1994 a pressão por maior competitividade atinge as empresas brasileiras de forma mais intensa.

- **De 1985 ao presente (Terceira ou Nova República)**[1] – A partir dos anos 1990 com abertura da economia, estabilidade política e estabilidade da moeda, o Brasil passa a viver um ambiente competitivo. As mudanças em gestão de pessoas, a que assistimos na década de 1980 na Europa e nos EUA chegam rapidamente ao Brasil e as pessoas passam a ser vistas

---

[1] Alguns historiadores apontam como início da Terceira ou Nova República o ano de 1990, com as eleições diretas para presidente; e outros, o de 1988, com a promulgação da nova Constituição.

como críticas para a obtenção de diferenciais competitivos. Inicialmente, o aperfeiçoamento da gestão de pessoas atinge as organizações do setor privado para, no final dos anos 1990 e início dos anos 2000, atingir as organizações do setor público.

CONCLUSÕES

Neste capítulo, a gestão de pessoas foi analisada quanto à sua inserção na empresa contemporânea e quanto à evolução de conceitos e práticas. Pudemos verificar diferentes abordagens para a compreensão da gestão de pessoas, desde a funcionalista, passando pela sistêmica, até a do desenvolvimento humano.

Para fazer frente às pressões do contexto interno e externo busca-se um novo modelo de gestão de pessoas que possa conciliar tanto a expectativa da empresa quanto a das pessoas. Essas pressões sempre existiram e ao longo do tempo influenciaram o conjunto de políticas e práticas das empresas no mundo e no Brasil, bem como o comportamento dos trabalhadores. A compreensão das bases formadoras da gestão de pessoas e que orientaram a sua evolução é fundamental para compreendermos o momento atual e os desafios que nos aguardam.

QUESTÕES E EXERCÍCIOS DO CAPÍTULO 1

Questões para fixação

- Quais são as principais transformações ocorridas no ambiente onde a organização se insere e nas expectativas das pessoas que têm impulsionado a alteração na forma de gerir pessoas?
- Como podemos caracterizar a gestão de pessoas na organização contemporânea?
- Quais são as contribuições do olhar funcionalista e da abordagem sistêmica para a compreensão da gestão de pessoas?
- Como é marcada a evolução da gestão de pessoas no mundo ocidental?
- Quais são os eventos que marcam a evolução da gestão de pessoas no Brasil?

Questões para desenvolvimento

- Quais são as principais diferenças existentes entre a forma tradicional de gerir pessoas e as novas propostas?
- Quais são as limitações do olhar funcionalista para a compreensão da gestão de pessoas?
- Quais são as limitações da abordagem sistêmica para a compreensão da gestão de pessoas?
- Como poderíamos caracterizar o processo de desenvolvimento mútuo entre pessoa e empresa?
- Como podemos correlacionar a evolução da gestão de pessoas no mundo ocidental e no Brasil?
- Quais são as diferenças no papel da gestão de pessoas na década de 1940 e no momento atual?

EXERCÍCIOS E ESTUDOS DE CASO

Caso 1

Analise o caso de Carlos Eduardo, um caso que trabalha o papel da pessoa na gestão de si própria. Carlos Eduardo há 15 anos se formou em engenharia eletrônica e iniciou sua carreira profissional em um centro de pesquisa e desenvolvimento na área de telefonia. Após cinco anos passou a atuar na área de pesquisa e desenvolvimento de uma grande empresa multinacional em telefonia como engenheiro sênior, nessa época tinha terminado seu mestrado e iniciava o seu doutorado. Atualmente, Carlos Eduardo é engenheiro especialista na mesma empresa, tem reconhecimento internacional em sua área de especialização e vê que sua carreira na organização terminou. Não consegue visualizar um crescimento no Brasil na área de pesquisa e desenvolvimento. Carlos Eduardo tem consciência de que não se daria bem em uma carreira gerencial porque só gosta de comandar pessoas em aspectos técnicos e não em aspectos administrativos, só se sente atraído pelos desafios técnicos e nem um pouco por questões gerenciais e burocráticas, adora o processo de concepção e construção de produtos tecnológicos e procura se afastar da negociação de recursos e das articulações políticas que não estão ligadas diretamente aos projetos que coordena. Como não consegue se enxergar na carreira gerencial e já chegou ao teto de sua carreira na área de engenharia, quais podem ser os caminhos para continuidade da carreira de Carlos Eduardo? Qual deve ser a responsabilidade de Carlos Eduardo e da organização onde trabalha na definição e implantação do processo de desenvolvimento? Para responder a essas questões, considere que Carlos Eduardo pode pensar nas seguintes alternativas: expatriação para o centro de pesquisa e desenvolvimento na matriz da empresa, atuação como consultor externo, buscar a carreira acadêmica, outra empresa ou outra carreira. Procure avaliar essas diferentes alternativas olhando o papel de Carlos Eduardo e da organização na qual trabalha.

Caso 2

Analise o caso da Digitalmemo, uma organização em busca de seu desenvolvimento através das pessoas. A Digitalmemo atua no mercado de eletrônica profissional e seu diferencial é a velocidade entre captar uma necessidade do mercado e apresentar produtos com qualidade e a um preço competitivo. Essa velocidade foi adquirida a partir de uma grande integração entra as áreas de desenvolvimento de produto, engenharia de produção, área industrial, marketing, comercialização e assistência técnica. O mercado em que atua é muito competitivo, o que leva à dificuldade da Digitalmemo em atrair e reter recursos humanos estratégicos. A perda de pessoas para o mercado representa perda de patrimônio intelectual. O que poderia ser proposto para a Digitalmemo para que ela ampliasse a sua capacidade de atrair e de reter esses recursos humanos estratégicos?

BIBLIOGRAFIA DO CAPÍTULO 1

ALMEIDA, M. I. R.; TEIXEIRA, M. L. M.; MARTINELLI, D. P. Por que administrar estrategicamente recursos humanos? *Revista de Administração de Empresas FGV*, v. 33, nº 2, mar./abr. 1993.

AQUINO, P. A. *Administração de recursos humanos:* uma introdução. São Paulo: Atlas, 1980.

ARENDT, H. *A condição humana*. Rio de Janeiro: Forense, 1987.

BRAVERMAN, H. *Trabalho e capital monopolista:* a degradação do trabalho no século XX. Rio de Janeiro: Zahar, 1980.

BREWSTER, C.; HEGEWISCH, A. *Human resource management in Europe:* issues and opportunities in policy and practice in European human resource management. London, U. K.: Routlegde, 1994.

CHANDLER JR., Alfred D. *Strategy and structure:* chapters in the history of the American industrial enterprise. Massachusetts: MIT Press, 1962.

CHIAVENATO, I. *Recursos humanos na empresa*. São Paulo: Atlas, 1989.

DEAN, W. *Rio Claro, um sistema brasileiro da lavoura*. Rio de Janeiro: Paz e Terra, 1977.

DUTRA, J. S. *Administração de carreira*. São Paulo: Atlas, 1996.

FAUSTO, B. *Trabalho urbano e conflito social*. São Paulo: Difel, 1977.

FAYOL, H. *Administração industrial e geral*. São Paulo: Atlas, 1981.

FISCHER, André L. Um resgate conceitual e histórico dos modelos de gestão de pessoas. In: FLEURY, M. T. et al. *As pessoas na organização*. São Paulo: Gente, 2002.

FISCHER, Rosa Maria. A modernidade da gestão em tempos de cólera. *Revista de Administração da USP*, v. 27, nº 4, out./dez. 1992.

FLEURY, M. T.; FISCHER, R. M. Relações de trabalho e políticas de gestão: uma história das questões atuais. *Revista de Administração da USP*, v. 27, nº 4, out./dez. 1992.

FLIPPO, E. B. *Princípios de administração de pessoal*. São Paulo: Atlas, 1970.

FOMBRUM, C.; TICHY, N. M.; DEVANNA, M. A. *Strategic human resource management*. New York: John Wiley & Sons, 1984.

FRIEDMANN, G. *O trabalho em migalhas*. São Paulo: Perspectiva, 1972.

FURTADO, C. *Formação econômica do Brasil*. São Paulo: Editora Nacional, 1977.

GEORGE, C. S. *History of management thought*. New Jersey: Prentice Hall, 1968.

GORZ, A. *Crítica da divisão do trabalho*. São Paulo: Martins, 1980.

HIRATA, H.; MARX, R.; SALERMO, M. S.; FERREIRA, C. G. *Alternativas sueca, italiana e japonesa ao paradigma fordista:* elementos para uma discussão sobre o caso brasileiro. São Paulo: Instituto de Estudos Avançados da Universidade de São Paulo, maio 1991. (Coleção Documentos, Série Política Científica e Tecnológica, nº 6.)

MOTTA, F. C. P. *Teoria geral da administração:* uma introdução. São Paulo: Pioneira, 1979.

PERETTI, J. M. *Ressources humaines*. Paris: Vuibert, 1990.

ROTHWELL, W. J., KAZANAS, H. C. *Strategic human resources planning and management.* New Jersey: Prentice Hall, 1988.

SEGNINI, L. *Ferrovias e ferroviários.* São Paulo: Cortez, 1982.

TAVARES, M. C. *Da substituição de importações ao capitalismo financeiro*. Rio de Janeiro: Zahar, 1976.

TOLEDO, F. *Administração de pessoal:* desenvolvimento de recursos humanos. São Paulo: Atlas, 1978.

ULRICH, D. *Human resource champions:* the nest agenda for adding value and delivering results. Boston, Massachusetts, USA: Harvard Business School Press, 1997.

WERTHER JR., W. B., DAVIS, K. *Administração de pessoal e recursos humanos*. São Paulo: McGraw-Hill, 1983.

WOOD JR., T. *Mudança organizacional*. São Paulo: Atlas, 1995.

2
Bases conceituais para a gestão de pessoas na empresa contemporânea

INTRODUÇÃO

A gestão de pessoas na empresa contemporânea é cada vez mais complexa, quer pela maior complexidade da realidade vivida pela organização em termos tecnológicos, das relações organizacionais e das relações com o ambiente no qual se insere, quer pelo nível de exigência das pessoas sobre as organizações e destas sobre as pessoas. Para que a gestão de pessoas ocorra de forma a agregar valor para a organização, para as pessoas e para os demais públicos com os quais a organização se relaciona, é necessário compreendê-la. Para compreendê-la em sua plenitude e com profundidade, necessitamos de uma lente que nos ajude a enxergar a realidade vivida pela organização e pelas pessoas. Essa lente é corporificada através de conceitos. Os conceitos nos ajudam a explicar ocorrências do nosso dia a dia e, ao mesmo tempo, nos ajudam a compreender aspectos que, embora percebamos seus reflexos, não conseguimos visualizar. Os conceitos que têm nos permitido uma percepção mais nítida da realidade organizacional em termos de gestão de pessoas são os de competência, de complexidade e de espaço ocupacional. Vamos apresentar a seguir esses conceitos e como eles nos ajudam a enxergar nosso dia.

Neste capítulo vamos discutir também como podemos organizar o conjunto de políticas e práticas de gestão de pessoas para trabalhar processos e instrumentos para gestão de pessoas.

PROPOSTA DE UM MODELO DE GESTÃO DE PESSOAS

Quando nos voltamos para a gestão de pessoas, verificamos que muitas organizações tratam essa questão com base em premissas equivocadas sobre a realidade organizacional, gerando efeitos não desejados e obstruindo a análise das causas do insucesso. O estudo e acompanhamento de vários casos de sucesso nos permitem propor uma base conceitual que ofereça suporte, não somente para a compreensão da realidade, mas também para a construção de diretrizes e instrumentos que assegurem uma gestão de pessoas coerente e consistente no tempo.

As bases conceituais e a forma de organizar a gestão de pessoas propostas partem de premissas ou "ideias-força" que são encontradas de forma recorrente nos principais autores a partir dos anos 1980 e nas práticas das organizações que consideramos exemplos de sucesso.

As "ideias-força" nesse caso são valores subjacentes em um conceito ou prática na gestão de pessoas. Podemos sintetizá-las em:

- **Desenvolvimento Mútuo** – A gestão de pessoas deve estimular e criar as condições necessárias para que a organização e as pessoas possam desenvolver-se mutuamente nas relações que estabelecem. Estaremos entendendo aqui como desenvolvimento o processo que permite à organização e às pessoas atuarem em realidades cada vez mais complexas e demandantes.

- **Satisfação Mútua** – A gestão de pessoas deve alinhar a um só tempo os objetivos estratégicos e negociais da organização e o projeto profissional e de vida das pessoas. Cabe enfatizar que estão incluídas aqui todas as pessoas que tenham uma relação de trabalho com a organização, independentemente de seu vínculo empregatício. Somente desse modo a gestão de pessoas fará sentido para a organização e para as pessoas.

- **Consistência no Tempo** – A gestão de pessoas deve, ainda, oferecer parâmetros estáveis no tempo para que, dentro de uma realidade cada vez mais turbulenta, seja possível à organização e às pessoas ter referenciais para posicionarem-se de forma relativa em diferentes contextos e momentos dessa realidade.

Temos verificado que a existência dessas ideias-força nas práticas de gestão de pessoas assegura sua efetividade. Verificamos, ainda, que essa efetividade é obtida de forma consistente quando o conjunto de políticas e práticas de gestão de pessoas apresenta as seguintes características:

- **Transparência** – A clareza dos critérios que norteiam a gestão de pessoas e a contínua irrigação de informações acerca da forma de aplicação desses critérios são fundamentais tanto para a aceitação deles quanto para sua contínua renovação e ajuste à realidade.
- **Simplicidade** – A simplicidade na formulação dos critérios e na forma de sua aplicação ajuda na transparência e é fundamental para facilitar a compreensão, análise, discussão, consenso, aceitação e comprometimento em torno dos valores e de sua prática em cada contexto específico.
- **Flexibilidade** – Os critérios que norteiam a gestão de pessoas são validados a cada momento ao longo do tempo e permanecem se tiverem a flexibilidade necessária para ajustar-se aos diferentes contextos existentes e às pressões impostas pelas transformações desses contextos no tempo.

O modelo de gestão de pessoas, como foi trabalhado no Capítulo 1, pode ser entendido através da maneira pela qual a organização gerencia e orienta o comportamento humano no trabalho (FISCHER, 2002). Observando a forma como as organizações gerenciam e orientam o comportamento humano, verificamos uma preocupação crescente com a integração entre o conjunto de políticas e práticas de gestão de pessoas. Essa integração é percebida pela forma como essas políticas e práticas de gestão de pessoas articulam-se entre si gerando um efeito sinérgico para que sejam atendidas as expectativas das pessoas e da organização no presente e no futuro.

Em uma tentativa de representar o modelo de gestão de pessoas, foi pensado na balança como representação do contínuo equilíbrio que deve ser perseguido entre a organização e as pessoas e que ambos têm papéis importantes nesse equilíbrio. Os processos de gestão de pessoas atuam como garantidores desse equilíbrio. Os processos não são suficientes, é necessário um conjunto de políticas e práticas organizacionais que suporte e que sirva de base na sustentação tanto do equilíbrio quanto dos processos, o que chamaremos de bases estruturais. Veja a Figura 2.1.

Figura 2.1 – *Modelo de gestão de pessoas*

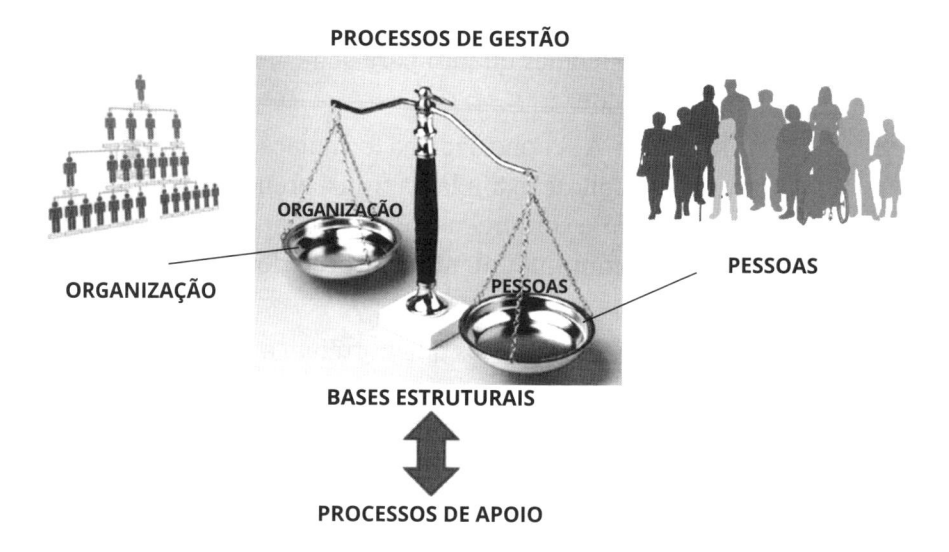

Fonte: Elaboração própria.

Para discutirmos o modelo, vamos analisar suas partes, quais sejam:

- papel das pessoas;
- papel das organizações;
- processos de gestão de pessoas;
- bases estruturais;
- processos de apoio.

Papel das pessoas

Cabe às pessoas a gestão de seu desenvolvimento, de sua competitividade profissional e de sua carreira. As pessoas estão adquirindo consciência de seu papel e passam a cobrar de si mesmas a gestão de sua carreira e da empresa e as condições objetivas de desenvolvimento profissional. Temos verificado em nossas pesquisas que, a partir dos últimos anos de 1990, as pessoas passaram a valorizar mais as oportunidades concretas de desenvolvimento na movimentação dentro da empresa e no mercado de trabalho.

Vamos procurar ao longo do livro aprofundar o papel das pessoas na construção de si próprias e de sua relação com o trabalho, com a empresa e com o mercado de trabalho. Mas em todas as situações, como veremos, o ponto de partida é a consciência de si, é o autoconhecimento, é o conhecimento das oportunidades para se desenvolver.

Papel das organizações

Cabe às organizações, através de uma contínua interação com as pessoas, criar para estas o estímulo e as condições concretas de desenvolvimento profissional e pessoal. A organização, ao desempenhar seu papel, conseguirá alavancar sua competitividade por meio das pessoas. Essa conquista por parte da organização é fruto de um processo de aprendizagem que oferece um diferencial competitivo de difícil reprodução.

Esse papel não é exercido nem exercitado unicamente por meio de processos, ferramentas, instrumentos etc., mas por meio do comprometimento da organização com as pessoas. Como esse comprometimento se traduz? Traduz-se por meio de respeito à individualidade, do estímulo e suporte à cidadania organizacional, do contínuo desenvolvimento e satisfação das necessidades das pessoas e de uma proposta transparente de intenções. Para tanto, a organização necessita saber e disseminar o que espera de cada um.

Processos de gestão de pessoas

Vamos inicialmente definir o que é processo. Processo é um termo emprestado da Biologia e pode significar a transição ou uma série de transições de uma condição para outra; quando adaptado para a Sociologia, agrega a ideia de interação entre elementos diferentes associados à ideia de movimento, mudança e fluxo. Esses processos podem repetir-se dentro de padrões, sendo passíveis de interferência para induzi-los, aprimorá-los, inibi-los etc. Processos de gestão são interações entre partes com um objetivo e dentro de parâmetros previamente definidos.

Quanto aos objetivos e parâmetros dos processos de gestão de pessoas, podemos classificá-los, em função de sua natureza, em:

- movimentação;
- desenvolvimento;
- valorização.

Os processos classificados na categoria de movimentação têm como objetivos básicos oferecer suporte a toda ação de movimento da pessoa que estabelece uma relação com a empresa independentemente de seu vínculo empregatício. Essa categoria compreende as seguintes práticas:

- captação;
- internalização;
- transferências;
- promoções;
- expatriação;
- recolocação.

Desenvolvimento é uma categoria que congrega processos cujo objetivo é o de estimular e criar condições para o desenvolvimento das pessoas e da organização. As práticas agrupadas nessa categoria são:

- capacitação;
- carreira e sucessão;
- desempenho.

Na categoria de valorização, estão os processos que têm como objetivo estabelecer parâmetros e procedimentos para distinção e valorização das pessoas que estabelecem alguma relação com a empresa. São compreendidas nessa categoria as práticas:

- remuneração;
- premiação;
- serviços e facilidades.

Figura 2.2 – *Processos de gestão de pessoas*

GESTÃO DE PESSOAS

(Movimentação, Desenvolvimento, Valorização — Gestão de Pessoas)

Fonte: Elaboração própria.

Bases estruturais

Estamos chamando de bases estruturais o conjunto de compromissos mútuos estabelecidos entre a organização e as pessoas. Esses compromissos são traduzidos no conjunto de políticas e práticas existentes na organização e que orientam o comportamento de ambas e podem ser agrupados nas seguintes categorias:

- Relacionamento entre pessoas e organização expresso no contrato psicológico estabelecido, no clima organizacional, nas dinâmicas interpessoais e nas dinâmicas intergrupais.

- Preservação da integridade biopsicossocial da pessoa, englobando: saúde, segurança e ergonomia.
- Valorização da pessoa pelo que ela é através do respeito à sua individualidade, preocupação com a sua qualidade de vida e estímulo e oferta de condições para sua participação nos processos decisórios que lhe dizem respeito.

Processos de apoio

Os processos de apoio compreendem interações não ligadas unicamente à gestão de pessoas, mas que são fundamentais para que esta possa ser efetiva ou que tendem a influenciá-la fortemente. Esses processos são:

- Informações – Os processos de informação compreendem todo fluxo de informação, estruturado ou não, que flui da organização para a pessoa e da pessoa para a organização.
- Comunicação – Os processos de comunicação englobam os canais e veículos de comunicação entre organização, pessoas e comunidade.
- Relações sindicais – São processos que tratam da relação entre organização, pessoas e os sindicatos representativos dos trabalhadores.
- Relações com a comunidade – Compreendem o conjunto de políticas e práticas que balizam as relações entre a organização, pessoas e comunidade.
- Responsabilidade social e ambiental – São compromissos de respeito e cuidado com relações com a sociedade e com o ambiente onde se insere a organização.

Neste livro, vamos focar os processos de gestão de pessoas procurando destacar o papel das pessoas e da organização nesses processos. As bases estruturais e os processos de apoio não são o foco deste livro, embora quando oportuno falaremos sobre eles.

BASES CONCEITUAIS PARA COMPREENDER A GESTÃO DE PESSOAS

Como vimos até aqui, necessitamos de uma lente que nos ajude a compreender o que ocorre na realidade das organizações em termos de gestão de pessoas. Ao longo do tempo, essas lentes foram sendo aprimoradas de forma a gerar os seguintes resultados:

- Instrumentos para gestão de pessoas de fácil compreensão e utilização por parte dos gestores, pessoas e pelos próprios profissionais especializados.
- Integração entre as várias políticas e práticas de gestão de pessoas, de forma a criar um efeito sinérgico entre elas.
- Orientação no trato de problemas na gestão de pessoas, de forma que as soluções sejam sistêmicas e articuladas entre si e com a estratégia organizacional. Desse modo, podemos definir as prioridades em função de uma visão estratégica e sistêmica, evitando que sejam estabelecidas em função das situações, áreas ou pessoas que mais pressionam.
- Confiança em relação aos instrumentos de gestão, uma vez que eles interagem de forma harmônica com a realidade organizacional. Essa confiança faz com que haja um aprimoramento contínuo dos instrumentos e aprofundamento do diálogo deles com as necessidades presentes e futuras da organização e das pessoas.

No Brasil, ao longo dos últimos 20 anos, ao analisarmos organizações bem-sucedidas em gestão de pessoas, tanto utilizando parâmetros de análise definidos por pesquisas acadêmicas nacionais e internacionais quanto utilizando a opinião das pessoas através das suas percepções sobre sua relação com a organização, verificamos pontos em comum entre as suas políticas e práticas. Esses pontos podem ser simplificados nos seguintes tópicos:

- contínuo diálogo com as pessoas que mantêm algum tipo de relação com a organização;

- alinhamento entre as políticas e as práticas de gestão de pessoas e destas com o intento estratégico da organização;
- esforço permanentemente voltado para o desenvolvimento da organização e das pessoas;
- relacionamento com as pessoas justo e equânime, buscando a conciliação das expectativas da organização e das pessoas.

Das organizações analisadas, 85% utilizam conceitos integradores de suas políticas e práticas, ou seja, é utilizada uma mesma base conceitual para valorização, desenvolvimento e movimentação das pessoas. Conceitos que no início dos anos 1990 eram utilizados para diagnóstico hoje são utilizados como integradores. A seguir esses conceitos são apresentados e discutidos.

COMPETÊNCIA

O conceito de competência foi proposto de forma estruturada pela primeira vez em 1973 por David McClelland (1973), na busca de uma abordagem mais efetiva que os testes de inteligência nos processos de escolha de pessoas para as organizações. O conceito foi rapidamente ampliado para dar suporte a processos de avaliação e para orientar ações de desenvolvimento profissional. Outro expoente na estruturação do conceito é Boyatzis (1982, p. 13), que, a partir da caracterização das demandas de determinado cargo na organização, procura fixar ações ou comportamentos efetivos esperados. Em seu trabalho, o autor já demonstra preocupação com questões como a entrega da pessoa para o meio no qual se insere. A percepção do contexto é fundamental para que a pessoa possa esboçar comportamentos aceitáveis. Mas são autores como Le Boterf (1995, 2000, 2001 e 2003) e Zarifian (1996 e 2001) que exploram o conceito de competência associado à ideia de agregação de valor e entrega a determinado contexto de forma independente do cargo, isto é, a partir da própria pessoa. Essa construção do conceito de competência explica de forma mais adequada o que observamos na realidade das organizações.

Vários autores procuraram estruturar o desenvolvimento do conceito de compctência e/ou efetuar uma revisão bibliográfica. Dentre eles, cabe destacar os seguintes: Parry (1996), McLagan (1997) e Woodruffe (1991). Além desses autores, vários alunos de nossos cursos de pós-graduação efetuaram boas revisões bibliográficas, cabendo destacar os trabalhos de Amatucci (2000), Hipólito (2000), Bitencourt (2001), Sant'anna (2002) e Silva (2003).

Articulação entre estratégia empresarial e competências individuais

A competência pode ser atribuída a diferentes atores. De um lado temos a organização, com o conjunto de competências que lhe é próprio. Essas competências decorrem da gênese e do processo de desenvolvimento da organização e são concretizadas em seu patrimônio de conhecimentos, que estabelece as vantagens competitivas da organização no contexto em que se insere (RUAS, 2002; FLEURY, 2000). De outro lado, temos as pessoas, com seu conjunto de competências, aproveitadas ou não pela organização. Empregaremos aqui a definição para a competência das pessoas estabelecida por Maria Tereza Fleury (2000): "Saber agir responsável e reconhecido, que implica mobilizar, integrar, transferir conhecimentos, recursos, habilidades, que agreguem valor econômico à organização e valor social ao indivíduo."

Ao colocarmos organização e pessoas lado a lado, podemos verificar um processo contínuo de troca de competências. A organização transfere seu patrimônio para as pessoas, enriquecendo-as e preparando-as para enfrentar novas situações profissionais e pessoais, na organização ou fora dela. As pessoas, ao desenvolverem sua capacidade individual, transferem para a organização seu aprendizado, capacitando-a a enfrentar novos desafios.

Desse modo, são as pessoas que, ao colocarem em prática o patrimônio de conhecimentos da organização, concretizam as competências organizacionais e fazem sua adequação ao contexto. Ao utilizarem, de forma consciente, o patrimônio de conhecimento da organização, as pessoas o validam ou implementam as modificações necessárias para aprimorá-lo. **A agregação de valor das pessoas é, portanto, sua contribuição efetiva ao patrimônio de conhecimentos da organização, permitindo-lhe manter suas vantagens competitivas no tempo.**

Há, pois, uma relação íntima entre competências organizacionais e individuais. O estabelecimento das competências individuais deve estar vinculado à reflexão sobre as competências organizacionais, uma vez que a influência é mútua. Na abordagem das competências organizacionais, cabe a analogia de Prahalad e Hamel (1990), que compara as competências às raízes de uma árvore, ao oferecerem à organização alimento, sustentação e estabilidade. As competências impulsionam as organizações, e seu uso constante as fortalece à medida que se aprendem novas formas para seu emprego ou utilização mais adequada (FLEURY, 2000); como vimos, o processo de aprendizado organizacional está vinculado ao desenvolvimento das pessoas que mantêm relações de trabalho com a organização.

O olhar atento sobre as competências organizacionais revela uma série de questionamentos sobre sua instituição, desenvolvimento e acompanhamento. Um primeiro questionamento é a distinção entre recursos e competências. Para autores como Mills et al. (2002) e Javidan (1998), os recursos articulados entre si formam as competências organizacionais. Recursos e competências, entretanto, diferenciam-se quanto a seus impactos, abrangência e natureza. Para Mills et al., existem recursos e competências importantes para a organização – por serem fontes para sustentar atuais ou potenciais vantagens competitivas – e existem recursos e competências da organização que não apresentam nada de especial no momento presente. Todos, entretanto, são recursos e competências da organização; daí a importância de criar categorias distintivas. Esses autores propõem as seguintes:

- **Competências essenciais** – fundamentais para a sobrevivência da organização e centrais em sua estratégia.
- **Competências distintivas** – reconhecidas pelos clientes como diferenciais em relação aos competidores; conferem à organização vantagens competitivas.
- **Competências de unidades de negócio** – pequeno número de atividades-chave (entre três e seis) esperadas pela organização das unidades de negócio.
- **Competências de suporte** – atividades que servem de alicerce para outras atividades da organização. Por exemplo: a

construção e o trabalho eficientes em equipes podem ter grande influência na velocidade e qualidade de muitas atividades dentro da organização.
- **Capacidade dinâmica** – condição da organização de adaptar continuamente suas competências às exigências do ambiente.

Essas categorias são importantes para discutirmos sua relação com as competências individuais. Inicialmente, as pessoas eram encaradas como um tipo de recurso na construção de competências. Barney (1991) classificava os recursos organizacionais em três categorias: físicos – planta, equipamentos, ativos; humanos – gerentes, força de trabalho, treinamento; e organizacionais – imagem, cultura. A literatura recente considera recursos os conhecimentos e as habilidades que a organização adquire ao longo do tempo (KING et al., 2002). Nesse contexto, as pessoas estão inseridas em todos os recursos, independentemente da forma como são classificados, e, portanto, na geração e sustentação das competências organizacionais. Como exemplo: as pessoas estão presentes em todos os tipos de recursos propostos por Mills et al. (2002): tangíveis; conhecimento, experiência e habilidades; sistemas e procedimentos; valores e cultura; rede de relacionamentos. E são fundamentais para a contínua transformação da organização.

A partir dessas considerações, não podemos pensar as competências individuais de forma genérica, e sim atreladas às competências essenciais para a organização. As entregas esperadas das pessoas devem estar focadas no que é essencial. Assim procedendo, as pessoas estarão mais orientadas em suas atividades, no seu desenvolvimento e nas possibilidades de fazer carreira dentro da organização. Parâmetros e instrumentos de gestão de pessoas estarão também direcionados de forma consistente e coerente com o intento estratégico da organização. Por exemplo: o que valorizar nas pessoas, como avaliar sua contribuição, como estruturar as verbas remuneratórias, critérios de escolha etc.

A questão da origem das competências individuais é essencial para a caracterização das expectativas da organização em relação às pessoas. Os trabalhos desenvolvidos por Fleury (2000) mostram relação íntima entre o intento estratégico da organização, as competências organizacionais e as competências individuais. A partir das tipologias propostas por

Treacy e Wiersema (1995) e por Porter (1996), os autores estabelecem três formas de competir (FLEURY, 2000, p. 45):

- excelência operacional;
- inovação em produtos;
- orientada para clientes.

A partir dessas categorias, é possível verificar que a forma de competir influencia o estabelecimento de competências organizacionais, ou seja, existem competências organizacionais típicas de uma organização que se enquadra dentro de determinada categoria. Cabe o mesmo raciocínio para as competências individuais. Na organização cuja forma de competir se caracteriza pela excelência operacional, naturalmente a pessoa deverá atender a um determinado conjunto específico de exigências. É o que se vê no Quadro 2.1.

Segundo esse quadro, os gerentes financeiros das duas organizações terão diferentes conjuntos de entregas esperadas, mesmo que sua descrição de cargo seja semelhante. Nesse exemplo, é possível notar que o tipo de empresa irá determinar o conjunto de entregas esperado das pessoas, ainda que isso não esteja formalizado ou consciente, influenciando os processos de escolha de candidatos externos, os processos de ascensão, de valorização etc.

Caracterização das competências individuais

Muitas pessoas e alguns teóricos compreendem a competência como o conjunto de conhecimentos, habilidades e atitudes necessários para que a pessoa desenvolva suas atribuições e responsabilidades. Esse enfoque é pouco instrumental, uma vez que o fato de as pessoas possuírem determinado conjunto de conhecimentos, habilidades e atitudes não é garantia de que elas irão agregar valor para a organização. Para melhor compreender o conceito de competência individual, é importante discutir também o conceito de entrega.

Quadro 2.1 – *Relação entre intento estratégico, competências organizacionais e competências individuais*

Definição das Competências por Eixo

Quais são as entregas exigidas das pessoas em cada eixo de carreira em função da estratégia e das competências organizacionais.

Exemplos:

ESTRATÉGIA	COMPETÊNCIAS ORGANIZACIONAIS	COMPETÊNCIAS INDIVIDUAIS
Volume de Vendas Excelência Operacional (bens de consumo, *commodities*)	• Custo • Qualidade • Processo produtivo • Distribuição • Monitoramento de mercado • Comercialização • Parcerias estratégicas	• Orientação a custos e qualidades • Gestão de recursos e prazos • Trabalho em equipe • Planejamento • Interação com sistemas • Multifuncionalidade • Relacionamento interpessoal
Foco na customização Inovação em Produtos (produtos para clientes ou segmentos específicos)	• Inovação de produtos e processos • Qualidade • Monitoramento tecnológico • Imagem • Parcerias tecnológicas estratégicas	• Capacidade de inovação • Comunicação eficaz • Articulação interna e externa • Absorção e transferência de conhecimentos • Liderança e trabalho em equipe • Resolução de problemas • Utilização de dados e informações técnicas • Aprimoramento de processos/produtos e participação em projetos

Fonte: Elaboração própria, a partir das reflexões efetuadas por Fleury (2000).

Para efeitos de admissão, demissão, promoção, aumento salarial etc., a pessoa é avaliada e analisada em função de sua capacidade de entrega para a empresa. Por exemplo, ao escolhermos uma pessoa para trabalhar conosco, além de verificar sua formação e experiência, avaliamos também como ela atua, sua forma de entregar o trabalho, suas realizações; enfim, cada um de nós usa diferentes formas de assegurar que a pessoa que estamos escolhendo terá condições de obter os resultados de que necessitamos. Embora, na prática organizacional, as decisões sobre as pessoas sejam tomadas em função do que elas entregam no sistema formal, concebido em geral a partir do conceito de cargos, as vê pelo que fazem. Esse é um dos principais descompassos entre a realidade e o sistema formal de gestão. Ao avaliarmos as pessoas pelo que fazem e não pelo que entregam, criamos uma lente que distorce a realidade.

Fomos educados a olhar as pessoas pelo que fazem, e é dessa forma que os sistemas tradicionais as encaram. Intuitivamente, valorizamos as pessoas por seus atos e realizações e não pela descrição formal de suas funções ou atividades. Ao mesmo tempo, somos pressionados pelo sistema formal e pela cultura de gestão a considerar a descrição formal, gerando distorções em nossa percepção da realidade. Por exemplo: tenho dois funcionários em minha equipe com as mesmas funções e tarefas, que são remunerados e avaliados por esses parâmetros. Um deles, quando demandado para resolver um problema, traz a solução com muita eficiência e eficácia e é, portanto, uma pessoa muito valiosa. O outro não deixa o problema acontecer. Este é muito mais valioso, porém, na maioria das vezes, não é reconhecido pela chefia ou pela empresa.

Considerar as pessoas por sua capacidade de entrega nos dá uma perspectiva mais adequada para avaliá-las, orientar seu desenvolvimento e estabelecer recompensas. Sob essa perspectiva é que vamos analisar os conceitos de competência individual. Muitos autores procuraram discutir a questão tentando entender, como competência, a capacidade das pessoas em agregar valor para a organização. Nessas tentativas, surgiram vários conceitos.

Para alguns autores, a maioria de origem norte-americana, que desenvolveram seus trabalhos nos anos 1970, 1980 e 1990, competência é o conjunto de qualificações *(underlying characteristics)* que permite à pessoa uma performance superior em um trabalho ou situação.

Os conceitos de seus principais expoentes, McClelland, (1973), Boyatzis (1982) e Spencer e Spencer (1993), formaram a base dos trabalhos da McBer, mais tarde Hay McBer, importante consultoria em competência. As competências podem ser previstas e estruturadas de modo a se estabelecer um conjunto ideal de qualificações para que a pessoa desenvolva uma performance superior em seu trabalho.

Com essa abordagem, Parry (1996, p. 50) resume o conceito de competência como "um *cluster* de conhecimentos, *skills* e atitudes relacionados que afetam a maior parte de um *job* (papel ou responsabilidade), que se correlaciona com a performance do *job*, que possa ser medido contra parâmetros bem aceitos, e que pode ser melhorada através de treinamento e desenvolvimento". Parry (1996), no entanto, questiona se as competências devem ou não incluir traços de personalidade, valores e estilos, apontando que alguns estudos fazem a distinção entre *soft competencies*, que envolveriam os traços de personalidade, e *hard competencies*, que se limitariam a apontar as habilidades exigidas para um trabalho específico. Autores que defendem a não inclusão das *soft competencies* nos programas de desenvolvimento apontam a necessidade de focar a performance e não a personalidade, uma vez que, embora ela influencie o sucesso, não é passível de ser desenvolvida através de treinamento (Parry, 1996). Já Woodruffe (1991) destaca a importância de se arrolarem também as competências "difíceis de adquirir", para que sejam trabalhadas no processo seletivo. Segundo ele, "quanto mais difícil a aquisição da competência, menos flexíveis devemos ser no momento da seleção".

Durante os anos 1980 e 1990, muitos autores contestaram a definição de competência associada ao estoque de conhecimentos e habilidades das pessoas e procuraram associar o conceito às suas realizações, àquilo que elas provêm, produzem e/ou entregam. Segundo eles, o fato de a pessoa deter as qualificações necessárias para um trabalho não assegura que ela irá entregar o que lhe é demandado. Essa linha de pensamento é defendida por autores como Le Boterf (1995) e Zarifian (1996). Para Le Boterf, por exemplo, a competência não é um estado ou um conhecimento que se tem, nem é resultado de treinamento. Na verdade, competência é colocar em prática o que se sabe em determinado contexto, marcado geralmente pelas relações de trabalho, cultura da empresa, imprevistos, limitações de tempo e de recursos etc. Nessa abordagem, portanto, podemos falar de competência apenas quando há **competência em ação**, traduzindo-se em saber ser e saber mobilizar o repertório individual em diferentes contextos.

Atualmente, os autores procuram pensar a competência como a somatória dessas duas linhas, ou seja, como a entrega e as características da pessoa que podem ajudá-la a entregar com maior facilidade (MCLAGAN, 1997; PARRY, 1996). Outra linha importante é a de autores que discutem a questão da competência associada à atuação da pessoa em áreas de conforto profissional, usando seus pontos fortes e tendo maiores possibilidades de realização e felicidade (SCHEIN, 1990; DERR, 1988).

Há grande diversidade de conceitos sobre competências que podem ser complementares. Estruturamos esses vários conceitos na Figura 2.3, na qual temos, de um lado, as competências entendidas como o conjunto de conhecimentos, habilidades e atitudes necessárias para a pessoa exercer seu trabalho; e de outro lado, temos as competências entendidas como a entrega da pessoa para a organização.

Figura 2.3 – *Conceitos sobre competência*

Fonte: Elaboração própria.

As pessoas atuam como agentes de transformação de conhecimentos, habilidades e atitudes em competência entregue para a organização. A competência entregue pode ser caracterizada como agregação de valor ao patrimônio de conhecimentos da organização. Cabe destacar o entendimento de agregação de valor como algo que a pessoa entrega para a organização de forma efetiva, ou seja, que permanece mesmo quando a pessoa sai da organização. Assim sendo, a agregação de valor não é atingir metas de faturamento ou de produção, mas sim melhorar processos ou introduzir tecnologias.

A caracterização das entregas esperadas ao longo dos níveis da carreira deve ser observável para que elas possam ser acompanhadas. É comum encontrar descrições extremamente genéricas e vagas, ou efetuadas a partir de comportamentos desejáveis, de observação difícil, o que dá margem a interpretações ambíguas. As descrições devem retratar as entregas esperadas das pessoas de forma a serem observadas tanto pela própria pessoa quanto pelos responsáveis por acompanhá-las e oferecer-lhes orientação. Cabe notar que a interpretação de qualquer descrição será subjetiva, e essa subjetividade poderá ser minimizada quando:

- as expectativas da empresa em relação à pessoa forem expressas de forma clara;
- forem construídas coletivamente, expressando o vocabulário e a cultura da comunidade;
- as descrições das várias entregas estiverem alinhadas entre si, ou seja, estamos olhando a mesma pessoa através de diferentes competências ou por diferentes perspectivas. Esse alinhamento ocorrerá, como veremos adiante, com a graduação das competências em termos de complexidade. As competências devem ser graduadas em função do nível de complexidade da entrega. A graduação permite melhor acompanhamento da evolução da pessoa em relação à sua entrega para a organização e/ou o negócio.

COMPLEXIDADE

O conceito seguinte nos permite avaliar o nível da contribuição das pessoas para o contexto onde se insere. Esse conceito é o da complexidade.

Temos observado que o processo de valorização das pessoas pelo mercado e pela empresa está vinculado ao nível de agregação de valor para a empresa e para o negócio. Essa agregação de valor até bem pouco tempo podia ser medida pelo cargo e pelo nível hierárquico da pessoa na empresa. Nesses últimos 20 anos, isso mudou. Até bem pouco tempo atrás, eu podia dizer que um supervisor de produção agregava mais valor que um ajudante de produção. Mas hoje eu não posso porque não existe mais o ajudante de produção, existe agora o operário multifuncional e polivalente, não existe mais o supervisor, mas sim grupos semiautônomos e autogeridos. Antes eu podia dizer que um diretor da empresa agregava mais valor do que um gerente, hoje eu tenho um gerente de uma unidade de negócio que fatura 500 milhões de reais por ano, que agrega mais valor do que um diretor de outra unidade de negócio que fatura 50 milhões de reais por ano.

O mercado não podia ficar sem um elemento de diferenciação a partir da falência dos cargos como elementos diferenciadores. Naturalmente passou a utilizar a complexidade das atribuições e responsabilidades como elemento de diferenciação.

A questão da complexidade sempre esteve presente nos critérios de diferenciação dos cargos, só que, com a falência deles como elemento de diferenciação, a complexidade passou a ocupar o primeiro plano.

Ao analisarmos as descrições de cargo ao longo dos anos 1990, notamos transformações em suas características. No final dos anos 1980 eram tipicamente descrições das funções e atividades dos cargos, hoje procuram traduzir as expectativas de entrega desses cargos e apresentam uma escala crescente de complexidade. Percebemos que as empresas vão intuitivamente procurando adequar-se à realidade. Ao fazê-lo, conscientemente, entretanto, tornamos nossos sistemas de gestão mais eficientes.

A questão da complexidade nos processos de valorização das pessoas sempre esteve presente. Pesquisadores como Jaques (1967) já produziam reflexões a esse respeito no final dos anos 1950. Em 1956, Jaques escrevia sobre o assunto, e o livro *Equitable payment* foi publicado pela primeira vez em 1961. Jaques lançava a ideia de *"time span"*, ou seja, "o maior período de tempo durante o qual o uso do discernimento é autorizado e esperado, sem revisão por um superior" (Jaques, 1967, p. 21). O autor demonstra que quanto maior o *time span*, maior a complexidade da posição e maior o nível remuneratório. Em suas proposições sobre complexidade, Jaques é muito reducionista, acreditando que somente o *time span* seria suficiente para determinar a complexidade. Seus seguidores

Stamp (1989, 1993, 1994) e Rowbottom (1987) demonstraram a necessidade de elementos adicionais para essa caracterização.

Le Boterf (2003) retoma a discussão ao ampliar o debate sobre competências. Discute o que chamou de profissionalismo, inserindo questões sobre complexidade e carreira. O sentido da discussão de Le Boterf é muito semelhante ao que norteou nossos trabalhos, porém a ênfase difere. A preocupação de Le Boterf se concentra em um saber combinatório, ou seja, a capacidade de a pessoa perceber as transformações no ambiente e suas novas exigências e, a partir daí, mobilizar adequadamente seu repertório e/ou buscar ampliá-lo. Nossa preocupação se concentra em discutir a mensuração desse desenvolvimento. Le Boterf discute a carreira como a articulação combinatória de saberes necessários ao ambiente profissional no qual a pessoa atua. Podemos pensar, no entanto, a trajetória da pessoa dentro de determinado espectro de complexidade, partindo da premissa de que a realidade do mercado e/ou da organização estabelece naturalmente limitações de complexidade na qual a pessoa pode atuar, conforme veremos mais adiante. Le Boterf define o profissional como "aquele que sabe administrar uma situação profissional complexa" (2003, p. 37), estabelecendo complexidade como o conjunto de características objetivas de uma situação, as quais estão em processo contínuo de transformação.

É necessário estabelecer uma distinção entre complexidade e dificuldade. Se uma atividade de difícil execução puder ser sistematizada e reproduzida com facilidade por outros profissionais de mesmo nível, ela deixa de ser complexa, mas continua sendo de difícil execução, como intervenções cirúrgicas para extração de apêndice ou tonsilas; embora difíceis, porque uma pessoa sem um preparo em medicina dificilmente poderia executá-las, não são complexas, pois são atividades facilmente incorporáveis ao repertório de cirurgião. Um transplante de coração, por sua vez, mesmo que possa ser sistematizado, requer o conhecimento de especialidades diferentes, e a possibilidade de ocorrências inesperadas é muito grande. Desse modo, o transplante de coração é uma atividade de grande complexidade e irá exigir do profissional, que lidera uma equipe de cirurgiões, larga experiência, legitimidade perante seus colegas e ter dado mostras para seus clientes de que é competente para executar esse tipo de intervenção cirúrgica. Pode ser que em futuro próximo, com os avanços da medicina, essa intervenção deixe de ser complexa, mas continuará sendo de difícil execução. Analogamente, na realidade vivida nas organizações modernas, em ambiente em constante transformação, a complexidade não está na situação em si, mas no que ela exige da pessoa. Esse padrão de exigência é a base para a construção de nossas fitas métricas. Para cada realidade organizacional e de trajetória de carreira, temos procurado estabelecer dimensões de complexidade que retratem esses padrões de exigência. De forma genérica, podemos verificar essas dimensões na Figura 2.4.

Ao longo de sua utilização, a complexidade revelou-se um conceito importante para se compreender a realidade da gestão de pessoas na empresa moderna. Inicialmente, ele nos permitiu perceber com maior nitidez o processo de desenvolvimento, favorecendo uma definição operacional de desenvolvimento profissional. As pessoas se desenvolvem quando lidam com atribuições e responsabilidades de maior complexidade.

É alta a correlação entre a complexidade das atribuições e responsabilidades e o nível de agregação de valor da pessoa para o ambiente no qual se insere (HIPÓLITO, 2001). Essa constatação permite inferir que o uso da complexidade da entrega, na construção de um sistema de gestão do desenvolvimento, gera os seguintes desdobramentos:

- **Análise das pessoas a partir de sua individualidade** – As pessoas deixam de ser olhadas a partir do cargo que ocupam ou de um perfil (moldura) no qual devem enquadrar-se, e passam a ser observadas a partir de sua entrega. Quando a pessoa não consegue entregar o que dela se espera, pode-se avaliar o quanto essa deficiência foi motivada por problemas que a organização precisa sanar e o quanto foi motivada por deficiências individuais.
- **Análise das deficiências individuais** – Ao olharmos a capacidade de entrega da pessoa, é possível detectar o porquê da não entrega: deficiências no nível de informação, conhecimento ou habilidades; questões comportamentais; problemas de orientação do desenvolvimento; falta de formação básica etc. É possível estabelecer com a pessoa um plano de ação para o seu desenvolvimento e aferir se ele foi ou não efetivo.

Figura 2.4 – Dimensões de complexidade

Variáveis Diferenciadoras

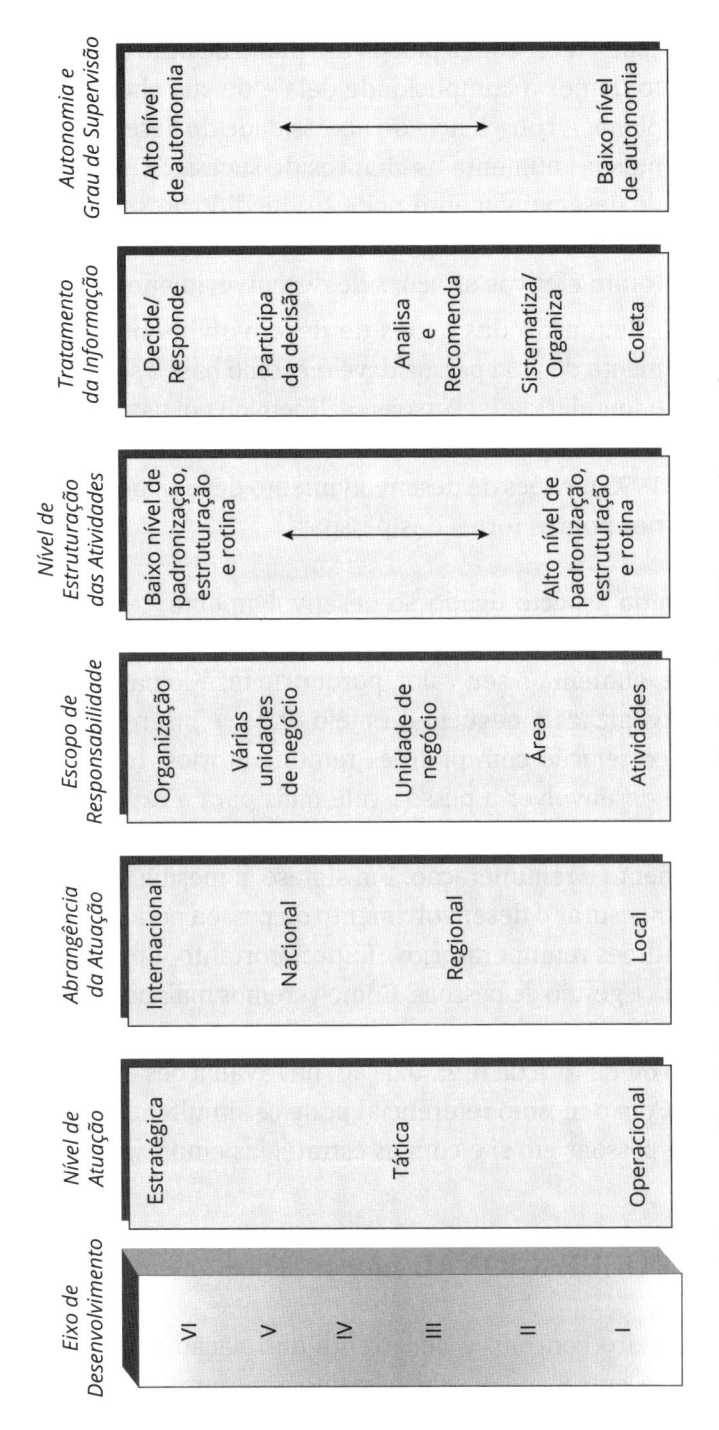

Eixo de Desenvolvimento	Nível de Atuação	Abrangência da Atuação	Escopo de Responsabilidade	Nível de Estruturação das Atividades	Tratamento da Informação	Autonomia e Grau de Supervisão
VI	Estratégica	Internacional	Organização	Baixo nível de padronização, estruturação e rotina	Decide/ Responde	Alto nível de autonomia
V		Nacional	Várias unidades de negócio		Participa da decisão	
IV	Tática		Unidade de negócio		Analisa e Recomenda	
III		Regional	Área		Sistematiza/ Organiza	
II						
I	Operacional	Local	Atividades	Alto nível de padronização, estruturação e rotina	Coleta	Baixo nível de autonomia

Fonte: Desenvolvida por José Antônio Hipólito, para apresentação dessa sistemática em palestras sobre o tema.

- **Análise da efetividade das ações de desenvolvimento** – Ao estabelecer com a pessoa um plano de ação de desenvolvimento, temos a cumplicidade dela e de sua chefia em relação ao plano. A consciência da necessidade do desenvolvimento pelas pessoas aumenta as chances de sucesso. O sucesso das ações de desenvolvimento pode ser medido ao serem analisadas as mudanças na entrega da pessoa. Assim, pode-se medir o quanto foram efetivas as ações de desenvolvimento.
- **Adequação das ações de desenvolvimento** – O desenvolvimento de uma pessoa deve ter como base a sua individualidade e singularidade. Pessoas se desenvolvem usando de forma cada vez mais elaborada e sofisticada seus pontos fortes (STAMP, 1993). Ações de desenvolvimento devem, portanto, centrar-se nos pontos fortes das pessoas.

Além do aspecto ligado ao desenvolvimento, temos o efeito integrador do conceito de complexidade. A pessoa, ao lidar com maior complexidade, aumenta o seu valor, porque ao fazê-lo passa a agregar mais valor à organização, negócio ou meio onde se insere. Essa valorização tem alta correlação com padrões remuneratórios. Infere-se, portanto, que ao se desenvolver a pessoa vale mais para a organização e para o mercado de trabalho. Podem-se, da mesma forma, correlacionar desenvolvimento e remuneração. Em síntese, a mesma fita métrica que se usa para mensurar o desenvolvimento da pessoa pode ser utilizada para definir padrões remuneratórios. Temos, portanto, um único referencial que integra a gestão de pessoas. Como veremos mais adiante, essa mesma fita métrica poderá ser empregada em processos de escolha de pessoas de dentro ou de fora da organização, nas avaliações e nas definições de carreira. Com o mesmo referencial pode-se simultaneamente integrar a gestão de pessoas em si e com as estratégias empresariais.

ESPAÇO OCUPACIONAL

O terceiro conceito é decorrente da relação existente entre complexidade e entrega. Ao considerarmos que uma pessoa agrega mais valor na medida em que assume responsabilidades e atribuições mais complexas, concluímos que não é necessário promovê-la para que possa agregar mais valor. A pessoa pode ampliar o nível de complexidade de suas atribuições e responsabilidades sem mudar de cargo ou posição na empresa. Vamos chamar esse processo de ampliação do espaço ocupacional. A ampliação do espaço ocupacional acontece em função de duas variáveis: as necessidades das empresas e a competência da pessoa em atendê-las, conforme mostra a Figura 2.5.

Figura 2.5 – *Espaço ocupacional*

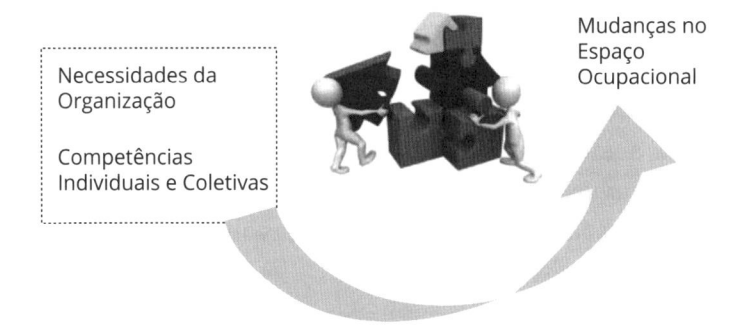

Fonte: Elaboração própria.

Temos observado que essa é outra característica comum da relação entre a pessoa e seu trabalho. Há uma tendência de as pessoas mais competentes serem demandadas a responder desafios e, à medida que respondem bem, recebem desafios maiores. Os sistemas tradicionais não conseguem dar respostas adequadas a essa característica, primeiramente porque reconhecem as pessoas pelo que elas fazem e não pelo que elas entregam; em segundo lugar, porque não conseguem mensurar a ampliação do espaço ocupacional das pessoas.

Esse fato tem contribuído para a existência de muitas injustiças nas empresas, por exemplo: tenho na minha equipe alguém que resolve os problemas para mim, eu tendo a carreá-los para essa pessoa sem que ela seja necessariamente reconhecida ou recompensada por isso. Na verdade, a pessoa mais competente tende a ser sobrecarregada com atribuições mais complexas e exigentes sem ter qualquer reconhecimento por isso. Outro exemplo comum é chefia ficar tão dependente dessas pessoas que passa a bloquear qualquer possibilidade de ascensão profissional.

É importante percebermos a ampliação de espaço ocupacional como uma indicação do desenvolvimento da pessoa e da sua maior capacidade de agregar valor, devendo, portanto, estar atrelada ao crescimento salarial.

CONCLUSÕES

O ambiente onde nos inserimos exige um modelo de gestão de pessoas que estimule e ofereça suporte ao desenvolvimento mútuo da organização e das pessoas e que ofereça orientação para esse desenvolvimento de forma clara, simples e flexível. Para ampliarmos a discussão sobre esse modelo, vamos analisar na Parte II os agrupamentos de processos de gestão de pessoas: movimentação, desenvolvimento e valorização.

QUESTÕES E EXERCÍCIOS DO CAPÍTULO 2

Questões para fixação

- Qual é o papel das pessoas e da organização no modelo de gestão de pessoas?
- Quais são os principais processos de gestão de pessoas na organização e o que os caracteriza?
- Como pode ser caracterizado o conceito de competência?
- Qual é a relação entre o conceito de competência e complexidade?

Questões para desenvolvimento

- Qual é a relação existente entre os processos de gestão, bases estruturais e processos de apoio?
- Quais são as relações estabelecidas entre as pessoas e a organização no modelo de gestão de pessoas?

- Qual é a importância dos conceitos de competência, complexidade e espaço ocupacional para a compreensão do modelo de gestão de pessoas para a organização contemporânea?
- Qual é a importância do conceito do espaço ocupacional para compreendermos o processo de desenvolvimento profissional na organização contemporânea?

EXERCÍCIOS E ESTUDOS DE CASO

Caso 1

Analise a empresa Venhacrescer. A empresa é líder em seu setor e um nome consolidado no mercado onde atua. Sua principal estratégia de gestão de pessoas é o desenvolvimento interno dos seus quadros. Para tanto, procura nas principais universidades jovens talentos que seleciona para seu programa de *trainees*.

O programa de *trainees* tem duração de 1 ano; a pessoa estagia nas principais áreas e recebe informações sobre a empresa e suas políticas. Após o programa, a pessoa é absorvida pela empresa na área para a qual havia sido selecionada no início do programa.

A Venhacrescer tem como política formar seus quadros gerenciais com 1/3 de pessoas oriundas de suas bases operacionais, 1/3 de pessoas oriundas do programa de *trainees* e 1/3 de pessoas contratadas no mercado. A empresa está preocupada pelo fato de perder seus *trainees*, já que apenas 5% dos *trainees* permanece na empresa depois de quatro anos, gerando os seguintes problemas:

- falta de profissionais treinados e capacitados para assumir a média gerência da empresa;
- envelhecimento do quadro de gerência sênior sem reposição;
- pressão para aumento das faixas salariais para atração de profissionais formados e para a retenção dos atuais.

A Venhacrescer projeta para os próximos anos um acirramento da concorrência e, por ser uma tradicional fornecedora de gerentes para o mercado, teme um agravamento do quadro, inclusive a perda de executivos seniores. Como solucionar esse problema sabendo que:

- há um descontentamento dos *trainees* em relação às perspectivas de desenvolvimento na empresa?
- os gerentes da Venhacrescer são muito procurados pelo mercado?

Caso 2

A empresa Atende Bem atua no mercado de *call centers*. Atualmente, o efetivo da Atende Bem é de 3.500 funcionários distribuídos em 5 centrais interligadas entre si. Desse modo a empresa presta serviço para todo o território nacional. A empresa tem hoje um grande desafio, que é o de motivar e comprometer os funcionários com o negócio da empresa. As características do efetivo das centrais são:

- tempo médio de permanência na empresa – 2 anos;
- perfil: sexo feminino – 83%, idade média – 21 anos, nível educacional – superior em andamento, estado civil – solteiro;
- quantidade de atendimento em média a cada turno (4 horas) – 235 atendimentos.

Em pesquisa de clima organizacional realizada por uma empresa especializada, foram levantados os seguintes problemas:

- insatisfação em relação aos salários;
- falta de carreira e oportunidades de desenvolvimento;
- alto nível de pressão.

O que fazer para estimular e sustentar um melhor clima organizacional e um maior nível de comprometimento?

BIBLIOGRAFIA DO CAPÍTULO 2

AMATUCCI, Marcos. *Perfil do administrador brasileiro para o século XXI:* um enfoque metodológico. Tese (Doutorado) – Faculdade de Economia, Administração e Contabilidade da USP, 2000.

BARNEY, J. B. Firm Resources and Sustained Competitive Advantage. *Journal of Management*, v. 17, nº 1, p. 99-120, 1991.

BITENCOURT, Cláudia C. *A gestão de competências gerenciais:* a contribuição da aprendizagem organizacional. Tese (Doutorado) – Programa de Pós-Graduação e Pesquisas em Administração da UFRGS, 2001.

BOYATZIS, Richard E. *The competent management:* a model for effective performance. New York: Wiley & Sons, 1982.

DERR, Clyde B. *Managing the new careerist*. San Francisco: Jossey-Bass, 1988.

FISCHER, André L. Um resgate conceitual e histórico dos modelos de gestão de pessoas. In: FLEURY, M. T. et al. *As pessoas na organização*. São Paulo: Gente, 2002.

FLEURY, A.; FLEURY, M. T. L. *Estratégias empresariais e formação de competências*. São Paulo: Atlas, 2000.

HIPÓLITO, José A. M. *A gestão da administração salarial em ambientes competitivos:* análise de uma metodologia para construção de sistemas de remuneração de competências. Dissertação (Mestrado) – Faculdade de Economia, Administração e Contabilidade da USP, 2000.

_____. *Administração salarial:* a remuneração por competência como diferencial competitivo. São Paulo: Atlas, 2001.

JAQUES, Elliott. *Equitable Payment:* A General Theory of Work, Differential Payment and Industrial Progress. London: Pelican Books, 1967.

JAVIDAN, Mansour. Core Competence: What does it Mean in Practice? *Long Range Planning*, v. 31, nº 1, p. 60-71, Feb. 1998.

KING, A. W.; FOWLER, S. W.; ZEITHAMIL, C. P. Competências organizacionais e vantagem competitiva: o desafio da gerência intermediária. *RAE – Revista de Administração de Empresas*, v. 42, nº 1, p. 36-49, jan./mar. 2002.

LE BOTERF, Guy. *De la compétence:* essai sur um attracteur étrange. Paris: Éditions d' Organisation, 1995.

_____. *L'ingénierie des compétences*. Paris: Éditions d' Organisation, 2000.

_____. *Construire les compétences individuelles et collectives*. Paris: Éditions d' Organisation, 2001.

_____. *Desenvolvendo a competência dos profissionais*. São Paulo: Artmed e Bookman, 2003.

MCCLELLAND, David C. Testing for Competence rather than Intelligence. *American Psychologist*, p. 1-14, Jan. 1973.

MCLAGAN, P. Competencies: The Next Generation. *Training and Development*, p. 40-47, May 1997.

MILLS, J.; PLATTS, K.; BOURNE, M.; RICHARDS, H. *Competing through competences*. Cambridge: Cambridge University Press, 2002.

PARRY, S. B. The Quest for Competencies. *Training*, p. 48-54, Jul. 1996.

PORTER, M. E. What's Strategy? *Harvard Business Review*, v. 74, nº 6, p. 61-78, Nov./Dec. 1996.

PRAHALAD, C. K.; HAMEL, G. The Core Competence of the Corporation. *Harvard Business Review*, p. 79-91, May/Jun. 1990.

ROBOTTOM, R. W.; BILLIS, D. *Organizational design:* the work-levels approach. Cambridge: Gower, 1987.

RUAS, Roberto. *Gestão das competências gerenciais e a aprendizagem nas organizações*. Documento preliminar preparado como material de apoio aos Cursos de Extensão do Programa de Pós-Graduação e Pesquisas em Administração da UFRGS, 2002.

SANT'ANNA, Anderson de S. *Competências individuais requeridas, modernidade organizacional e satisfação no trabalho.* Tese (Doutorado) – Faculdade de Ciências Econômicas da UFMG, 2002.

SCHEIN, Edgar H. *Career anchors:* discovering your real values. California: University Associates, 1990.

SILVA, Cassiano M. *A gestão por competências e sua influência na implementação da gestão estratégica de pessoas:* estudo de caso. Dissertação (Mestrado) – Faculdade de Economia, Administração e Contabilidade da USP, 2003.

SPENCER JR., L. M.; SPENCER, S. M. *Competence at work:* models for superior performance. New York: John Wiley, 1993.

STAMP, Gilliam. The Individual, the Organizational and the Path to Mutual Appreciation. *Personnel Management*, p. 1-7, jul. 1989.

_____ . *The essence of Levels of Work*. Documento interno da Bioss – Brunel Institute of Organization and Social Studies, jun. 1993.

_____. *Making the Most of Human Capital for Competitive Advantage*. Documento interno da *Bioss* – Brunel Institute of Organization and Social Studies, jun. 1994.

_____. Key Relationship Appreciation. Documento interno da Bioss – Brunel Institute of Organization and Social Studies, Aug. 1994.

TREACY, M.; WIERSEMA, F. *The discipline of market leaders.* Addison-Wesley, 1995.

WOODRUFFE, C. Competent by any Other Name. *Personnel Management,* p. 30-33, Sept. 1991.

ZARIFIAN, Philippe. *A gestão da e pela competência.* Material de apoio ao Seminário Internacional Educação Profissional, Trabalho e Competência. Rio de Janeiro: Ciet, 1996.

_____. *Objetivo Competência* – por uma nova lógica. São Paulo: Atlas, 2001.

Parte II

PROCESSOS DE GESTÃO DE PESSOAS

Nesta parte do livro, iremos detalhar os agrupamentos de processos de movimentação, desenvolvimento e valorização e todo o conjunto de práticas existentes em cada um desses agrupamentos.

Cada um dos próximos capítulos será dedicado a um agrupamento de processos. Em cada capítulo trataremos os aspectos conceituais envolvidos, as principais práticas na perspectiva da organização e na perspectiva da pessoa, o uso de serviços e apoio de terceiros e as grandes tendências.

Nossos objetivos nestes capítulos são: ajudar o leitor a se posicionar em relação ao tema, oferecer elementos para que o leitor possa compreender a sua realidade organizacional de forma crítica e atuar sobre ela, permitir ao leitor olhar para si mesmo e posicionar-se em relação ao seu projeto profissional e, finalmente, estimular avanços na reflexão sobre a gestão de pessoas.

Em cada capítulo serão utilizados exemplos e análise de casos ou situações. Nosso objetivo é ilustrar as possibilidades de aplicação dos conceitos. Devemos, entretanto, ter cuidado: em muitos casos, o exemplo é uma forma particular de aplicação do conceito, mas não a única. É muito importante que o leitor considere sempre a sua realidade em particular e faça as adaptações necessárias.

3

Movimentação de pessoas

INTRODUÇÃO

Neste capítulo, vamos trabalhar os movimentos efetuados pelas pessoas na organização ou no mercado de trabalho. Esse movimento é de natureza física, ou seja, quando a pessoa muda de local de trabalho, de posição profissional, de empresa e de vínculo empregatício. Existe outro tipo de movimento ocasionado pelo desenvolvimento da pessoa, esse tipo de movimento será trabalhado no próximo capítulo.

Quando olhamos na perspectiva da organização, a movimentação está ligada a decisões como as descritas a seguir:

- Planejamento de pessoas – quantidade e qualidade de pessoas necessárias para cada uma das operações ou negócios da organização.
- Atração de pessoas – capacidade da organização em atrair pessoas para efetuar os trabalhos necessários.
- Socialização e aclimatação das pessoas – capacidade da organização, no espaço de tempo mais reduzido possível, de permitir que a pessoa se sinta à vontade e possa oferecer o melhor de si para o trabalho.

- Reposicionamento das pessoas – políticas e práticas para transferências, promoções, expatriações das pessoas de forma a adequar as necessidades da organização com as expectativas e objetivos das pessoas.
- Recolocação das pessoas – capacidade da organização em recolocar as pessoas no mercado de trabalho quando a manutenção da relação de trabalho com elas não é mais possível.

Quando olhamos na perspectiva das pessoas, a movimentação está ligada a decisões tais como:

- Inserção no mercado de trabalho – onde as pessoas estão decidindo sobre suas carreiras ou porque estão iniciando, ou porque desejam mudar seu rumo, ou porque estão se movimentando geograficamente.
- Melhores oportunidades de trabalho – onde as pessoas procuram por melhores condições de recompensa ou novos desafios profissionais ou locais onde possam se sentir melhor etc.
- Retirada do mercado de trabalho – onde as pessoas estão saindo de forma definitiva ou estão saindo por um tempo determinado para se dedicar a outros projetos em sua vida.

O processo de movimentação das pessoas tem, portanto, grande influência na vida das organizações e das pessoas. A movimentação, apesar de sua importância, tem sido relegada por dirigentes e por teóricos a um segundo plano na discussão sobre gestão de pessoas. Isso ocorre por se acreditar que é um processo menos nobre quando comparado com os processos de valorização e desenvolvimento das pessoas. Por esse motivo iniciaremos este capítulo discutindo a importância da movimentação na gestão estratégica de pessoas para posteriormente discutirmos as questões de natureza tática e operacional.

Cabe ainda ressaltar que a movimentação será vista neste capítulo de forma ampla. Quando nos reunimos com dirigentes e profissionais de empresas, a discussão sobre movimentação fica restrita às pessoas com as quais a empresa mantém um vínculo empregatício, e esse é um grande equívoco que apequena a discussão sobre movimentação de pessoas. É clara a tendência de a empresa trabalhar com todas as pessoas com as quais mantém os mais variados vínculos de trabalho. O que nos importa aqui não é o vínculo contratual, e sim o fato de a pessoa manter uma relação de trabalho com a empresa e será dessa forma que trabalharemos a questão da movimentação de pessoas.

MOVIMENTAÇÃO E A GESTÃO ESTRATÉGICA DE PESSOAS

Inicialmente vamos discutir o nosso entendimento sobre gestão estratégica de pessoas, posteriormente sobre movimentação e, em seguida, juntaremos movimentação e gestão estratégica de pessoas.

A gestão estratégica de pessoas está intimamente ligada à estratégia da organização ou do negócio. Muitos autores trabalham como se a estratégia de gestão de pessoas fosse derivada da estratégia da organização; na prática, entretanto, elas influenciam-se mutuamente. Essa influência mútua dá-se em várias dimensões:

- **A estratégia da organização:** é estabelecida em função da forma como a organização quer atuar e inserir-se no ambiente e em função de sua cultura e competências. Esses dois aspectos se misturam no posicionamento estratégico da empresa. A cultura e as competências da organização têm íntima ligação com seu patrimônio de conhecimentos, formado desde sua gênese até o presente. O patrimônio de conhecimentos da empresa é transferido para as pessoas, enriquecendo-as e preparando-as para enfrentar novas situações profissionais e pessoais, quer na empresa ou fora dela. As pessoas, ao desenvolverem sua capacidade individual, transferem para a organização seu aprendizado, ampliando o patrimônio de conhecimentos da mesma e capacitando-a para enfrentar novos desafios. Desse modo, o desenvolvimento da organização e o descortinar de novas possibilidades decorrentes estão intimamente ligados ao desenvolvimento das pessoas. Por isso, a estratégia da empresa é pensada em conjunto com a estratégia de pessoas.

- **As pessoas influenciam a estratégia da organização:** a estratégia organizacional é pensada a partir da percepção que a organização tem sobre o contexto onde se insere e de sua capacidade para interagir com esse contexto, bem como dos propósitos ligados à sua sobrevivência, ao seu desenvolvimento e à sua perenidade. A percepção do contexto é efetuada no dia a dia da organização, em que cada pessoa que mantém qualquer relação com ela é um terminal nervoso, sentindo, interpretando, internalizando e oferecendo resposta aos estímulos do ambiente. A capacidade de resposta da organização está ligada ao seu patrimônio de conhecimentos, que, como vimos, está em constante desenvolvimento a partir da capacidade das pessoas com as quais se relaciona. Os propósitos da organização são definidos a partir de uma combinação entre os interesses de seus acionistas, dirigentes, clientes, empregados, parceiros e comunidade mediados por seus padrões culturais e políticos. A estratégia será tão mais efetiva quanto mais utilizar o potencial de contribuição das pessoas que interagem com a organização.
- **As pessoas implementam a estratégia da organização:** a formulação e a implementação da estratégia se confundem, uma vez que nos movimentos da organização a premeditação e a ação influenciam-se mutuamente. As diretrizes que norteiam os movimentos da organização são constantemente repensadas à luz dos acontecimentos. É por isso que a ação consciente das pessoas torna-se um grande diferencial competitivo para a organização: ao implementarem a estratégia de forma consciente estão, validando ou apontando necessidades de ajuste.

Para muitos autores a gestão estratégica de pessoas é definida como a forma de orientar as pessoas no alcance dos objetivos organizacionais e ao mesmo tempo os seus próprios (CHIAVENATO, 1999, p. 59; ROTHWELL, 1988, p. 2; ARMSTRONG, 1994, p. 39). A gestão estratégica de pessoas é muito mais, ela está intimamente ligada ao pensar e ao fazer estratégico da organização. Alguns autores têm aprofundado essa reflexão, como, por exemplo, Fleury e Fleury (1999), que trabalham a relação entre estratégia do negócio e forma de gestão de pessoas. Para os autores, a organização pode ser vista como um feixe de competências organizacionais. Essas competências tornam-se um diferencial competitivo quando, segundo Prahalad e Hamel (1990), apresentam as seguintes características: são difíceis de imitar, trazem benefícios concretos para consumidores e/ou clientes e permitem acesso a diferentes mercados.

Segundo Fleury e Fleury, estratégia e competências transformam-se mutuamente através de um processo de aprendizado, conforme mostra a Figura 3.1.

Figura 3.1 – *Relação entre estratégia, aprendizagem e competência*

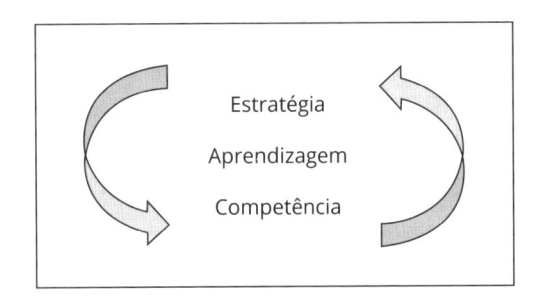

Fonte: FLEURY, A.; FLEURY, M. T. (1999, p. 17).

Para Fleury e Fleury (1999, p. 38):

> "a organização, situada em um ambiente institucional, define a sua estratégia e as competências necessárias para implementá-las, num processo de aprendizagem permanente. Não existe uma ordem de precedência neste processo, mas antes um círculo virtuoso, em que uma alimenta a outra através do processo de aprendizagem".

Os autores argumentam que a forma de gerir pessoas tem uma grande influência nesse processo e que naturalmente as empresas foram se distanciando dos modelos tradicionais. Atualmente se busca uma gestão estratégica de pessoas que é parte integrante da estratégia do negócio.

Autores como Albuquerque (1987, p. 51) e Wood (1992, p. 35) argumentam que a gestão estratégica de pessoas não deve ser excludente, considerando apenas uma parte das pessoas do negócio ou da empresa, e sim abrangente, envolvendo todos. Ao olharmos para o futuro, podemos dizer que a gestão estratégica de pessoas deve contemplar todas as pessoas que mantêm qualquer tipo de relação de trabalho com a empresa, não importando seu vínculo contratual.

A gestão estratégica de pessoas pode ser definida como um processo estruturado de interação das pessoas entre si e com a organização e/ou negócio de forma a construir um projeto coletivo de desenvolvimento (ALBUQUERQUE; LEITE, 2011).

A efetividade da gestão estratégica de pessoas está ligada à clareza por parte da organização sobre o que ela espera das pessoas. Essa clareza permitirá maior efetividade nos seguintes aspectos:

- Planejamento e dimensionamento do quadro e da massa salarial da organização e/ou negócio.
- Definição das necessidades e das políticas de movimentação de pessoas.
- Posicionamento em relação ao mercado de trabalho.
- Políticas e práticas salariais.
- Desenho e gestão de carreiras.
- Processos de avaliação e orientação das pessoas.
- Definição das ações e sistema de gestão do desenvolvimento da organização e das pessoas.

Esses aspectos serão discutidos com maior profundidade nesta parte do livro. Vamos analisar com mais detalhes a movimentação das pessoas na organização e/ou no negócio.

A movimentação pode ser classificada nas seguintes categorias em função de sua natureza:

- **Captação** – podemos incluir nesta categoria todas as ações na busca e seleção de pessoas para trabalhar com a organização e/ou o negócio, independentemente de qual seja o vínculo contratual.

- **Internalização** – estão nesta categoria as ações que permitem à pessoa atuar na organização e/ou no negócio, tais como: socialização na cultura organizacional, condições para assumir atribuições e responsabilidades, suporte para adaptação ao trabalho etc.
- **Transferência** – nesta categoria estão incluídos os movimentos das pessoas no interior da organização que envolvam mudança de local de trabalho e/ou mudança de trabalho.
- **Expatriação** – estão nesta categoria transferências com uma característica particular, são aquelas envolvendo mudança de país, ou seja, a pessoa terá que atuar por um período ou de forma definitiva em um país diferente daquele para o qual a pessoa foi contratada para trabalhar. Normalmente se considera expatriação quando a transferência é superior a seis meses, mas isso varia em função das políticas internas de cada organização.
- **Recolocação** – os movimentos das pessoas para fora da organização estão nesta categoria. Esses movimentos podem ser decorrentes da decisão da organização e/ou da pessoa de não manter mais a relação de trabalho, da decisão da pessoa de se retirar de forma definitiva do mercado de trabalho ou da decisão da pessoa de mudar de carreira.

A Figura 3.2 procura dar uma visão geral do processo de movimentação.

Figura 3.2 – *Processo de movimentação*

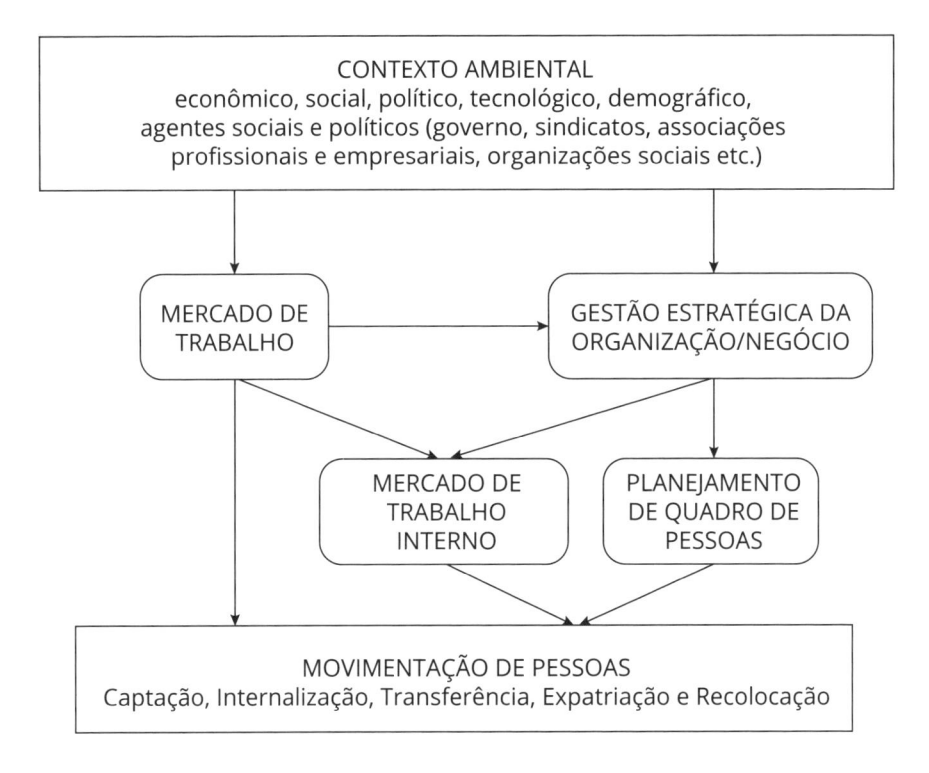

```
┌─────────────────────────────────────────────────────────┐
│                   CONTEXTO AMBIENTAL                    │
│     econômico, social, político, tecnológico, demográfico, │
│   agentes sociais e políticos (governo, sindicatos, associações │
│       profissionais e empresariais, organizações sociais etc.) │
└─────────────────────────────────────────────────────────┘
            │                               │
            ▼                               ▼
    ┌──────────────┐              ┌──────────────────────┐
    │  MERCADO DE  │─────────────▶│ GESTÃO ESTRATÉGICA DA │
    │   TRABALHO   │              │ ORGANIZAÇÃO/NEGÓCIO  │
    └──────────────┘              └──────────────────────┘
            │                         │          │
            │                         ▼          ▼
            │                ┌──────────────┐ ┌──────────────┐
            │                │  MERCADO DE  │ │ PLANEJAMENTO │
            │                │   TRABALHO   │ │ DE QUADRO DE │
            │                │   INTERNO    │ │   PESSOAS    │
            │                └──────────────┘ └──────────────┘
            │                         │          │
            ▼                         ▼          ▼
    ┌─────────────────────────────────────────────────────┐
    │              MOVIMENTAÇÃO DE PESSOAS                │
    │ Captação, Internalização, Transferência, Expatriação e Recolocação │
    └─────────────────────────────────────────────────────┘
```

Fonte: Elaboração própria.

A gestão estratégica de pessoas estabelece parâmetros para definir políticas e práticas de movimentação de pessoas. Além disso, estabelece parâmetros para dimensionamento de quadro balizando todas as ações de movimentação, conforme veremos a seguir.

MERCADO DE TRABALHO

As oportunidades e ameaças existentes no mercado de trabalho, tanto para a organização quanto para as pessoas, influenciam as decisões sobre a movimentação. A compreensão da dinâmica do mercado de trabalho é fundamental para analisarmos o movimento das pessoas na organização.

O mercado de trabalho tem sido definido como o conjunto de oportunidades de trabalho oferecido pelas organizações e como o conjunto das pessoas dispostas a oferecer sua força. Essa forma de definir o mercado de trabalho pode nos conduzir a equívocos. É importante analisarmos o mercado de forma mais ampla, observando aspectos como:

- Compreender o mercado de trabalho como um espaço de negociação e de troca, onde de um lado temos alguém oferecendo seu talento e capacidade, com necessidades sociais, psicológicas e físicas a serem satisfeitas, e de outro uma organização que necessita desse talento e dessa capacidade e que está disposta a oferecer as condições para satisfação das necessidades e expectativas das pessoas. Cada negociação estabelecida nesse mercado faz parte de um processo de conciliação de interesses complexos.
- Compreender o mercado como sendo constituído não só pelas oportunidades de trabalho oferecidas pelas organizações, mas também pelos espaços criados pelas próprias pessoas e pela dinâmica do próprio mercado.

Essa visão ampliada do mercado sugere que as organizações e as pessoas devem ter um contato contínuo com o mercado, e não de forma episódica, em função de uma necessidade específica. Sugere ainda que as relações no mercado de trabalho tornar-se-ão mais complexas no futuro e haverá um crescente espaço para intermediários nas relações entre as pessoas e as organizações. Esses intermediários também agirão sobre o mercado estabelecendo balizas para suas relações. Teremos provavelmente, como decorrência de uma maior complexidade do mercado de trabalho, maior preocupação e interferência do estado. Portanto, não devemos entender o mercado de trabalho condicionado apenas pelas leis de procura e oferta.

O mercado de trabalho é constituído por relações complexas entre pessoas que ofertam sua capacidade de trabalho e por organizações que ofertam oportunidades de trabalho, em uma relação dinâmica e influenciada pelo contexto, tais como: mudanças tecnológicas; globalização e transformações econômicas, sociais, culturais e demográficas.

Essa definição de mercado de trabalho parte de algumas premissas:

- As organizações estão se tornando cada vez mais complexas, tanto em termos tecnológicos quanto em termos de relações organizacionais e relações com o ambiente.
- As pessoas estão cada vez mais capacitadas e, portanto, cada vez mais aptas a lidar com níveis crescentes de complexidade.
- As relações de trabalho vêm assumindo diferentes formas além da tradicional com vínculo empregatício e dominação política e econômica da organização sobre as pessoas. As novas relações desenham-se baseadas na ideia de agregação mútua de valor.

Essas premissas nos permitem dizer que as relações são complexas, e as organizações e as pessoas que não se prepararem perderão vantagens competitivas.

Normalmente, a organização se mobiliza para analisar o mercado de trabalho e/ou para agir sobre ele quando enfrenta escassez de recursos. É comum observar uma ação mais estruturada das organizações em relação a determinadas categorias profissionais, tais como: executivos, profissionais técnicos em áreas de informática ou profissionais altamente especializados. Além disso, a organização observa o mercado somente quando necessita de recursos. A organização, ao se preocupar com o mercado de forma episódica e somente em relação aos recursos escassos, perde a dimensão do mercado como um todo, escapando-lhe oportunidades e ameaças.

As atitudes reativas das organizações têm gerado grandes problemas para a eficiência organizacional e para a sociedade como um todo. Um caso que ocorreu no setor de eletrônica profissional na primeira metade dos anos 1980 elucida esta afirmativa: durante a fase de expansão das empresas desse setor, os salários oferecidos foram muito elevados, atraindo docentes, retirando das universidades matrizes reprodutoras de conhecimento, e pesquisadores, desarticulando células geradoras de conhecimento. Alguns anos mais tarde, com o desaquecimento do mercado e a crise no setor, a maioria das organizações reduziu seu quadro e algumas fecharam suas portas, não deixando alternativa para os profissionais senão buscar outros setores de atividade econômica para se colocarem. Nesse caso, a postura reativa das organizações levou-as a agir de forma predatória no momento de aquecimento, enfraquecendo as fontes geradoras e reprodutoras de conhecimento, e de forma imediatista no momento de desaquecimento, provocando evasão de talentos do mercado. Fenômenos semelhantes no Brasil podem ser observados em relação à internet no final dos anos 1990, ao setor de telecomunicações no final dos anos 1990 e início dos anos 2000, setores de insumos em 2005 e 2006 e a partir de 2010 em diferentes setores econômicos em função de uma realidade de pleno emprego no mercado de trabalho.

Outro ângulo a ser observado em relação ao mercado de trabalho é sobre a imagem institucional da organização. Uma imagem positiva traz facilidades na captação de pessoas. A relação com o mercado de trabalho deve ser efetuada dentro de uma perspectiva estratégica; de um lado um fluxo contínuo de informações acerca de seu comportamento auxilia no posicionamento estratégico mais adequado, e de outro, esse posicionamento define uma abordagem do mercado para o médio e longo prazo.

O descaso com o mercado de trabalho revela que as organizações, no que se refere à gestão de pessoas, estão essencialmente voltadas para dentro. A hipótese mais sensata por enquanto é de que as pressões do contexto externo e interno conduzem as organizações a focar sua atenção no seu interior. As organizações têm considerado o seu trabalhador mais valioso do que aquele que está fora. As pessoas desenvolvidas pela organização são percebidas como a continuidade dos projetos e dos valores, enquanto o profissional que está fora é percebido como uma ameaça de mudança. No contexto em que vivemos, entretanto, as pressões estão sendo alteradas e as premissas para a relação com o mercado de trabalho devem ser revistas.

PLANEJAMENTO DO QUADRO DE PESSOAS

O planejamento do quadro de pessoas é uma peça fundamental para a gestão da movimentação. É imprescindível para a organização a clareza sobre a sua necessidade de pessoas ao longo do tempo, tanto em termos quantitativos quanto em termos qualitativos. Em um ambiente de incertezas, prever esse tipo de necessidades é mais difícil, mas ao fazê-lo a organização obtém vantagens competitivas na atração e retenção de pessoas críticas para o seu negócio. Essa vantagem competitiva advém da dificuldade de obter as pessoas adequadas para enfrentar os desafios ou aproveitar as oportunidades que surgem para a organização e/ou o negócio. A obtenção das pessoas adequadas requer tempo tanto para localizá-las como para desenvolvê-las.

Como planejar as necessidades em um ambiente turbulento? Como estabelecer parâmetros que não sejam esfacelados a cada reviravolta do ambiente onde a organização se insere? Como orientar os movimentos e o desenvolvimento das pessoas? Essas questões vêm preocupando as organizações com maior intensidade nos últimos 20 anos. As organizações que enfrentaram esses problemas com sucesso estabeleceram as seguintes práticas:

- Desvincularam o planejamento do desenho organizacional da empresa, uma vez que o desenho revela a organização de ontem e não a de amanhã. Mesmo quando a organização tenta projetar um desenho, a maior parte o faz com base no desenho presente, conduzindo a previsões que raramente são concretizadas.
- Vinculam o planejamento aos processos essenciais da organização e/ou negócio, como, por exemplo: atividades administrativas e financeiras, processos operacionais, tecnologia; ou às carreiras naturais, tais como: operacionais, profissionais e gerenciais.
- As previsões levam em conta o aumento da complexidade tecnológica do setor de atividade da organização ou daqueles em que pretende atuar e o aumento da complexidade de gestão.
- A análise das necessidades do presente e do futuro frente à realidade existente na organização e/ou negócio é efetuada considerando a capacidade das pessoas de atenderem às demandas. A forma de realizar a avaliação da capacidade das pessoas está descrita nos Capítulos 5 e 6.

Essas práticas permitem antever o formato do quadro e preparar a organização e as pessoas para tanto. Para ilustrar, apresentamos a Figura 3.3.

Figura 3.3 – *Dimensionamento do Quadro*

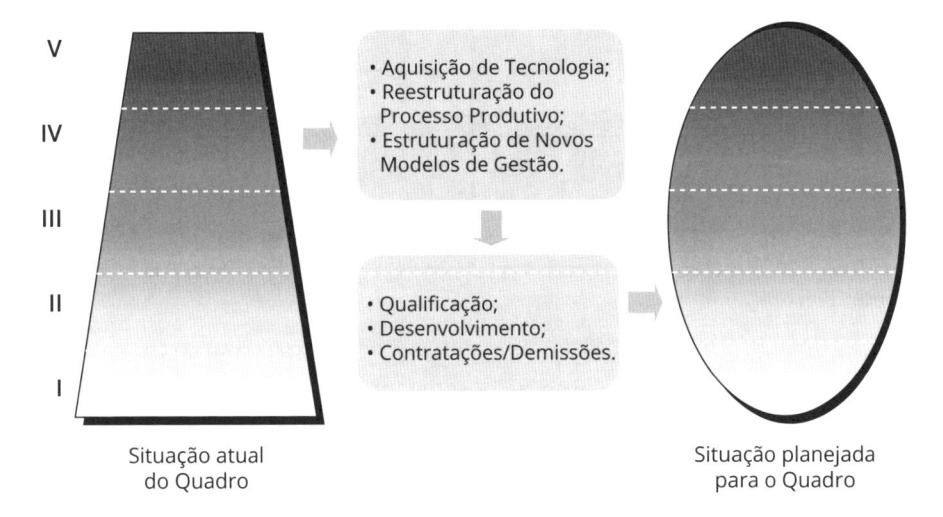

```
V
                        • Aquisição de Tecnologia;
                        • Reestruturação do
IV                        Processo Produtivo;
                        • Estruturação de Novos
                          Modelos de Gestão.
III

                        • Qualificação;
II                      • Desenvolvimento;
                        • Contratações/Demissões.

I

   Situação atual                              Situação planejada
     do Quadro                                   para o Quadro
```

Fonte: Elaboração própria.

Além disso, a organização pode também verificar as lacunas e sobras em relação aos diferentes níveis da carreira ou aos diferentes níveis de complexidade dos processos essenciais. Para efetuar essa verificação, basta confrontar a situação desejada em cada nível com a situação existente, avaliar a condição da organização necessária para suprir as lacunas desenvolvendo as pessoas internamente, contratando pessoas prontas, contratando pessoas a serem desenvolvidas ou, ainda, avaliando se o mercado de prestação de serviços poderá suprir as necessidades da organização. No caso do excesso de contingente, avaliar a transferência para outras carreiras ou processo essenciais, o desligamento ou, ainda, a preparação das pessoas para um futuro desligamento. A Figura 3.4 procura ilustrar esse tipo de análise.

Figura 3.4 – *Análise e dimensionamento do quadro*

Níveis	Quadro atual	Quadro ótimo	Quadro ótimo futuro	*Gap* atual	*Gap* futuro
V					
IV					
III					
II					
I					

Fonte: Elaboração própria.

A Figura 3.5 ilustra como as pessoas podem ser avaliadas em relação ao grau de preparo em que se encontram para assumir posições de maior complexidade nos processos essenciais ou as posições seguintes na carreira. Esse grau de preparo é chamado por muitas empresas de "nível de prontidão". Por exemplo: vamos supor que no nível IV da Figura 3.5, o quadro atual fosse de 10 pessoas e o quadro ótimo fosse de 20 pessoas. Nesse caso haveria uma lacuna de 10 pessoas. Ao olharmos o nível de prontidão das pessoas no nível III, percebemos que todas estão abaixo de 50%, ou seja, atendem menos que 50% das exigências do nível IV. Nesse exemplo, a empresa, se tiver tempo, deverá acelerar o desenvolvimento das pessoas ou, caso contrário, contratar pessoas preparadas. Vamos trabalhar a situação inversa, supondo que no nível IV tenhamos no quadro atual 20 pessoas e no quadro ótimo 10 pessoas. Nesse caso, temos uma sobra de 10 pessoas e ao olharmos as pessoas no nível III verificamos existirem 5 pessoas 100% prontas para o nível IV. As providências da empresa nessa situação são de descongestionar a carreira com um conjunto de ações paralelas, tais como: avaliar necessidade em outras carreiras ou processos, estimular a demissão ou avaliar a possibilidade de aposentadoria.

Figura 3.5 – *Análise do nível de preparo das pessoas para posições de maior complexidade*

Condição da pessoa para:
- manutenção do espaço ocupacional ou
- promoção/avanço na faixa salarial

ANÁLISE INDIVIDUAL		
Perfil de competências para a próxima posição	Atende	Não Atende
1. Competência A	X	
2. Competência B		X
3. Competência C		X
4. Competência D	X	
5. Competência E	X	

Nível de prontidão: 60%

Quantidade de pessoas em cada degrau da carreira com nível de prontidão para o degrau seguinte

DEGRAUS DA CARREIRA	100%	80-99%	50-79%	0-49%
V				
IV				
III				
II				
I				

Fonte: Elaboração própria.

O dimensionamento do quadro é essencial para que a organização possa se preparar e orientar as pessoas, mesmo na perspectiva de um desligamento futuro. O dimensionamento adequado minimiza a possibilidade de surgirem ao longo do tempo gorduras indesejáveis, o que é comum acontecer, ou a possibilidade de se efetuarem cortes no quadro além do necessário, debilitando a organização, com uma consequente perda na qualidade e velocidade de sua atuação.

Toda e qualquer organização tem, de forma explicitada ou não, linhas de conduta para a gestão de pessoas. Essas linhas de conduta transparecem nos processos de comunicação, na forma como a organização trata a remuneração, o tipo de investimento que faz no desenvolvimento de pessoas, como encara os processos de movimentação. O planejamento de quadro deve dialogar com essas linhas de conduta e com as estratégias da organização e/ou do negócio.

Albuquerque, Leme e Zaccarelli (1986) procuram analisar dois modelos extremos de gestão de pessoas, um concentrado no recrutamento externo, em que inexiste um plano de carreira. Nesse caso, a política é a de contratar objetivando um determinado cargo. No segundo, o recrutamento é basicamente interno, oferecendo às pessoas condições de progressão na carreira. Partindo do pressuposto de que há um grande inter-relacionamento entre as várias políticas e práticas de recursos humanos, os autores concluem que o modelo adotado irá influenciar de forma decisiva as várias funções de gestão de pessoas (recrutamento, seleção, treinamento, remuneração etc.), as práticas de gestão, tais como: promoção, demissão etc. e até mesmo a atitude que a pessoa desenvolve em relação à organização.

Os autores procuram demonstrar o alto grau de inter-relação entre as políticas e práticas de gestão de pessoas e a linha de conduta adotada pela empresa. Ampliando esta reflexão, Sonnenfeld (em HALL; ARTHUR; LAWRENCE, 1989) desenvolveu uma tipologia de gestão de pessoas com base em duas dimensões:

- Suprimento de pessoas – interno ou externo, desenvolvendo o mesmo raciocínio de Albuquerque, Leme e Zaccarelli (1986).
- Foco da contribuição para os resultados da organização – podendo estar na contribuição individual ou na contribuição do grupo.

Com base nessas duas dimensões e na tipologia de estratégias desenvolvida por Miles e Snow (1978) – que propõem quatro tipos de organizações: analisadoras, defensoras, reativas e prospectivas –, Sonnenfeld desenvolveu uma matriz para classificação e comparação entre modelos estratégicos e a orientação dada à gestão de pessoas, conforme a Figura 3.6. Dentro dos quadrantes definidos pela matriz são identificados quatro tipos de organizações:

Figura 3.6 – *Tipologia de estratégias*

	FORTALEZA		TIME DE BEISEBOL	
Externo	Orientação para gestão de pessoas	– Redução de despesas	Orientação para gestão de pessoas	– Recrutamento
	Modelo estratégico	– Reativo	Modelo estratégico	– Prospectivo
	Estratégia de competitividade	– Custo	Estratégia de competitividade	– Foco baseado na habilidade das pessoas
	CLUBE		UNIVERSIDADE	
	Orientação para gestão de pessoas	– Retenção	Orientação para gestão de pessoas	– Desenvolvimento
	Modelo estratégico	– Defesa	Modelo estratégico	– Analisador
Interno	Estratégia de competitividade	– Foco (não competitivo)	Estratégia de competitividade	– Diferenciação
	Foco na Contribuição do Grupo	CONTRIBUIÇÃO PARA RESULTADOS		Foco na Contribuição Individual

(eixo vertical: PROCESSOS DE SUPRIMENTOS DE PESSOAS)

Fonte: SONNENFELD (1989, p. 218).

Tipo Universidade – são organizações caracterizadas por:

- estabilidade e baixa rotatividade;
- estímulo ao desenvolvimento, formando habilidades específicas e estando assentada na lealdade de seus empregados;
- uso de critérios de antiguidade ou de concurso para determinar promoções;
- uma estratégia do tipo analisadora, que foca sua atenção ao mercado, tendendo a ser empresas excelentes na entrega de novos produtos ou serviços, embora não representem o grupo mais inovador;
- um sistema de gestão de pessoas preocupado em formar pessoas dispostas a um risco moderado, preocupadas em buscar novas experiências e com alto nível de lealdade à empresa.

Tipo Clube – são organizações caracterizadas por:

- preocupação em garantir um tratamento equânime tanto para a inovação quanto para a lucratividade, prezando a senioridade e o engajamento;
- estímulo à fixação das pessoas na organização;
- uma estratégia do tipo defensora, com uma quantidade restrita de produtos ou serviços no mercado;
- lideranças empenhadas em manter as políticas e práticas de gestão existentes;
- um sistema de gestão de pessoas preocupado em estimular a lealdade e o engajamento das pessoas em relação aos princípios organizacionais, de modo a manter a instituição ao longo do tempo.

Tipo Fortaleza – são organizações caracterizadas por:

- sua preocupação é com a sobrevivência, não podendo garantir segurança para seus membros nem se assentar sobre pessoas;
- recrutamento centrado em generalistas e polivalentes;
- adoção de critérios para promoção e recompensa reconhecidos como válidos pelo grupo;
- uma estratégia do tipo reativa, em que a organização tem pouco controle sobre recursos vitais ou falha constantemente em suas previsões;
- um sistema de gestão de pessoas focado na redução de despesas, na limitação do recrutamento e em evitar a perda de especialistas.

Tipo Time de Beisebol – são organizações caracterizadas por:

- ênfase no recrutamento externo para manter a performance, importando do mercado a competência de que necessitam;
- investir pouco na formação interna de seus quadros;

- uma estratégia do tipo prospectiva, em que é fundamental identificar novas oportunidades ou tendências;
- um sistema de gestão de pessoas continuamente preocupado em recrutar pensadores criativos, independentes e especializados, que produzam novas ideias.

Na Figura 3.7 são apresentados exemplos de empresas classificadas de acordo com a tipologia desenvolvida por Sonnenfeld.

Figura 3.7 – *Classificação de empresas*

	Foco na Contribuição do Grupo	Foco na Contribuição Individual
Externo	**FORTALEZA** Hotéis Varejo Têxtil Promoção Recursos naturais	**TIME DE BEISEBOL** Entretenimento Publicidade Relações públicas Pesquisa Advocacia/Consultoria Bancos de investimentos Desenvolvimento de *software*
Interno	**CLUBE** Utilidades Museus Agências governamentais Companhias telefônicas Forças armadas Empresas aéreas Bancos	**UNIVERSIDADE** Indústrias automobilísticas Indústrias eletrônicas Indústrias farmacêuticas

Eixo vertical: PROCESSOS DE SUPRIMENTOS DE PESSOAS
Eixo horizontal: CONTRIBUIÇÃO PARA RESULTADOS

Fonte: SONNENFELD (1989, p. 215).

Sonnenfeld (1989), após acompanhar a evolução de alunos do MBA da Harvard Business School, percebeu uma preferência por organizações do tipo time de beisebol. Através de pesquisas empíricas no Brasil podemos observar a mesma tendência, esse tipo de empresa tem maior capacidade de atração e retenção de pessoas.

A ênfase no planejamento de quadro deve ser estabelecida em função das estratégias e características da organização e/ou do negócio.

O ideal, entretanto, é possuir um quadro de pessoas formadas na organização e de pessoas formadas em outras organizações do mercado. Juntam-se, dessa forma, as vantagens das diferentes origens das pessoas, conforme mostra o Quadro 3.1.

Quadro 3.1 – *Vantagens do mercado interno e externo*

Aspectos observados	Mercado interno	Mercado externo
Cultura organizacional	Consolida cultura e/ou adapta para as necessidades do contexto.	Oferece visão crítica e/ou auxilia na renovação da cultura.
Conceitos, técnicas e instrumentos de gestão	Aprimora os existentes e internaliza novidades dentro da cultura existente.	Aprimora os existentes e internaliza novidades a partir da vivência externa.
Desenvolvimento humano	Desenvolve-se e auxilia o desenvolvimento de outros a partir da cultura existente.	Oferece sua experiência externa no desenvolvimento das demais pessoas e desenvolve-se amalgamando sua experiência com a cultura da organização.
Otimização de recursos	Aproveita as pessoas preparadas para assumir atribuições e responsabilidades de maior complexidade.	Cobre lacunas existentes na empresa, por não ter pessoas preparadas para as necessidades imediatas da organização.

Fonte: Elaboração própria.

A dosagem ideal dessas origens varia em cada situação ou para cada grupo de profissionais. Quando a organização está em um processo de desenvolvimento acelerado, terá que ir buscar com mais intensidade pessoas no mercado em diferentes níveis de atuação; ao contrário, quando a organização está em processo estabilização ou de descontinuidade de negócios ou atividades, estará alimentando o mercado com pessoas em diferentes níveis de atuação.

Como regra geral, há uma predileção pelo mercado interno, buscando o mercado externo quando não há pessoas capazes de atender às necessidades da organização. Essa posição tende a ser revisitada à medida que o mercado de trabalho se torna cada vez mais turbulento e complexo e que há um maior conhecimento sobre as possibilidades oferecidas por esse mercado.

O planejamento do quadro é essencial para a gestão do movimento de pessoas. O planejamento auxilia na determinação de lacunas e excessos no presente e futuro, permitindo que a organização tome decisões em relação às pessoas e que as pessoas possam se orientar no seu desenvolvimento e carreira. Vamos analisar de perto as várias formas de movimento das pessoas nas organizações e mercado.

CAPTAÇÃO DE PESSOAS

A captação de pessoas pode ser compreendida como toda e qualquer atividade da organização para encontrar e estabelecer uma relação de trabalho com pessoas capazes de atender às suas necessidades presentes e futuras. A maior parte dos autores trabalha esse tipo de movimento de pessoas como recrutamento e seleção. Ao analisarmos a literatura recente, verificamos que a compreensão da captação de pessoas como recrutamento e seleção restringe a compreensão do processo pelos seguintes motivos:

- Encara o processo no sentido da organização para as pessoas e quase nunca considera o sentido das pessoas para a empresa.
- Olha o mercado de trabalho como um provedor de recursos e quase nunca como um espaço de trocas, o qual deve ser compreendido e cultivado dentro de uma visão estratégica.
- Privilegia a relação com o mercado externo, relegando para um segundo plano o mercado interno.
- Concentra a atenção na satisfação de necessidades presentes da empresa e/ou do negócio e quase nunca considera as necessidades futuras.

A captação de pessoas pressupõe uma consciência da organização em relação às suas necessidades. Somente dessa maneira será possível saber quem procurar, onde procurar e que tipo de relação será estabelecido entre a pessoa e a organização. A necessidade da organização deve ser traduzida nos aspectos descritos a seguir, para que haja um processo de procura e seleção alinhado com as necessidades presentes e futuras:

- Perfil profissional – Estabelecendo qual será o espaço de trabalho da pessoa a ser captada e quais as necessidades de conhecimentos, habilidades e experiência requeridas da pessoa.
- Perfil comportamental – Desenhado a partir do contexto político, social e cultural no qual a pessoa irá atuar.
- Entregas desejadas – Quais são as entregas esperadas da pessoa no presente e futuro, de modo que ela possa ser analisada quanto à sua condição de entregar o que é esperado.
- Condições de trabalho – Em que ambiente a pessoa irá atuar e quais são os recursos à sua disposição para realizar o trabalho.
- Condições de desenvolvimento – Quais são os investimentos previstos para a capacitação da pessoa a ser captada.
- Condições contratuais – Quais são os vínculos contratuais possíveis para que a pessoa possa realizar seu trabalho.

Nem sempre é possível determinar todos esses aspectos; em função das circunstâncias, alguns são definidos durante o processo de captação. O processo será conduzido com maior objetividade à medida que esses aspectos sejam definidos previamente.

A maioria dos autores separa a captação em recrutamento e seleção. Pressupõem-se, dessa forma, duas ações separadas, quando na verdade observamos em muitos casos uma única ação como, por exemplo: ao mobilizarmos determinada fonte de captação, já estamos circunscrevendo o universo de pessoas que serão analisadas, ou quando temos indicações de pessoas alinhadas com o perfil estabelecido. Vamos tratar a captação como um processo que vai desde a definição e caracterização de uma necessidade da organização até o estabelecimento da relação de trabalho. Não iremos restringir o processo de captação às situações nas quais são estabelecidos vínculos empregatícios. Atualmente a empresa dispõe de várias alternativas de contratação, e é provável que essas alternativas venham a se ampliar nos próximos anos. Com todos os cuidados legais necessários as organizações podem trabalhar com as seguintes alternativas:

- Contrato de trabalho por tempo indeterminado – hoje a forma mais usual.
- Contrato de trabalho por tempo determinado – só poderá ocorrer se estiver enquadrado em uma das hipóteses de que trata o art. 443 da CLT e não pode durar mais que dois anos. Esse tipo de contrato pode também ser estabelecido em acordo com os sindicatos e não pode durar mais que dois anos (Lei nº 9.601/98, regulada pelo Decreto nº 2.490/98).
- Contrato de prestação de serviço temporário – normalmente através de empresas especializadas na oferta desse tipo de mão de obra e por período não superior a três meses.
- Contratação de pessoas jurídicas para prestação de serviços – normalmente para trabalhos bem-definidos e por um período de tempo previamente estabelecido.
- Contratação de profissionais autônomos para prestação de serviços – normalmente, também, para trabalhos bem-definidos e por um período de tempo previamente estabelecido.

Fontes de captação

As fontes de captação são locais ou entidades que congregam e/ou formam as pessoas necessárias para a organização e/ou o negócio. O mapeamento dessas fontes é importante para analisarmos a capacidade do mercado de suprir as necessidades presentes e futuras da organização. Uma escola, por exemplo, forma anualmente uma determinada quantidade de pessoas para o mercado. Se esse mercado vier a demandar uma quantidade maior, haverá escassez de pessoas preparadas e a reversão dessa situação não se faz com velocidade. A gestão de nossas fontes de captação pode se tornar estratégica para a organização e/ou o negócio. Normalmente as organizações descobrem isso quando o problema já está instalado.

As fontes de captação são importantes porque podem atuar em estreito contato com as necessidades das organizações, adequando seus programas educacionais, processos seletivos, processos de avaliação, escolha do corpo docente, definição de linhas de pesquisa e definição de métodos educacionais.

A organização pode também desenvolver fontes de captação, estimulando ou subsidiando a criação de centros educacionais na comunidade ou a criação de cursos específicos nas instituições já existentes na comunidade, oferecendo condições para o desenvolvimento do corpo docente das instituições existentes para a geração e reprodução de conhecimento, patrocinando trabalhos ou teses de alunos etc.

O desenvolvimento de fontes mistura-se com trabalhos junto à comunidade e normalmente oferece para a organização uma imagem muito positiva. Infelizmente esse posicionamento é ainda raro, e a maioria das organizações age de forma imediatista.

Acesso ao mercado externo pela empresa

Existem várias formas de a organização fazer contato com o mercado de trabalho. As formas mais comuns são:

- **Indicações:** nossas pesquisas revelam que essa é a forma mais utilizada pelas organizações para fazer contato com pessoas no mercado de trabalho. Em pesquisa realizada na grande São Paulo, em 1994, constatou-se que 70% das posições de nível superior eram preenchidas por pessoas indicadas. Nos anos de 1998 e 1999, constatou-se que mais de 80% das pessoas encaminhadas para os serviços de recolocação foram reaproveitadas através de suas redes de relacionamento. Em outros países a situação não é diferente. Em pesquisa realizada pela DBM (Dreak Beam Morin), da Austrália, quase 75% das posições de nível superior foram preenchidas por indicação. Em trabalhos com clínicas temáticas, verificamos que para posições que não requerem nível superior esse índice é maior. Algumas organizações criam programas para incentivar seus empregados a indicarem pessoas conhecidas para as posições em aberto. Isso porque essa forma de fazer contato com o mercado cria em si um critério de seleção, é mais econômico e muito mais rápido.

- **Internet:** a Internet é um valioso veículo para anunciar posições e para interagir com possíveis candidatos. Esse veículo é explorado atualmente como forma de acesso ao mercado de trabalho, mas tem um grande potencial pela velocidade e pelo baixo custo. Através da internet é possível estruturar e atualizar banco de dados, realizar pesquisas sobre o mercado de trabalho e interagir com candidatos potenciais.

- **Anúncios:** os anúncios podem ir desde uma tabuleta na frente da organização, listando as posições em aberto, até anúncios em jornais ou revistas de circulação nacional ou anúncios em sites especializados ou da própria organização. Os anúncios devem ser efetuados em veículos cujo público-alvo seja o desejado para a captação. Muitas organizações não estão atentas para esse aspecto e desperdiçam recursos no processo de captação. Outro ponto de atenção é a utilização do material coletado, a partir do anúncio efetuado pela organização, por outras organizações, por exemplo: normalmente os anúncios pedem para as pessoas encaminharem seus históricos profissionais e a partir daí se inicia um processo de escolha; após a utilização desses históricos por uma organização, eles são encaminhados a outra para que ela proceda à sua escolha e assim por diante.

- **Agentes especializados em captação:** esses agentes podem estar ligados ao governo ou programas de governo relacionados a questões de emprego ou podem estar ligados a organizações da sociedade civil sem fins lucrativos que têm como objetivo ajudar pessoas a se colocarem no mercado de trabalho ou, ainda, podem ser profissionais ou empresas contratadas para captar no mercado de trabalho pessoas para seus clientes. Essa é uma forma bastante utilizada pelas organizações.

- **Banco de dados:** essa é outra forma de captação importante. Em nossas pesquisas esse banco de dados é formado pelas indicações não aproveitadas, por procuras espontâneas e pelos históricos profissionais oriundos de anúncios. O uso dos bancos de dados formados dessa maneira é, geralmente, de pouca valia porque não são atualizados, e as pessoas, quando são chamadas, já estão empregadas. Outra forma de constituir um banco de dados é através do mapeamento de pessoas estratégicas para a organização. As fontes de captação são as principais fornecedoras de dados; outras fontes de dados são as pessoas que trabalham na organização. Para que o banco de dados seja efetivo deve ser constantemente atualizado. Um banco de dados bem-construído tem vida própria e vai sendo aperfeiçoado com o tempo e pode se tornar um recurso valioso tanto para captação quanto para: difusão da imagem da organização no mercado de trabalho, pesquisa salarial, avaliação dos movimentos do mercado de trabalho e estudos de tendências.

Além dessas formas, existem programas específicos de acesso ao mercado como, por exemplo: acesso direto junto às fontes de captação, programas de estágios ou de *trainees*, projetos científicos junto a entidades educacionais ou a associações profissionais, suporte ou realização de congressos profissionais etc.

Acesso ao mercado pelas pessoas

O acesso das pessoas ao mercado mais importante é através do uso de sua rede de relacionamentos, isso porque a forma mais comum da empresa efetuar a captação é através de indicações. As consultas a jornais e internet são formas importantes e também envio de currículos para recrutadores profissionais ou para agentes especializados em captação.

Antes de as pessoas saírem para o mercado é fundamental que tenham uma ideia do que querem. Quanto mais preciso for o foco da procura, maior a chance de sucesso, uma vez que nossa rede de relacionamentos estará orientada sobre nossos desejos e atuará de forma efetiva. Desenvolver um foco preciso sobre o que queremos não é uma tarefa fácil, muitas vezes a nossa rede de relacionamentos nos ajuda muito nesse sentido. Será mais fácil também se tivermos um projeto profissional consciente, sobre o qual trataremos no capítulo sobre desenvolvimento.

INTERNALIZAÇÃO

Outra forma de movimentação é a internalização das pessoas na organização. Esse processo é iniciado a partir da imagem da organização no mercado de trabalho ou a partir do primeiro contato com a pessoa. A partir do primeiro contato, todas as ações decorrentes, até o momento em que a pessoa ingressa na organização, estão sendo construídas expectativas mútuas entre a pessoa e a organização, o que é chamado de contrato psicológico, sobre o qual falamos no primeiro capítulo. A forma como a pessoa é acolhida pela organização terá grande influência na relação a ser estabelecida entre a pessoa e a organização. Infelizmente, verificamos que há um grande descaso com a acolhida da pessoa. Na maior parte das organizações que pesquisamos, não encontramos nenhuma ação de acolhimento. Eventualmente, há um momento no qual a organização é apresentada para o novo colaborador, mas na sequência a pessoa é encaminhada para o seu posto de trabalho sem nenhuma orientação. Verificamos em organizações públicas e privadas o efeito positivo no clima organizacional das ações de acolhimento. Esse movimento é caracterizado como um processo de socialização da pessoa em seu ambiente de trabalho (MAANEN,1989, p. 45), no qual ela entra em contato com os padrões culturais e políticos da organização.

As práticas mais comuns encontradas nas empresas são:

- **Integração:** são ações que procuram aclimatar a pessoa em seu ambiente de trabalho, informar sobre a organização e seu negócio, estabelecer ligação com pessoas importantes para o trabalho, oferecer orientação sobre normas e procedimentos etc.
- **Orientador:** são pessoas designadas para orientar a pessoa nos contatos iniciais com a organização e servir de elo entre as expectativas da organização e as da pessoa.
- **Divulgação da organização:** são ações que visam a criar uma imagem positiva da organização em seu mercado de trabalho.
- **Negociação de expectativas:** são ações desenvolvidas durante os contatos preliminares com a organização nas quais são avaliadas as expectativas entre a pessoa e a organização, tais como: condições de trabalho, possibilidades de

desenvolvimento e carreira, formas de recompensa, ambiente e clima de trabalho etc.

A relação entre a organização e a pessoa deve ser uma preocupação constante de ambas as partes. Normalmente ela é trabalhada no início e depois esquecida. Poucas são as organizações que têm uma preocupação constante com esse aspecto. Não bastam boas ações de recepção da pessoa pela empresa se essas ações não tiverem continuidade ou se as ações subsequentes não forem coerentes com as ações de internalização.

O processo de recepção da pessoa pela organização deve preocupar-se com os seguintes aspectos:

- Dar continuidade ao contrato estabelecido entre a organização e a pessoa durante o processo de captação.
- Oferecer informações sobre a organização, sobre as pessoas que nela trabalham, sobre seu mercado e clientes.
- Criar vínculos com outras pessoas na organização que possam servir de referência para a pessoa que está entrando na empresa.
- Estabelecer um processo de acompanhamento da pessoa na organização e do seu nível de satisfação.
- Criar canais de comunicação para que a pessoa possa manifestar-se sobre a adequação de sua relação com a organização.
- Coerência no conjunto das políticas e práticas de gestão de pessoas com o processo de internalização.

A questão da internalização das pessoas foi trabalhada por Van Maanen (1989, p. 45) como processo de socialização das pessoas na organização, aborda as estratégias utilizadas e as principais consequências destas para as pessoas e para a organização.

O processo de internalização não deve ser utilizado para reprimir ou padronizar comportamento das pessoas e das suas relações com a organização. Caso a empresa utilize o processo de internalização para iniciar um processo de adestramento comportamental, estará matando as possibilidades de contribuições criativas das pessoas e perdendo toda a riqueza da diversidade oferecida pelas diferenças individuais.

TRANSFERÊNCIA

A transferência é uma forma muito comum de movimentação das pessoas na organização. Normalmente são movimentos dentro da própria organização em que a pessoa muda de área de atuação, muda de carreira ou muda geograficamente. As transferências são normalmente realizadas observando os interesses das pessoas envolvidas e da organização.

As transferências podem ser motivadas pela ampliação do quadro de pessoas em função da expansão das atividades da organização. Nesse caso as pessoas podem ser transferidas para posições de maior complexidade, nas quais passam a assumir atribuições e responsabilidades que agregam mais valor para a organização e mais valorizadas em termos salariais. As posições deixadas por essas pessoas são também preenchidas por pessoas que atuavam em níveis menores de complexidade e passam a ampliar o seu espaço ocupacional na organização e assim sucessivamente. Geralmente, uma ampliação do quadro da organização ocasiona várias oportunidades de crescimento para as pessoas. Essas transferências são associadas a promoções na carreira e no salário.

As pessoas podem ascender em suas carreiras como resultado de uma reestruturação organizacional, aposentadorias, demissões ou falta de pessoal por problemas de saúde, afastamento ou morte. Nesses casos, como no anterior, aquelas pessoas mais bem preparadas assumem naturalmente posições de maior complexidade e criam possibilidades para outros movimentos.

Mudanças geográficas em função de novas instalações, abertura de filiais ou escritórios e por solicitação das pessoas. Nesse caso, a mudança pode ou não estar associada a uma ampliação de complexidade de atribuições e responsabilidades.

Em termos ideais, as transferências devem atender a necessidades e prioridades da organização e das pessoas. Atualmente, com operações em dimensões nacionais e mundiais, a mobilidade das pessoas torna-se uma questão vital para dar flexibilidade e agilidade organizacional. Em contrapartida, a vida das pessoas tornou-se mais complexa, normalmente o casal tem prioridades profissionais e pessoais diferentes e que devem ser compatibilizadas. A educação dos filhos vem ganhando cada vez maior importância, as ligações com a comunidade entram mais na vida das pessoas, a rede de relacionamentos torna-se um patrimônio importante etc.

Como decorrência, temos situações cada vez mais complexas a ser equacionadas. As soluções unilaterais da organização são cada vez menos aceitas e correm o risco de abalar o comprometimento das pessoas com a organização.

EXPATRIAÇÃO

Um movimento que vem crescendo nas organizações é o de expatriação. A presença das organizações brasileiras em vários países torna necessário pensar a expatriação de forma mais estruturada. Além das características apresentadas na transferência na expatriação, as pessoas estão sendo movimentadas para outros países acompanhadas geralmente de suas famílias. Esse movimento é bem mais complexo do que a simples transferência por implicar os seguintes aspectos:

- Mudança para um local com língua e costumes diferentes que demanda não só um processo de adaptação, mas uma predisposição da pessoa e de sua família para adaptação. A organização e a pessoa devem avaliar com muito cuidado quais são as condições concretas de adaptação da pessoa e de sua família na nova localidade. Muitas organizações estimulam a pessoa e sua família a visitar o local e avaliar vários aspectos previamente estabelecidos antes de tomarem uma decisão. Para muitas pessoas a não adaptação da família à nova localidade torna inviável sua permanência. Nesse caso a organização perde um grande investimento na expatriação.
- Alteração de rotinas e construção de uma nova rede de relacionamentos, tanto para quem está sendo movimentado quanto para sua família.
- Criação de infraestrutura para a pessoa e sua família.
- Necessidade de um acompanhamento constante da pessoa e de sua família em termos de adaptação à nova vida.

A expatriação é um processo de movimentação muito dispendioso e deve ser encarado como um projeto pela organização, em que as futuras relações do expatriado com a nova localidade são previamente trabalhadas tanto pela organização quanto pela pessoa e sua família. Esse projeto deve gerar as bases para um contrato psicológico entre a organização e a pessoa levando em conta os seguintes elementos:

- remuneração e facilidades para viver na nova localidade;
- suporte para a família em termos de estudos e trabalho;
- infraestrutura para desenvolver o trabalho;
- processo de mudança e adaptação.

As organizações, ao efetuarem o processo de expatriação, raramente conseguem antever o retorno da pessoa ao país. Esse tipo de acerto é difícil de ser efetuado porque não é possível antever o que acontecerá com a organização e/ou com a pessoa. Normalmente, quando a pessoa deseja regressar ao país de origem avalia-se a condição de recebê-la de volta ou contrata-se um serviço de recolocação.

Atualmente, as organizações estão bem-aparelhadas para discutir o processo de expatriação. Vários estudiosos têm discutido os fatores que facilitam ou dificultam o processo de adaptação do expatriado em uma nova localidade. Estudos como de Hampden-Turner e Trompenaars (1983) demonstram a importância de se estudar as diferenças culturais e suas influências nos negócios internacionais. Segundo Irene Miura (2001), a partir de estudos em sete países os autores procuram construir as seguintes dimensões culturais:

- Universalismo (EUA, Alemanha e Suécia) × Particularismo (França e Japão);
- Individualismo (EUA, Inglaterra, Holanda e Suécia) × Comunitarismo (França, Alemanha e Japão);
- Internamente Orientado (EUA, Inglaterra e Alemanha) × Externamente Orientado (Suécia, Holanda, França e Japão);
- Tempo Sequencial (EUA, Suécia, Holanda, Inglaterra e Alemanha) × Tempo Sincronizado (França e Japão);

- *Status* Alcançado (EUA, Inglaterra, Suécia, Alemanha, Holanda e Japão) × *Status* Atribuído (França).

Irene Miura (2001, p. 128) procura mostrar em seu trabalho a importância de a pessoa estar disposta a conciliar os conflitos gerados pelas diferenças culturais existentes nos processos de expatriação.

RECOLOCAÇÃO

A recolocação é um movimento mais característico da modernidade da gestão de pessoas. Com a maior mobilidade das pessoas no mercado, a maior longevidade profissional e o encurtamento das carreiras, as pessoas ficam cada vez mais preocupadas com a recolocação no mercado. Podemos pressupor que nos próximos anos o processo de recolocação será tão natural nas organizações quanto o de captação. Esse quadro é reforçado pela necessidade das organizações em desenvolver continuamente as pessoas e, em muitos casos, sem capacidade para absorver todos que desenvolve. Estimular as pessoas a se movimentarem para o mercado estará cada vez mais presente nas práticas de gestão de pessoas.

Os processos de recolocação podem ser pontuais, ou seja, são iniciados quando uma pessoa necessita ser recolocada, ou podem ser planejados, como, por exemplo: em organizações com alta rotatividade em função da natureza de suas atividades, tais como: *call-centers*, *fast--food*, empresas aéreas etc. As iniciativas pontuais podem ser efetuadas por equipe interna ou através da contratação de serviços especializados. Normalmente quando as posições ocupadas pelas pessoas são de natureza operacional ou técnica de nível médio é mais fácil e econômica a recolocação ser responsabilidade da equipe interna; quanto mais complexa a posição, mais sofisticada se torna a recolocação e nesse caso é mais fácil e econômico contratar serviços especializados.

As recolocações planejadas são mais raras no mercado, mas vêm se tornando um importante instrumento de gestão estratégica de pessoas. Esse tipo de recolocação pode acontecer em duas situações:

- Demissões em massa, quando a organização encerra suas atividades no país ou se transfere de localidade ou tem uma grande redução em suas atividades. Nesse caso é comum a organização estruturar um projeto especial para recolocação, contando com a ajuda de profissionais especializados em recolocação e com o suporte de profissionais especializados em comunicação.

- Em empresas com grande rotatividade de pessoas, onde é importante a preocupação em trazer pessoas do mercado, agregar valor para essas pessoas e depois devolvê-las para o mercado em situação de competir em patamar superior ao que tinha quando entrou na organização. Nesses casos é importante estudar para onde essas pessoas podem estar rumando profissionalmente e prepará-las para tanto. Por exemplo, em empresas de *call center*, os trabalhadores podem ser treinados visando sua recolocação e com isso garantir para as pessoas em seu trabalho uma preparação para trabalhos futuros em outras organizações. Esse tipo de atitude das organizações tem gerado respostas muito positivas dos trabalhadores em termos de motivação para o trabalho e ganhos no relacionamento com clientes.

A recolocação vai se tornando cada vez mais importante no conjunto dos movimentos das pessoas. As organizações e os profissionais de gestão de pessoas devem estar mais atentos para pensar a movimentação das pessoas de uma forma ampla, inclusive para fora da organização.

CONCLUSÕES

A movimentação de pessoas é um processo que recebe pouca atenção por parte das organizações em geral, como vimos ao longo deste capítulo. Com as mudanças a que assistimos no contexto em que atuam as organizações e as novas pressões sobre as pessoas, teremos uma transformação desse quadro. A movimentação de pessoas será encarada como um elemento crucial da estratégia de gestão de pessoas.

Acreditamos que nos próximos anos teremos a consolidação das transformações que vêm ocorrendo com a gestão de pessoas. Nesse processo de consolidação, pensar a pessoa em toda sua trajetória na empresa será fundamental. Por isso não podemos pensar os processos de movimentação, desenvolvimento e valorização desvinculados, mas como partes de um todo no qual cada uma transforma profundamente a outra. Desse modo, não podemos pensar o desenvolvimento e a carreira da pessoa desvinculados de seus movimentos e valorização na organização e assim por diante. O equilíbrio entre esses processos será essencial para uma gestão de pessoas que patrocine ao mesmo tempo o desenvolvimento da organização e/ou negócio e das pessoas, direta e indiretamente envolvidas.

QUESTÕES E EXERCÍCIOS DO CAPÍTULO 3

Questões para fixação

- Como podemos entender a gestão estratégica de pessoas e a sua relação com a gestão estratégica do negócio?
- Como podemos classificar a movimentação das pessoas na organização e/ou negócio?
- Como pode ser caracterizado o mercado de trabalho?
- Qual é a importância de efetuar um planejamento do quadro e como pode ser efetuado?
- Quando deve ser utilizado o mercado interno e quando deve ser utilizado o mercado externo?
- Quais devem ser as preocupações da organização com o processo de captação de pessoas?
- Como podem ser trabalhadas as fontes de captação?
- Como a organização pode acessar o mercado de trabalho?
- Como as pessoas podem acessar o mercado de trabalho?
- Quais são as preocupações da organização nos processos de internalização, transferência, expatriação e recolocação?

Questões para desenvolvimento

- Qual é o grau de influência mútua entre a estratégia do negócio e a estratégia na gestão de pessoas?

- Por que é importante para a organização e para a pessoa monitorarem o mercado de trabalho?
- Como a organização pode trabalhar com o mercado interno e com o mercado externo conciliando as vantagens que ambos podem oferecer?
- Como desenvolver fontes alternativas de captação?
- Qual é a importância do processo de internalização para a construção da relação entre a pessoa e a organização?
- Quais são os cuidados a serem observados pela organização e pela pessoa nos processos de expatriação?
- Por que a recolocação se torna cada vez mais importante para a organização e para as pessoas?

EXERCÍCIOS E ESTUDOS DE CASO

Caso 1

Os bancos Topa Tudo e Vamos Ganhar Juntos atuam nos segmentos de mercado: varejo selecionado e atacado. O Banco Topa Tudo tem por princípio auferir o máximo em qualquer negociação com seu cliente, sendo assim o desempenho de seus gerentes é mensurado a partir da rentabilidade que os clientes proporcionam ao banco. Essa postura tem proporcionado uma boa rentabilidade dos produtos, mas a rotatividade dos clientes. O Banco Vamos Ganhar Juntos tem por princípio a justiça e equidade nas negociações com os clientes. Seus gerentes são avaliados pelo volume de negócios e pelo nível de satisfação dos clientes com os serviços prestados pelo banco. Muitos dos produtos apresentam rentabilidade abaixo da média dos demais bancos, porém a rotatividade dos clientes é a menor do mercado e seus clientes tendem a concentrar seus negócios no banco.

O Banco Topa Tudo tem como estratégia na gestão de pessoas atrair gerentes formados no mercado e que possuam um bom acervo de clientes, para tanto, oferece salários extremamente competitivos. Quando os gerentes perdem o seu acervo ou não conseguem obter a rentabilidade necessária para o banco, são demitidos. O Banco Vamos Ganhar Juntos tem investido no processo de recrutamento e seleção procurando pessoas com potencial e características pessoais alinhadas com a filosofia do banco. Há grande investimento em treinamento e aperfeiçoamento profissional. O corpo gerencial é formado no interior do banco.

O propósito deste caso é estimular uma discussão sobre a relação entre a estratégia do negócio e a estratégia na gestão de pessoas. Os bancos Topa Tudo e Vamos Ganhar Juntos são semelhantes quanto ao tamanho e segmento de mercado, mas diferentes quanto à cultura e à forma de atuação. As questões sobre o caso são:

- Quais são as estratégias na gestão de pessoas dos dois bancos?
- Quais são os pontos fortes e pontos fracos da estratégia na gestão de pessoas do banco Topa Tudo?
- Quais são os pontos fortes e pontos fracos da estratégia na gestão de pessoas do banco Vamos Ganhar Juntos?

Para efeito deste exercício, vamos entender pontos fortes como os aspectos da estratégia na gestão de pessoas que alavanca a estratégia de negócios do banco, e pontos fracos os aspectos que podem oferecer risco imediato ou futuro para a estratégia de negócios do banco. Vamos verificar que ambos os bancos possuem pontos fortes e fracos em sua estratégia na gestão de pessoas, assim como qualquer empresa. O aspecto importante é observar como podemos utilizar, de forma mais intensa, os pontos fortes da estratégia e minimizar ou eliminar os pontos fracos.

Caso 2

A empresa Vida S.A. atua no setor eletroeletrônico há 20 anos com grande tradição em desenvolvimento, industrialização e comercialização de equipamentos na área de saúde. Durante os últimos 10 anos, a organização aproveitou as oportunidades do mercado para expandir sua linha de produtos e consolidar-se no mercado brasileiro. Para essa consolidação, estabeleceu as seguintes linhas de ação:

- associação com organizações internacionais de forte reputação e tradição;

- aplicação sistemática de 15% de seu faturamento em pesquisa e desenvolvimento;
- implementação de programas de produtividade e qualidade;
- implementação de programas de atendimento e garantia da satisfação dos usuários de seus equipamentos;
- revisão de toda estrutura de serviços de manutenção e atendimento técnico aos clientes;
- programa para atração, retenção e desenvolvimento de talentos para a empresa.

Essas linhas de ação permitiram que a organização experimentasse um crescimento de 700% nos últimos 10 anos, a consolidação no mercado nacional e a entrada no mercado mundial. No penúltimo ano, entretanto, a organização teve uma grande queda na demanda do mercado nacional e procurou compensar com maior atenção ao mercado internacional. Durante esse período o faturamento manteve-se estabilizado. No último ano a organização enfrentou problemas no mercado internacional fazendo com que houvesse uma queda de 30% em seu faturamento. Em função disso a organização efetuou drásticos cortes em seu pessoal, nos investimentos em pesquisa e desenvolvimento e eliminou os programas de capacitação e desenvolvimento de pessoas.

No primeiro semestre deste ano o mercado nacional voltou a se aquecer e a organização recebeu uma grande encomenda dos EUA. Para dar conta dessa demanda, a organização necessitou ampliar o seu quadro em 30% e para dar conta dos compromissos tomou as seguintes providências:

- ampliou a jornada de trabalho, pagando horas extras;
- iniciou procura de quadro complementar;
- abriu contratação de prestadores de serviços.

A organização enfrentou, entretanto, os seguintes problemas:

- Mesmo ampliando a jornada de trabalho, não consegue dar conta da demanda, além de a produtividade geral diminuir em função da fadiga.

- O clima interno não é estimulante, uma vez que a organização parou com o programa de capacitação e desenvolvimento, efetuou cortes de pessoal e tem problemas de comunicação com seus empregados.
- O mercado é muito especializado e a organização está tendo dificuldades para encontrar pessoas capacitadas e em condições de dar respostas imediatas para as suas necessidades.
- Como o mercado experimentou um período recessivo, não há prestadores de serviços disponíveis; os existentes estão todos absorvidos.

As questões em relação ao caso são as seguintes:

- Como a organização pode solucionar os seus problemas imediatos de forma a não comprometer seu médio e longo prazo?
- Analise os erros cometidos pela organização e que fizeram com que chegasse na situação descrita.

BIBLIOGRAFIA DO CAPÍTULO 3

ALBUQUERQUE, L. G.; LEME, R. A.; ZACCARELLI, S. B. *O recrutamento interno, plano de carreira e processo sucessório*. Apostila do Departamento de Administração da FEA-USP. São Paulo, 1986.

ALBUQUERQUE, L. G. *O papel estratégico de recursos humanos*. São Paulo. Tese (Livre-docência) – Faculdade de Economia e Administração, da Universidade de São Paulo, 1987.

ALBUQUERQUE, L. G.; LEITE, N. P. *Gestão de pessoas:* perspectivas estratégicas. São Paulo: Atlas, 2011.

ARMSTRONG, M.; LONG, P. *The reality of strategic HRM*. Londres: IPD House, 1994.

CHIACENATO, I. *Gestão de pessoas*. Rio de Janeiro: Campus, 1999.

FLEURY, A.; FLEURY. *Estratégias empresariais e formação de competências*. São Paulo: Atlas, 1999.

FLEURY, M. T. L.; FISCHER, R. M. *Cultura e poder nas organizações*. São Paulo: Atlas, 1989.

HAMPDEN-TURNER, C.; TROMPENAARS, F. *The seven cultures of capitalism:* values systems in the United States, Britain, Japan, Germany, France, Sweden and the Netherlands. New York: Doubleday, 1993.

MAANEN, J. V. *Processando as pessoas* – estratégias de socialização organizacional. In: FLEURY, M. T. L.; FISCHER, R. M. *Cultura e poder nas organizações*. São Paulo: Atlas, 1989.

MILES, R. E.; SNOW, C. C. *Organizational structure, strategy and process*. New York: McGraw-Hill, 1978.

MIURA, IRENE K. *A influência dos valores culturais sobre o comportamento dos executivos em designações internacionais*. São Paulo. Tese (Doutorado) – Faculdade de Economia e Administração da Universidade de São Paulo, 2001.

PRAHALAD, C. K.; HAMEL, G. The core competence of the corporation. *Harvard Business Review*, Boston, v. 68, nº 3, p. 79-91, May/June 1990.

ROTHWELL, W., KAZANAS, H.C. *Strategic human resources planning and management*. New Jersey: Prentice Hall, 1988.

SONNENFELD, Jeffrey A. Career system profiles and strategic staffing. In: HALL, D. T. et al. *Handbook of career theory*. New York: Cambridge University Press, 1989. p. 202-224.

WOOD, S. Administração estratégica e administração de recursos humanos. *Revista de Administração*, São Paulo: USP, v. 27, nº 4, p. 30-38, out./dez. 1992.

4

Desenvolvimento de pessoas

INTRODUÇÃO

Neste capítulo, iremos trabalhar os processos cujo objetivo é o de estimular e criar condições para o desenvolvimento das pessoas e da organização. A questão do desenvolvimento das pessoas na organização contemporânea é fundamental para a manutenção e/ou ampliação do seu diferencial competitivo. Por que é fundamental? Porque as organizações estão cada vez mais pressionadas, tanto pelo ambiente externo quanto pelas pessoas com as quais mantêm relações de trabalho, a investir no desenvolvimento humano. As organizações estão percebendo a necessidade de estimular e apoiar o contínuo desenvolvimento das pessoas como forma de manter suas vantagens competitivas. Ao mesmo tempo, as pessoas buscam seu contínuo desenvolvimento para obter segurança quanto à sua inserção no mercado de trabalho.

O grande desafio está em orientar esse desenvolvimento em um ambiente tão volátil como o que vivemos e provavelmente viveremos amanhã. Para enfrentar esse desafio, temos que encontrar referenciais estáveis para balizar o desenvolvimento das pessoas e da organização.

Podemos antever que, independentemente dos possíveis cenários futuros, as organizações e a sociedade como um todo caminham para uma maior complexidade tecnológica e das relações. As pessoas necessitam ser preparadas para contextos cada vez mais exigentes e complexos. Ao mesmo tempo o desenvolvimento humano está cada vez mais associado à complexidade. Podemos definir o desenvolvimento da pessoa como "capacidade para assumir atribuições e responsabilidades em níveis crescentes de complexidade".

Conforme foi observado no Capítulo 2 deste livro, essa definição de desenvolvimento permite os seguintes desdobramentos:

- **Mensuração do desenvolvimento:** ao mensurarmos os níveis de complexidade, podemos medir o nível de desenvolvimento de uma pessoa.
- **Perenidade e comparabilidade dos padrões:** como o objeto da mensuração não é o trabalho da pessoa e sim a complexidade do seu trabalho, temos um padrão estável no tempo. Além disso, temos condições de comparação entre diferentes tipos de trabalho e de trabalhos em diferentes contextos.
- **Desenvolvimento como patrimônio da pessoa:** sabemos hoje que quando a pessoa aprende a atuar em um determinado nível de complexidade ela não regride para níveis menores. Ao contrário, quando tem que trabalhar em níveis de menor complexidade, a pessoa se sente frustrada e não desafiada (STAMP, 1993). O desenvolvimento é um patrimônio que a pessoa levará consigo para onde for.

O conceito do desenvolvimento atrelado à complexidade não é suficiente para podermos construir instrumentos para sua gestão. Falta um componente para dar direção e foco ao desenvolvimento. Os conceitos de competência e carreira vêm sendo utilizados para esse fim.

O conceito de competência foi trabalhado no Capítulo 2 deste livro. Posso dizer que uma pessoa é competente quando ela, através de suas capacidades, consegue entregar e agregar valor para a organização, para ela própria e para o meio onde vive. Portanto, ao definir o que a pessoa deve entregar para a organização estamos dando foco ao desenvolvimento. Ao estabelecermos diferentes níveis de complexidade dessa entrega estamos construindo uma escala para mensurar e orientar o desenvolvimento.

Dentro das organizações temos necessidade de diferentes conjuntos de entrega em função das áreas ocupacionais, tipos de carreira, negócios etc. Vamos nos valer do conceito de carreira para definir quais devem ser as entregas necessárias para a organização e quais são os horizontes profissionais oferecidos.

A carreira não deve ser entendida como um caminho rígido a ser seguido pela pessoa, e sim como uma sequência de posições e de trabalhos realizados pela pessoa. Essa sequência articulada de forma a conciliar o desenvolvimento das pessoas com o desenvolvimento da empresa é o que chamaremos de carreira.

Para compreendermos como a organização pode estimular, apoiar e oferecer condições concretas para o desenvolvimento da pessoa, vamos abordar, inicialmente, o papel da pessoa como protagonista de seu desenvolvimento e de sua carreira.

Posteriormente, vamos trabalhar o papel da organização privilegiando dois olhares: um para a carreira e outro para o desenvolvimento.

PROTAGONISMO DA PESSOA NA GESTÃO DE SEU DESENVOLVIMENTO E DE SUA CARREIRA

Há, por parte das pessoas, uma natural resistência ao planejamento de suas vidas profissionais, tanto pelo fato de encararem a trilha profissional como algo dado (VAN MAANEN, 1977) quanto pelo fato de não terem tido qualquer estímulo ao longo de suas vidas. Essa resistência é percebida em nossas pesquisas com jovens e em pesquisas com empresas de recolocação e aconselhamento de carreira estabelecidas no Brasil.

Historicamente as pessoas pensam suas carreiras ou em momentos de crise pessoal ou em momentos de crise do mercado (HALL, 1986). A resistência ao planejamento individual de carreira é ainda muito grande no Brasil, as pessoas tendem a guiar suas carreiras mais por apelos externos, tais como: remuneração, *status*, prestígio etc., do que por preferências pessoais. Observamos em nossas pesquisas que o padrão cultural do brasileiro é o de ser reativo quando se trata de sua carreira, tende a responder aos estímulos do mercado ou da empresa. Raramente o brasileiro pensa em sua carreira a partir de suas características ou de suas preferências individuais. Apesar disso, fazendo um contraponto, nossas pesquisas mostram também que o brasileiro, de forma não consciente, tende a permanecer no que chamamos de: região de preferência profissional (SCHEIN, 1978; 1990).

Nos últimos 20 anos, a gestão de pessoas das organizações brasileiras tem se deparado com um novo contrato psicológico, conforme mencionado no Capítulo 1 deste livro. Esse novo contrato advém de um ambiente mais competitivo no qual as organizações, para sobreviver, necessitam estar em processo contínuo de desenvolvimento. O desenvolvimento organizacional está intimamente ligado à capacidade de contribuição das pessoas que trabalham na organização. Essa capacidade de contribuição é ampliada à medida que a pessoa se desenvolve, e esse desenvolvimento individual associado ao aumento da capacidade de contribuição da pessoa para o desenvolvimento organizacional é a principal cobrança da organização. Embora não esteja explícito nas organizações, a valorização das pessoas, manifestada por aumentos salariais, promoções ou conquista de espaço político, dá-se à medida que elas aumentam o seu nível de contribuição para o desenvolvimento organizacional. Em suma, a principal contribuição das pessoas esperada pela organização é o desenvolvimento organizacional.

O novo contrato psicológico é influenciado, também, por alterações importantes nas expectativas das pessoas em relação à organização. A partir de um ambiente mais competitivo as pessoas percebem rapidamente que sua mobilidade, tanto no interior da organização quanto no mercado, está atrelada ao seu contínuo desenvolvimento. As pessoas passam a demandar das organizações a criação de condições objetivas e concretas para o seu desenvolvimento contínuo, passam a assumir investimentos em seu desenvolvimento e mudam valores na relação com as organizações. Como efeito dessa transformação foi possível perceber alguns sinais importantes: as pessoas dispostas a trocar remuneração por desenvolvimento no final da década de 1990; a criação e ampliação rápida de cursos de pós-graduação e da ideia de educação continuada ao longo da década de 1990; a mobilidade das pessoas se dando em função da busca de condições de desenvolvimento, ao longo da primeira década dos anos 2000.

O novo contrato psicológico está assentado no desenvolvimento mútuo, ou seja, a relação entre pessoa e organização se mantém à medida que a pessoa contribui para o desenvolvimento da organização e a organização para o desenvolvimento da pessoa. O desenvolvimento organizacional está cada vez mais atrelado ao desenvolvimento das pessoas, e, ao mesmo tempo, as pessoas valorizam cada vez mais as condições objetivas oferecidas pela empresa para o seu desenvolvimento. Esse novo contrato envolveu inicialmente os segmentos mais competitivos do mercado e hoje abrange toda a nossa sociedade e todos os tipos de organização: públicas, privadas e organizações da sociedade civil (terceiro setor).

Nesse contrato, cada vez mais consolidado em nossa sociedade, a pessoa fará diferença na medida em que assumir uma postura de protagonista de sua carreira e de seu desenvolvimento. Essa realidade que se impõe no mercado de trabalho exercerá uma pressão crescente para que a pessoa assuma uma postura ativa em relação à sua carreira.

POSTURA DAS PESSOAS EM RELAÇÃO AO SEU DESENVOLVIMENTO E CARREIRA

A postura das pessoas em relação ao seu desenvolvimento vem sofrendo grandes transformações ao longo dos últimos vinte anos. Na década de 1990, as pessoas passaram a se preocupar muito mais com a sua autonomia e a sua liberdade. Isso muda o panorama da relação entre pessoas e organizações no Brasil. A partir da década de 1990, as organizações são pressionadas a uma postura de maior abertura, de serem mais participativas na relação com as pessoas. As organizações mais abertas e participativas têm melhores condições de criar nas pessoas uma relação de compromisso com os valores e objetivos da organização; em contrapartida, as organizações mais controladoras e autoritárias têm grande dificuldade de construir esse comprometimento. Na década de 1990, ainda observamos as pessoas mais preocupadas com o seu desenvolvimento e dispostas a investir nesse processo, com ou sem a ajuda da organização.

Na primeira década dos anos 2000, as pessoas se deram conta de que vivem e viverão por mais tempo, em suma, perceberam de forma objetiva uma maior longevidade. Essa longevidade veio acompanhada de novas possibilidades e novas demandas, como, por exemplo: manter-se útil, manter-se independente financeiramente e manter a qualidade de vida. A essa longevidade são contrapostas novas situações, uma delas é que as carreiras estão mais curtas, e, portanto, as pessoas fecham ciclos profissionais em tempo mais curto, com a necessidade de várias carreiras ao longo de suas vidas. A necessidade de as pessoas mudarem suas carreiras é um evento observado de forma mais intensa na primeira década dos anos 2000; esse evento é chamado de transição de carreira. A transição de carreira era raramente observada na década de 1990, isso porque uma transição de carreira é algo que as pessoas evitam por ser muito desgastante emocionalmente. Esse desgaste se dá porque a pessoa, ao mudar de carreira, está alterando sua identidade profissional, e a intensidade desse desgaste pode se comparar a uma separação conjugal.

Outra situação que se contrapõe à maior longevidade é a demografia brasileira. Temos uma explosão de nascimentos no período de 1970 a 1985. Esses nossos *baby boomers* entram no mercado a partir dos anos 1990, ao final da década passam a assumir posições de liderança e as organizações nesse momento passam a viver um dilema: ficar com as pessoas mais maduras e perder as mais jovens ou tirar as pessoas mais maduras e dar espaço para as mais jovens. As organizações fazem a segunda opção. No final dos anos 1990 e no início da primeira década dos anos 2000, o mercado expulsa as pessoas com mais de 50 anos. Estimamos que a aposentadoria estabelecida pelo mercado nessa época era de 55 anos, mas algumas empresas brasileiras estabeleceram como idade compulsória de aposentadoria 60 anos. Os aposentados, entretanto, ainda com muita vitalidade, em sua maioria não caminharam para a completa inatividade, procurando atividades diferentes, tais como: negócio próprio, docência, atividades filantrópicas etc. Essas pessoas viveram uma transição de carreira.

Outra constatação, como consequência da longevidade, pessoas de diferentes faixas etárias estão disputando o mesmo espaço no mercado de trabalho, e um exemplo disso pode ser observado nos concursos públicos, em que concorrem pessoas em diferentes momentos de sua vida.

Observamos, também, que a volatilidade do conhecimento e da informação se acentuou na primeira década dos anos 2000, devendo se acentuar cada vez mais no futuro. Inicialmente, as pessoas sentiram-se desorientadas com essa volatilidade, sem saber como pensar o seu desenvolvimento e como filtrar a enorme quantidade de conhecimento e informações ao seu dispor. Posteriormente, foram percebendo que o mercado passou a demandar, na mesma pessoa, o especialista e o generalista, ou seja, a pessoa deve se desenvolver nas duas direções, aprofundando-se em sua área de especialização e, ao mesmo tempo, adquirindo uma visão ampla do contexto em que vive.

POR QUE PENSAR EM CARREIRA?

As pessoas percebem as oportunidades profissionais e de carreira de fora para dentro. Em outras palavras, as pessoas normalmente olham para o mercado ou para a empresa em busca de oportunidades sem considerar a si próprias, seus pontos fortes, suas preferências, seus desejos e seus sonhos. Ao fazê-lo, as pessoas incorrem nos seguintes equívocos de carreira:

- armadilhas profissionais;
- desconforto profissional;
- visão restrita de oportunidades.

De outro lado, as pessoas que pensam suas carreiras a partir delas próprias e que têm consciência para onde estão indo profissionalmente dificilmente incorrem nos equívocos profissionais descritos e possuem clara vantagem competitiva em relação aos seus colegas. Vamos ver por quê.

Armadilha profissional

A pessoa cai em uma armadilha profissional quando, atraída por recompensas financeiras, *status* ou *glamour* da posição, passa a atuar em uma situação profissional que lhe causa profundo desconforto. Normalmente o desconforto profissional ocorre quando a posição profissional explora mais intensamente seus pontos fracos e muito pouco de seus pontos fortes. As pessoas, quando estão em uma posição profissional que explora seus pontos fracos, têm que se esforçar para realizar suas atribuições e responsabilidades e, mesmo com grande esforço, não conseguem sair da mediocridade. Ao contrário, quando as pessoas estão em uma posição profissional que explora seus pontos fortes com facilidade, são excelentes e vivem um período de grande desenvolvimento profissional.

Hoje sabemos que as pessoas se desenvolvem usando de forma cada vez mais sofisticada seus pontos fortes. O uso de pontos fracos causa para as pessoas desconforto profissional e inibe o desenvolvimento. Portanto, para nos desenvolvermos de forma saudável e natural devemos aprender novas formas de explorar nossos pontos fortes. O investimento em nossos pontos fracos deve ocorrer para que eles não atrapalhem nossos pontos fortes.

As armadilhas profissionais normalmente são rapidamente percebidas pelas pessoas e imediatamente tentam sair delas. Mas é mais fácil entrar em uma armadilha do que sair, principalmente em um mercado muito competitivo como o que temos atualmente. Nos depoimentos que temos recolhido dos profissionais, verificamos que cair em armadilhas é uma situação muito comum e normalmente poderia ser facilmente evitada se as pessoas estivessem atentas a si próprias. As pessoas atentas às suas carreiras, tendo um projeto profissional consciente e preocupadas com seu autodesenvolvimento, conseguem evitar esse tipo de situação.

Algumas vezes as pessoas não percebem a armadilha profissional porque o desconforto não é muito acentuado no início ou porque a pessoa está tendo problemas em outras esferas de sua vida e atribui o desconforto a esses problemas. Essas são as armadilhas mais perigosas, elas vão minando a energia das pessoas, debilitando sua autoestima e gerando um sentimento de desqualificação. Nesses casos as pessoas percebem a armadilha três ou quatro anos após terem entrado e é muito mais difícil de sair.

Desconforto profissional

O desconforto profissional, diferente da armadilha, ocorre sem percebermos. Quando nos damos conta do desconforto ele já está instalado há algum tempo e é só nesse momento que começamos a trabalhar para nos livrarmos dele. Normalmente pensamos em nossa carreira profissional quando sentimos um desconforto profissional e é nesse momento que procuramos alternativas ou novas posições. É fundamental termos em mente que entre entrarmos em uma região de desconforto, percebermos o desconforto, começarmos a agir para sair da situação e conseguirmos sair gastamos de dois a cinco anos. Ou seja, durante esse período estamos nos desenvolvendo muito pouco ou nada.

O desconforto profissional ocorre quando, estando em uma carreira que nos agrada e onde encontramos espaço para crescimento, chegamos a um limite em que não temos mais espaço para crescimento. As pessoas conscientes de sua carreira conseguem com mais facilidade antever esses momentos e se preparar para eles, evitando-os ou minimizando seus efeitos.

Visão restrita de oportunidades

Em nossas pesquisas com gerentes percebemos que a quase totalidade quando pensa em sua carreira toma como referência ou a estrutura organizacional ou os planos de cargos e salários. Ao fazê-lo, estão utilizando um referencial que traduz a empresa de ontem e não a empresa do amanhã, por isso as pessoas têm tanta dificuldade para enxergar oportunidades que estão surgindo ou para criar situações que podem gerar oportunidades.

Para a empresa é importante estimular as pessoas a descobrirem novos espaços de desenvolvimento, porque isso cria as condições concretas para o desenvolvimento organizacional.

IMPORTÂNCIA DO PROJETO PROFISSIONAL CONSCIENTE

Ter um projeto profissional consciente significa saber aonde se quer chegar e agir de forma consistente e coerente com o nosso objetivo. As pessoas que têm um projeto levam vantagens em relação àquelas que não têm, porque conseguem distinguir mais facilmente uma oportunidade de uma armadilha profissional, focam seus investimentos, gerenciam o seu desenvolvimento, olham o mercado e a empresa com os seus olhos e não com os olhos dos outros e possuem uma visão mais ampla das oportunidades.

Podemos antever uma maior pressão do ambiente social sobre as pessoas para que planejem suas carreiras. Essa antevisão é suportada pelos seguintes argumentos:

- Aumento na diversificação das oportunidades profissionais ocasionada pelos movimentos de: maior complexidade organizacional e tecnológica das organizações, revisão das estruturas organizacionais e diversificação do mercado de produtos e serviços, exigindo das pessoas posicionamento cada vez mais consciente quanto à sua trajetória profissional.
- Disseminação cada vez maior da ideia de que as pessoas são capazes de influenciar suas próprias carreiras tanto no setor privado quanto no público.
- Valorização social do contínuo crescimento, da mobilidade, da flexibilidade e da notoriedade. Este tipo de valorização pressiona as pessoas a competirem consigo próprias, a estarem sempre revendo suas expectativas e necessidades.

Esses aspectos deverão criar uma demanda crescente por um projeto profissional consciente, ou seja, por uma visão das possibilidades concretas de desenvolvimento profissional.

A construção de um projeto profissional é fácil e está ao alcance de todos, basta olharmos para nós mesmos com honestidade e nos respeitarmos. A partir daí conseguiremos enxergar com mais clareza as oportunidades ou as possibilidades de criarmos oportunidades.

Como pensar a carreira

Há, por parte das pessoas, uma natural resistência ao planejamento de suas vidas profissionais, tanto pelo fato de encararem a trilha profissional como algo dado quanto pelo fato de não terem tido qualquer estímulo ao longo de suas vidas. A resistência ao planejamento individual de carreira é ainda muito grande no Brasil, e as pessoas tendem a guiar suas carreiras mais por apelos externos, tais como: remuneração, *status*, prestígio etc., do que por preferências pessoais. Embora não tenhamos até aqui pesquisas que confirmem essa afirmação, temos a seu favor inúmeras constatações empíricas oriundas de eventos nos quais esse assunto foi discutido, intervenções em empresas e trabalhos com estudantes de nível superior.

Podemos observar ainda que, em momentos de crise e escassez de emprego, as pessoas tornam-se naturalmente mais preocupadas em planejar suas carreiras, buscando conselhos, métodos e instrumentos que as ajudem nesse processo.

Quando as pessoas pensam em plano de carreira, acreditam que um plano deve deixar absolutamente claras as possibilidades de desenvolvimento profissional ou deve apontar com precisão um horizonte profissional. Associa-se, portanto, à ideia de plano de carreira a metáfora de uma estrada plana, asfaltada e bem conservada, que se trilhada pela pessoa a conduzirá ao sucesso, à riqueza e à satisfação profissional. Quando as pessoas olham para a realidade das organizações, verificam a carreira como uma sucessão de acontecimentos inesperados de parte a parte. As pessoas quando olham à frente veem um caminho tortuoso, em que são apresentadas várias alternativas e, ao mesmo tempo um grande número de incertezas. A carreira deve ser pensada, portanto, como uma estrada que está sempre sendo construída pela pessoa e pela organização. Desse modo, ao olharmos à frente vamos sempre ver o caos a ser ordenado e quando olhamos para trás enxergaremos a estrada que já construímos. Uma organização que administre de forma compartilhada as carreiras tem diante de si várias estradas sendo construídas.

A pessoa é escultora de sua carreira quando a constrói de forma consciente. A carreira não é uma construção fácil, nós nunca temos certeza absoluta do que encontraremos pela frente, a cada passo abre-se um mundo novo e a todo instante nos deparamos com o inesperado.

Muitas vezes nos sentimos tentados a optar pelo caminho mais fácil, normalmente já trilhado por outras pessoas, ou por aquele determinado pela empresa. Quando escolhemos o caminho já trilhado por outras pessoas podemos ter vantagens pelo fato de termos parte do caminho já aplainado, mas, se não agregarmos o nosso esforço na construção do caminho e se nos acomodarmos ao caminho já traçado, estaremos mais sujeitos às armadilhas profissionais mencionadas. Quando escolhemos o caminho definido pela organização e nos acomodamos, vamos abrindo mão de nós mesmos e passamos de escultores a esculturas.

Esses aspectos deverão criar uma demanda crescente para responder a questões tais como: De que modo pode ser efetuado um planejamento individual de carreira e que processos e ferramentas podem ser utilizados? Quais são os diferentes estágios da vida profissional e quais são suas demandas? Que possibilidades de carreira existem para as diferentes preferências profissionais?

O como pensar e construir uma carreira é um processo muito pessoal; podemos, entretanto, oferecer algumas bases para a construção e implantação de um projeto de carreira consciente. Essas bases advêm de uma consolidação teórica sobre carreira e análise de muitas biografias profissionais.

CONSTRUÇÃO DE UM PROJETO DE CARREIRA

Para a construção de um projeto, uma boa parte da literatura recomenda a fixação de um objetivo de carreira. Ao começar a reflexão sobre a carreira por esse ponto somos induzidos a vários equívocos. Há uma tendência das pessoas de projetarem o passado e o presente para o futuro, e normalmente elas projetam-se de forma subestimada e procuram estabelecer um alvo no futuro. Vamos analisar cada um desses aspectos. Primeiramente, as pessoas, ao projetarem para o futuro suas carreiras vinculadas a pessoas, organizações ou contextos, assentam suas projeções em bases movediças. No futuro, com certeza nossas relações com as pessoas e com a organização serão diferentes e o contexto estará completamente alterado. Para termos uma base estável devemos projetar nosso futuro sobre algo perene, que não mude ou mude muito pouco. A base estável somos nós mesmos, e em essência mudamos muito pouco.

A recomendação é que pensemos qual é o nosso grande compromisso conosco mesmos em relação ao que queremos de nossa vida profissional. Dessa forma, se o meu grande compromisso é estar mais feliz profissionalmente no futuro, não sei o que estarei fazendo daqui a cinco anos, mas sei que estarei fazendo algo que me trará mais satisfação. Pensando dessa forma, vamos paulatinamente construindo nossos objetivos de carreira, definindo o que queremos e o que não queremos.

O segundo aspecto está ligado a uma dificuldade dos brasileiros de sonhar em relação à sua carreira. É comum sonharmos em relação a outras dimensões de nossa vida, mas é difícil sonhar em termos profissionais. Observamos em nossas pesquisas que as pessoas quando se projetam no futuro não ousam, pensam de forma acanhada seu futuro profissional. Nossa hipótese é de que o brasileiro tem dificuldade de sonhar sua carreira porque raramente a planeja, raramente exercita projetar-se profissionalmente no futuro.

O terceiro aspecto é o mais perigoso. Para ilustrar, vamos fazer uma simplificação de um plano de carreira em que a pessoa pensa em ocupar o cargo X na empresa Y daqui a cinco anos. Nesse caso a pessoa está projetando o presente para o futuro, já que não há segurança de que a empresa Y exista e, muito menos, o cargo X, mas o mais perigoso é que uma pessoa que, em tese, pode o que quiser contenta-se com o cargo X na empresa Y. A pessoa, nesse caso, coloca-se em uma camisa de força que restringe e limita.

Naturalmente esses três aspectos complementam-se, sua separação é didática, para percebermos que estabelecer objetivos de carreira não é algo simples. Exige muita reflexão, autoconhecimento e conhecimento das possibilidades oferecidas pela organização onde trabalhamos e pelo mercado.

O estabelecimento de objetivos e o autoconhecimento são muito importantes para refletirmos sobre nossas carreiras.

Estabelecimento de objetivos

Para estabelecermos objetivos é interessante sairmos do concreto para o abstrato, sendo assim devemos começar pensando quais são os nossos propósitos para o próximo um ano. Para efetuar essa reflexão, teremos que mobilizar nossos conhecimentos sobre nós mesmos, sobre a organização onde trabalhamos e sobre o mercado. Em seguida, vamos projetar tudo o que sabemos para daqui a um ano. A organização onde trabalho estará crescendo, como estará o mercado, minha área de atuação estará em ascensão ou estará declinando e assim por diante.

Ao fixarmos nossos objetivos para o curto prazo estamos em condições de refletir sobre a nossa carreira no longo prazo; normalmente esse longo prazo é fixado em cinco anos. É um período longo o suficiente para nos descolarmos do presente e, ao mesmo tempo, conseguirmos ligar o futuro ao presente. Como penso em minha carreira nos próximos cinco anos, vale a pena me aprofundar em minha área de conhecimento ou atuação? Devo permanecer em minha organização ou devo mudar? Vale a pena pensar em uma carreira internacional? Enfim, vai surgindo, naturalmente, uma série de questões a serem respondidas, e ao respondê-las estaremos construindo nosso projeto de carreira de longo prazo.

O passo subsequente é verificar a coerência entre o nosso projeto de curto prazo e o de longo prazo. É fundamental que o curto prazo alimente o longo prazo. Caso haja incoerências é necessário revisar os projetos de curto e longo prazo.

Feita essa revisão, temos o primeiro esboço dos nossos objetivos. Nesse momento, é importante um investimento em nosso autoconhecimento para verificarmos se estamos definindo objetivos realmente alinhados com o que somos e com o que queremos. Em parte da literatura coloca-se como primeiro passo o autoconhecimento, mas a experiência em aconselhamento de carreira verifica que, se a pessoa investe em se autoconhecer sem uma reflexão anterior sobre seus objetivos, essa informação fica solta, ao passo que após uma reflexão sobre objetivos o autoconhecimento é articulado dentro de uma reflexão estruturada.

O autoconhecimento

O autoconhecimento está assentado em três pilares: estrutura de personalidade, valores e habilidades naturais. Esses pilares trabalham aspectos estruturais da pessoa. Para auxiliar as pessoas em seu autoconhecimento existem vários instrumentos de diagnóstico, alguns de domínio público e outros comercializados pelos autores. Vamos, em seguida, trabalhar esses instrumentos de diagnóstico e indicar algumas fontes de consulta. Nossa preocupação aqui é dar uma base conceitual para o autoconhecimento, e a indicação de instrumentos e fontes de consulta é algo complementar, mesmo porque são informações datadas.

As informações sobre estrutura de personalidade nos oferecem informações sobre como e por que agimos. Embora cada pessoa seja única, existem condições de estabelecermos categorias de comportamento que oferecem às pessoas informações importantes sobre sua forma de ser.

Nossos valores são muito importantes em nossas escolhas profissionais. Edgar H. Schein (1978; 1990), psicólogo organizacional e pesquisador sobre carreira, constatou que temos preferências profissionais que conduzem nossas escolhas. Há uma tendência de escolhermos nossas atividades dentro da nossa região de preferências profissionais, e sempre que saímos dessa região entramos em trabalhos que nos causam grande sofrimento profissional. Segundo Schein (1978; 1990), nossas regiões de preferência estão associadas aos nossos padrões motivacionais, aos nossos valores e às nossas habilidades naturais.

Para o mapeamento de nossas habilidades naturais a técnica mais utilizada no Brasil é a de levantarmos nossas realizações pessoais e profissionais, analisarmos as mais significativas e, posteriormente, observarmos as habilidades utilizadas para enfrentar os desafios ou para obtermos sucesso em nossos empreendimentos. Vamos observar que as habilidades utilizadas são coincidentes, revelando nossas habilidades naturais. Em situações de grande pressão utilizamos, de forma não consciente, nossas habilidades naturais, por isso, ao olharmos para essas situações, fica mais fácil percebê-las.

Projeto profissional

Para o estabelecimento de um projeto profissional podem ser utilizadas várias técnicas; as mais comuns são:

- manuais de autopreenchimento, como, por exemplo, os apresentados por Savioli (1991), por London e Stumpf (1982) e por Martins (2001);

- *workshops* para planejamento de carreira, em que os participantes trabalham sua avaliação individualmente e em grupos e discutem suas preferências e objetivos de carreira. Esses trabalhos podem gerar ainda insumos para uma continuidade de trabalho individual (*homework*) a serem confrontados com opiniões de familiares, amigos e, eventualmente, colegas na organização (GUTTERIDGE, 1986);
- suporte de consultores especializados que utilizam um *mix* de técnicas que envolvem preenchimento de manuais de autoavaliação e entrevistas de aconselhamento. Geralmente, esse tipo de serviço está associado a uma demanda de organizações em relação a seus empregados, quer visando a trabalhos de desenvolvimento, quer visando a trabalhos de recolocação (*outplacement*). Esse suporte pode ser dado por conselheiros da própria organização ou contratados.

Negociação da carreira

Uma vez construído o projeto profissional, o processo seguinte é a negociação dele com a organização. Os aspectos principais a serem considerados são:

- **Definir o posicionamento da organização em nosso projeto de carreira:** a organização pode estar ou não em nosso projeto. Caso não esteja, é importante avaliar quais são as alternativas fora da organização; podem ser: mudar de organização, montar um negócio, transformação em prestador de serviço, vida acadêmica etc. Caso a organização esteja em nosso projeto, é porque podemos vislumbrar oportunidades.
- **Avaliação de oportunidades:** as organizações normalmente não divulga formalmente as oportunidades, geralmente as mesmas nem têm consciência de todas as oportunidades, portanto necessitamos efetuar uma constante avaliação da situação. As melhores fontes de informação estão em nossa rede de relacionamento.
- **Avaliação dos requisitos exigidos:** devemos ter clareza quanto aos requisitos exigidos pela organização para as

posições nas que temos interesse e avaliarmos se atendemos ou não.
- **Negociação com a organização:** para negociarmos nossa carreira com a organização é importante que estejamos seguros. A segurança em relação à carreira significa que estamos efetuando escolhas, que sabemos o que queremos e o que não queremos. À medida que definimos nossas prioridades naturalmente passamos a investir nossa energia nesse caminho, passamos a naturalmente ocupar espaços e sinalizamos com mais clareza para onde vamos.

PAPEL DA PESSOA NA GESTÃO DE SUA CARREIRA

A pessoa como gestora de sua carreira, o espaço real de arbítrio da pessoa dentro das organizações e do mercado de trabalho e o conjunto de influências recebidas pela pessoa de sua socialização, momento de vida e momento profissional, têm sido profundamente estudados e discutidos ao longo dos últimos cinquenta anos. Embora tenhamos importantes trabalhos sobre o tema desde o início do século XX, é na década de 1970 que surgem os primeiros trabalhos buscando sistematizar e discutir os trabalhos produzidos até então (HALL, 1976; VAN MAANEN, 1977; SCHEIN, 1978). Cabe destacar desse trabalho as reflexões sobre escolha da carreira e qual é a dinâmica desse processo ao longo da vida da pessoa. As teorias da escolha de carreira podem ser agrupadas em duas categorias mais gerais (HALL, 1976; VAN MAANEN, 1977):

- **Compatibilidade:** afirma que determinadas pessoas escolhem certas ocupações com base em medidas de compatibilidade entre a pessoa e a ocupação escolhida.
- **Processo de escolha:** afirma que a pessoa ao longo de sua trajetória de vida vai gradualmente chegando à escolha de sua ocupação.

Dentro da categoria da compatibilidade, acredita-se que as pessoas estejam naturalmente preocupadas em escolher uma carreira que atenda às suas necessidades e interesses e que as expresse, uma vez que grande parte de suas vidas gira em torno do trabalho. A compatibilidade de uma pessoa e uma carreira pode ser explicada por quatro características pessoais: interesse, identidade, personalidade (valores, necessidades, orientação pessoal etc.) e experiência social (HALL, 1976). Essas teorias são fortemente suportadas, para a sua elaboração e divulgação, por referenciais psicanalíticos e biológicos (VAN-MAANEN, 1977).

A categoria da compatibilidade dá maior ênfase em explicações sobre o que influencia a escolha da carreira, oferecendo uma visão estática da escolha e menor ênfase em como se processa a escolha e em seu porquê. Os autores que enfocam mais o processo da escolha procuram dar respostas para essas perguntas. De acordo com Ginzberg (1951), o processo de escolha de uma carreira tem lugar em três estágios na vida de uma pessoa:

- **Estágio da fantasia:** cobrindo o período da infância, indo até os 11 anos.
- **Estágio das escolhas e tentativas:** geralmente cobrindo o período de 11 a 16 anos. Este estágio é baseado primeiramente em interesses e posteriormente em capacidades e valores.
- **Estágio das escolhas realistas:** ocorrendo a partir dos 17 anos e geralmente cobrindo três períodos: exploratório, no qual é examinada uma série de opções de carreira; cristalização, em que as opções começam a ser melhor focadas; e especificação, em que a pessoa escolhe uma carreira em particular.

Durante a idade adulta as pessoas podem viver vários ciclos de exploração/cristalização/especificação, de modo a encontrar a carreira mais adequada aos seus interesses, necessidades e habilidades. Esse processo pode se arrastar pelos trinta anos, para aquelas pessoas que continuem investindo em seu processo educacional. Uma escolha mais definitiva da carreira ocorre por volta dos quarenta, na chamada crise da "meia-idade" (HALL, 1976; SUPER, 1972).

Vamos agora nos deter com mais profundidade no estudo do processo de escolha de uma carreira por uma determinada pessoa. Esses trabalhos evoluíram da abordagem oferecida por Super (1957) e Schein (1978) acerca de estágios de vida e sua influência sobre processos de escolha até os trabalhos desenvolvidos nos últimos quinze anos fora do Brasil, oferecidos por Hall (2002), Arthur, Peiperl e Anand (2002), Higgins (2005), Maniero e Sullivan (2006), Inkson (2007), Gunz e Peiperl (2007) e Briscoe e Hall (2013), e no Brasil, oferecidos por Martins (2001), Veloso (2005 e 2012), Costa e Balassiano (2006), Dutra (2010) e Dutra e Veloso (2013), sobre a dinâmica das carreiras das pessoas e seus processos de escolha.

Segundo os trabalhos de Super (1957), o comportamento das pessoas em relação à escolha e ao desenvolvimento de suas carreiras segue padrões determinados por sua condição social e econômica, raça, sexo, nível de maturidade etc. Esses padrões podem ser agrupados em determinantes psicológicas, sociais e ambientais (guerras, ciclos econômicos, alterações tecnológicas etc.).

Schein (1978) encara a questão da carreira como um processo de desenvolvimento da pessoa como um ser integral. Argumenta que para podermos refletir sobre a carreira das pessoas é preciso entender suas necessidades e características, as quais são fruto da interação da pessoa com todos os espaços de sua vida. Nesse sentido, Schein acredita que as pessoas devem ser pensadas como inseridas num mundo onde enfrentam múltiplas pressões e problemas. Na sociedade ocidental essas pressões e problemas podem ser agrupados em três categorias:

- As pressões e os problemas decorrentes do processo biológico e social associado ao nosso envelhecimento. Podemos de forma geral associar à idade determinantes de natureza biológica, tais como: alterações em nosso corpo, alterações em nossa capacidade física e mental etc., e de natureza social e cultural. Essa associação nos permite configurar um ciclo biossocial que irá influenciar o comportamento e as preferências das pessoas.
- Outro conjunto de pressões e problemas é decorrente das relações estabelecidas entre a pessoa com sua família. Embora possamos associar esta categoria à biossocial, ela apresenta características peculiares. As pressões aqui estão associadas à natureza da relação com a família e aos diferentes compromissos que assumimos, tais como: casado, solteiro, viúvo, separado

ou divorciado; com filhos pequenos ou não; com filhos adolescentes ou não; dando suporte financeiro e emocional para pais idosos ou não etc. Aqui também é possível definirmos um conjunto de pressões e problemas típicos das várias fases das relações que as pessoas estabelecem com suas famílias, configurando um ciclo familiar ou de procriação.

- A terceira categoria está associada ao trabalho ou à construção de carreira. As pessoas têm um domínio parcial sobre as pressões e os problemas decorrentes desta categoria, uma vez que emanam de necessidades definidas pela sociedade, de suas instituições econômicas, suas tradições, políticas educacionais etc. De outro lado, a relação que as pessoas estabelecem com o trabalho ou com a carreira não sofre o determinismo das outras duas categorias, uma pessoa pode truncar, mudar, alavancar sua carreira. As relações que a pessoa estabelece com a sua ocupação ou com organizações formam também, um ciclo, a cujas etapas ou estágio podem ser associadas determinadas características.

Esses três ciclos são apresentados na Figura 4.1. Há momentos em nossas vidas em que, em função da idade, relação profissional e situação familiar, recebemos um grande conjunto de pressões. Esses momentos tendem a ser de grande influência nas decisões sobre projetos de vida pessoal e profissional.

Essas fases e ciclos vêm sofrendo algumas alterações nos últimos anos. Essas alterações são motivadas basicamente pelo aumento da longevidade das pessoas.

Verificamos um aumento da expectativa de vida das pessoas graças aos avanços da medicina. As projeções para o futuro são de aumento da longevidade com qualidade de vida, e são apoiadas nas seguintes tendências:

- Contínuo avanço da medicina e disposição da humanidade para investir cada vez mais em pesquisas ligadas à saúde e em forma de disseminar rapidamente as conquistas nesse campo.

- Aumento da preocupação da humanidade com o meio ambiente e busca de maior qualidade de vida.
- Maior consciência das pessoas de si próprias, buscando manter sua integridade física, psíquica e social.

Figura 4.1 – *Ciclos de influência sobre as pessoas*

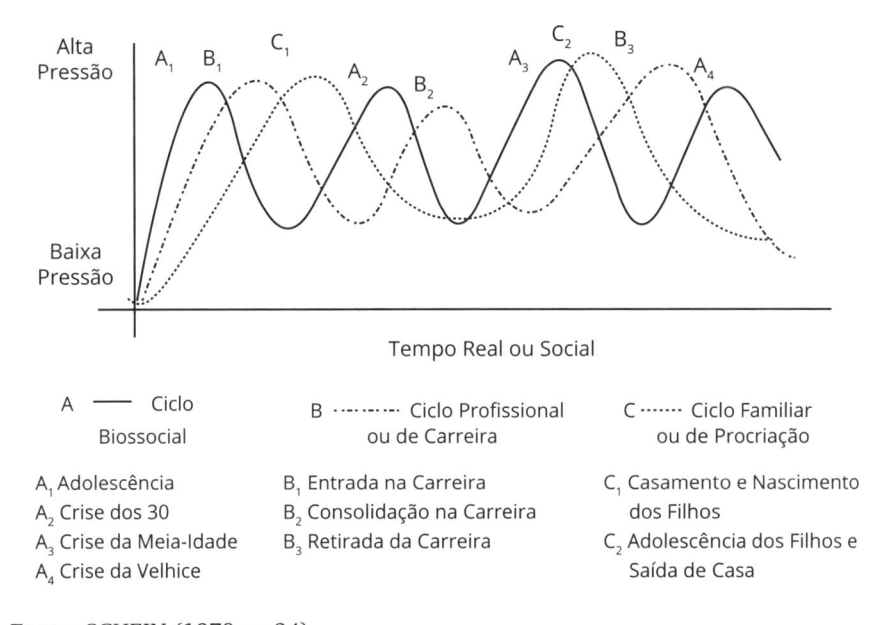

A ——— Ciclo Biossocial
B ········ Ciclo Profissional ou de Carreira
C ········ Ciclo Familiar ou de Procriação

A_1 Adolescência
A_2 Crise dos 30
A_3 Crise da Meia-Idade
A_4 Crise da Velhice

B_1 Entrada na Carreira
B_2 Consolidação na Carreira
B_3 Retirada da Carreira

C_1 Casamento e Nascimento dos Filhos
C_2 Adolescência dos Filhos e Saída de Casa

Fonte: SCHEIN (1978, p. 24).

Das contribuições mais recentes cabe destacar a evolução da carreira protiana, em que a pessoa procura adaptar-se às exigências da organização e do mercado sem abrir mão de sua essência, apresentada por Hall (1976 e 2002), que faz uma analogia da carreira com o deus Proteu, que tem o poder de visualizar o futuro e mudar de forma para lidar com as adversidades. Os trabalhos de Hall foram inspiradores para estudos desenvolvidos por Maniero e Sullivan (2006), que tratam a questão do gênero na carreira, e por Veloso (2012), que trabalha processos de transição de carreira no Brasil. Outro destaque cabe aos trabalhos desenvolvidos por Arthur e Rousseau (1996) sobre carreiras sem fronteiras, em que a grande contribuição é a constatação de uma realidade na qual as pessoas não podem mais pensar sua carreira restrita à organização onde atuam e devem romper fronteiras. Essa abordagem ganhou novos contornos com trabalhos de Arthur (1999 e 2002), que discutem o papel da pessoa em criar uma carreira consciente e inteligente, de Gunz e Peiperl (2007), que coordenam a construção de um *handbook* sobre gestão de carreiras, apontando para novas formas de organização do trabalho e sua influência sobre a gestão da carreira pela pessoa, de Veloso (2012), utilizando o conceito de carreira sem fronteiras para estudar fenômenos brasileiros de transição de carreira, e de Briscoe e Hall (2013), que procuram analisar as possibilidades de postura das pessoas diante de suas carreiras através de um estudo combinando os conceitos de carreira sem fronteiras e carreira protiana.

Briscoe e Hall (2013) partem das seguintes caracterizações da carreira sem fronteiras em termos de mobilidade física, em que as pessoas mudam de carreira, ou mobilidade psicológica, em que as pessoas, embora em uma organização ou tipo de trabalho, observam o conjunto de possibilidades que o mercado oferece e estão dispostas a se expor. Na carreira protiana, a pessoa pode ser:

> "**Orientada por valores**, no sentido de que os valores intrínsecos da pessoa provêm a orientação e a medida do sucesso para a carreira do indivíduo; e **autodirecionada** quanto à gerência pessoal da carreira, tendo a habilidade de ser adaptativa em termos de desempenho e demandas de aprendizado" (BRISCOE; HALL, 2013, p. 168).

A partir dessas categorias realizaram estudo observando várias pessoas e criaram categorias de posicionamento das pessoas em relação a suas carreiras, ou seja, o quanto as pessoas incorporavam os conceitos de carreira sem fronteiras e protiana em suas decisões sobre carreira. Com base na pesquisa construíram o Quadro 4.1, apresentado a seguir. Através dessa tabela verificamos oito categorias de posicionamento das pessoas em relação a suas carreiras que podem nos ajudar a pensar o nosso próprio posicionamento.

Quadro 4.1 – *Combinações protianas e sem fronteiras: perfis de carreira e desafios para o desenvolvimento*

Protiana: gerenciamento autodirecionado de carreira	Protiana: orientada por valores	Sem fronteiras: mobilidade psicológica	Sem fronteiras: mobilidade física	Categoria híbrida/ arquétipos	Desafios pessoais para manter o *status quo*	Desafios de desenvolvimento de carreira para grupos de apoio e sujeitos de carreira
Baixo	Baixo	Baixo	Baixo	"Encurralado" ou "desnorteado"	Reagir rapidamente a oportunidades, sobreviver.	Esclarecer prioridades, obter habilidades de gerenciamento de carreira, expansão de perspectivas.
Baixo	Alto	Baixo	Baixo	"Fortificado"	Encontrar oportunidades estáveis em organizações previsíveis que tenham valores compatíveis.	Ampliar horizontes tendo a mente aberta e autodirecionamento. Do contrário, a pessoa e o empregador sofrerão, a menos que esta pessoa seja a escolha perfeita para uma situação/organização estável.
Baixo	Baixo	Baixo	Alto	"Andarilho"	Sempre encontrar novas caronas para "pegar".	Ajuda a desenvolver autodirecionamento, estabelecer o que está de acordo ao conseguir algo.
Baixo	Alto	Alto	Baixo	"Idealista"	Encontrar organizações cujos valores e curiosidade sejam compatíveis, mas que não exijam mobilidade.	Encontrar desafios saindo da zona de conforto e ajudar a formar habilidades de adaptação, em termos de posicionamento e de trabalho além das fronteiras.

Protiana: gerenciamento autodirecionado de carreira	Protiana: orientada por valores	Sem fronteiras: mobilidade psicológica	Sem fronteiras: mobilidade física	Categoria híbrida/ arquétipos	Desafios pessoais para manter o *status quo*	Desafios de desenvolvimento de carreira para grupos de apoio e sujeitos de carreira
Alto	Baixo	Alto	Baixo	"Homem/ mulher organizacional"	Encontrar organizações estáveis nas quais possa ser demonstrado um desempenho com um mínimo de competência.	Não ser seduzido pela habilidade de desempenho. Aumentar autoconsciência para transformar alto desempenho em liderança.
Alto	Alto	Alto	Baixo	"Cidadão sólido"	A compatibilidade entre pessoa e organização é o máximo. A mobilidade é uma ameaça.	Manter a diversidade de talentos, mas alavancar contribuições dos cidadãos sólidos.
Alto	Baixo	Alto	Alto	"Armas/mãos de aluguel"	Identificar e reagir às melhores oportunidades de prestar serviços além das fronteiras.	Converter pessoa talentosa e reativa em líder eficaz, com consciência de si mesmo e senso de prioridades.
Alto	Alto	Alto	Alto	"Arquiteto de carreira protiana"	Capacidade de alavancagem obtendo efeitos significativos.	Determinar estágios para brilhar, aprender, comprometer-se. Controlar o temperamento, se necessário.

Fonte: Briscoe e Hall (2013, p. 172).

SISTEMA DE ADMINISTRAÇÃO DE CARREIRA

Como vimos no papel das pessoas, ao olharmos para frente, vamos sempre ver o caos a ser ordenado e, quando olharmos para trás, enxergaremos a estrada que já construímos. Uma organização que administre de uma forma compartilhada as carreiras terá diante de si várias estradas sendo construídas. Para uma organização que trabalha com centenas, milhares ou dezenas de milhares de profissionais, seria impossível conciliar as diferentes expectativas de carreira das pessoas com as necessidades organizacionais caso não sejam disponibilizadas diretrizes, estruturas de carreira, instrumentos de gestão etc., o que chamamos de Sistema de Administração de Carreiras. Esse Sistema não deve ser entendido como uma moldura na qual as pessoas devem obrigatoriamente se encaixar, mas sim como a estruturação de opções, como forma de organizar possibilidades, como suporte para que as pessoas possam planejar suas carreiras dentro da organização.

Os autores que têm estudado o tema apresentam diferentes posições quanto à caracterização do Sistema de Administração de Carreiras, quais sejam:

- Gutteridge (1986) caracteriza como um conjunto de instrumentos e técnicas que visam a permitir a contínua negociação entre a pessoa e a organização;
- Walker (1980) pensa o Sistema como um conjunto de procedimentos que permitem à organização identificar as pessoas mais adequadas às suas necessidades e que permitem às pessoas planejar suas carreiras e implementá-las;
- London e Stumpf (1982) procuram caracterizar o Sistema na mesma linha adotada por Gutteridge, enfatizando, porém, as questões de planejamento e acompanhamento das necessidades da organização;
- Leibowitz e outros (1986) caracterizam o Sistema como constituído de diretrizes e instrumentos de gestão de carreira – integrados aos demais instrumentos de gestão de recursos humanos, estrutura de carreira e um conjunto de políticas e

procedimentos que visam conciliar as expectativas das pessoas e da organização.

Com base na contribuição desses autores, podemos dividir o Sistema de Administração de Carreiras nas seguintes partes, com o objetivo de melhor estudá-lo:

Princípios

O Sistema deve estar assentado sobre princípios que representam os compromissos ajustados entre a organização e as pessoas. Embora esses princípios possam ser revistos ao longo do tempo, para se ajustarem a novas necessidades, é pressuposto que sua alteração seja lenta, uma vez que dificilmente ocorrerá uma situação em que todos os princípios sejam integralmente revistos a um só tempo. Eles têm a propriedade de garantir a consistência do Sistema no tempo, e são eles que servirão de base para toda e qualquer revisão das partes do Sistema.

Estrutura de carreira

A estrutura de carreira é o que dá concretude ao Sistema, na medida em que define a sucessão de posições, a sua valorização e os requisitos de acesso a elas. Geralmente, quando se desenha uma carreira, se desenha sua estrutura. A estrutura de carreira tem os seguintes tipos básicos:

- em linha;
- em rede;
- dupla paralela;
- paralela múltipla;
- paralela em Y.

Esses tipos básicos podem ser combinados de diferentes formas para atender às especificidades e necessidades das organizações e das pessoas. Mais informações sobre esses tipos básicos podem ser encontradas em: Smith e Szabo (1977), Meisel (1977), Moore e Davis (1977), Lentz (1990) e Dutra (1992 e 1996).

Instrumentos de gestão

Os instrumentos de gestão suportam a relação contínua entre as pessoas e a organização. São eles que garantem o nível de informação das pessoas em relação à organização e vice-versa, que estimulam e oferecem suporte necessário a que a pessoa planeje sua carreira, que permitem à organização decidir sobre oportunidades de carreira e sobre a escolha de pessoas, que garantem os espaços necessários para que as pessoas e a organização negociem suas expectativas e que suportam a revisão contínua do Sistema como um todo.

Os instrumentos de gestão destinados à Administração de Carreiras podem ser caracterizados e categorizados como um conjunto de políticas e práticas que oferecem suporte a:

- **Decisões individuais sobre carreira – de forma vinculada ou não à organização:** nesta categoria são incluídos instrumentos de autoavaliação, processos de aconselhamento profissional, informações estruturadas sobre oportunidades profissionais internas e externas, processos estruturados de "*feedback*" etc.
- **Gerenciamento de carreira pela organização:** são incluídos nesta categoria: previsão de demanda por recursos humanos, programas de desenvolvimento, programas de captação interna e processos de acompanhamento do desempenho e crescimento profissional etc.
- **Comunicação entre as pessoas e a empresa:** nesta categoria temos: programas de preparação e aperfeiçoamento dos gestores como conselheiros e orientadores, processos de negociação de objetivos de carreira e desenvolvimento etc.

Os instrumentos de gestão descritos necessitam portar características que auxiliem o Sistema de Administração de Carreiras a tornar-se estratégico e integrador. Essas características são:

- **Transparência:** as pessoas devem ter acesso a todas as informações que lhes digam respeito, assim como a organização deve ser constantemente informada acerca das expectativas das pessoas.

- **Honestidade de intenções**: o relacionamento transparente só se torna viável se cada parte desenvolver absoluta confiança nas intenções da outra. Essa confiança é construída a partir da honestidade como as partes se conduzem no processo.
- **Sentimento de segurança**: somente se as partes se sentirem seguras na relação é que poderão ser transparentes e absolutamente honestas. Sempre que se sentirem inseguras ou ameaçadas tentarão se proteger e assumirão uma postura defensiva.
- **Clareza das regras**: para que as partes se sintam seguras é fundamental que as regras básicas das relações estejam acordadas entre ambas.

Para um aprofundamento nesses tipos de instrumentos de gestão podem ser consultados: Gutteridge (1986), Minor (1986) e Dutra (1996).

Papéis na administração de carreiras

Os principais agentes do Sistema de Administração de Carreiras, como já vimos, são as pessoas, a quem cabe gerir sua carreira, e a empresa, a quem cabe estimular e apoiar as pessoas em seu processo de encarreiramento. Para gerir sua carreira, a pessoa necessita conhecer-se, ter consciência de seu projeto profissional e ter conhecimento das oportunidades oferecidas pela empresa e pelo mercado de trabalho. O papel da empresa é bem mais amplo e, para estudá-lo, vamos dividi-lo em três categorias, a partir da natureza de decisões tomadas sobre Carreiras:

1. **Definição estratégica:** nesta categoria são agrupadas as decisões ligadas à compatibilização do Sistema de Administração de Carreiras, aos princípios que balizam a gestão de recursos humanos e às estratégias organizacionais e negociais da organização. Podem ser incluídas nesta categoria decisões como:
   - conciliação entre desenvolvimento da organização e das pessoas;

- definição de trajetórias de carreira e especializações importantes para a manutenção ou incorporação de vantagens competitivas;
- grau de liberdade dado às pessoas para efetuarem opções de carreira e grau de compartilhamento das decisões sobre trajetórias profissionais;
- nível do suporte dado ao planejamento individual de carreira.

2. **Definição do sistema de administração de carreiras:** incluem-se nesta categoria decisões ligadas à configuração técnica do Sistema. Essas decisões formam a base de funcionamento do Sistema; devem, portanto, estar alinhadas à definição estratégica. São decisões que podem ser incluídas nesta categoria:

    - formatação e características das estruturas de carreira;
    - níveis (degraus) dentro de cada estrutura de carreira e requisitos de acesso a cada nível;
    - escolha dos instrumentos de gestão a serem incorporados no Sistema.

3. **Definição da metodologia de modelagem, implementação e atualização de sistema:** a efetividade de um Sistema de Administração de Carreiras só será obtida se forem levados em conta os padrões culturais da empresa, seu momento histórico e suas necessidades concretas. Assim sendo, o processo utilizado para a concepção do Sistema é decisivo para seu sucesso e adequação. São decisões desta categoria:

    - pessoas abrangidas pelo Sistema e grau de envolvimento na sua modelagem, implementação e atualização;
    - nível de consenso quanto ao atendimento das necessidades e expectativas da empresa e das pessoas pelo Sistema;
    - grau de compatibilização do Sistema com os demais instrumentos de gestão de recursos humanos;
    - "*timing*" para implementação do Sistema.

APLICAÇÃO DO SISTEMA DE ADMINISTRAÇÃO DE CARREIRA

Podemos identificar que as pessoas têm forte tendência no aprofundamento de seus conhecimentos e habilidades em uma determinada área do conhecimento ou de atuação nas organizações. Ao olharmos para o futuro, creio que essa tendência será mantida. Com a volatilidade cada vez maior das informações e do conhecimento, as pessoas necessitarão dar foco no seu aprendizado, nas suas redes de relacionamento, em sua área de especialização. Será cada vez mais difícil e arriscado não ter uma área de referência profissional, as pessoas chamadas de generalistas (que sabem um pouco de tudo e ao mesmo tempo nada de nada) não terão identidade profissional. O mercado atualmente dá preferência para as pessoas que são ao mesmo tempo especialistas, conhecem com profundidade sua área de atuação, e generalistas, conhecem o contexto em que atuam e conseguem aplicar seus conhecimentos nele. As pessoas tendem a concentrar em uma área seus investimentos em desenvolvimento porque, ao fazê-lo, sentem-se felizes em utilizar seus pontos fortes e sentem-se gratificadas com os resultados obtidos.

Na busca de padrões para as carreiras das pessoas nas empresas e no mercado de trabalho, foi possível constatar que as pessoas tendem a permanecer em atividades profissionais de mesma natureza. Essas atividades de mesma natureza traduzem o que chamamos de trajetórias de carreira. As trajetórias de carreira caracterizam-se por atribuições e responsabilidades de mesma natureza. Para ilustrar, vamos tomar como exemplo uma pessoa que cursou administração de empresas e entra na empresa pela área financeira, depois vai para sistemas e depois para gestão de pessoas. Essa pessoa esteve sempre na mesma trajetória de carreira porque o seu cliente foi sempre o público interno da empresa e essa pessoa esteve sempre mobilizando conhecimentos e habilidades de mesma natureza, embora em áreas funcionais diferentes. A natureza das atribuições e responsabilidades pode ser definida a partir do público-alvo do trabalho das pessoas e da natureza dos conhecimentos e habilidades mobilizados. Constatamos que as trajetórias de carreira não estão necessariamente atreladas a profissões ou áreas funcionais e sim a atribuições e responsabilidades de mesma natureza.

Quando a pessoa permanece na mesma trajetória tem o desenvolvimento mais rápido, porque está mobilizando conhecimentos e habilidades de mesma natureza em situações de crescente complexidade. Quando a pessoa muda de trajetória, ou seja, passa a lidar com atribuições e responsabilidades de diferente natureza, tem a condição de mudar no mesmo nível de complexidade, mas, ao fazê-lo, antes de lidar com níveis de maior complexidade, terá que consolidar um conjunto de conhecimentos e habilidades de diferente natureza, agregar uma nova rede de relacionamentos e criar legitimidade nessa nova rede. As biografias que analisamos são, em sua maior parte, constituídas por gerentes de nível tático; esses gerentes, quando mudaram de trajetória, estavam plenos nas novas posições em um período de dois a três meses, porém voltaram a se desenvolver na nova trajetória após dois anos na média. Outro aspecto importante na mudança de trajetória é que ocorre uma alteração na identidade profissional, por isso mudar de trajetória é bem diferente de mudar de função: em uma mudança de função é como trocássemos de roupa, em uma mudança de trajetória é como se traçássemos nossa pele, é muito dolorido e difícil. A mudança de trajetórias implica a vivência de um processo de transição (IBARRA, 2003), são movimentos mais raros nas biografias profissionais.

Embora raras, temos observado, na década de 2000, um crescimento importante das mudanças de trajetórias. Essas mudanças estão ocorrendo em dois momentos: quando estamos vivendo o que chamamos de crise da meia carreira (MORISON, 2006; QUISHIDA, 2007) e outro no processo de aposentadoria. A crise da meia carreira está acontecendo no Brasil para as pessoas com idade em torno de 40 anos, os que optaram por uma trajetória técnica estão chegando ao final de sua trajetória após 15 a 18 anos de sua formatura e são defrontados com a necessidade de transição de carreira ou permanência onde estão até sua aposentadoria; os que optaram por uma trajetória gerencial estão chegando ao nível tático entre 30 e 40 anos, alguns antes outros depois, mas a maior parte nessa faixa de idade, e estão chegando ao nível estratégico entre 35 e 45 anos, alguns antes, mas raramente depois dos 45 anos de idade. Portanto, as pessoas, aos 40 anos, começam a ficar preocupadas com sua progressão e são defrontadas com a necessidade de refletir sobre suas carreiras.

No Brasil, a aposentaria ocorre de forma particular por causa de nossa realidade demográfica. Tivemos uma explosão de nascimentos nas décadas de 1970 e 1980 e essa geração pressiona para fora do mercado as gerações anteriores. Há uma aposentadoria pelo mercado precoce, as pessoas estão sendo aposentadas com muita vitalidade e provavelmente permanecerão no mercado de trabalho, necessitando, porém, efetuar uma transição de carreira.

A trajetória de carreira tem três momentos bem-definidos no que tange à gestão do desenvolvimento:

- **O início:** a entrada na carreira é bem clara para a organização e para as pessoas. Quase sempre é possível estabelecer com precisão quais são os requisitos e as condições de acesso à carreira.

- **O crescimento:** as organizações em geral conseguem monitorar bem o início do processo de crescimento das pessoas na carreira, após o que deixam as pessoas completamente abandonadas. As organizações mais bem estruturadas conseguem estabelecer todo o percurso de crescimento em determinada carreira. Em nossas pesquisas, temos encontrado essa estruturação em carreiras operacionais e técnicas, mas raramente em carreiras administrativas e gerenciais.

- **O final:** raramente as organizações e as pessoas têm clareza sobre o final da carreira. Temos encontrado em várias organizações pessoas que já estão no teto de suas carreiras há muitos anos, sem perspectivas de desenvolvimento e bloqueando o acesso de pessoas que vêm crescendo. O fundamental, na transparência sobre o final da carreira, é a possibilidade de a pessoa preparar-se para outra carreira com o suporte da organização. Essa outra carreira pode ser dentro ou fora da organização. Por exemplo: analisando carreiras de profissionais técnicos sem vocação gerencial, observamos que, durante seu processo de crescimento, podem ser preparados para diferentes carreiras, tais como: acadêmica, expatriação, montagem do próprio negócio, profissional liberal etc.

As carreiras podem ter vários desenhos e naturezas diferentes. Em função das entregas exigidas pelas organizações e pelo mercado, há carreiras de três categorias:

- **Operacionais:** são carreiras ligadas às atividades-fim da organização; exigem o uso do corpo ou alto grau de estruturação. Geralmente se encerram em si mesmas, sendo importante que a organização defina critérios de mobilidade para outras carreiras ou para o mercado. Dos casos analisados, um dos mais interessantes é o dos "*call centers*" com uma população de grande mobilidade e baixo nível de aproveitamento interno (menos de 10%). Nos casos bem-sucedidos, as organizações recrutam pessoas sem experiência, desenvolvem-nas e as devolvem para o mercado de trabalho com mais valor e maior nível de articulação.
- **Profissionais:** são carreiras ligadas a atividades específicas; geralmente exigem pessoas com formação técnica ou de terceiro grau (superior). Não são definidas pela estrutura organizacional da organização e sim pelos processos fundamentais, como: administração, envolvendo atividades administrativas, sistemas de informação, finanças, contabilidade, recursos humanos, jurídico etc.; tecnologia, envolvendo engenharia de produtos, processos, qualidade, produção, materiais, logística etc.; comercialização, envolvendo vendas, *marketing*, gestão de consumidores etc.
- **Gerenciais:** são carreiras ligadas às atividades de gestão da organização. Normalmente, as pessoas são oriundas das carreiras operacionais ou profissionais, que ao longo do seu processo de crescimento demonstraram vocação e apetência para a carreira gerencial. Algumas empresas recrutam pessoas recém-formadas e sem experiência profissional e as preparam para a carreira gerencial; são os chamados programas de "*trainees*".

A migração entre carreiras de naturezas diferentes apresenta muitas dificuldades para a organização e para as pessoas. A mobilidade entre carreiras de mesma natureza se dá naturalmente. Em função disso, é importante estabelecer com precisão os critérios de mobilidade entre carreiras de naturezas diferentes. Exemplo clássico nas empresas é a migração do melhor profissional técnico para a carreira gerencial, e não a pessoa com vocação para ela, isso porque a carreira gerencial é vista como prêmio, o reconhecimento da contribuição da pessoa para a organização, e não como nova carreira ou carreira de natureza diferente. No exemplo citado, a empresa perde um excelente profissional técnico e ganha um gerente insatisfeito com sua carreira e, na maior parte das vezes, despreparado para ela.

Cada carreira dentro da empresa pode ser caracterizada como um eixo, ou seja, um conjunto de referências que servirá de baliza para que o desenvolvimento de cada pessoa concilie suas expectativas individuais com as necessidades da organização e/ou da comunidade. Podemos identificar nas organizações diferentes eixos de carreira. Esses eixos estão atrelados aos processos fundamentais da empresa. Vamos caracterizar como processo fundamental aquele que sempre existirá na empresa não importa qual seja o desenho organizacional, como por exemplo: administração, gerencial, tecnológico etc.

Para cada um dos eixos da empresa devo definir quais são as principais competências. Teremos para cada eixo um conjunto próprio de competências, algumas podem ser comuns a mais de um eixo, mas a ideia é analisarmos quais são as principais entregas em cada eixo, conforme mostra a Figura 4.2.

Recomendamos que para cada eixo seja definido um número mínimo de sete competências. Esse número permite minimizar o viés da subjetividade na avaliação das pessoas. Nossas pesquisas mostram que um número maior de competências não afeta os resultados de avaliação. Recomendamos ainda que o número de competências por eixo não ultrapasse 12, pois a partir desse número o processo de avaliação se torna trabalhoso e desinteressante para os gestores e as pessoas. Também acima de 12 começa a crescer a possibilidade de sobreposição entre as competências.

Figura 4.2 – *Exemplo de estrutura de carreira e de competência*

COMUNS A TODOS OS EIXOS
- Comunicação Eficaz
- Atuação em Equipe
- Facilidade de Adaptação
- Capacitação

EIXOS PROFISSIONAIS
- Orientação à Qualidade
- Interação com Sistemas
- Multifuncionalidade

GER | ADM | OPER | TÉC

ESPECÍFICAS
- Orientação ao Negócio e à estratégia
- Planejamento
- Gestão de Recursos

- Gestão de Recursos e Prazos

- Gestão de Recursos e Prazos

Fonte: Elaboração própria.

A caracterização das entregas esperadas ao longo dos níveis da carreira deve ser observável para que possam ser acompanhadas. É comum encontrar descrições extremamente genéricas e vagas ou descrições efetuadas a partir de comportamentos desejáveis cuja observação é difícil e dá margem a interpretações ambíguas. As descrições devem retratar as entregas esperadas das pessoas, de forma a serem observadas tanto pela própria pessoa quanto pelas pessoas responsáveis por acompanhá-las e oferecer orientação. Cabe notar que a interpretação de qualquer descrição será subjetiva; essa subjetividade poderá ser minimizada quando:

- As expectativas da organização em relação à pessoa forem expressas de forma clara.
- Forem construídas coletivamente, expressando o vocabulário e a cultura da comunidade.
- As descrições das várias entregas estiverem alinhadas entre si, ou seja, estamos olhando a mesma pessoa através de diferentes

competências ou por diferentes perspectivas. Esse alinhamento ocorrerá, como veremos adiante, com a graduação das competências em termos de complexidade.

As competências devem ser graduadas em função do nível de complexidade da entrega. Essa graduação permite um melhor acompanhamento da evolução da pessoa em relação à sua entrega para a organização e/ou o negócio. Como o desenvolvimento da pessoa é observado a partir do nível de complexidade de suas atribuições e responsabilidades, na medida em que graduamos as competências em relação à complexidade da entrega esperada, temos uma escala mais adequada para acompanhamento de sua evolução.

GESTÃO DO DESENVOLVIMENTO DAS PESSOAS

As organizações modernas estão cada vez mais preocupadas em direcionar os investimentos no desenvolvimento humano de modo que agreguem valor para si e para as pessoas. Nos últimos anos observamos o uso mais intenso do conceito de competência para dar mais foco às ações de desenvolvimento.

O conceito de competência é apresentado e discutido no Capítulo 2, e, conforme já vimos, a competência pode ser atribuída a diferentes atores, de um lado temos a organização que possui um conjunto de competências que lhe são próprias advindas de sua gênese e formação ao longo do tempo; podemos defini-las como **características de seu patrimônio de conhecimentos que lhe conferem vantagens competitivas no contexto onde se insere**. De outro lado temos as pessoas que possuem um conjunto de competências que podem ou não estar sendo aproveitadas pela organização; podemos defini-las como **a capacidade da pessoa de agregar valor ao patrimônio de conhecimentos da organização**. Vamos entender a agregação de valor como uma contribuição efetiva ao patrimônio de conhecimentos que permite à organização manter suas vantagens competitivas no tempo.

Ao colocarmos organização e pessoas lado a lado, podemos verificar um processo contínuo de troca de competências. A organização transfere seu patrimônio de conhecimentos para as pessoas enriquecendo-as e preparando-as para enfrentar novas situações profissionais e pessoais, quer na organização ou fora dela. As pessoas, ao desenvolverem sua capacidade individual, transferem para a organização seu aprendizado capacitando a organização para enfrentar novos desafios. Esse processo, que é natural em qualquer comunidade, pode ser gerenciado e potencializado com efeitos benéficos para a organização e para as pessoas. O como fazê-lo será abordado a seguir.

Ao trabalharmos com as competências organizacionais, cabe a analogia efetuada por Prahalad e Hamel (1990) comparando as competências às raízes de uma árvore, as quais oferecem à organização alimento, sustentação e estabilidade. Essas competências impulsionam as organizações, e seu uso constante estimula o fortalecimento delas à medida que se aprendem novas formas para o seu uso ou uso mais adequado (FLEURY; FLEURY, 1995).

O processo de aprendizado organizacional está vinculado ao desenvolvimento das pessoas que fazem parte da organização. A questão a ser discutida é como esse desenvolvimento nas pessoas pode ser caracterizado. Muitos autores procuraram discutir essa questão tentando entender a capacidade das pessoas em agregar valor para a organização como competência.

Quando ocorre uma boa relação entre o amadurecimento profissional e a ascensão a níveis mais complexos, há a tendência de um sentimento de bem-estar, fluência e efetividade na tomada de decisão, ao passo que um desbalanceamento desses fatores pode provocar de um lado sentimentos de ansiedade, medo e perplexidade e, de outro, sensação de aborrecimento, frustração e ansiedade. A Figura 4.3 procura ilustrar esse fenômeno.

Figura 4.3 – *Relação entre capacitação e complexidade do trabalho*

```
Conjunto de Capacidades ↑
                              Aborrecimento
                              Frustração
                              Ansiedade
                                    Bem-estar, fluência e efetividade
                                                  Ansiedade
                                                  Medo
                                                  Perplexidade
                              →
                     Escala de Desafios (Competências)
```

Fonte: Elaboração própria a partir do trabalho desenvolvido por Stamp (1989).

Verificamos uma grande diversidade de conceitos sobre competências e que podem ser complementares. Podemos estruturar esses vários conceitos na Figura 4.3, em que temos de um lado as competências entendidas como o conjunto de conhecimentos, habilidades e atitudes necessárias para a pessoa exercer seu trabalho; de outro lado, temos as competências entendidas como a entrega da pessoa para a organização.

As pessoas atuam como agentes de transformação de conhecimentos, habilidades e atitudes em competência entregue para a organização. A competência entregue pode ser caracterizada como agregação de valor ao patrimônio de conhecimentos da organização. Cabe destacar o entendimento de agregação de valor como algo que a pessoa entrega para a organização de forma efetiva, ou seja, que fica mesmo quando a pessoa sai da organização. Assim sendo, a agregação de valor não é atingir uma meta de faturamento ou de produção, mas sim a melhoria em um processo ou a introdução de uma nova tecnologia.

O desenvolvimento profissional pode ser entendido como o aumento da capacidade da pessoa em agregar valor para a organização. A maior capacidade das pessoas em agregar valor está ligada à capacidade da pessoa em lidar com atribuições e responsabilidades de maior complexidade. O grau de complexidade das atribuições – conjunto das funções e atividades executadas pela pessoa – e das responsabilidades – conjunto das decisões exigidas da pessoa pela organização – caracteriza o nível de desenvolvimento da pessoa. Por esse motivo os sistemas de gestão de competências modernos procuram caracterizar diferentes níveis de complexidade da entrega para acompanhar o processo evolutivo das pessoas.

As pessoas entregam o que a organização espera ou necessita de diferentes formas porque são diferentes na forma como articulam seus conhecimentos, habilidades e atitudes com o contexto ambiental. Portanto, ao definirmos o que esperamos que as pessoas entreguem para a organização, iremos perceber que as pessoas o farão por diferentes caminhos. Teremos pessoas que entregarão o que a empresa espera dando ênfase às suas habilidades de relacionamento interpessoal e teremos outras pessoas que entregarão dando ênfase às suas habilidades técnicas; ambas estarão entregando o esperado, porém de formas diferentes. Essa diversidade é fundamental, pois através dela a organização vai aprendendo diferentes formas de obter sucesso e competitividade.

As entregas esperadas das pessoas que asseguram a continuidade e o crescimento da organização podem ser identificadas a partir de diferentes processos. Os processos para identificação das competências podem ser classificados da seguinte forma em função da referência utilizada:

- **Competências organizacionais ou do negócio:** a partir da caracterização dos aspectos diferenciais e dos pontos fortes da organização ou do negócio podem ser caracterizadas as competências. Como por exemplo: se um dos aspectos que diferencia a empresa é sua excelência técnica, é natural que entregas relativas à manutenção e ao desenvolvimento dessa excelência são fundamentais. Nesse caso, poderíamos ter como competências essenciais: geração e disseminação de conhecimentos, trabalhos em parceria ou em equipe etc.

- **Processos críticos para a organização ou negócio:** a caracterização de quais são os processos críticos para a organização ou negócio ajuda na identificação de competências para a manutenção ou o desenvolvimento desses processos. Como por exemplo: caso tenhamos como um processo crítico a manufatura ou *supply chain*, poderíamos identificar como competências essenciais: análise e solução de problemas, liderança e trabalho em equipe, orientação estratégica etc.

- **Grupos profissionais ou carreiras profissionais:** uma forma comum para identificação das competências é a caracterização dos diferentes grupos profissionais necessários para a organização ou negócio e o processo de crescimento profissional de cada grupo. Como por exemplo: poderíamos considerar em uma determinada organização a existência dos seguintes grupos profissionais ou carreiras profissionais: gerencial, tecnológica, comercial e administrativo-financeira, em que na gerencial teríamos competências essenciais tais como: orientação estratégica, liderança, gestão de processos de mudança, gestão de recursos.

É usual utilizarmos uma combinação dessas diferentes formas de modo a termos maior precisão em relação à caracterização das competências. Na caracterização dessas competências são necessários alguns cuidados, quais sejam:

- As competências devem ser observáveis para que possam ser acompanhadas. É comum encontrar descrições extremamente genéricas e vagas das competências desejadas ou descrições efetuadas a partir de comportamentos desejáveis cuja observação é difícil e dá margem a interpretações ambíguas. As descrições devem retratar as entregas esperadas das pessoas de forma a serem observadas tanto pela própria pessoa como pelas pessoas responsáveis por acompanhar e dar *feedback*. Cabe notar que qualquer descrição terá um caráter subjetivo, porém essa subjetividade poderá ser minimizada a partir da clareza com que se define a expectativa da organização ou negócio em relação à pessoa.

- A quantidade de competências definidas para o acompanhamento não deve ser grande, pois isso dificultará o acompanhamento, além de representar uma falta de estímulo aos responsáveis pelo *feedback*. A quantidade recomendada é de

um número de 7 a 12 competências para caracterizar as expectativas da organização ou negócio.
- As competências devem ser graduadas em termos da complexidade da entrega. Essa graduação permite um melhor acompanhamento da evolução da pessoa em relação à sua entrega para a organização ou o negócio. Como o desenvolvimento da pessoa é observado a partir do nível da complexidade de suas atribuições e responsabilidades, à medida que graduamos as competências em relação à complexidade da entrega esperada, temos uma escala mais adequada para acompanharmos a evolução da pessoa.

Esse último aspecto merece uma maior atenção. Os sistemas de desenvolvimento com base em competências mais recentes são elaborados buscando estabelecer uma escala nas competências. A escala geralmente utilizada é a complexidade da entrega. Em pesquisa recente efetuada no Brasil através do PROGEP (Programa de Estudos em Gestão de Pessoas) da FIA (Fundação Instituto de Administração), constatamos uma alta correlação entre o nível de complexidade das entregas com o posicionamento do profissional na empresa e com os níveis salariais. Podemos afirmar, portanto, que ao acompanharmos as pessoas a partir da entrega em diferentes níveis de complexidade estaremos acompanhando sua evolução em termos profissionais.

Vimos até aqui que podemos definir o desenvolvimento como incorporação pela pessoa de atribuições e responsabilidades de maior complexidade, porque dessa forma a pessoa agrega mais valor para o contexto no qual se insere. A questão fundamental, entretanto, é: como a pessoa se desenvolve? O que permite à pessoa lidar com maior complexidade? A partir das pesquisas realizadas por Jaques (1978; 1990) e Stamp (1989) verificamos que à medida que a pessoa compreende mais profundamente e com maior amplitude as demandas do contexto, sobre ela maior será sua condição de lidar com maior complexidade. Jaques (1978; 1990) e Stamp (1989) chamam essa compreensão sobre o contexto de nível de abstração. A abstração e complexidade caminham juntas, sendo influenciadas mutuamente. Caso uma pessoa seja desafiada a enfrentar uma situação mais exigente e mais complexa, só conseguirá seu intento se passar a compreender o contexto com maior profundidade;

ao fazê-lo, habilita-se a lidar com maior complexidade. Portanto, se uma pessoa lida com um determinado nível de complexidade, ela tem um nível de abstração correspondente.

Como a pessoa desenvolve seu nível de abstração? Basicamente através da experiência e da formação. À medida que a pessoa investe em sua formação, ela acelera seu desenvolvimento através da experiência, ou seja, a pessoa consegue potencializar seu aprendizado através da experiência quando investe em sua formação. Por isso a experiência e a formação estão intimamente ligadas ao desenvolvimento da pessoa. Imagine uma pessoa que faz a mesma coisa e do mesmo jeito durante toda a sua vida, essa pessoa terá poucos estímulos para lidar com maior complexidade e para se desenvolver. Ao contrário, caso uma pessoa seja continuamente desafiada no limite de sua capacidade, terá um desenvolvimento contínuo e consistente.

Outro aspecto fundamental para compreendermos o desenvolvimento da pessoa é que, ao compreender melhor o contexto, está compreendendo sua relação nas várias dimensões de sua vida. Desse modo, ao se desenvolver, a pessoa não está se tornando apenas uma melhor profissional, mas, também, uma melhor cidadã, um melhor membro de família e uma melhor pessoa. Quando a pessoa se desenvolve o faz por inteiro, essa é a base para a conciliação de expectativas entre a pessoa e a organização. O desenvolvimento da pessoa é permanente. À medida que seu desenvolvimento é sustentado e explicado por seu nível de abstração, a pessoa não retrocede no seu nível de compreensão do contexto nem em sua capacidade de lidar com um determinado nível de complexidade. Isso explica por que ao analisarmos diversas biografias profissionais e observarmos processo de mudança de trajetória de carreira verificamos que as pessoas podem mudar de carreira no mesmo nível de complexidade. Ou seja, o desenvolvimento da pessoa passa a se constituir em um patrimônio que ela levará para onde for.

Como veremos no Capítulo 5, sobre valorização, a remuneração fixa é determinada historicamente pelo nível de desenvolvimento da pessoa. Isso porque o nível de desenvolvimento da pessoa é base mais estável para posicioná-la em um determinado patamar remuneratório.

CONSTRUÇÃO DA GESTÃO DO DESENVOLVIMENTO

A gestão do desenvolvimento com base em competências foi elaborada inicialmente considerando o conjunto de conhecimentos, habilidades e atitudes esperado das pessoas, o chamado CHA. Durante os anos 1980 percebeu-se que esse conjunto variava em função da complexidade; por exemplo: o conjunto de expectativas em relação a um gerente operacional é muito diferente do conjunto esperado de um gerente estratégico. Naturalmente foram sendo criadas gradações nas expectativas em função do nível de complexidade.

Nos anos 1990 houve um grande questionamento sobre a mensuração do desenvolvimento a partir do CHA, ao se constatar que o fato de a pessoa possuir determinados conhecimentos e habilidades não garantia sua entrega, e que o melhor ângulo de observação do desenvolvimento de uma pessoa é a sua entrega e agregação de valor para a organização. Observou-se ainda que há diferentes formas de as pessoas entregarem o que a empresa espera delas, isso porque são diferentes e têm variadas maneiras de articular seus conhecimentos e habilidades em relação às demandas do contexto.

Vamos apresentar a seguir como podemos definir competências para uma organização e como podemos desdobrá-la em diferentes níveis de complexidade. Para podermos balancear entregas em diferentes categorias, procuramos definir três categorias de entregas, conforme mostra a Figura 4.4, que chamamos de dimensões:

- **Dimensão da Orientação:** relaciona-se ao foco da organização e aonde ela pretende chegar, tendo o papel de orientar as pessoas para a ação.
- **Dimensão da Interação:** são responsabilidades ligadas às formas e às necessidades de relacionamento para que o profissional consiga viabilizar suas ações.
- **Dimensão da Estruturação:** referem-se ao "como" chegar aonde se pretende e tem o papel de apoiar a estruturação e realização das ações.

Figura 4.4 – *Dimensões da entrega*

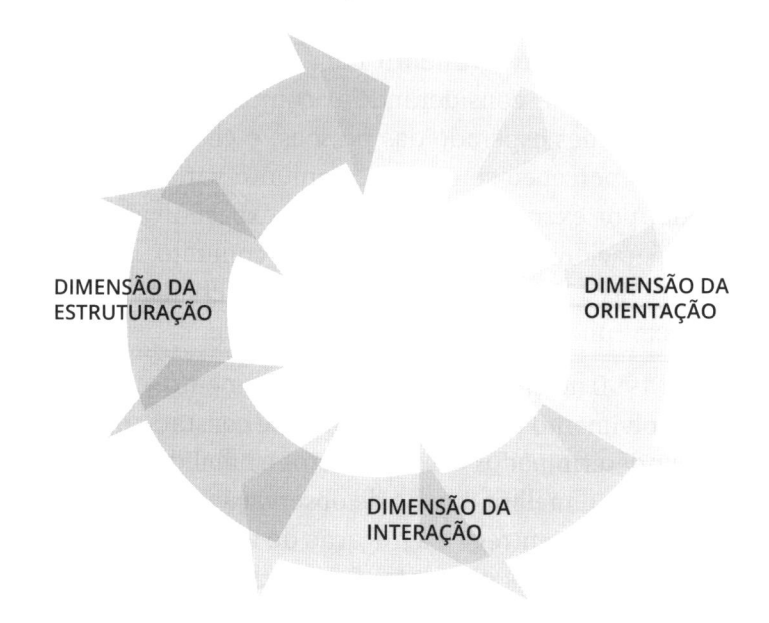

DIMENSÃO DA ESTRUTURAÇÃO

DIMENSÃO DA ORIENTAÇÃO

DIMENSÃO DA INTERAÇÃO

Fonte: Equipe de consultoria.

A seguir, no Quadro 4.2, apresentamos alguns exemplos de competências nessas três dimensões e possíveis definições.

Quadro 4.2 – *Exemplos de competências nas três dimensões de entrega*

DIMENSÃO DA ORIENTAÇÃO	
Orientação para Mudanças/ Inovação	Envolve o foco sobre o processo de evolução da organização, com identificação das necessidades de transformação, com a concepção e apresentação de soluções criativas e viáveis, o controle de mudanças diante dos desafios do ambiente de negócios, bem como a prontidão do profissional para adaptar-se às novas exigências.
Orientação para o Mercado/ Cliente	Relaciona-se ao desenvolvimento de uma cultura organizacional orientada para a satisfação dos clientes (internos ou externos), a partir da compreensão de suas necessidades, atendimento e antecipação de suas expectativas.
Orientação para Resultados	Refere-se ao comprometimento com o alcance dos objetivos estabelecidos, com visão do ambiente interno e externo, permitindo identificar oportunidades e gerar vantagens competitivas.

Orientação Estratégica	Envolve definir estratégias e planos de ação, a partir da análise das tendências, das características do negócio, do ambiente interno e externo, dentro de seu escopo de atuação. Inclui também o comprometimento exigido com os valores, missão e visão da organização e com a sua disseminação.
DIMENSÃO DA INTERAÇÃO	
Gestão de Relacionamentos	Envolve a ação no sentido de estabelecer, manter e mobilizar redes de relacionamento e parcerias entre pessoas, na busca de ligações positivas e atitudes de reciprocidade, dentro dos padrões éticos estabelecidos e com agregação de esforços para a obtenção de soluções, recursos e resultados.
Liderança (Gestão de Pessoas)	Envolve obter o alinhamento das pessoas, a integração entre colaboradores e parceiros, bem como o estabelecimento de um clima de confiança e comprometimento, através do reconhecimento das contribuições individuais e coletivas, com clareza no processo de comunicação.
Negociação	Inclui a busca pelo equilíbrio dos resultados de uma negociação, visando benefícios para os envolvidos. Abrange a construção de uma argumentação coerente e abertura para rever posições e entender pontos de vista distintos dos seus.
DIMENSÃO DA ESTRUTURAÇÃO	
Gestão do Capital Intelectual	Envolve a ação contínua no sentido da aquisição, geração, transferência e aplicação do conhecimento na organização, visando à excelência operacional e eficiência organizacional.
Gestão de Processos de Mudança	Está ligada à responsabilidade por identificar, planejar, conduzir e/ou controlar as mudanças necessárias para enfrentar os desafios do negócio.
Tomada de Decisão	Envolve analisar e criticar riscos, definir e implementar rapidamente alternativas e oportunidades, acompanhando e assumindo as responsabilidades pelos impactos dessa decisão.
Visão Sistêmica	Refere-se ao entendimento da relação da organização com o ambiente no qual está inserida, abrangendo o cultivo das relações e do seu impacto com os *stakeholders* (comunidade, governo e instituições parceiras) orientado pelos objetivos organizacionais.

Fonte: Growth Consultoria Organizacional.

A seguir, no Quadro 4.3, apresentamos o exemplo de como podemos desdobrar uma competência em níveis de complexidade:

Quadro 4.3 – *Exemplos de descrição de níveis de complexidade a partir de uma competência*

1. ORIENTAÇÃO PARA RESULTADOS: Refere-se à atuação segundo os objetivos e planos de ação definidos, alinhados à estratégia de negócios da organização. Demonstra comprometimento, iniciativa e persistência mesmo diante de obstáculos e dificuldades.

Nv	Descrição da Competência
5	• É corresponsável pelo estabelecimento de objetivos para a organização como um todo, considerando os resultados esperados para a empresa no curto, médio e longo prazo e a análise dos cenários internos e externos. • É corresponsável pela formulação de diretrizes para a gestão de resultados e padrões e ferramentas para a organização como um todo. • Atua na remoção de barreiras e obstáculos interáreas/unidades/empresas do grupo, sendo corresponsável pela formação de cultura organizacional voltada à execução dos objetivos e obtenção de resultados.
4	• Influencia o estabelecimento de objetivos para a organização como um todo e estabelece os objetivos para a(s) área(s) sob sua responsabilidade a partir dos objetivos da empresa como um todo e a análise dos cenários internos e externos. • Remove barreiras/obstáculos inter/intra-áreas, mobilizando sua equipe e pares na execução dos objetivos organizacionais. • Influencia a formulação de diretrizes de gestão de resultados e ferramentas de gestão para a organização como um todo, e define indicadores de desempenho para o acompanhamento na(s) área(s) sob sua responsabilidade considerando planos organizacionais relacionados.
3	• Assegura a execução dos objetivos estabelecidos, oferecendo condições/recursos para as equipes sob sua responsabilidade, auxiliando na remoção de obstáculos visando ao comprometimento da equipe, mesmo em circunstâncias adversas. • Estabelece os objetivos e define indicadores de desempenho para o acompanhamento da área sob sua responsabilidade, considerando os resultados esperados para a empresa e a análise dos cenários internos e externos. • Avalia e estabelece prioridades e reorienta ações, conciliando interesses conflitantes ou em situações emergenciais na área sob sua responsabilidade. • Identifica, negocia e administra recursos para desenvolvimento de ações/projetos relacionados à sua área, respondendo pela sua eficiente utilização bem como o cumprimento de prazos, priorizando atividades/projetos de acordo com os objetivos da organização como um todo.

	1. ORIENTAÇÃO PARA RESULTADOS: Refere-se à atuação segundo os objetivos e planos de ação definidos, alinhados à estratégia de negócios da organização. Demonstra comprometimento, iniciativa e persistência mesmo diante de obstáculos e dificuldades.
2	• Assegura a execução dos objetivos estabelecidos para os processos que coordena, removendo obstáculos e readequando as atividades das equipes que coordena com eficiência e eficácia, garantindo que atuem orientados pelos interesses da organização. • Mobiliza e estimula o comprometimento das equipes que coordena em direção das metas e resultados, esclarecendo como estes interferem nos demais processos da área/organização. • Estabelece indicadores de desempenho para os processos sob sua responsabilidade, monitorando os resultados dos processos, tendo em vista a execução dos objetivos organizacionais relacionados. • Dimensiona adequadamente e administra recursos para os processos que coordena, respondendo pela sua maximização bem como o cumprimento de prazos nos processos sob sua responsabilidade, priorizando atividades/projetos de acordo com os objetivos da área como um todo.
1	• Assegura a execução dos objetivos estabelecidos para o conjunto de atividades que coordena, mobilizando e estimulando o comprometimento da equipe que coordena em direção das metas e resultados, readequando atividades de acordo com as prioridades estabelecidas. • Monitora os indicadores de desempenho das atividades do processo sob sua responsabilidade, tendo em vista a execução dos objetivos organizacionais relacionados, observando potenciais impactos, recomendando ações. • Planeja e controla recursos para o conjunto de atividades que coordena, respondendo pela sua eficiente utilização bem como o cumprimento de prazos no processo sob sua responsabilidade.

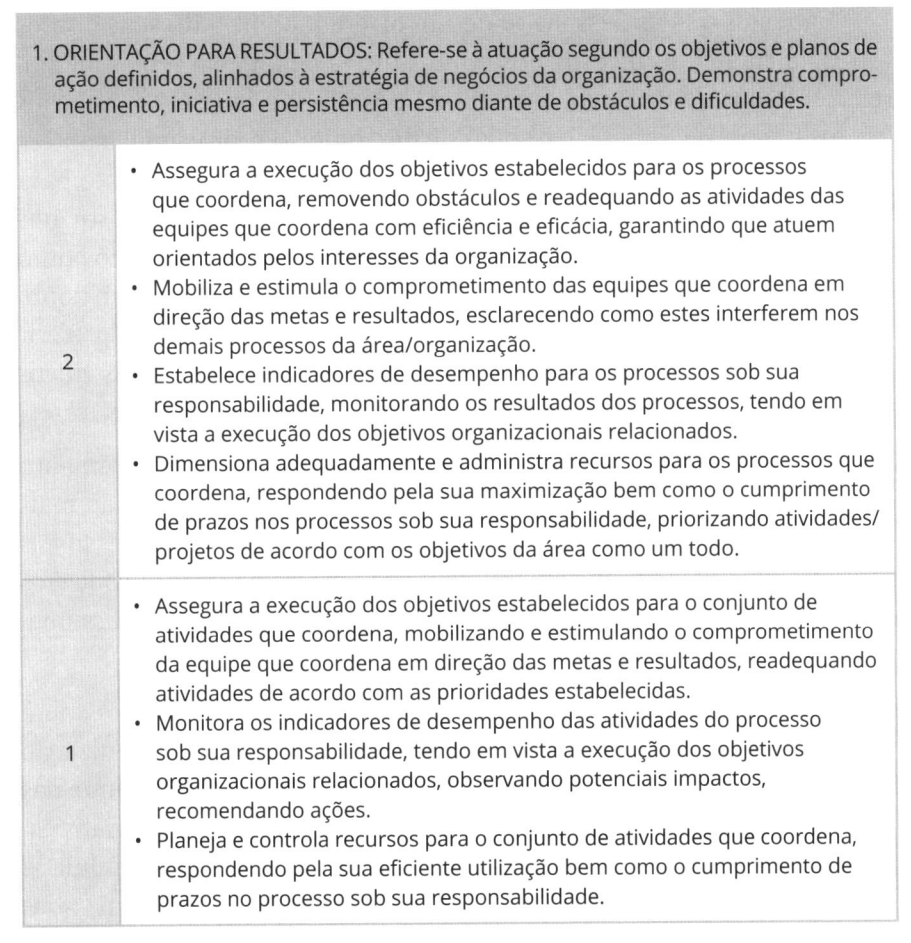

Fonte: Growth Consultoria Organizacional.

Como já vimos, as pessoas entregam o que a empresa necessita de forma diferente. Assim, uma pessoa pode entregar a competência exigida pela organização de uma forma bem particular. Como decorrência dessa constatação não há uma forma padrão para o desenvolvimento de uma determinada competência, a forma de desenvolvê-la deve respeitar a individualidade de cada pessoa. Desse modo, diante da necessidade de aprimorarmos a condição de entrega de uma determinada pessoa, devemos analisar com ela quais são as ações que podem ajudá-la a entregar a competência requerida.

Sabemos que as pessoas se desenvolvem mobilizando seus pontos fortes, portanto, ao investir nos pontos fortes de alguém tenho melhores resultados de desenvolvimento. As pessoas, ao investirem em seus pontos fracos, investem em regiões de desconforto profissional e obtêm resultados com grande sacrifício e normalmente medíocres. Tanto para as pessoas quanto para as organizações é mais produtivo investir nos pontos fortes; para a organização o investimento de R$ 100,00 no ponto forte de alguém resultará em R$ 1.000,00, e o investimento em um ponto fraco resultará em R$ 10,00. Do mesmo modo, a pessoa deve preferir investir em seus pontos fortes para desenvolver-se. Os pontos fracos devem ser objeto de atenção quando eles atrapalham os pontos fortes.

Como já vimos anteriormente, ao pensarmos o desenvolvimento das pessoas como uma sucessão de níveis de complexidade e não mais como uma sucessão de cargos ou de uma escalada nos diferentes níveis decisórios da organização, temos uma verdadeira revolução nos conceitos e na compreensão de como ocorre o processo de evolução profissional das pessoas na organização.

Essa revolução se estende também na forma de refletirmos sobre pessoas talentosas, com potencial, diferenciadas etc. A organização contemporânea exige que possamos orientar o desenvolvimento das pessoas, administrar a sucessão sem criar estigmas ou privilegiar pessoas. Sempre que o fizermos estaremos comprometendo a credibilidade e legitimidade do sistema de gestão de pessoas porque criamos pessoas excluídas, pessoas desqualificadas, pessoas não talentosas ou que não têm potencialidade para a empresa.

Devemos sempre ter em mente que se a pessoa trabalha na organização é porque essa pessoa é talentosa e tem potencial para se desenvolver. Pensar de forma diferente nos conduzirá a excluir pessoas dos processos de desenvolvimento. Elas poderão se tornar o elo fraco da corrente e retardar o processo de desenvolvimento da organização ou, ainda, podem ser excluídas em definitivo por não terem lugar no futuro da organização. Ao excluir pessoas de seu futuro, a organização pode estar gerando uma exclusão do mercado de trabalho e novas exclusões sociais.

Em termos ideais, devemos pensar em todas as pessoas como alvo da atenção da organização em termos de desenvolvimento. No sistema de gestão do desenvolvimento verificamos que é possível trabalharmos cada pessoa em seu desenvolvimento e que também é possível avaliar aquelas pessoas prontas para maiores desafios.

Na organização contemporânea as arquiteturas organizacionais e as estruturas decorrentes estarão sendo modificadas com cada vez maior velocidade. É impossível prever quais serão exatamente as necessidades da organização em seu futuro, mas é possível saber com certeza que ela necessitará de pessoas lidando com níveis crescentes de complexidade. Portanto, ao prepararmos pessoas para lidar com níveis crescentes de complexidade estaremos preparando pessoas para o futuro da empresa e para o futuro do mercado de trabalho.

As pessoas prontas para maiores desafios devem ser pensadas como futuras sucessoras. Caso a organização tenha mais pessoas prontas para maiores desafios do que o necessário, deve pensar em exportar pessoas para o mercado, ou seja, deve estimular que essas pessoas saiam e procurem o seu desenvolvimento no mercado, já que a organização não consegue oferecer no curto prazo condição concreta de desenvolvimento profissional. Assim procedendo, a organização sinaliza sua preocupação com o contínuo desenvolvimento das pessoas, mesmo que fora dela. Ao fazê-lo, a organização cria espaço para outras pessoas que estão em processo de desenvolvimento.

Ao levantar essas questões muitas pessoas perguntam se é aceitável a organização preparar pessoas para o mercado, se é justo entregar pessoas preparadas por ela para seus concorrentes. O argumento utilizado é o de comparar duas organizações de mesmo porte e atuando em um mesmo segmento onde não têm perspectivas de crescimento no curto prazo. Uma não investe no desenvolvimento das pessoas porque não necessita, embora cultive um clima de trabalho muito bom, enquanto a outra investe no desenvolvimento das pessoas, tem um custo adicional em relação a primeira e está arriscada a perder pessoas preparadas para o mercado. No entanto, se houver qualquer turbulência no mercado ou um rápido crescimento da demanda, a segunda estará mais aparelhada para dar respostas. Se a empresa tiver que reduzir seu quadro, as pessoas da primeira terão menor competitividade profissional no mercado do que da segunda. A segunda terá melhores condições de mobilizar seu quadro do que a primeira. Em suma, a empresa que está continuamente investindo no desenvolvimento das pessoas está também em contínuo processo de desenvolvimento e tem melhores condições de se adaptar às exigências do ambiente onde se insere.

ESTRUTURAÇÃO DAS AÇÕES DE DESENVOLVIMENTO

Em função de sua natureza, as ações de desenvolvimento podem ser divididas em duas categorias:

- **Ações de desenvolvimento formais:** são as ações estruturadas através de conteúdos programáticos específicos, envolvendo metodologias didáticas, instrutores ou orientadores, materiais bibliográficos e uma agenda de trabalhos ou aulas. Por exemplo: cursos, ciclo de palestras, seminários, programa de cultura compartilhada e orientação.
- **Ações de desenvolvimento não formais:** são as ações estruturadas através de atuações no próprio trabalho ou situações ligadas à atuação do profissional. Podem ser concebidas de diferentes formas, mas sempre envolvem, em sua estruturação, o profissional a ser desenvolvido. Por exemplo: coordenação ou participação em projetos interdepartamentais ou interinstitucionais, trabalhos filantrópicos, visitas, estágios etc.

É possível observar que, quanto maior a complexidade das atribuições e responsabilidades, maior deve ser o percentual das ações de desenvolvimento não formais. A explicação está no fato de a complexidade demandar mais o uso diversificado do repertório de conhecimentos e experiências das pessoas e menos o uso de novos repertórios. Os profissionais que atuam em níveis de maior complexidade tendem a concentrar o seu desenvolvimento em novas formas de articular seu repertório com o contexto onde se insere. As ações de desenvolvimento devem recair, portanto, no estímulo ao uso diferenciado do patrimônio de conhecimento que o profissional já possui. Em contrapartida, os profissionais que atuam em níveis de menor complexidade são demandados a ampliar seu repertório de conhecimentos e experiências para poderem se desenvolver. A Figura 4.5 procura sintetizar o fluxo para a construção do plano de ação.

Figura 4.5 – *Estrutura das ações de desenvolvimento*

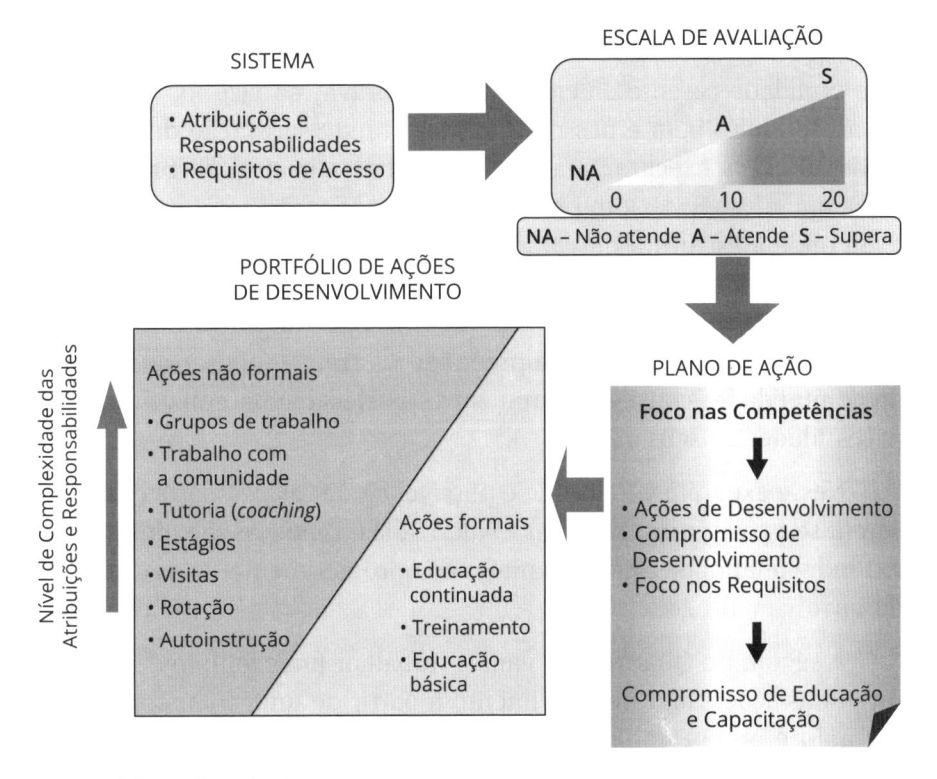

Fonte: Elaboração própria.

As ações de desenvolvimento devem ser definidas a partir das necessidades de cada pessoa em particular e a partir da premissa de ajudar a pessoa a mobilizar seus pontos fortes para desenvolver-se. Para ilustrar esse processo, quero relatar uma experiência rica: em uma organização de serviços tínhamos um gestor de conta que era muito bem quisto por todas as pessoas, inclusive pelos clientes, pelo seu jeito de ser. Sempre de bem com a vida e transmitindo muita alegria de viver, ao mesmo tempo, porém, com dificuldade para entregar o que os clientes necessitavam. Os clientes reportavam sua insatisfação com muito pesar por gostarem muito do relacionamento com seu gerente de conta. Ao analisarmos o problema constatamos que esse gestor tinha grande dificuldade de estabelecer empatia com as necessidades de seus clientes, situação que era encoberta por seu jeito de ser. Ao conversarmos com esse gestor, ele também conseguiu visualizar o problema e foi estabelecido, em conjunto com ele, um conjunto de ações para desenvolver nele essa competência mobilizando seu ponto forte, que é o inter-relacionamento. Foi recomendado que ele se juntasse a uma organização filantrópica para auxiliar a comunidade carente da cidade onde morava; ao fazê-lo, esse gestor sentiu-se muito bem e passou a extrair grande satisfação de sua nova atividade. Para executar suas atividades nessa instituição filantrópica, tinha que estabelecer um processo de comunicação com uma comunidade onde a estrutura de valores era completamente diferente da sua e para fazê-lo necessitou estabelecer um processo de empatia com os valores dessa comunidade. Assim que conseguiu se colocar na situação vivida pela comunidade e compreender a forma de pensar das pessoas da comunidade, conseguiu também estabelecer uma empatia com as necessidades de seus clientes.

Nesse exemplo vemos que é possível ajudar as pessoas a desenvolverem-se a partir delas próprias e valorizá-las como elas são preservando sua individualidade e criando maior comprometimento delas com o seu desenvolvimento.

A seguir, no Quadro 4.4, vamos trabalhar um exemplo de estruturação das ações de desenvolvimento a partir de uma competência. No exemplo é apresentada uma competência desdobrada em diferentes níveis de complexidade. Para cada nível de complexidade foram estabelecidas ações de desenvolvimento específicas.

Quadro 4.4 – *Exemplo de ações de desenvolvimento para a competência Orientação para Resultados em seus diferentes níveis de complexidade*

Nv	Ações Formais/Tradicionais	Ações Não Formais/Não Tradicionais
5	**Congressos, Palestras, Seminários** sobre tendências do setor siderúrgico (nacionais e internacionais). **Congressos, Palestras, Seminários** de gestão de resultados (perspectiva estratégica)	**Participação em Entidades de Classe ou Setoriais:** para manter-se alinhado às práticas e tendências do setor de TI/SI e do setor siderúrgico.
4	**Congressos, Palestras, Seminários** sobre tendências do setor siderúrgico (nacionais e internacionais). **Cursos/Programas de Treinamento:** sobre Gestão e Apuração de Resultados e Definição de Indicadores (avançado) **Congressos, Palestras, Seminários** de gestão de resultados (perspectiva estratégica)	**Participação em Entidades de Classe ou Setoriais:** para manter-se alinhado às práticas e tendências do setor de TI/SI e do setor siderúrgico. *Benchmarking* – Busca melhores práticas com vistas ao incremento nos resultados.
3	**Congressos, Palestras, Seminários** de gestão de resultados **Congressos, Palestras, Seminários** de atualização técnica **Cursos/Programas de Treinamento:** Sobre Gestão e Apuração de Resultados e Definição de Indicadores (avançado) **Simulação/Jogos de Empresa (2)** visando ampliar sua visão acerca das variáveis que impactam os resultados.	**Participação em Entidades de Classe ou Setoriais:** para manter-se alinhado às práticas e tendências em sua área e do setor. *Benchmarking* – Busca melhores práticas com vistas ao incremento nos resultados.
2	**Congressos, Palestras e Seminários** de atualização em sua área. **Cursos/Programas de Treinamento:** Sobre Gestão e Apuração de Resultados e Definição de Indicadores (intermediário) **Simulação/Jogos de Empresa (1)** visando ampliar sua visão acerca das variáveis que impactam os resultados.	*Benchmarking* – Busca melhores práticas com vistas ao incremento nos resultados. *Mentoring* – Alocação de gestor mais experiente (sem ascensão hierárquica) para orientações sobre fatores relacionados ao alcance de resultados.
1	**Congressos, Palestras e Seminários** de atualização em sua área. **Cursos/Programas de Treinamento:** Sobre Gestão e Apuração de Resultados e Definição de Indicadores (intermediário) **Simulação/Jogos de Empresa (1)** visando ampliar sua visão acerca das variáveis que impactam os resultados.	*Benchmarking* – Busca melhores práticas com vistas ao incremento nos resultados. *Mentoring* – Alocação de gestor mais experiente (sem ascensão hierárquica) para orientações sobre fatores relacionados ao alcance de resultados.

Fonte: Growth Consultoria Organizacional.

CONSTRUÇÃO CONJUNTA DE UM PLANO DE DESENVOLVIMENTO

A responsabilidade pela construção e gestão do plano individual de desenvolvimento é a própria pessoa; cabe ao líder ajudar a pessoa na construção de seu plano, conciliando os interesses da pessoa com os interesses da organização ou negócio e criando as condições objetivas para a concretização do plano.

No sentido de desenvolver as pessoas para assumirem níveis crescentes de complexidade, o plano de desenvolvimento deve contemplar ações de diferentes naturezas. O processo de desenvolvimento das pessoas na organização e em relação ao seu trabalho tem sido trabalhado por diferentes autores. Para balizar a elaboração de planos individuais de desenvolvimento nos baseamos em trabalhos desenvolvidos por Ruas (2001; 2002; 2003; 2005) e Antonello (2004; 2005; 2011) sobre aprendizagem organizacional, mais particularmente sobre a aprendizagem experimental e conversão de conhecimento. A aprendizagem experimental é baseada no ciclo de aprendizagem desenvolvido por Kolb, Rubin e McIntyre (1990), e a conversão de conhecimentos baseia-se em Nonaka e Takeuchi (1997).

A partir desses trabalhos, encaramos que o processo de aprendizado passa por diferentes etapas, mas no caso da construção de um plano de desenvolvimento podemos ter ações de aprendizagem de diferentes naturezas agindo de forma sinérgica e permitindo que a pessoa alcance seus propósitos de desenvolvimento e de contribuição para a organização ou negócio. Classificamos essas ações em: consciência da necessidade de se desenvolver, aquisição de conhecimentos e habilidades através da formação, experimentação e reflexão sobre o aprendizado. Vamos trabalhar essas diferentes categorias e como podemos transformá-las em ações de desenvolvimento.

Consciência da necessidade de se desenvolver

As pessoas estarão engajadas em seu desenvolvimento caso percebam a necessidade deste para suas vidas no presente e no futuro. Caso contrário, não estarão realmente engajadas nas ações de desenvolvimento. Foi possível observar em nossas experiências inúmeros casos de fracasso nas ações de desenvolvimento porque as pessoas não viam aquelas ações como importantes para elas. O líder deve ter a sensibilidade de perceber o quanto a pessoa está convencida de que necessita desenvolver determinados aspectos para fazer frente aos desafios ou para realizar seus objetivos. Caso a pessoa não esteja convencida ou o líder tenha dúvidas sobre qual aspecto é mais importante desenvolver na pessoa, devem ser pensadas ações de aprendizagem com o objetivo de criar na pessoa a consciência de um ponto a ser desenvolvido ou com o objetivo de gerar convicção no líder e/ou no liderado sobre qual é o foco da ação de desenvolvimento.

As ações para criar consciência são habitualmente as que permitem à pessoa desenvolver uma distância crítica em relação ao seu trabalho ou sobre si mesma, como, por exemplo: realizar um *benchmark* em outras áreas da organização ou em outras organizações; participar ou coordenar um projeto interdepartamental, permitindo à pessoa desenvolver uma visão sistêmica em relação ao seu trabalho; participar de um curso em turmas abertas para conviver com pessoas que realizam trabalho semelhante em outras empresas; atuar em outra atividade ou projeto de diferente natureza; atuar em organizações filantrópicas ou sociais etc.

Essas atividades permitem que a pessoa tenha uma visão externa de si e do seu trabalho. Essa visão externa cria a consciência de aprimoramentos comportamentais, de competências e de práticas. Essas atividades são úteis, também, para que o líder e a pessoa envolvida formem convicção de pontos a serem desenvolvidos.

Outra forma para trabalhar a consciência é buscar pessoas, grupos ou experiências ligadas ao desafio a ser enfrentado pela pessoa, para compartilhar conhecimentos e vivências. Essa prática é muito útil para antever dificuldades e o caminho a ser percorrido. Ao mesmo tempo em que aprimoramos o planejamento das atividades, percebemos nossas fragilidades e pontos de aprimoramento.

Finalmente, outra forma para trabalhar esses aspectos é iniciar uma ação de desenvolvimento, que em princípio faça sentido para a pessoa e para seu líder, e acompanhar os resultados em intervalos curtos de tempo para avaliar se a escolha foi adequada ou não.

Aquisição de conhecimentos e habilidades através da formação

A formação caracteriza-se por uma atividade formal de aprendizagem na qual a pessoa receberá conhecimentos ou desenvolverá habilidade através de ações previamente estruturadas e testadas. A formação é recomendada quando a pessoa precisa adquirir um repertório sobre um tema ou sobre um trabalho que não possui ou está pouco amadurecido. A formação oferecerá para a pessoa que necessita desenvolver conhecimentos: conceitos, experiências já vivenciadas e estruturadas no tema ou trabalho, visão e outras pessoas e de outras organizações sobre o tema e orientação sobre literatura a respeito do tema ou trabalho. No caso da pessoa que necessita adquirir habilidades, a formação oferece: experimentação assistida, interação com pessoas que estão desenvolvendo a mesma habilidade, visão do emprego e articulação da habilidade ou das habilidades em seu trabalho e percepção dos problemas gerados com o uso inadequado da habilidade ou da falta da habilidade.

A formação oferece uma certificação ou um reconhecimento formal de que a pessoa adquiriu os conhecimentos ou habilidades a que se propunha. Oferece segurança para a pessoa iniciar seu projeto ou trabalho com maior confiança e com espírito crítico em relação ao seu trabalho. Portanto, a formação pode acelerar o desenvolvimento, elevando o patamar inicial de conhecimentos e habilidades da pessoa para iniciar um novo trabalho ou enfrentar um desafio.

Embora a formação responda por 10% a 15% do aprendizado da pessoa, é sempre fundamental para a criação ou revisão de repertórios, criação ou aprimoramento de conceitos, tecnologias ou instrumentos.

Experimentação

A partir da década de 1990 vai se formando um consenso para os estudiosos da aprendizagem sobre a importância da experimentação. Nossa pesquisa comprovou essa importância ao analisarmos a efetividade das ações de desenvolvimento que permitiam às pessoas lidar com situações de maior complexidade. Essa comprovação ocorreu, também, nos trabalhos de campo desenvolvidos por Ruas (2001; 2005) e Antonello

(2004; 2005; 2011), ambos analisaram vários cursos de formação gerencial e o processo de aprendizado.

A experimentação é o espaço para que a pessoa coloque em prática o seu conhecimento e/ou suas habilidades e converta-os em agregação de valor para o contexto e para si mesma. Na maior parte das organizações esse aprendizado não é estruturado e perdem-se muitas oportunidades para o desenvolvimento de pessoas. Quando as organizações estruturam processos de aprendizagem vivencial ou não formal, têm um resultado muito interessante.

A recomendação aqui é de estruturar situações de trabalho importantes para a pessoa enfrentar seus desafios e/ou encarar seus projetos de desenvolvimento. O fato, por exemplo, de uma pessoa poder participar da implantação de uma nova tecnologia ou uma nova ferramenta de trabalho pode ser fundamental para o seu desenvolvimento. O que parece óbvio não é praticado pela maioria das organizações.

É reforçada aqui a importância de um diálogo estruturado de desenvolvimento, no qual são discutidas oportunidades e situações de desenvolvimento. Algumas organizações procuram estruturar esse processo oferecendo situações de desenvolvimento vivenciais para determinados grupos de profissionais. Seguem alguns exemplos:

- Um grande grupo industrial criou em sua universidade corporativa o que chamou de escola de desafios. Trata-se de projetos estratégicos definidos pelos acionistas e presidentes para onde são convidados gerentes táticos com potencial de desenvolvimento. Esses gerentes são assistidos por um diretor e por consultores externos e devem desenvolver soluções. Essas soluções são apresentadas e discutidas com presidentes e acionistas submetendo os participantes do programa a um padrão mais elevado de exigência e pressão, a um olhar mais amplo para o negócio e à necessidade de desenvolver uma forma de pensar estratégica.
- Uma organização no setor de tecnologia de produto investe pesadamente na formação de seu quadro técnico e tem vários programas para desenvolvimento dele em programas vivenciais. Um desses programas é o de mentoria técnica, no qual

técnicos especializados estimulam e oferecem suporte para que técnicos de nível sênior desenvolvam projetos sofisticados. Os resultados desse programa são: transferência de conhecimento crítico para a empresa, aceleração do desenvolvimento do corpo técnico e estímulo para que os técnicos optem pela carreira técnica em vez da carreira gerencial.

- Uma empresa industrial de montagem de veículos cria todo ano um concurso para os jovens engenheiros que entram na empresa. Nesse concurso os jovens devem se agrupar e sugerir melhorias nos processos da empresa. Esses grupos são orientados por mentores. Os resultados desse trabalho são: acelerar o desenvolvimento desses jovens, estimular uma visão sistêmica da organização, aumentar o nível de retenção dos jovens e criar um sentimento de propriedade dos resultados obtidos com os projetos.

Esses são exemplos de como a organização pode estruturar processos vivenciais de desenvolvimento.

Reflexão sobre o aprendizado

Em muitas situações o aprendizado que obtivemos em uma determinada situação de trabalho ou ao enfrentar um desafio pode ser utilizado em situações diferentes, mas não nos damos conta disso. A reflexão sobre o que aprendemos é muito importante para consolidar o aprendizado e verificar sua utilização em situações diferentes, como, por exemplo: venci o desafio de construir uma parceria importante com um cliente. O aprendizado obtido poderia me ajudar ou ajudar outras pessoas a desenvolverem parcerias internas ou externas; assumi a liderança de uma equipe desacreditada e recuperei a autoestima das pessoas e a equipe tornou-se prestigiada pela organização. O aprendizado poderia ser utilizado em processos de formação de novas lideranças, na melhoria de processos de avaliação ou na minha atuação como mentor.

A reflexão sobre o nosso aprendizado ou sobre o aprendizado de membros da nossa equipe pode ser efetuada quando a pessoa é instada a estruturar o que aprendeu para ensinar outras pessoas. Em áreas de tecnologia, em programas de residência médica essa prática é muito comum, a pessoa ser convidada a expor seu aprendizado para as demais. Dentre as organizações pesquisadas, acompanhamos três empresas de tecnologia. Nas três existem vários rituais para estimular as pessoas a transmitirem seu conhecimento para os demais; em uma delas o quanto uma pessoa dissemina seus conhecimentos é um item importante da avaliação.

A disseminação de conhecimentos pode acontecer de várias formas, tais como: oferecendo um curso ou uma palestra sobre o que a pessoa aprendeu, em processos de orientação, na estruturação de um processo, na criação de um instrumento ou uma ferramenta etc.

Ações de desenvolvimento para lidar com maior complexidade

A pessoa, para lidar com maior complexidade, necessita ser exposta a situações mais exigentes. Para tanto, a pessoa necessita ser estimulada e preparada, mas nem sempre lidar com situações mais exigentes causa prazer e satisfação, por exemplo: os pais que têm de lidar com filhos adolescentes. Trata-se de um grande desafio, nós nunca sabemos se estamos acertando ou errando, muitas vezes até acreditamos que estamos criando um monstro e, após alguns anos, percebemos que acertamos em quase tudo que fizemos. O mesmo processo acontece quando nos deparamos com os desafios que temos que enfrentar, muitas vezes não nos sentimos preparados e nos assustamos, mas ao enfrentá-los verificamos que tínhamos todas as condições para terminarmos bem-sucedidos.

Para minimizar a sensação de despreparo ou de intimidação frente aos desafios, o diálogo sobre estes com nossa liderança, assim como ouvir pessoas mais experientes, ajuda. Existem ações muito efetivas para ajudar as pessoas a não se intimidarem com desafios ou situações mais exigentes. Observamos que algumas lideranças praticam isso naturalmente e nem percebem o quanto estão ajudando seus liderados a se prepararem para o futuro. A seguir listo algumas dessas ações:

- objetivos de desenvolvimento com vistas a assumir responsabilidades de maior complexidade;

- a avaliação e as ações de desenvolvimento efetuadas com vistas aos desafios futuros da pessoa;
- ações de desenvolvimento que permitam ter uma visão mais ampla do negócio e maior exposição na organização e junto a parceiros estratégicos do negócio;
- ações que possam ampliar a rede de relacionamento da pessoa e sua multiplicação para a equipe e/ou área como um todo;
- buscar orientação para trabalhar os pontos mais importantes para alcançar os seus objetivos de carreira;
- ações de desenvolvimento que incluam exposição a situações diferenciadas de trabalho.

Um item que chamou a atenção por sua simplicidade e eficiência foi o estímulo para que a pessoa ampliasse sua rede de relacionamento; foi possível observar que pessoas técnicas desenvolvem toda sua rede entre pessoas técnicas e ficam prisioneiras de uma forma de pensar e encarar a realidade organizacional. Ao estimular essa pessoa a ampliar sua rede de relacionamento, incorporando o contato com fornecedores, clientes, concorrentes etc., permitiu uma visão diferente de seu trabalho, do negócio e do seu futuro. Essas ações podem ser implementadas designando a pessoa para representar a organização em associações patronais, participar de encontros com clientes ou fornecedores etc.

A preparação de uma pessoa que está em uma atividade técnica ou funcional para uma posição gerencial é outro aspecto importante a ser observado. A posição gerencial é caracterizada pelo fato de o seu ocupante ter que gerenciar recursos escassos. O que caracteriza a posição gerencial não é o fato de o ocupante liderar um grupo de pessoas, mas o fato de estar na arena política da organização. Podemos ter uma pessoa que lidera um grande grupo de pessoas e não estar na arena política da organização e, portanto, não é um gerente; e uma pessoa que não tem liderados e está na arena política da organização e, portanto, é um gerente.

Desse modo, podemos ter um bom gerente, porque trafega muito bem na arena política da organização e consegue viabilizar projetos e decisões complexas, mas um péssimo líder, porque não consegue estabelecer um diálogo com sua equipe. O melhor dos mundos seria ter um bom gerente e, ao mesmo tempo, um bom líder. Como obter isso? Não é algo que ocorra naturalmente, é necessário que a organização estruture um processo de escolha e preparação de pessoas para essas posições.

A arena política é invisível, percebem-na aquelas pessoas que nela transitam. Um profissional técnico, por exemplo, sente que realiza o trabalho duro enquanto seu gerente vive o dia em reuniões, recebe uma série de benesses da organização e ganha mais, portanto o sonho desse profissional é tornar-se um gerente. Caso o sonho se realize, essa pessoa irá levar um susto ao se deparar com a arena política e pode descobrir que não tem "estômago" para isso.

Na maior parte das empresas pesquisadas não havia preparo para a pessoa assumir uma posição gerencial. Ao não existir esse preparo, a organização e a pessoa assumem um grande risco. A organização, de perder um bom técnico e ganhar um péssimo gerente, e a pessoa, de ter ganhado um passaporte para a infelicidade profissional. A imagem que podemos criar para descrever esse processo é da pessoa que é atirada na jaula do leão e, se for devorada, a organização irá dizer que ofereceu uma oportunidade e a pessoa não soube aproveitar e, se sobreviver, a organização irá dizer que acaba de ganhar um novo gerente. Até quando vamos continuar a atirar as pessoas aos leões?

Para estancar esse processo é necessário apresentar, para uma pessoa que está sendo cogitada para a posição gerencial, a arena política. Como a arena política pode ser apresentada para a pessoa? Oferecendo-lhe um projeto que tenha um componente técnico e, também, um componente político ou oferecendo para a pessoa um conjunto adicional de atribuições e responsabilidades com o componente político.

Essas experiências permitirão que a organização perceba se vale a pena investir na pessoa para uma posição gerencial ou não. Permitirão, também, que a pessoa perceba se gosta ou não do trânsito na arena política. Para exemplificar, vamos relatar uma situação que caracteriza as dificuldades de nossas empresas para testar as pessoas antes de colocá-las em uma posição gerencial. Foi possível acompanhar um caso em uma empresa de tecnologia onde um engenheiro especialista da área de desenvolvimento de produtos foi indicado para assumir a gerência. A indicação deveu-se a dois aspectos: o engenheiro era uma referência dentro e fora da organização em sua especialidade técnica e era apoiado pelos demais integrantes da área por tratar-se de pessoa extremamente generosa na disseminação de seu conhecimento e estímulo para que os colegas se desenvolvessem. Tão logo assumiu a posição gerencial a organização percebeu que havia cometido um grande equívoco, pois se tratava de uma pessoa inábil no relacionamento político, assumindo posições muito rígidas e se escudando sempre nos aspectos das situações, gerando um isolamento na relação com os demais gerentes. Como consequência, não conseguia obter apoio político para suas posições, começou a ter dificuldades para manter o espaço político da área e dificuldades para obter recursos. A equipe, com o tempo, percebeu que não tinha representação política e que estavam perdendo prestígio na organização, passando a questionar a liderança de seu gerente.

Por essa razão é tão importante um processo de avaliação estruturado e maduro, no qual é possível perceber o surgimento de novas lideranças e prepará-las adequadamente. O preparo da futura liderança é básico para qualquer estratégia; uma liderança despreparada torna-se uma grande ameaça para a organização ou negócio. Por essa razão mais de 80% dos processos sucessórios em empresas de capital nacional foram demandados pelos acionistas.

AVALIAÇÃO DAS AÇÕES DE DESENVOLVIMENTO

A avaliação da efetividade das ações de desenvolvimento é um aspecto importante quando discutimos os investimentos efetuados pela organização e pela pessoa em seu crescimento. Para exemplificar, vamos pensar em uma pessoa que não está entregando a competência orientação para resultados. Vamos supor que essa pessoa, em conjunto com sua chefia, tenha estabelecido uma série de ações de desenvolvimento e que tenha a expectativa de passar a atender a competência em um prazo de seis meses. Após esse período, a pessoa, em conjunto com sua chefia, pode avaliar a efetividade das ações de desenvolvimento. Caso tenha atendido total ou parcialmente a competência, podemos dizer que as ações de desenvolvimento foram efetivas. Essa informação passa a integrar o patrimônio de conhecimentos da organização sobre que ações são efetivas para desenvolver cada uma das competências humanas.

Caso a pessoa, após os seis meses, não atenda a competência, podemos concluir que ou a pessoa não foi aplicada o suficiente, ou as ações não foram efetivas para tornar a pessoa competente em orientação para resultados. Essa informação é, também, importante para o patrimônio de conhecimentos da organização, onde podem ser verificadas as ações que não são efetivas para o desenvolvimento de determinadas competências.

Essas informações ficam mais claras quando temos um grupo de pessoas que apresentam problemas semelhantes e que são orientadas para conjuntos de ações muito próximas. Ao analisarmos os efeitos dessas ações sobre o nível de atendimento das competências temos condições de medir a efetividade dessas ações. A organização, ao repetir essas análises ao longo do tempo, amplia seus conhecimentos sobre as ações que funcionam para as diferentes competências, para os diferentes agrupamentos ocupacionais, para os diferentes eixos de carreira, para as diferentes subculturas organizacionais etc.

CONCLUSÕES

Este capítulo teve como principal propósito estimular a discussão sobre o papel da pessoa na gestão de sua carreira e de seu desenvolvimento. Há um estímulo crescente das organizações brasileiras para que a pessoa assuma o protagonismo de seu crescimento profissional. Do lado da organização é fundamental o estímulo e a criação de condições concretas e objetivas para que a pessoa se desenvolva.

De outro lado o capítulo teve o propósito de abrir um diálogo, raro na literatura brasileira, entre desenvolvimento e carreira. Tanto privilegiando o lado da pessoa quanto o lado da organização. Esse diálogo é mediado pelo conceito de competências associado ao de complexidade. Essa associação nos permite um salto na compreensão do processo de desenvolvimento e na construção de instrumentos de gestão.

Além disso, o uso desses conceitos permite a ligação com a questão da remuneração. A prática da remuneração esteve sempre dissociada tanto na dimensão conceitual quanto na instrumental da prática do desenvolvimento. O conceito de competência e de complexidade nos permite integrar em uma mesma prática e de forma sinérgica o desenvolvimento e a remuneração.

O objetivo aqui não é encerrar essa discussão, e sim abri-la. Concluímos que estamos apenas iniciando uma longa caminhada em repensar a gestão de pessoas. Essa não deve ser uma caminhada solitária, e sim solidária envolvendo todos quantos queiram um mundo melhor para se viver na organização e fora dela.

QUESTÕES E EXERCÍCIOS DO CAPÍTULO 4

Questões para fixação

- Por que podemos atrelar o desenvolvimento profissional ao aumento no nível da complexidade das atribuições e responsabilidades da pessoa?
- Quais são as partes componentes de um sistema de administração de carreiras?
- Quais são os instrumentos utilizados para administração de carreiras pela organização?
- Quais são os tipos de carreira que podemos encontrar nas organizações?
- Quais são as etapas para a construção de um projeto profissional por parte da pessoa?
- Como se dá o processo de escolha de uma carreira?
- Quais são as fases que caracterizam a evolução no uso do conceito de competência?

Questões para desenvolvimento

- Qual é a importância de um sistema de administração de carreiras para a organização e para as pessoas?
- Por que é importante para as pessoas administrarem as suas próprias carreiras?
- Quais devem ser os cuidados a serem tomados pelas pessoas na administração de suas carreiras frente às pressões recebidas ao longo de suas vidas?

- Qual é a ligação entre o conceito de competência e o de desenvolvimento humano na organização? Qual a contribuição do conceito de competência para a compreensão do processo de desenvolvimento das pessoas?
- Quais são as relações entre o desenvolvimento organizacional e o desenvolvimento humano?
- Qual é a importância do conceito de complexidade na construção de um sistema de gestão do desenvolvimento nas empresas?
- Por que devemos avaliar a efetividade das ações de desenvolvimento?

EXERCÍCIOS E ESTUDOS DE CASO

Caso 1

Roberto e Rita trabalham em unidades de grandes organizações. Eles são talentosos, bem avaliados profissionalmente e tidos como pessoas de futuro dentro de suas respectivas organizações, sendo pensados nos processos sucessórios como profissionais que devem crescer e ocupar posições de maior responsabilidade. São profissionais muito ligados às suas organizações e, embora relativamente jovens (37 e 42 anos, respectivamente), não será surpresa se aposentarem dentro destas.

Roberto tem a responsabilidade de gerenciar produtos dentro de um grupo de engenharia de desenvolvimento. Sua organização é considerada uma líder em tecnologia e não descuida da importância de seus colaboradores. Há, portanto, um processo corporativo de desenvolvimento gerencial, uma cultura que estimula uma avaliação constante de necessidade de mudanças na organização do trabalho e um sistema de carreira corporativo que dá suporte a essa prática.

Roberto reporta-se a um Diretor que deseja fazer "o melhor" para sua equipe. Ele chamou Roberto em sua sala e conversou acerca de programas de desenvolvimento de carreira.

Como parte dessa conversa ele decidiu com Roberto algumas questões acerca dos processos de progressão, visando mostrar como um gerente de produto pode mover-se na estrutura até tornar-se um gerente sênior. Ele e Roberto procuram contratar novos objetivos de desenvolvimento.

Rita trabalha em uma organização que atua em tecnologia de informação. Ela gerencia um grupo de desenvolvimento de *software*. Seu processo dentro da organização está indo bem. Embora não seja uma "superstar", ela regularmente alcança objetivos desafiadores e produz um trabalho de qualidade. Em sua organização, o desenvolvimento tecnológico é a chave para a consecução dos objetivos estratégicos, e Rita sente que ela está crescendo significativamente em suas habilidades e especialização.

A organização onde Rita trabalha é reconhecida como boa para se trabalhar, na perspectiva das pessoas. A organização faz uma boa ligação entre performance gerencial e técnica e objetivos de desenvolvimento profissional e carreira. Recentemente Rita ouviu falar de um novo processo de desenvolvimento de carreira. Como esse processo é implementado primeiramente através da discussão de carreira entre o gerente e o colaborador, ela agendou uma entrevista com seu gerente para discutir sua carreira. Nessa reunião o gerente de Rita mostrou-se muito estimulado pelas questões por ela colocadas. Os dois trabalham juntos, criando um plano de carreira e um projeto de desenvolvimento de médio e longo prazo. Rita deixou a reunião com algumas questões sobre como ela poderá obter mais informações acerca de opções de carreira, mas com uma sensação genuína de suporte e apoio de seu gerente.

Esses dois *approaches* para desenvolvimento de carreira têm vantagens e desvantagens. Pense sobre isso e responda às seguintes questões:

Quanto seguro de si está Roberto em relação à sua carreira?

1	10
Pouco	Muito

Justifique a sua posição.

Quanto segura de si está Rita em relação à sua carreira?

1	10
Pouco	Muito

Justifique a sua posição.

Com base em sua discussão acerca de Roberto e Rita, quais são os elementos necessários para um completo envolvimento com a carreira?

Caso 2

Aristides tem 45 anos e responde por uma das gerências operacionais em uma fábrica de insumos para a indústria alimentícia. A fábrica pertence a uma grande organização internacional no setor de alimentos.

Após seu processo de autoavaliação e reunião com sua chefia imediata, Aristides e seu chefe chegaram a um consenso: Aristides tem que aprimorar seu relacionamento com pares. O principal problema apresentado por Aristides é uma grande dificuldade de estabelecer empatia com seus clientes internos e com as áreas prestadoras de serviços. O problema não foi fácil de ser diagnosticado tanto pela chefia como pelo próprio Aristides.

A dificuldade reside no fato de Aristides ser uma pessoa aparentemente afável e de fácil relacionamento. Aristides gosta de estar "enturmado", é um entusiasta do time de futebol da fábrica, adora liderar festividades e é uma pessoa muito popular. Aristides, de outro lado, não gosta que invadam seus domínios e no íntimo crê que "as coisas devam ser feitas do seu jeito".

Aristides é uma pessoa valiosa para a organização. Iniciou sua carreira na operação há 20 anos como engenheiro de processos e assumiu uma das gerências operacionais há cinco anos. É uma pessoa trabalhadora e conhece profundamente toda a operação da organização.

Superar esse problema é fundamental para o processo de desenvolvimento de Aristides.

Analise a situação e recomende ações de desenvolvimento para Aristides.

BIBLIOGRAFIA DO CAPÍTULO 4

ARTHUR, M. B.; ROUSSEAU, D. M. *The boundaryless career:* a new employment principle for a new organizational era. New York: Oxford University Press, 1996.

ARTHUR, M. B.; INKSON, K.; PRINGLE, J. K. *The new careers:* individual action and economic change. London: Sage Publications, 1999.

ANTONELLO, Cláudia S. *Alternativa de articulação entre programas de formação gerencial e as práticas de trabalho:* uma contribuição no desenvolvimento de competências. Tese (Doutorado) – Programa de Pós-Graduação da Universidade Federal do Rio Grande do Sul, 2004.

_____ . A metamorfose da aprendizagem organizacional: uma revisão crítica. In: RUAS, R.; ANTONELLO, C. S.; BOFF, L. H. *Aprendizagem organizacional e competências.* Porto Alegre: Bookman, 2005.

_____ . Desenvolvimento de projetos e aprendizagem nas organizações. In: ANTONELLO, C. S.; GODOY, A. S. *Aprendizagem organizacional no Brasil.* Porto Alegre: Bookman, 2011.

BRISCOE, J. P.; HALL, D. T. A interação das carreiras sem fronteiras e proteana: combinações e implicações. In: DUTRA, J. S.; VELOSO, E. F. R. *Desafios da gestão de carreiras.* São Paulo: Atlas, 2013.

COSTA, I. S. A.; BALASSIANO, M. (Orgs.). *Gestão de carreiras:* dilemas e perspectivas. São Paulo: Atlas, 2006.

DUTRA, JOEL S. *Carreiras paralelas: uma proposta de revisão da administração de carreiras.* Trabalho apresentado no XV Encontro Nacional da ANPAD, Belo Horizonte, set. 1991. Este trabalho foi publicado posteriormente na *Revista de Administração*, São Paulo: USP, v. 27, nº 4, p. 65-75, out./dez. 1992.

_____ . *Administração de carreiras.* São Paulo: Atlas, 1996.

_____ . *Competências:* conceitos e instrumentos para a gestão de pessoas na empresa moderna. São Paulo: Atlas, 2004.

_____ . *Gestão de carreiras na empresa contemporânea.* São Paulo: Atlas, 2010.

_____ ; VELOSO, E. F. R. *Desafios da gestão de carreiras.* São Paulo: Atlas, 2013.

FLEURY, A.; FLEURY, M. T. *Aprendizagem e inovação organizacional.* São Paulo: Atlas, 1995.

GINZBERG, E.; GINBURG, S. W.; AXELARD, S.; HERMA J. L. *Occupacional choice:* an approach to a general theory. New York: Columbia University Press, 1951.

GUTTERIDGE, THOMAS G. Organizational career development systems: the state of the practice. In: HALL, Douglas T. *Career development in organizations*. San Francisco: Jossey Bass, 1986.

GUNS, H.; PEIPERL, M. (Eds.). *Handbook of career studies.* Thousand Oaks: Sage, 2007.

HALL, Douglas T. *Career in organizations*. California: Goodyear, 1976.

_____. *Career development in organizations*. San Francisco: Jossey Bass, 1986.

_____. *Careers in and out of organizations*. London: Sage Publications, 2002.

HIGGINS, M. C. *Career imprints*. São Francisco: Jossey Bass, 2005.

IBARRA, Hermínia. *Working identity:* unconventional strategies for reinventing your career. Boston, Massachusetts, EUA: Harvard Business School Press, 2003.

INKSON, K. *Understanding careers:* metaphors of working lives. Thousand Oaks: Sage, 2007.

JAQUES, E. *Levels of abstraction in human action*. London: Heinemann Educational Books, 1978.

_____. In Praise of Hierarchy. *Harvard Business Review*, Jan./Feb. 1990.

KOLB, D.; RUBIN, I.; MCINTYRE, J. *Psicologia organizacional*. São Paulo: Atlas, 1990.

LEIBOWITZ, Z. B.; FARREN, C.; KAYE, B. L. *Designing career development systems*. San Francisco: Jossey Bass, 1986.

LENTZ, Charles W. Dual ladders become multiple ladders at Dow Corning. *Research-Technology Management,* p. 28-34, May/June 1990.

LONDON, M.; STUMPH, S. *Managing careers*. Massachusetts: Addison-Wesley, 1982.

MAINIERO, L. A.; SULLIVAN, S. E. *The opt-out revolt:* why people are leaving companies to create kaleidoscope careers. Mountain View: Davies-Black Publishing, 2006.

MARTINS, H. T. *Gestão de carreiras na era do conhecimento:* uma abordagem conceitual e resultados de pesquisa. Rio de Janeiro: Qualitymark, 2001.

MEISEL, S. L. The dual ladder: the rungs and promotion criteria. *Research Management,* p. 24-27, July 1977.

MINOR, FRANK J. Computer applications in career development planning. In: HALL, Douglas T. *Career development in organizations.* San Francisco: Jossey Bass, 1986.

MOORE, D. C.; DAVIES, D. S. The dual ladder: establishing and operationg it. *Research Management,* p. 14-19, July 1977.

MORISON, R.; ERICKSON, T.; DYCHTWALD, K. A crise da meia carreira. *Harvard Business Review*, São Paulo, março 2006.

NONAKA, I.; TAKEUCHI, H. *Criação de conhecimento na empresa*. Rio de Janeiro: Campus, 1997.

PEIPERL, M. A.; ARTHUR, M. B. *Career creativity:* explorations in the remarking of work. Oxford: Oxford University Press, 2002.

PRAHALAD, C. K.; HAMEL, G. The core competence of the corporation. *Harvard Business Review*, p. 79-91, May/June 1990.

QUISHIDA, Alessandra. *Adaptação à transição de carreira na meia idade:* um estudo exploratório sob o enfoque do *lócus* de controle. São Paulo. Dissertação (Mestrado) – Faculdade de Economia e Administração da Universidade de São Paulo, 2007.

RUAS, Roberto. Desenvolvimento de competências gerenciais e a contribuição da aprendizagem organizacional. In: FLEURY, M. T.; OLIVEIRA JR. M. (Org.). *Gestão estratégica do conhecimento*. São Paulo: Atlas, 2001.

_____ . *Gestão das competências gerenciais e a aprendizagem nas organizações*. Documento preliminar preparado como material de apoio aos Cursos de Extensão do Programa de Pós-Graduação e Pesquisas em Administração da UFRGS, 2002.

_____ . Gestão por competências: uma contribuição à estratégia das organizações. In: RUAS, R.; ANTONELLO, C. S.; BOFF, L. H. *Aprendizagem organizacional e competências.* Porto Alegre: Bookman, 2005.

_____ ; ANTONELLO, Cláudia S. Repensando os referenciais analíticos em aprendizagem organizacional: uma alternativa para análise multidimensional. *Revista de Administração Contemporânea*, Curitiba: Anpad, v. 7, nº 3, 2003.

SAVIOLI, Nelson. *Carreira*: manual do proprietário. São Paulo: Qualitymark, 1991.

SCHEIN, Edgar H. *Career anchors:* discovering your real values. California: University Associates, 1990.

_____ . *Career dynamic:* matching individual and organizational needs. Massachusetts: Addison-Wesley, 1978.

SMITH, J. J.; SZABO, T. T. The dual ladder: importance of flexibility, job content and individual temperament. *Research Management,* p. 20-23, July 1977.

STAMP, G. The individual, the organisation and the path to the mutual appreciation. *Personnel Management*, July 1989.

_____ ; STAMP, C. *Well being at work:* aligning purposes, people, strategies and structures. West Yorkshire, 1993.

SUPER, Donald E. *The psychology of careers:* an introduction to vocational development. New York: Harper & Brothers, 1957.

VAN MAANEN, John. *Organizational careers:* some new perspectives. New York: John Wiley & Sons, 1977.

VELOSO, E. F. R. *Carreira sem fronteiras e transição profissional no Brasil*. São Paulo: Atlas, 2012.

_____ ; TREVISAN, L. *Produtividade e ambiente de trabalho*: gestão de pessoas e carreira. São Paulo: Senac, 2005.

WALKER, James W. *Human resource planning*. New York: McGraw-Hill, 1980.

5

Valorização de pessoas

INTRODUÇÃO

Neste capítulo, vamos tratar da forma como as pessoas são valorizadas pela empresa. A valorização é concretizada através das recompensas recebidas pelas pessoas como contrapartida de seu trabalho para a organização. **Essas recompensas podem ser entendidas como o atendimento das expectativas e necessidades das pessoas, tais como: econômicas, crescimento pessoal e profissional, segurança, projeção social, reconhecimento, possibilidade de expressar-se através de seu trabalho etc.**

A questão fundamental na recompensa é como diferenciar as pessoas, ou seja, como a recompensa deve ser distribuída entre as pessoas que trabalham para a empresa. Quais devem ser os critérios utilizados pela organização para diferenciar, através das recompensas oferecidas, as pessoas com as quais mantém relações de trabalho? Os critérios utilizados têm como referência o mercado de trabalho e padrões internos de equidade. As referências do mercado de trabalho são obtidas através de informações oriundas de pesquisas específicas ou de contatos com o mercado, como, por exemplo: processos de recrutamento e seleção, perda de pessoas para o mercado, contratação de serviços etc. As informações do mercado ajudam a empresa a se posicionar de forma a manter uma relação competitiva, ou seja, aplicar critérios de recompensa que permitam atrair e reter pessoas. Entretanto, o mercado é instável, oscila ao sabor das relações de oferta e demanda, e o posicionamento da empresa a partir unicamente do mercado é insuficiente. Muitas organizações tentam manter critérios de recompensa baseando-se unicamente no mercado, mas pelo fato de essa situação gerar nas pessoas um grande sentimento de injustiça é difícil mantê-la ao longo do tempo.

Os padrões internos de equidade tornam-se, portanto, fundamentais para estabelecer critérios de recompensa perenes e que criem para as pessoas um ambiente de segurança e justiça. A utilização de padrões de diferenciação considerados pelas pessoas como justos e a consistência desses padrões com a realidade vivida pela organização e pelas pessoas são fundamentais para sustentar uma relação de compromisso com a empresa e com o trabalho a ser executado. Verificamos que a sensação de injustiça é mais danosa do que a inadequação da recompensa em relação ao mercado. Por isso, as organizações tendem a privilegiar como critério para as recompensas os padrões internos de equidade em detrimento dos padrões externos. Levando em conta esse fato, daremos prioridade ao tratamento dos padrões internos de equidade. Sem descuidar, entretanto, dos padrões externos.

A organização tem várias formas de concretizar a recompensa, desde o reconhecimento formal por uma contribuição da pessoa através de um elogio, de uma carta ou de um prêmio até um aumento salarial ou uma promoção para posições organizacionais com desafios maiores. A questão-chave no processo de valorização está nos critérios a serem utilizados para tanto, que devem ser coerentes entre si e consistentes no tempo; caso contrário, corremos o risco de reconhecermos duas pessoas de forma diferente ou em intensidade diferente por contribuições semelhantes. Os padrões de equidade são fundamentais para garantir um tratamento justo da contribuição da pessoa para a organização e também para estimulá-la a ampliar sua contribuição, à medida que consegue visualizar padrões de resposta da empresa para as diferentes contribuições. A forma de concretizar as recompensas deve estimular respostas das pessoas para a empresa. No passado, as pessoas eram estimuladas a adotar uma postura de submissão às determinações da empresa e de muito esforço para atingirem as metas impostas para seu trabalho; atualmente, a expectativa das empresas em relação às pessoas é de uma postura autônoma e empreendedora, em que a pessoa deve ter iniciativa para antecipar e solucionar problemas e estar preparada para o amanhã. Nesse cenário, o desenvolvimento contínuo da pessoa é fundamental para sustentar o desenvolvimento da organização, portanto não é por acaso que observamos que as recompensas mais nobres vêm sendo carreadas para estimular e valorizar o desenvolvimento da pessoa.

- O desenvolvimento da pessoa é normalmente recompensado por estar ligado à maior capacidade de a pessoa agregar valor para a organização, como vimos no capítulo anterior.
- Aumento da remuneração, quer na forma de um salário maior, quer na diferenciação de benefícios ou serviços oferecidos pela organização.
- Acesso a programas de capacitação ou a linhas de subsídio à formação profissional ou pessoal.

PADRÕES INTERNOS DE EQUIDADE

Agregação de valor

A grande dificuldade para estabelecer os padrões internos de equidade está em determinar critérios de diferenciação que sejam a um só tempo:

- capazes de traduzir a contribuição de cada pessoa para a organização;
- aceitos por todos como justos e adequados;
- mensuráveis pela organização e pela própria pessoa;
- coerentes e consistentes no tempo, ou seja, tenham perenidade mesmo em um ambiente turbulento e instável;
- simples e transparentes para que todas as pessoas possam compreendê-los e ter acesso a eles.

Ao analisarmos a realidade organizacional mais atentamente, vamos verificar a nossa tendência para considerar, como justos e adequados, critérios de diferenciação que apontem o nível de agregação de valor da pessoa para a empresa. Explicando melhor, de uma forma natural e espontânea, em nossa sociedade, as pessoas que têm uma maior capacidade de contribuição para nós ou para nossa organização são mais valorizadas. Estamos definindo agregação de valor como essa contribuição ou entrega da pessoa para a organização, para a sociedade ou para ela própria. Imediatamente surge a seguinte questão: Como determinar o grau de agregação de valor de uma pessoa para a organização ou para a comunidade? Ao longo do século XX muitos teóricos tentaram responder a essa questão. Inicialmente foi tomado como referência o trabalho executado pela pessoa. No caso das organizações, buscou-se, a partir da administração científica, estabelecer uma relação entre o salário e a tarefa executada pela pessoa. Taylor (1982, p. 51) assinala que quando o trabalhador realiza uma determinada tarefa, dentro do tempo-limite estabelecido, recebe um aumento salarial de 30% a 100% do seu salário habitual. Taylor enfatiza (1982, p. 111): "estes dois elementos, a tarefa e a gratificação, constituem dois dos mais importantes elementos do funcionamento da administração científica".

A ideia de a valorização estar atrelada ao trabalho executado ganhou força a partir da administração científica. Essa prática evolui para o uso do cargo como referencial para determinar a agregação de valor das pessoas. Segundo Hipólito (2001, p. 39), o cargo abrange os conceitos de tarefa e posição; a tarefa existe quando é necessário utilizar o esforço humano, físico ou mental, para uma finalidade específica. A posição é caracterizada pelo acúmulo de tarefas que justificam o emprego de um trabalhador.

O cargo foi durante muitos anos utilizado como principal referência para diferenciar a agregação de valor. Durante o período em que o cargo caracterizou o trabalho realizado pela pessoa na organização, pôde ser utilizado como referencial para diferenciá-lo; atualmente, entretanto, as tarefas e a posição das pessoas na organização modificam-se constantemente e, por consequência, o cargo torna-se volátil. Muitas empresas vêm buscando alternativas para diferenciar as pessoas. Durante os anos 1980 foram comuns experiências utilizando características das pessoas para diferenciá-las. Algumas experiências utilizaram as habilidades como elemento de diferenciação partindo do pressuposto de que as pessoas que fossem capacitadas em habilidades necessárias para o seu trabalho teriam diferenciais na agregação de valor. Um dos grandes defensores dessa abordagem foi Lawler (1990, p. 153), alegando o esgotamento do uso do cargo como referencial para diferenciação e as vantagens do uso das habilidades das pessoas como elemento de diferenciação flexível e que estimulava o desenvolvimento delas, a participação nos processos decisórios e a autogestão da carreira. Ao longo do tempo foi possível perceber que isso era verdadeiro somente para um determinado grupo dentro da organização (LAWLER, 1996; HIPÓLITO, 2001). Esse grupo é formado por pessoas que ocupam posições na organização onde as habilidades geravam uma agregação de valor. Essas posições são aquelas cujas habilidades fazem diferença porque estão atreladas diretamente ao trabalho da pessoa; são caracterizadas, geralmente, pelo uso do corpo e onde a destreza representa ganhos de eficiência. Nas demais posições, a habilidade não representa um diferencial, já que a pessoa pode ter a habilidade e não conseguir transformá-la em uma entrega concreta para a organização. Segundo Hipólito (2001, p. 63), a aplicação do uso da habilidade para posição de caráter não operacional reside no fato de a performance explicar melhor a entrega da pessoa do que a quantidade de habilidades que ela possui.

As organizações passaram a se sentir inseguras com essas práticas. O fato de as pessoas tornarem-se proficientes em determinadas habilidades transformava-as em merecedoras das recompensas devidas. Como nem todas as habilidades geravam necessariamente agregação de valor, essa prática passou a pressionar as organizações, principalmente quando atreladas a aumentos salariais, que geravam aumento da folha de pagamentos.

Nos anos 1990 as empresas começaram a buscar outra alternativa para diferenciar a agregação de valor. A alternativa que até aqui tem apresentado os melhores resultados é a correlação da agregação de valor com o nível de complexidade das atribuições e responsabilidades. O conceito de complexidade foi trabalhado nos Capítulos 2 e 4. Vamos agora utilizá-lo na definição da agregação de valor.

Padrões de complexidade × padrões de agregação de valor

Podemos associar a agregação de valor das pessoas para a organização ao nível da complexidade de suas atribuições e responsabilidades. Vamos primeiramente recapitular que as atribuições – conjunto das funções e atividades executadas pela pessoa – e as responsabilidades – conjunto das decisões exigidas da pessoa pela organização – caracterizam o espaço que a pessoa ocupa na organização, e quanto maior é a complexidade delas, maior é a agregação de valor da pessoa. Podemos, portanto, medir a agregação de valor através da complexidade. Os níveis de complexidade podem ser medidos, segundo Elliott Jacques (1988, p. 1; 1994, p. 15), **a partir do intervalo de tempo entre a tomada de decisão e a possibilidade de avaliação dos resultados decorrentes dela.** Quanto maior o tempo, mais elevado é o nível de abstração exigido para que a decisão tomada esteja correta e seja efetiva. Segundo Jacques, podem ser identificados sete estratos de complexidade nas organizações, os quais chamou de *work levels* e os relacionou à dimensão temporal, conforme as categorias apresentadas abaixo:

- 0 a 3 meses: trabalhadores do chão de fábrica e trabalhadores qualificados, incluindo os supervisores;
- 3 a 12 meses: primeiro nível gerencial, assim como gerentes que respondem por operações ou processos simples;
- 1 a 2 anos: gerentes de nível médio e táticos que respondem por um conjunto de processos;
- 2 a 5 anos: gerentes seniores que respondem por decisões estratégicas, geralmente, posicionados como diretores;
- 5 a 10 anos: nível típico de presidentes de organizações nacionais;
- 10 a 20 anos: profissionais responsáveis por um grupo de empresas ou mesmo organizações de atuação transnacional;
- mais de 20 anos: esta é uma característica de CEO (*Chief Executive Office*) de organizações de grande porte atuando em vários países e com operações diversificadas.[1]

---

[1] Vale a pena destacar que, segundo os trabalhos do autor, nem sempre as organizações de grande porte de caráter transnacional vão demandar um CEO atuando nesse nível de complexidade. Dessa forma, dependendo do tipo de negócio e características do

David Billis e Ralph Rowbottom (1987) desenvolveram, a partir dos trabalhos de Jacques, um conjunto maior de referenciais para medir os níveis de complexidade, por acreditarem que a utilização do intervalo de tempo como única medida é de difícil aceitação, além de não levar em consideração características de desenhos organizacionais específicos ou da natureza dos problemas a serem gerenciados. Os autores procuraram associar a cada estrato definido por Jacques a complexidade das responsabilidades da posição.

De outro lado, Gilliam e Collin Stamp (1993) procuraram definir os diferentes níveis de complexidade a partir de processo de tomada de decisão, relacionando os níveis à maturidade do profissional. O Quadro 5.1, apresentado a seguir, demonstra o alinhamento das abordagens de ambos.

Quadro 5.1 – *Comparativo das abordagens de Billis e Stamp*

Nível de complexidade	Trabalho requerido (BILLIS; ROWBOTTOM)	Processo de tomada de decisão (STAMP; STAMP)
7	– Assegurar viabilidade para as futuras gerações da organização. – Prever campos futuros de necessidade de uma sociedade.	*Prever* – Interpreta e molda configurações de economias, políticas, nações, regiões, religiões e ideologias para criar futuros desejados.
6	– Ajustar as características de uma organização para contextos multiculturais. – Formar opiniões e conceitos sobre o contexto econômico, político, social, tecnológico e religioso.	*Revelar* – Estende a sua curiosidade e análise além das áreas conhecidas de influência real ou potencial, explorando recursos inesperados de oportunidade ou instabilidade.
5	– Cobrir um campo geral de necessidades em uma sociedade. – Definir qual é a razão de existência de uma organização complexa.	*Tecer* – Compreende relações entre diferentes sistemas. – Identifica relações e vínculos potenciais entre questões e eventos desconectados.

---

ambiente no qual está inserida a organização, pode ser necessário um executivo atuando no nível 6 ou no nível 7.

4	– Fornecer um espectro completo de produtos e serviços para a totalidade de um território ou organização. – Introduzir, desenvolver e manter uma unidade de negócios, integrando-a ao ambiente no qual está inserida.	*Modelar* – Utiliza ideias e conceitos, testando possíveis combinações e produzindo inovações. – Constrói modelos a partir do que vê em diversas realidades.
3	– Fornecer respostas sistemáticas de acordo com a necessidade de situações com início, meio e fim definidos. – Garantir o funcionamento pleno de um sistema.	*Conectar* – Examina cuidadosamente várias atividades na busca de ideias, tendências ou princípios que criem um todo coerente.
2	– Realizar tarefas concretas, cujos objetivos e implicações devem ser julgados de acordo com as especificidades da situação. – Identificar as necessidades de clientes específicos.	*Acumular* – Reúne informações, passo a passo, para revelar aspectos óbvios e implícitos de cada situação, identificando resultados das possíveis respostas.
1	– Realizar tarefas separadas e concretas, cujos objetivos e produtos podem ser totalmente especificados.	*Perceber* – Fornece respostas diretas para tarefas imediatas.

Fontes: Rhinow, G. (1998) adaptando trabalhos de Stamp, G. e Stamp, C. (1993) e Billis, D. e Rowbottom, R. (1987).

Temos observado que nas experiências mais recentes de estruturação de sistemas de gestão de pessoas, o conceito de complexidade tem sido associado ao conceito de competência. A competência nessas experiências está atrelada ao conjunto de expectativas em relação ao produto do trabalho do profissional. A expectativa em relação à entrega dos profissionais apresenta-se distinta para os diferentes estratos de complexidade.

Ao associar os conceitos de complexidade às competências, é possível definir, para cada competência, diferentes níveis de complexidade de entrega. Esses níveis não precisam estar diretamente associados aos estratos sugeridos por Elliott Jacques, mas é fundamental que possuam uma relação consistente com as características da empresa e elementos relevantes do mercado no qual ela está inserida. Essa relação permite um maior atendimento às especificidades de cada uma das empresas, assim como garante maior flexibilidade, gerando estratos alinhados às características e cultura de cada uma das organizações, conforme vimos no Capítulo 2.

Novos padrões de valorização × padrões tradicionais

A utilização da complexidade das atribuições e responsabilidades como padrão de mensuração da agregação de valor não é uma inovação. Esse padrão já era utilizado nos sistemas de diferenciação de cargos. A forma de diferenciar os cargos entre si era através da complexidade associada a eles, a partir daí transferia-se a diferenciação do cargo para a pessoa que o ocupava. Com a volatilidade dos cargos, os padrões utilizados para diferenciá-los passaram para um primeiro plano.

A ideia não é mais compreender a agregação de valor da pessoa através do cargo que ocupa; esse não é mais um parâmetro que reflete a realidade como já vimos. A ideia é enxergarmos a entrega da pessoa e avaliar a complexidade dessa entrega. Uma forma de olhar a entrega da pessoa é o uso das competências requeridas pela organização.

Vimos no Capítulo 4 a forma de medir essas entregas e a partir daí tomar decisões sobre a valorização da pessoa. O fato de as organizações já terem a experiência em medir a complexidade para os cargos tem sido uma transição muito tranquila para a mensuração da complexidade das competências.

Muitas pessoas não conseguem enxergar grande diferença entre os novos padrões de valorização e os tradicionais. Aparentemente as diferenças são sutis, mas é só aparência, pois na essência temos transformações profundas; vejamos essas transformações mais de perto:

- A forma de a pessoa ser visualizada pela organização mudou, assim como mudou a forma de sua valorização. Anteriormente a pessoa era avaliada pelo que fazia; hoje, é pelo que entrega para a organização.
- A pessoa, ao ser medida pelo cargo, era vista em função de uma descrição de tarefas e posicionamento na empresa, quando na

verdade a pessoa está sempre se desenvolvendo e ocupando diferentes espaços na organização. Ao medirmos as pessoas pelo nível de complexidade de suas atribuições e responsabilidades, acompanhamos os constantes movimentos que elas efetuam em seu processo de desenvolvimento e podemos valorizá-la mais adequadamente.

- A complexidade consegue responder a problemas que são típicos em organizações que buscam adequar-se às exigências de um ambiente mais competitivo, quais sejam: flexibilidade estrutural e agilidade de resposta, trazendo o processo decisório para mais próximo da operação; maior envolvimento das pessoas com a organização, conciliando expectativas de crescimento e desenvolvimento de ambas; aumento contínuo da capacitação técnica e gerencial, estimulando e oferecendo o suporte necessário à capacitação das pessoas etc.

- Dentre as diferenças, cabe ressaltar o desvínculo possível entre o sistema de diferenciação e valorização e a estrutura organizacional. Desse modo, a organização tem liberdade para alterar a sua estrutura organizacional sem com isso alterar o valor do cargo ou espaço ocupacional da pessoa. De outro lado, a organização não incorre nos riscos de um sistema totalmente centrado na pessoa, uma vez que o valor do espaço ocupacional é determinado por necessidades organizacionais e pela competência da pessoa.

REMUNERAÇÃO

Tipos de remuneração × tipos de contribuição

A forma mais importante de concretizar a valorização da pessoa pela organização é a remuneração, que é a contrapartida econômica e/ou financeira de um trabalho realizado pela pessoa. Muitos autores tratam a remuneração como um fator de recompensa extrínseco, ou seja, que vem de fora da pessoa (MARTOCCHIO, 1998). Embora essa seja uma forma de recompensa vinda de fora, a remuneração tem componentes intrínsecos importantes, como todo processo de valorização.

A remuneração traduz em muitas situações a importância relativa da pessoa para a organização e seu *status* profissional para o mercado. Ao tratarmos a remuneração como um fator objetivo, perdemos a perspectiva de todo o seu valor simbólico em nossa sociedade.

A remuneração pode ser dividida nas seguintes categorias em função da forma como se apresenta para a pessoa:

- **Remuneração direta:** é o total de dinheiro que a pessoa recebe em contrapartida ao trabalho realizado. O total de dinheiro pode ser fixo – remuneração fixa, ou seja, é um montante previamente ajustado entre a pessoa e a organização a ser pago regularmente pelo trabalho realizado. A periodicidade da remuneração fixa mais comum hoje é a mensal, mas pode ser semanal ou diária. O total de dinheiro pode ser variável – remuneração variável, ou seja, é um montante a ser pago em função de determinados resultados obtidos do trabalho da pessoa. As pessoas podem ter um ou outro tipo de remuneração direta ou uma combinação de ambos.
- **Remuneração indireta:** é um conjunto de benefícios que a pessoa recebe em contrapartida ao trabalho realizado. Geralmente a remuneração indireta é complementar à direta e visa oferecer segurança e conforto aos trabalhadores na sua relação com a organização. Dessa forma, a remuneração indireta tende a ser extensiva a todos os empregados, não sendo objeto de diferenciação interna, e é composta por benefícios. Benefícios, segundo Chiavenato (1989, v. 4, p. 77):

    "são facilidades, conveniências, vantagens e serviços que as organizações oferecem aos seus empregados para poupar-lhes esforços e preocupação. Podem ser financiados parcialmente ou totalmente pela organização".

Podemos dizer de forma simplista que a remuneração direta é representada pelo dinheiro que colocamos no nosso bolso, e a remuneração indireta é representada pelo dinheiro que não retiramos do nosso bolso.

Podemos, entretanto, dividir a remuneração em função da forma como se apresenta e do objeto da remuneração. Muitos autores preferem classificar a remuneração dessa forma (MARTOCCHIO, 1998; LAWLER, 1990; WOOD; PICARELLI, 1995), apresentando-a dividida nas seguintes categorias:

- **Remuneração básica:** é a remuneração recebida pelas pessoas em função de seu trabalho; geralmente é uma remuneração fixa e pode ser determinada a partir do cargo exercido pela pessoa, a partir das habilidades requeridas e possuídas ou a partir das competências exigidas e entregues pela pessoa. Wood e Picarelli (1995, p. 40) chamam os dois primeiros tipos de remuneração funcional e remuneração por habilidade, respectivamente, e o terceiro tipo é chamado de remuneração por competências (HIPÓLITO, 2001, p. 82).
- **Remuneração por senioridade:** é a remuneração recebida por tempo de experiência ou por tempo de dedicação à empresa. Essa forma de remuneração é ainda comum e normalmente se traduz em adicionais percentuais ao salário em função do tempo de dedicação da pessoa à organização. Vem sendo muito criticada, porque em um mundo em constante transformação essa remuneração não estimula o desenvolvimento da pessoa, e sim premia unicamente a sua permanência na organização. Observamos um declínio acentuado no mercado do uso dessa forma de remuneração.
- **Remuneração por performance:** é a remuneração que procura premiar os resultados apresentados pelas pessoas e pela organização ou negócio. Normalmente é uma remuneração variável vinculada a metas de resultado individual, por equipe e/ou por negócio/empresa. A forma como essa remuneração é transferida para a pessoa pode ser através de dinheiro, participação acionária ou prêmios.
- **Remuneração indireta:** é a remuneração apresentada na forma de benefícios, serviços ou facilidades oferecidas pela organização ao colaborador. A remuneração indireta pode ser constituída de benefícios legais – estabelecidos por lei ou

acordo sindical, geralmente abrangendo de forma indistinta todos os colaboradores – e benefícios discricionários – estabelecidos pela organização para cobrir expectativas específicas dos colaboradores ou de grupos de colaboradores, geralmente definidos em função de necessidades impostas pela localidade, pelas características de grupos ocupacionais ou para destacar determinados grupos, normalmente o grupo ligado à gestão da organização ou negócio.

Uma visão mais contemporânea dessa divisão é apresentada por Hipólito (2004), que divide as formas de remuneração e recompensas em três categorias, conforme o Quadro 5.2: remuneração fixa, remuneração variável e outros tipos de recompensa.

Quadro 5.2 – *Tipos de recompensa*

		Configuração	
Remuneração fixa	Benefícios	Padrão	Flexível
	Salário	Foco	
		Cargo	Pessoa
Remuneração variável	Participação acionária		
	Participação em ganhos e lucros		
	Prêmios e comissões		
Outros tipos de recompensa	Autonomia e liberdade para realização		
	Oportunidade de desenvolvimento		

Fonte: Hipólito (2004).

A remuneração está ligada ao tipo de contribuição da pessoa para a organização. A forma de diferenciar as pessoas é em função do quanto elas agregam valor para a empresa. A remuneração fixa traduz o *status* da pessoa dentro da empresa e do mercado. Essa remuneração é mais delicada porque não pode ser diminuída no tempo. Em função da legislação brasileira, a diminuição da remuneração fixa do trabalhador só ocorre em situações excepcionais, e nesses casos a organização necessita efetuar acordos especiais com seus trabalhadores. Por isso, as organizações têm um grande cuidado para administrar a remuneração fixa. Temos visto como tendência as organizações analisarem o desenvolvimento das pessoas como base para determinar a remuneração fixa. Partindo do pressuposto de que a pessoa se desenvolve quando lida com atribuições e responsabilidades de maior complexidade e, portanto, agrega mais valor para a empresa, deve ser mais bem remunerada. O desenvolvimento nessa concepção é utilizado porque a pessoa, ao se desenvolver, não retrocede e por isso a empresa fica mais segura de usar esse referencial como diferenciação na determinação da remuneração fixa.

A remuneração variável normalmente é empregada para remunerar uma entrega excepcional e que talvez não se repita da mesma forma novamente. É comum que a remuneração variável esteja atrelada ao cumprimento de metas de resultados, podendo ser a combinação de performances individuais, em equipe ou da organização e/ou negócio. Esse tipo de entrega pode ser classificado como resultado do esforço das pessoas. Diferentemente do desenvolvimento, o esforço é função das contingências, uma pessoa esforçada hoje pode não ser mais amanhã, por isso a remuneração também é definida em função das contingências.

Parâmetros para a determinação da remuneração adequada

A remuneração, como os demais tipos de valorização, utiliza como parâmetros para sua determinação a equidade interna e a externa. No caso da remuneração, entretanto, temos que adicionar outras considerações. A remuneração está ligada à capacidade de a pessoa sobreviver em nossa sociedade. Através da remuneração, a pessoa terá acesso a bens de consumo, moradia, assistência para suas necessidades etc. Caso a pessoa não tenha uma remuneração adequada, não poderá manter um padrão de vida digno. É comum em países como o nosso que as pessoas recebam em contrapartida ao seu trabalho uma remuneração que não corresponde a todo o conjunto de suas necessidades. Assim, as pessoas necessitam efetuar opções entre se alimentar ou ter sua casa, alimentar-se ou se vestir, alimentar-se ou se educar.

Algumas organizações buscam criar um composto de remuneração que permita manter uma equidade com o mercado e ao mesmo tempo atender ao máximo das necessidades de seus empregados. Infelizmente, esse esforço é ainda reduzido em função das carências do nosso povo. Portanto, ao pensarmos em remuneração, não é possível nos limitarmos a uma análise de equidade interna e externa, é imperioso analisarmos o conjunto de necessidades básicas de nossos empregados e encontrar soluções criativas para atendê-las.

Os economistas clássicos já propunham que o salário básico das pessoas fosse o suficiente para a sobrevivência da pessoa e para sua capacidade de reprodução. A ideia do salário mínimo definido socialmente ou legalmente traz em seu bojo essa preocupação. Hoje, entretanto, temos que adicionar outros elementos, tais como:

- **Educação:** aspecto essencial para a formação de nossos empregados para que eles possam enfrentar o crescimento da complexidade das organizações e do mercado de trabalho; caso contrário, serão excluídos do mercado mais cedo ou mais tarde e, nesse caso, estarão se tornando excluídos sociais. O investimento contínuo no desenvolvimento das pessoas é um aspecto cada vez mais importante da valorização do trabalhador e da pessoa como cidadã.
- **Dignidade:** aspecto fundamental para que a pessoa desenvolva a autoestima e o espírito crítico em relação à sua realidade dentro da sociedade e da organização. É pouco provável que uma pessoa que não consegue para si própria ou para sua família alimentação, vestimenta ou vida digna possa sustentar no tempo uma relação de comprometimento e cidadania com a organização.
- **Educação para os filhos:** em um mundo cada vez mais exigente, a educação das crianças é fundamental para o desenvolvimento da sociedade como um todo. Esse esforço não pode ser atribuído somente ao estado. Caso o trabalhador não tenha condições mínimas de sustentar a educação de seus filhos, teremos no longo prazo a reprodução dos nossos problemas sociais, com trabalhadores pouco preparados para a complexidade das

organizações e, por consequência, uma grande massa excluída do mercado de trabalho. Com o tempo, isso trará reflexos na pressão sobre salários, porque a demanda por trabalhadores especializados será maior que a oferta.

Se formos pensar nos vários recortes de nossa realidade social, veremos que existem outros aspectos a considerar na questão da determinação da remuneração. Apesar de vários autores definirem o mercado de trabalho como elemento de referência para a determinação dos salários, a nossa realidade impõe outras referências. Outro aspecto a ser considerado é a inserção da organização em seu ambiente e a cultura organizacional. Por exemplo, se a organização é a grande empregadora da região onde atua, provavelmente os parâmetros internos de equidade e as necessidades das pessoas da região serão os grandes norteadores da definição salarial.

Lógica do mercado em relação à remuneração

O funcionamento do mercado de trabalho em termos da remuneração obedece a duas lógicas. De um lado, temos a demanda e a oferta de trabalho: quando temos uma grande oferta de mão de obra e uma baixa demanda por trabalhadores, os salários tendem a declinar – como decorrência em períodos de baixa atividade econômica, os salários são pressionados para baixo –, e quando, ao contrário, temos uma baixa oferta de mão de obra e uma alta demanda por trabalhadores, os salários tendem a aumentar – como decorrência em períodos de grande atividade econômica, os salários são pressionados para cima. De outro lado, temos o nível de agregação de valor das pessoas. Quanto maior a capacidade de agregação de valor da pessoa, maior é sua valorização pelo mercado. Se pudéssemos representar graficamente, veríamos no eixo x que quanto maior a agregação de valor, maior a remuneração no eixo y, conforme Figura 5.1.

Figura 5.1 – *Relação entre agregação de valor e remuneração*

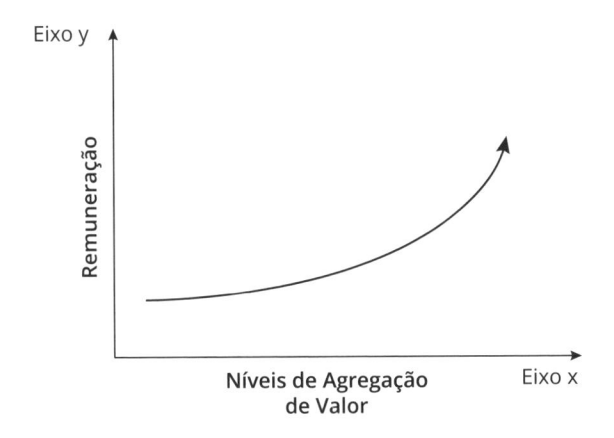

[Gráfico: Eixo y (Remuneração) vs Eixo x (Níveis de Agregação de Valor), com curva exponencial crescente]

Fonte: Elaboração própria.

A curva apresentada na Figura 5.1 terá sua configuração modificada em função das pressões de oferta e demanda. Quando adicionamos novos conceitos para a gestão de pessoas, como o de complexidade e agregação de valor, podemos perceber outro movimento do mercado de trabalho na determinação da remuneração. Vamos chamar esse movimento de "aceleração da carreira".

A aceleração da carreira é um movimento pouco explorado pelas organizações na administração salarial, geralmente porque há uma ligação pobre entre carreira e remuneração e baixa consciência sobre o movimento que vamos relatar. Como já vimos no Capítulo 4, o desenvolvimento é definido como aumento da complexidade das atribuições e responsabilidades da pessoa e, portanto, aumento de sua capacidade de agregar valor. Em momento de grande atividade econômica, as pessoas têm mais oportunidades de desenvolvimento, sendo colocadas com maior frequência em situações desafiadoras. Nesses casos, a pessoa em um intervalo de tempo menor do que o normal aumenta sua capacidade de agregar valor e, portanto, seu valor de mercado. Ao contrário, em momentos de baixa atividade econômica as pessoas têm menos oportunidades de desenvolvimento e levam mais tempo para aumentar seus níveis de agregação de valor e, portanto, demoram mais para aumentar seu valor de mercado. Podemos ilustrar esse movimento na Figura 5.2.

Figura 5.2 – *Efeito da aceleração de carreira no valor de mercado*

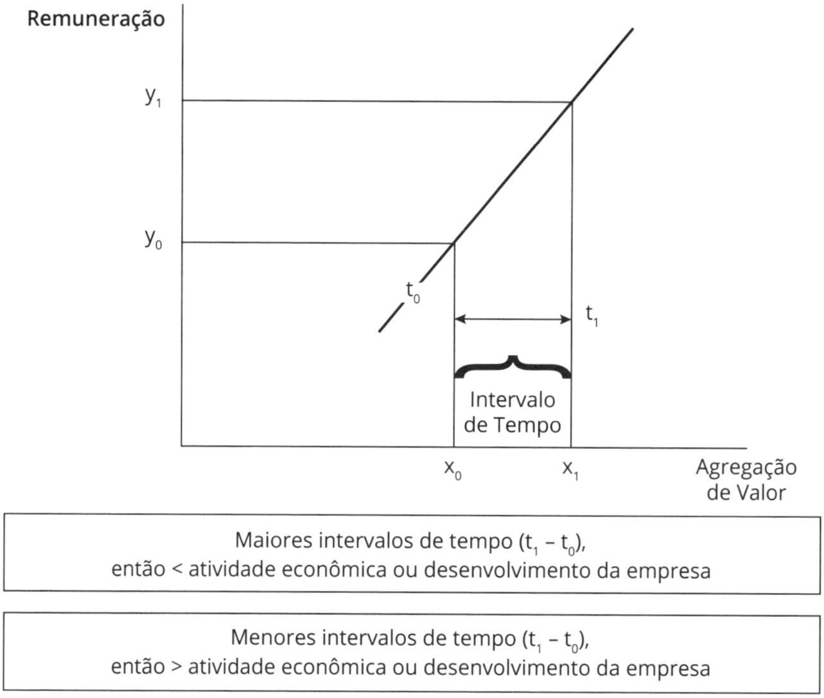

[Gráfico: eixo vertical "Remuneração" com marcações y_0 e y_1; eixo horizontal "Agregação de Valor" com marcações x_0 e x_1; reta ascendente passando por pontos t_0 e t_1; chave indicando "Intervalo de Tempo" entre x_0 e x_1.]

Maiores intervalos de tempo ($t_1 - t_0$), então < atividade econômica ou desenvolvimento da empresa

Menores intervalos de tempo ($t_1 - t_0$), então > atividade econômica ou desenvolvimento da empresa

Fonte: Elaboração própria.

O mesmo fenômeno pode ser observado em relação ao nível de desenvolvimento organizacional. Quando temos baixo desenvolvimento da empresa, as oportunidades de desenvolvimento diminuem e a empresa perde sua capacidade de atração e retenção. Nesses casos, a empresa deve preocupar-se em criar movimentos para conseguir desenvolver seus quadros de forma contínua.

REMUNERAÇÃO FIXA

A importância da remuneração fixa

A remuneração fixa é objeto de grande preocupação da literatura e das organizações por ser o principal elemento de diferenciação das pessoas. É através da remuneração fixa que as pessoas conseguem enxergar sua posição relativa na organização e no mercado de trabalho. Normalmente, esse tipo de remuneração reflete a equidade interna e externa. No Brasil, os demais tipos de remuneração são na sua maior parte múltiplos ou submúltiplos da remuneração fixa.

De outro lado, conforme já mencionamos, é muito difícil reduzir a remuneração fixa; uma vez estabelecida, ela será um parâmetro enquanto a pessoa estiver na organização. Em nossas pesquisas percebemos uma alta correlação entre a remuneração fixa e as demais remunerações existentes na empresa, ou seja, à medida que a remuneração fixa é aumentada, há um aumento correspondente nas demais formas de remuneração. Assim, se a empresa administrar bem a remuneração fixa terá uma boa administração de sua massa salarial, como veremos mais adiante. Como há uma grande correlação entre a remuneração fixa e a massa salarial, as empresas tendem a dedicar grande atenção a esse tipo de remuneração.

Formas tradicionais para estabelecer a remuneração fixa

As formas tradicionais para estabelecer a remuneração fixa das pessoas, na organização e no mercado, estão atreladas às tarefas e à posição ocupada pela pessoa na empresa, o que chamamos de cargo. Para o estabelecimento da remuneração nas bases tradicionais, são necessários os seguintes passos:

- caracterização e análise dos cargos existentes na organização;
- definição da forma de diferenciar os cargos na organização;
- estabelecimento do valor a ser pago para os diferentes cargos, observando a importância relativa dos cargos dentro da organização e em relação ao mercado.

A caracterização e a análise dos cargos devem ser precedidas da definição de objetivos em relação ao trabalho a ser realizado, histórico da organização – de onde ela vem e para onde vai com o objetivo de analisar de forma crítica a configuração presente e futura dos cargos da organização –, características operacionais e culturais da empresa e como os cargos são configurados em termos de grupos ou famílias.

Para o processo de coleta de informações sobre os cargos, podem ser utilizadas várias técnicas, tais como: entrevistas, observações no local de trabalho, questionários, reuniões com diferentes grupos de empregados e análise de documentos. Com base nessas técnicas, é importante levantar e analisar as seguintes informações:

- tarefas e responsabilidades que compõem o cargo – o que é feito ou o que deve ser feito;
- forma como as tarefas são executadas – como é feito ou como deve ser feito;
- objetivos das tarefas e da posição ocupada pelo cargo – para que é feito ou deve ser feito;
- frequência de realização das tarefas – quando é feito ou deve ser feito.

Nas organizações, encontramos normalmente situações que podem ser definidas das seguintes formas:

- **Tarefa –** conjunto de movimentos ordenados que visem à realização de uma ação.
- **Função ou posto de trabalho –** conjunto de tarefas e responsabilidades atribuídas a um colaborador.
- **Cargo –** conjunto de funções semelhantes quanto à sua natureza e requisitos, atribuídas a um ou mais colaboradores.
- **Grupo ocupacional ou família de cargos –** agrupamento de cargos de natureza homogênea, como, por exemplo: cargos executivos ou gerenciais, cargos operacionais, cargos técnicos etc.

Para a diferenciação dos cargos na organização, podem ser empregadas diferentes metodologias. Utilizando a classificação sugerida por Chiavenato (1989, v. 4, p. 38), temos: abordagens não quantitativas, tais como: escalonamento de cargo ou categorias predeterminadas, ou abordagens quantitativas, tais como: comparação de fatores ou avaliação por pontos. Como prática, verificamos que quando a empresa possui em uma mesma família de cargos uma quantidade inferior a cinquenta, é mais rápido uma metodologia mais simples como abordagens não quantitativas ou comparação de fatores. Nos casos de grande quantidade de cargos é recomendável a utilização da avaliação por pontos, que é a forma mais utilizada pelas empresas por apresentar maior confiabilidade.

De forma sintética, a avaliação dos cargos por pontos pode ser descrita nos seguintes passos:

- Definição, para uma determinada família de cargos, dos fatores a serem utilizados para avaliação. Esses fatores tendem a ser agrupados em duas categorias: exigências sobre o ocupante do cargo, tais como: formação, experiência, características pessoais etc.; e exigências impostas pelo cargo, tais como: responsabilidades, supervisão, contatos internos e externos etc.; e exigências impostas pelo cargo, como responsabilidades, supervisão, contatos internos e externos etc.
- Estabelecimento de graus crescentes de complexidade para cada fator. Esses graus devem ser relevantes para a família de cargos a ser analisada, como, por exemplo: em uma família de cargos administrativos seria interessante graduar a formação em função do grau de escolaridade; já para uma família de cargos gerenciais em que a organização exige como escolaridade mínima curso superior, a mesma forma de graduação utilizada para os cargos administrativos seria inadequada.
- Estudo da escala de diferenciação dos fatores entre si e dos diversos graus dentro dos fatores. Normalmente, nessa fase é realizado um teste de consistência dos fatores utilizados para diferenciação dos cargos. Para esse teste, é feita a simulação da avaliação de vários cargos por meio dos fatores e se estabelece uma correlação entre a pontuação recebida pelos cargos e o salário atribuído aos mesmos pela organização ou pelo mercado. Caso os fatores tenham sido bem escolhidos, é provável que se encontre uma boa correlação. Uma forma de melhorar a correlação é dar maior importância relativa para os fatores que apresentam melhor correlação. Normalmente,

os fatores ligados às exigências sobre os ocupantes do cargo são os que apresentam melhor correlação. Em média, esses fatores recebem 70% da ponderação em relação ao conjunto de fatores.

- Definição da escala de avaliação dos cargos. Ao se obter uma boa correlação entre fatores e a remuneração fixa, temos uma régua final para medir os cargos. Ao avaliarmos todos os cargos de uma mesma família dentro da mesma régua, garantimos a equidade interna entre os cargos. Ao correlacionarmos os pontos com padrões remuneratórios do mercado, garantimos também a equidade externa.
- Construção dos cargos equivalentes e das faixas salariais. Definida a escala de pontos e efetuada a avaliação dos cargos, é fácil constatar que cargos com pontuação próxima podem ser considerados equivalentes e devem receber salários próximos. Ao definirmos os intervalos de pontos que caracterizam cargos equivalentes e as faixas salariais correspondentes, estará construída a estrutura de cargos e salários para uma determinada família de cargos.

Remuneração como função da complexidade

A remuneração baseada nas tarefas executadas pela pessoa ou na sua posição na organização é ainda a mais utilizada. O problema dessa abordagem é que estamos nos apoiando em uma base movediça ao utilizarmos o cargo como referência, já que este não continua igual no tempo, ou seja, as tarefas e responsabilidades das pessoas estão em constante alteração. É necessário um padrão estável no tempo. Esse padrão estável no tempo é a complexidade das entregas esperadas da pessoa. Mesmo que essas entregas mudem no tempo, o que importa é o grau de sua complexidade. Esse grau é estável no tempo e pode ser transformado em uma base de apoio sólida.

Para determinação de uma estrutura salarial com base em complexidade, podemos adotar os seguintes passos:

- Estabelecer os principais eixos de carreira da empresa, conforme vimos no Capítulo 4.
- Definir as competências a serem entregues em cada eixo de carreira.
- Estabelecer os degraus de complexidade de cada competência dentro do mesmo eixo de carreira. Para cada eixo de carreira é importante verificarmos quantos graus de complexidade existem e que podem ser claramente identificáveis. Esses graus de complexidade correspondem a níveis de agregação de valor da pessoa para a organização e, portanto, correspondem a diferentes patamares salariais.
- Construir faixas salariais para cada degrau de complexidade. Dentro de cada eixo de carreira podemos estabelecer uma relação entre os salários da empresa ou do mercado e os graus de complexidade.
- Enquadrar as pessoas nos diferentes graus de complexidade. Os degraus de complexidade devem ser equivalentes para cada uma das diferentes competências, ou seja, o primeiro grau de complexidade da competência "a" deve ser equivalente ao primeiro grau de complexidade da competência "b". Por que isso é importante? Porque uma pessoa pode ser enquadrada na faixa salarial utilizando-se apenas uma competência, já que ela retrata toda a escala de complexidade do eixo de carreira. Ao realizarmos o enquadramento da pessoa em todas as competências, estamos repetindo várias vezes o enquadramento, aumentando a confiabilidade desse processo. Em nossas pesquisas, verificamos que com cinco competências temos a eliminação do viés de enquadramento. Geralmente recomendamos que as empresas utilizem sete competências para total confiabilidade.

Para exemplificar esse processo, vamos utilizar o caso abaixo. Na Figura 5.3 é apresentada toda a estrutura de carreira da empresa e as faixas salariais correspondentes.

Figura 5.3 – *Exemplo de eixos de carreira e faixas salariais correspondentes aos níveis de complexidade*

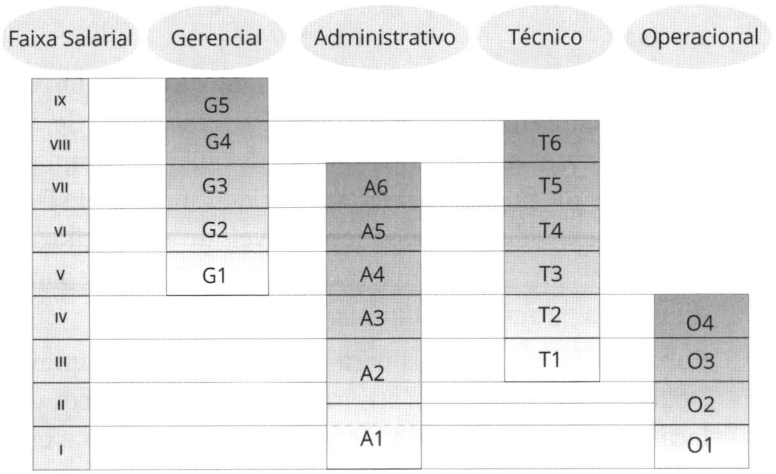

Faixa Salarial	Gerencial	Administrativo	Técnico	Operacional
IX	G5			
VIII	G4		T6	
VII	G3	A6	T5	
VI	G2	A5	T4	
V	G1	A4	T3	
IV		A3	T2	O4
III		A2	T1	O3
II				O2
I		A1		O1

Fonte: Elaboração própria.

Na Figura 5.4 vamos mostrar o conjunto de competências utilizado para distinguir o eixo gerencial. Para cada competência foram estabelecidos cinco graus de complexidade. O grau de complexidade estabelecido para o G1 na competência "orientação para resultados" é equivalente ao grau estabelecido para as demais quatro competências para o G1. Se um determinado gerente é classificado como G1 na competência "orientação para resultados", provavelmente será classificado como G1 nas demais.

Por que isso ocorre? Porque, como vimos, o grau de complexidade está ligado ao nível de abstração que a pessoa consegue para realizar o seu trabalho. Sendo assim, é muito provável que um gerente operacional em início de carreira consiga entregar a complexidade inicial em todas as competências. Caso o gerente avaliado esteja enquadrado em algumas competências no nível G1 e em outras no G2, é sinal de que ele encontra-se em um processo de desenvolvimento rumo ao segundo nível de complexidade da carreira.

Figura 5.4 – *Exemplo de graus de complexidade das competências de um eixo de carreira*

Nível \ Competências	Liderança	Orientação para Resultados	Inovação	Visão Sistêmica	Visão Estratégica
G5					
G4					
G3					
G2					
G1					

Fonte: Elaboração própria.

REMUNERAÇÃO VARIÁVEL

A remuneração variável pode ser classificada de diferentes formas; normalmente é utilizado o foco da distribuição. Utilizando essa forma de classificação, a remuneração variável pode ser:

- **Participação nas vendas:** neste caso a remuneração pode ser apresentada na forma de comissão sobre vendas de um produto ou serviço ou na forma de prêmios obtidos por resultados em campanhas de venda.

- **Participação nos resultados:** neste caso a remuneração é função do alcance de metas previamente negociadas entre a organização e os colaboradores. Essas metas traduzem um ganho operacional para a organização, quer na forma de maior produtividade, quer na forma de maior flexibilidade no uso da capacidade instalada, quer na maior velocidade de resposta às exigências do mercado etc. Normalmente, neste caso, são estabelecidos *a priori* os indicadores de alcance das metas e forma de mensuração.

- **Participação nos lucros:** neste caso a remuneração é uma fração do lucro obtido pela organização. Normalmente o lucro distribuído é uma fração do lucro que excede a remuneração mínima exigida pelos acionistas. Também neste caso o montante do lucro a ser distribuído é estabelecido previamente entre a organização e os colaboradores.
- **Participação acionária:** neste caso a remuneração é a distribuição de ações da organização em função de resultados obtidos em um determinado período. Esse tipo de remuneração visa comprometer as pessoas com resultados de longo prazo, partindo-se do pressuposto de que a organização, ao se desenvolver, terá o valor de suas ações aumentado.

Esses diferentes tipos de remuneração podem ser oferecidos de forma combinada pela organização. Porém todas as formas de remuneração variável devem considerar dois aspectos essenciais: a origem do dinheiro a ser distribuído e a forma de distribuição. Esses dois aspectos devem ser analisados de forma separada, pois envolvem lógicas e interlocutores diferentes. Esses dois aspectos são trabalhados por muitas organizações de forma conjunta, gerando grande confusão na gestão da remuneração variável.

A origem do dinheiro a ser distribuído deve ser objeto de negociação entre os acionistas e a administração da organização. A lógica nesse caso é a de estimular as pessoas o obterem um lucro maior do que estariam dispostas se não houvesse a remuneração variável, por isso o dinheiro a ser distribuído é sempre um resultado que possibilite aos acionistas um ganho em relação à sua expectativa inicial. Esse ganho pode ser uma lucratividade maior, um prejuízo menor, a consolidação de uma estratégia, a possibilidade de lucros futuros etc. O valor a ser distribuído deve ser estabelecido *a priori* com os acionistas, ou pelo menos a lógica da determinação do valor deve ser estabelecida.

A forma de definir a distribuição do valor para os trabalhadores deve ser negociada também *a priori*. É comum observar que a distribuição leva em consideração o desempenho da organização ou negócio e das equipes ou áreas. É raro encontrar organizações que tenham capacidade de determinar o desempenho individual para incluí-lo como parâmetro para a distribuição da remuneração variável, com exceção para posições em que o desempenho individual é muito evidente como, por exemplo: vendedores, operadores no mercado financeiro de atacado etc.

BENEFÍCIOS

Segundo Chiavenato (1989, v. 4, p. 81), os benefícios podem ser classificados a partir de sua natureza em:

- **Assistenciais:** visam prover o empregado e sua família de segurança e suporte para casos imprevistos. Estão nessa categoria benefícios como: assistência médica, assistência financeira, suplemento de aposentadoria etc.
- **Recreativos:** procuram proporcionar para o empregado e sua família lazer, diversão e estímulo para produção cultural. Estão nessa categoria ações como: clube, promoções e concursos culturais, colônia de férias etc.
- **Serviços:** proporcionam para o empregado e sua família serviços e facilidades para melhorar sua qualidade de vida, tais como: restaurante, estacionamento, comunicação etc.

Segundo Wood e Picarelli (1995, p. 78), em pesquisa realizada foi observado que a totalidade das empresas oferecia assistência médica para seus empregados, e uma boa parte oferecia subsídio para alimentação e seguro de vida.

Os benefícios em nosso país não são simplesmente uma forma de remuneração complementar. Eles oferecem suporte para os empregados que permite a segurança a que de outra forma não teriam acesso.

A composição da remuneração fixa e benefícios deve ser efetuada com cuidado para otimizar os recursos utilizados na satisfação das necessidades dos empregados abrangidos pelos benefícios.

Muitas organizações procuram destacar o valor dos benefícios oferecidos para que os empregados consigam avaliar sua importância em relação à remuneração fixa.

GESTÃO DA MASSA SALARIAL

Composição e impactos da massa salarial

A massa salarial representa um gasto expressivo em todas as organizações. Em 2005, analisando as maiores e melhores empresas apontadas pela revista *Exame*, verificamos que a massa salarial representa de 17% a 22% das despesas operacionais de indústrias de uso intensivo de tecnologia, podendo representar até 40% em empresas industriais de uso intensivo de mão de obra. No caso de bancos, a massa salarial pode chegar a 60% das despesas operacionais e representar até 90% das despesas operacionais em organizações educacionais e empresas de consultoria ou prestação de serviços profissionais. Além de se apresentar como um item de despesa considerável, a massa salarial é o item que exerce a maior pressão no caixa da organização. É questão de honra para qualquer organização idônea não atrasar o pagamento da remuneração para seus colaboradores.

A massa salarial é um tipo de despesa muito particular. Caso a organização faça a compra de uma mesa e pague 50% a mais do que deveria ter sido pago, ela cometeu um erro que fica circunscrito ao episódio. No caso da massa salarial é diferente: se a organização aumenta o salário de uma pessoa sem o cuidado necessário, terá que pagar pelo equívoco todo mês. A única forma de reduzir a massa salarial é demitindo pessoas (ou contando com sua saída espontânea, o que leva tempo), portanto uma gestão inadequada pode colocar a organização em situação muito difícil em relação à comunidade ou à sociedade onde se insere e perante o conjunto de seus colaboradores.

Em função de suas características, a massa salarial só pode ser aumentada se houver uma elevação sustentada da rentabilidade da organização ou do negócio. Desse modo, embora as pessoas possam merecer um aumento salarial ou uma promoção, não terão, necessariamente, seu salário aumentado. O gestor, ao pensar em aumentar o salário de uma pessoa, estará automaticamente assumindo um risco: ou perder a pessoa porque não reconheceu seu valor a tempo, ou fragilizar a organização por aumentar a massa salarial de forma indevida.

Observamos em várias empresas estudadas ao longo dos últimos 20 anos que o comportamento da massa salarial é muito sensível aos ajustes efetuados no salário fixo. Ou seja, se a empresa expandir o salário fixo em 5%, haverá, em seguida, um aumento de toda a massa salarial em torno de 5%. Isso ocorre porque a maior parte da remuneração variável no país é atrelada ao salário fixo, normalmente estabelecida em número de salários por ano; assim, ao aumentarmos o salário fixo, estamos aumentando o potencial da remuneração variável. Como a remuneração indireta (benefícios) tem sua composição sensível ao padrão de necessidades das pessoas, em geral também está atrelada aos estratos salariais. Os encargos sociais têm relação direta com o salário fixo.

Portanto, podemos considerar o salário fixo como o **gatilho** da massa salarial. Não é por acaso que a gestão do salário fixo é acompanhada de perto pela alta direção das empresas, que, não raro, procura restringir ao máximo sua expansão. Toda a ação para racionalizar a massa salarial passa, portanto, pela gestão do salário fixo, como veremos a seguir.

Racionalização e uso estratégico da massa salarial

Apesar da relevância da massa salarial, notamos que as organizações preocupam-se com sua gestão em situações de crise e, raramente, apresentam ações continuadas para seu controle. Muitas vezes recebemos a demanda de efetuar a redução da massa salarial, e nossa posição tem sido alertar de que essa é uma demanda equivocada: a questão não é reduzi-la, e sim mantê-la racionalizada. A racionalização da massa salarial deve ser uma preocupação constante, sendo necessários instrumentos para monitorá-la e mantê-la em uma condição ótima, ou seja, numa relação equilibrada entre a massa salarial e o nível de contribuição das pessoas no momento atual e futuro da organização.

A racionalização da massa salarial está associada à ideia de evitar pressão para aumento do salário fixo. Para isso:

- Podemos ter ações para aumento da remuneração variável em vez do aumento do salário fixo, mas há limites e riscos para ações desse tipo.

- Podemos criar condições de aceleração da carreira como forma de evitar pressão sobre o salário fixo, já que a condição concreta de desenvolvimento cria uma compensação em relação ao salário.
- Podemos, ainda, avaliar continuamente qual é o quadro de pessoas ótimo para a empresa, tanto em termos de quantidade quanto em termos da qualidade. Podemos, inclusive, avaliar a possibilidade de terceirização de determinadas atividades da empresa.

Nos tópicos a seguir, observaremos cada um desses pontos com mais detalhes.

Salário fixo *versus* remuneração variável

O programa de remuneração variável, se bem administrado, pode ser autofinanciado, ou seja, espera-se que a própria introdução do programa gere recursos que sustentem seu funcionamento. Dessa forma, ao adotar-se remuneração variável em vez de salário fixo, condicionamos o pagamento à existência de resultados e, dessa forma, tiramos parte da pressão normalmente incidente sobre a massa salarial.

Temos acompanhado que, em alguns setores econômicos, como por exemplo indústrias e prestadoras de serviços com uso intensivo de tecnologia, institutos de pesquisa, escolas etc., os salários fixos podem estar posicionados em estratos inferiores do mercado, e o salário total (fixo + variável) pode ser posicionado em patamares equivalentes ou superiores ao mercado. Isso significa um percentual maior do variável na composição da remuneração anual do colaborador em relação à média do mercado. Para exemplificar, acompanhamos por anos uma organização do setor petroquímico que adotava essa estratégia, posicionando-se no primeiro quartil do mercado na remuneração fixa e tendo como alvo um posicionamento de terceiro quartil na remuneração total (caso os resultados fossem alcançados). Em média, essa organização remunerou seus profissionais de nível operacional durante o período que acompanhamos com algo em torno de cinco a sete salários por ano, enquanto a média do mercado situava-se entre dois e três salários.

Desse modo, essa organização tinha seu ponto de equilíbrio financeiro abaixo da média do setor, uma vez que a remuneração fixa **é risco da organização**, e a remuneração variável, se bem estruturada, pode ter esse **risco sendo compartilhado**. Essa forma de racionalização da massa salarial só é possível em organizações com um salário fixo que permita ao colaborador atender a suas demandas básicas, e é mais recomendada para setores ou organizações com baixa rotatividade de sua mão de obra. Os resultados oferecem à organização mais competitividade em seu setor, apresentando melhores margens ou, ao repassar os ganhos para os preços de seus produtos, condições de ampliar a participação no mercado ou, ainda, em momentos de crise, obter melhores condições de sobrevivência.

Salário fixo *versus* desenvolvimento

Quando analisamos o mercado, verificamos que, desde o final da década de 1990, as pessoas estão dispostas a trocar salário por desenvolvimento,[2] porque percebem claramente que, quando se desenvolvem, seu valor de mercado cresce. Verificamos que as organizações que oferecem oportunidades de crescimento para as pessoas são mais atrativas e as retêm com mais facilidade. Por serem mais atrativas, podem oferecer um salário abaixo de mercado e, ainda assim, melhores condições de ganho para os profissionais.

Vamos exemplificar considerando duas organizações: a empresa A paga dentro do mercado e a empresa B paga sistematicamente 10% abaixo do mercado. Vamos analisar duas pessoas: uma que inicia em T_0 na empresa A e outra que inicia em T_0 na empresa B, ambas possuem o mesmo nível de desenvolvimento ($D_A = D_B$). Três anos depois, a pessoa na empresa A (P_A) teve um desenvolvimento menor do que a pessoa na empresa B (P_B), conforme mostra a Figura 5.5, e teve, por consequência, uma menor progressão salarial. A Figura mostra que, ao projetarmos no tempo, é mais vantajoso para o profissional receber 10% abaixo do mercado na empresa B do que ficar estagnado ou ter um ritmo de

---
[2] Conforme vimos no Capítulo 4, devemos considerar que o desenvolvimento da pessoa está atrelado à sua condição de agregar mais valor para o contexto onde se insere, relacionando-se ao nível de complexidade das atribuições e responsabilidades que assume.

desenvolvimento lento na empresa A, mesmo que esta pague conforme o padrão adotado pelo mercado. Essa forma de racionalização da massa salarial é aplicável com maior efetividade para uma população em que haja mais rotatividade ou em que o ciclo de carreira seja mais rápido, tais como: áreas ou organizações de informática, organizações que atuam no setor de alimentação, entretenimento, *call centers* etc.

Figura 5.5 – *Exemplo da relação entre velocidade de desenvolvimento e remuneração*

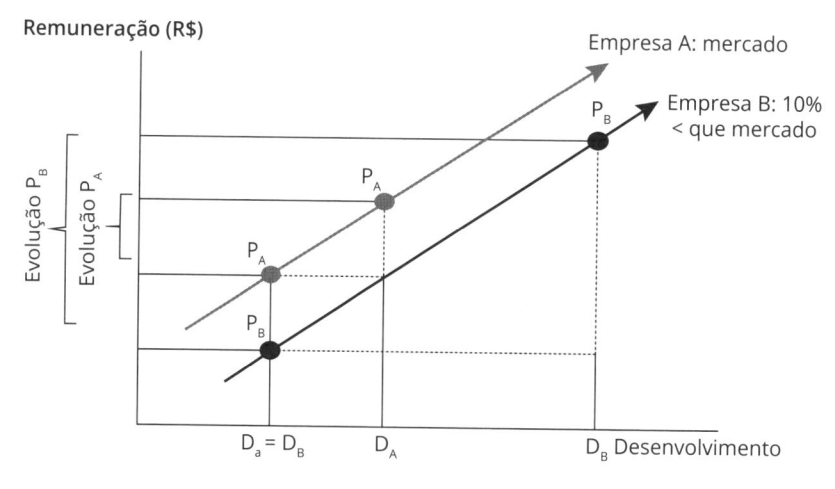

Fonte: Elaboração própria.

Ao compararmos organizações de baixa mobilidade vertical (nas quais as pessoas ficam estacionadas em um determinado nível de complexidade ou de agregação de valor) com organizações de alta mobilidade vertical (nas quais as pessoas estão em constante movimento para posições de maior complexidade ou de maior agregação de valor), percebemos uma diferença na configuração da massa salarial. Nas organizações de baixa mobilidade vertical, os salários fixos tendem a se concentrar ligeiramente acima do ponto médio da faixa salarial (em torno de 5% acima), e nas organizações de alta mobilidade vertical, os salários fixos tendem a ficar abaixo do ponto médio da faixa salarial (em torno de 10 a 15%, considerando que a amplitude da faixa salarial nas organizações pesquisadas era de 50% a 60%). Assim, podemos imaginar que, em uma folha de 100 milhões de reais por ano, a adoção de uma estratégia de maior mobilidade vertical poderia resultar numa economia de 15 a 20 milhões de reais.

Sabemos que a natureza da organização, a dinâmica da mão de obra do setor em que ela está inserida e suas crenças e valores são aspectos que influenciam a gestão do desenvolvimento e, consequentemente, a intensidade com que é possível racionalizar a massa salarial pela adoção de uma estratégia de desenvolvimento. Além disso, para que essa estratégia possa funcionar, torna-se necessária a existência de critérios que permitam o acompanhamento do crescimento dos profissionais, facilitem a formação das pessoas e possibilitem a formação de sucessores internamente. No entanto, observamos que tais ações podem valer muito a pena: cada real investido em desenvolvimento tende a representar uma relação de até cinco reais de economia na massa salarial.

Massa salarial *versus* dimensionamento do quadro

O dimensionamento do quadro em termos quantitativo e qualitativo é fundamental para a racionalização da massa salarial. Ao analisarmos, no início dos anos 2000, organizações do setor petroquímico e elétrico, constatamos um fenômeno que se mostrou, posteriormente, característico das organizações brasileiras, tanto privadas quanto públicas. A configuração ideal de profissionais em áreas técnicas, operacionais e gerenciais tem o formato de um pote, ou seja, há baixa de necessidade de pessoas com pouca experiência e de pessoas altamente especializadas. A grande necessidade concentra-se na média complexidade. Entretanto, quando analisamos a composição do quadro, verificamos que temos alta concentração de pessoas em posições de alta especialização e de pessoas no início de suas carreiras. Isso ocorre porque as pessoas, ao ascenderem, ficam estacionadas no alto da carreira, impedindo o progresso das pessoas mais jovens. Os mais jovens, por não verem possibilidades, preferem sair da empresa. A rotatividade é mais intensa no início da carreira, conforme mostra a Figura 5.6. Esse processo faz com que, nas posições de média complexidade, em que se tem a maior demanda por pessoas, haja falta de profissionais. Assim, as pessoas mais especializadas acabam por assumir as responsabilidades de média complexidade, realizando um trabalho que requer menor nível de "senioridade". Ao mesmo tempo, as organizações contratam mais pessoas na base, que conseguem reter por pouco tempo.

Figura 5.6 – *Fluxo de pessoas observado em empresas brasileiras*

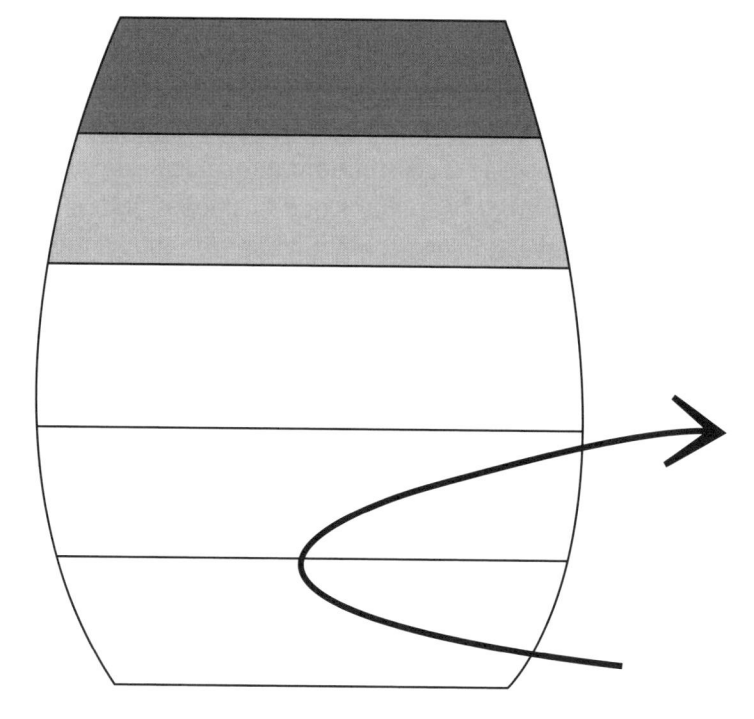

Fonte: Elaboração própria.

Esse processo faz com que a configuração do quadro de pessoas pareça mais com uma ampulheta do que com um pote, como podemos ver na Figura 5.7. Essa configuração, parecida com uma ampulheta, traz uma série de disfunções:

- A massa salarial é na média 20% maior do que necessitaria ser para se obterem os mesmos resultados.
- As pessoas especializadas, quando se retiram por aposentadoria, levam consigo um patrimônio de conhecimentos que não

há para quem repassar, já que as **correias de transmissão** dos conhecimentos das pessoas mais especializadas para os iniciantes na carreira seriam as pessoas atuando na média complexidade, que são em número muito pequeno para executar essa atribuição.
- As pessoas mais jovens não veem perspectiva de crescer, porque as posições de maior complexidade estão ocupadas, e vão embora.

Figura 5.7 – *Relação entre configuração ideal do quadro e a real*

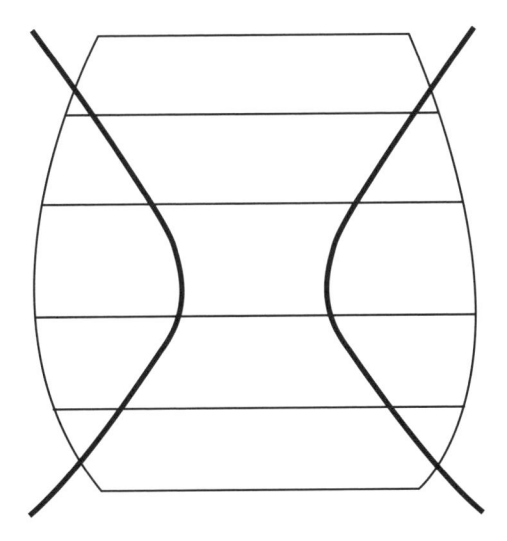

Fonte: Elaboração própria.

A solução encontrada por algumas organizações foi designar algumas pessoas especializadas para formar os jovens em início de carreira. Com isso se obtiveram alguns ganhos sobrepostos:

- Abertura e melhor aproveitamento dos espaços no teto da carreira, fazendo com que seja possível mobilidade vertical.
- Transferência de conhecimentos de pessoas altamente especializadas para os jovens. Importante ressaltar que a designação desses especialistas para atuarem como tutores foi mais efetiva

do que simplesmente sua atuação como instrutores. Como instrutores, passam somente o conhecimento explícito ou passível de estruturação, e como tutores transmitem seus conhecimentos tácitos, conhecimentos que se manifestam diante de situações concretas e que muitas vezes não são conscientes.
- Permitiram aos jovens um crescimento acelerado, aumentando a capacidade de atração e retenção das organizações que optaram por essa prática.

Essas diferentes formas para racionalização da massa salarial devem ser analisadas em função da caracterização da população a ser abrangida. Por descrevermos essas três formas, não significa que não possam existir outras. Por exemplo, deve-se, quando da configuração do *mix* remuneratório, considerar os efeitos da tributação sobre cada um dos seus componentes, tanto em termos de custos (participação nos lucros ou resultados, PLR, e alguns benefícios tendem a ser menos onerados que o salário-base) quanto em termos do momento em que incide a tributação (remuneração de longo prazo e planos de previdência podem deslocar, no tempo, o período em que incide a tributação). É fundamental estarmos atentos às possibilidades de criar situações nas quais tanto as pessoas quanto a organização obtenham vantagens. Além disso, como muitas vezes as organizações administram em seus quadros pessoas com características não homogêneas, é possível adotarem diferentes estratégias para diferentes agrupamentos de profissionais.

CONCLUSÃO

A valorização é hoje a questão mais delicada na gestão de pessoas e é onde há maior controvérsia. Temos atualmente um grande conjunto de conceitos e propostas instrumentais para lidar com a diferenciação de pessoas. Ao mesmo tempo é nesse tema que a organização tem mais receio de experimentar novas propostas em função das implicações e dos riscos envolvidos.

Do lado da pessoa, a valorização está muito atrelada ao desenvolvimento profissional. A organização que oferece a ela condições concretas de crescimento cria as condições para sua valorização tanto na empresa quanto no mercado.

A valorização será o tema mais importante da gestão de pessoas neste início de século e provavelmente receberá a atenção de teóricos e profissionais de empresa.

QUESTÕES E EXERCÍCIOS DO CAPÍTULO 5

Questões para fixação

- Como a valorização das pessoas é concretizada pelas organizações?
- Por que as organizações priorizam os padrões internos de equidade?
- Qual a importância do uso de padrões de agregação de valor das pessoas para a organização ou negócio como elemento para estabelecer padrões internos de equidade?
- Que critérios podem ser usados para dividir os tipos de remuneração praticados pelas organizações?
- Como podem ser descritas as formas tradicionais para o estabelecimento da remuneração fixa?
- Como pode ser classificada a remuneração variável utilizando-se como critério sua distribuição?

Questões para desenvolvimento

- Por que é importante para as organizações a concretização da valorização das pessoas?
- Qual é a correlação existente entre os padrões de complexidade e os padrões de agregação de valor?
- Quais são as diferenças existentes entre os novos padrões de valorização e os tradicionais?
- Como podemos descrever a lógica utilizada pelo mercado para estabelecer padrões remuneratórios?
- Qual a importância da remuneração fixa para a organização e para as pessoas?

EXERCÍCIOS E ESTUDOS DE CASO

Caso 1

A Cheirabem é uma organização que atua no setor petroquímico, localizada em Cubatão, com escritórios em São Paulo. A organização necessita desenvolver e implementar um sistema de remuneração para todos os seus empregados. O faturamento médio da Cheirabem nos últimos anos é de 625 milhões de dólares e conta com 435 empregados, sendo 275 ligados à atividade operacional e técnica – divididos em 195 técnicos de nível médio e 80 engenheiros. Os demais desenvolvem atividades administrativas e comerciais. A organização tem quatro diretores e 28 gerentes.

Questões para o caso:

- Qual deve ser o plano de trabalho a ser proposto para o desenvolvimento de um sistema de remuneração para toda a organização? Avalie as vantagens e desvantagens do sistema tradicional e do sistema por competências e recomende o mais adequado.
- Quais devem ser as etapas para desenvolvimento e implementação do sistema de remuneração se for utilizado o sistema tradicional?
- Quais devem ser as etapas para desenvolvimento e implementação do sistema de remuneração se for utilizado o sistema por competência?
- Deve ser utilizada remuneração variável para os empregados? Em que situação deve ser utilizada? Qual deve ser a relação entre remuneração fixa e variável em termos percentuais e por quê?

Caso 2

O Sr. Gastão, Gerente de Remuneração, acaba de transmitir para o seu analista mais experiente o ultimato recebido do Sr. Hermanos, Diretor de Recursos Humanos, para equacionar a situação salarial dos técnicos e engenheiros. A organização é um importante centro de geração de tecnologia na área de telecomunicações e orgulha-se de representar a vanguarda em pesquisa e soluções inovadoras em seu setor. Como a perda de profissionais técnicos representa uma grande ameaça a essa posição, qualquer pedido de demissão é encarado como um verdadeiro escândalo.

Nos dois últimos meses houve a perda de oito importantes técnicos. A primeira providência tomada foi analisar a entrevista de desligamento desses técnicos. Descobriu-se que as razões para os pedidos de demissão não foram somente os problemas salariais, embora o salário seja um componente forte.

Questões para o caso:

- Qual deve ser o plano de ação abordando: posicionamento da área de recursos humanos frente ao problema? Analise qual deve ser o papel da área de recursos humanos para sair da posição de "apagadora de incêndio" para uma posição mais proativa;
- Quais devem ser as ações de curto prazo para "estancar a sangria"? Avalie as linhas de ação possíveis, descrevendo-as e fundamentando sua necessidade.

BIBLIOGRAFIA DO CAPÍTULO 5

BILLIS, D., ROWBOTTOM, R. *Organization design:* the work levels approach. Gower House: Cambridge, 1987.

CHIAVENATO, Idalberto. *Recursos humanos na empresa.* São Paulo: Atlas, 1989.

HIPÓLITO, José A. *Administração salarial:* a remuneração por competência como diferencial competitivo. São Paulo: Atlas, 2001.

HIPÓLITO, J. A. M. *Recompensas em organizações que atuam no terceiro setor:* análise a partir de seus pressupostos orientadores. Tese (Doutorado) – Departamento de Administração da Faculdade de Economia, Administração e Contabilidade da Universidade de São Paulo, 2004.

JAQUES, Elliott. *Requisite organization.* Arlington: Cason Hall, 1988.

_____. *Human capability.* Arlington: Cason Hall, 1994.

LAWLER III, Edward E. *Strategic pay.* San Francisco: Jossey Bass, 1990.

LAWLER III, Edward E. A Poor Foundation for the New Pay. *Compensation & Benefits Review,* p. 20-26, November/December 1996.

MARTOCCHIO, J. J. *Strategic compensation.* New Jersey: Prentice Hall, 1998.

RHINOW, Guilherme. *Dinâmica da aprendizagem voltada para a competitividade.* Dissertação (Mestrado) – Faculdade de Economia, Administração e Contabilidade da USP, 1998.

STAMP, G.; STAMP, C. *Well being at work:* aligning purposes, people, strategies and structures. West Yorkshire, 1993.

TAYLOR, FREDERICK W. *Princípios de administração científica.* São Paulo: Atlas, 1982.

WOOD JR., T.; PICARELLI FILHO, V. *Remuneração estratégica:* a nova vantagem competitiva. São Paulo: Atlas, 1995.

Parte III

DINÂMICA DA GESTÃO DE PESSOAS

Nesta parte do livro iremos detalhar a avaliação de pessoas e as ações gerenciais decorrentes desta. A avaliação está inserida no conjunto de processos de desenvolvimento, mas tem desdobramentos importantes para decisões sobre a valorização e movimentação de pessoas e destaca-se na dinâmica da gestão de pessoas. Trata-se de um conjunto de práticas que estimulam o diálogo entre líder e liderado e entre a organização e as pessoas, além de oferecer os subsídios necessários a decisões sobre as pessoas em termos de: ações de capacitação, ascensão na carreira, sucessão, valorização, transferências, expatriações e demissão.

Pelo caráter integrador da avaliação de pessoas cabe destacá-la para uma análise mais profunda. Nos capítulos que compõem esta parte do livro vamos trabalhar as diferentes dimensões da avaliação de pessoas e como os resultados dessas avaliações são utilizados no diálogo e nas ações de gestão de pessoas.

O conteúdo dos capítulos a seguir tem como propósito estimular a reflexão sobre a avaliação e oferecer práticas e instrumentos para uma compreensão crítica da gestão de pessoas. Em cada capítulo serão utilizados exemplos e análise de casos ou situações. Nosso objetivo é ilustrar as possibilidades de aplicação dos conceitos. Conforme já frisamos, há que termos cuidado: em muitos casos, o exemplo é uma forma particular de aplicação do conceito, mas não a única. É muito importante que o leitor considere sempre a sua realidade em particular e faça as adaptações necessárias.

6

Avaliação de pessoas

INTRODUÇÃO

A avaliação de pessoas nas organizações é inerente à relação entre as pessoas e a organização. Este capítulo procura trabalhar a avaliação estruturada, ou seja, a avaliação realizada a partir de parâmetros determinados pelo consenso entre líderes do que deve ser valorizado nas pessoas em uma determinada organização. A avaliação estruturada tem sido considerada essencial para uma gestão de pessoas alinhada com as exigências de um ambiente mais competitivo. Nesse ambiente competitivo há uma percepção mais clara da importância da gestão de pessoas nos resultados e na produtividade da organização. Essa percepção emerge no Brasil no momento em que nos inserimos em um ambiente mais competitivo com a abertura econômica dos anos 1990. Inicialmente, as empresas privadas percebem essa importância e, já no final da década de 1990, as empresas públicas começam a perceber essa necessidade.

Atualmente, observa-se a importância da avaliação de pessoas em dois aspectos essenciais. O primeiro é o fato de a avaliação estruturada oferecer bases concretas para decisões gerenciais sobre as pessoas, tais como: movimentação, remuneração, desenvolvimento, carreira, processo sucessório e estratégias de retenção. Nesse aspecto, a avaliação é o elemento dinâmico na gestão de pessoas, a partir dela são originadas as demais ações.

O segundo aspecto essencial é o fato de a avaliação representar um dos poucos rituais dentro da gestão de pessoas. Quando queremos transformar a cultura organizacional, um aspecto crítico é a criação de rituais. Na gestão de pessoas, a avaliação é um ritual por excelência, por isso a cada ciclo é necessário efetuar revisões em relação aos critérios e ao processo utilizados. A maturidade do processo de avaliação é um indicador importante do grau de maturidade da gestão de pessoas da organização.

Nos últimos 20 anos, a avaliação de pessoas estruturada vem sendo pesquisada no Brasil, e duas constatações chamaram atenção. A primeira constatação é que existe uma avaliação de pessoas que é intuitiva e outra que necessita de uma reflexão estruturada e, eventualmente, de instrumentos para ser realizada. A intuitiva é chamada pela maior parte das organizações de avaliação de desempenho. Percebemos que quando um líder avalia um membro de sua equipe o faz em três dimensões: desenvolvimento, performance e comportamento. Naturalmente, essas três dimensões estão misturadas na mente do líder, mas percebemos que uma pessoa é valorizada somente se for boa em cada uma dessas três dimensões. Falando rapidamente dessas três dimensões:

- **Desenvolvimento:** é entendido por nós quando a pessoa tem condições de assumir atribuições e responsabilidades de maior complexidade. O nível de desenvolvimento gera no líder a sua expectativa de desempenho em relação ao seu liderado. Vamos analisar a seguinte situação: o líder tem dois liderados com o mesmo salário e mesmo cargo, mas ao apertar o acelerador de um deles este vai de 0 a 100 km por hora em 5 segundos, enquanto ao apertar o acelerador do outro este vai a 60 km por hora se o líder rezar com fervor. Naturalmente, esse líder irá oferecer ao primeiro um desafio mais complexo do que ao segundo.
- **Performance:** é entendida como o atendimento de objetivos ou metas estabelecidas pela liderança ou pela organização. A expectativa de performance pode ser atendida de duas formas:

através do esforço ou através do desenvolvimento. Vamos supor que tenhamos duas pessoas que produzem 100 e queremos que produzam 120 no próximo mês: o esforçado irá trabalhar duas horas a mais por dia e entregará 120, enquanto a pessoa que se desenvolve aprimorará seu processo de trabalho e dentro da jornada de trabalho normal entregará 120. Nossa preferência é naturalmente pelo resultado oriundo do desenvolvimento; nossa liderança, entretanto, prefere estimular o esforço. Essa preferência decorre de dois fatos: o primeiro é que estimular o esforço significa pedir que a pessoa faça mais com menos do mesmo jeito, enquanto estimular o desenvolvimento significa pedir que a pessoa faça mais com menos de um jeito diferente. O segundo é acompanhar o esforço significar trabalhar com o concreto, enquanto acompanhar o desenvolvimento significa trabalhar com o abstrato. A inexistência de um sistema estruturado de avaliação induz muitos líderes a valorizarem os esforçados em detrimento dos que se desenvolvem.

- **Comportamento:** é composto pelo nível de adesão aos valores da organização, pelo relacionamento interpessoal e pelas atitudes diante do trabalho. A dimensão do comportamento é subjetiva por traduzir sempre a percepção de uma pessoa sobre outra. Mesmo utilizando comportamentos observáveis como parâmetros para avaliação da pessoa nessa dimensão, sempre traduzirão uma percepção particular. Por isso, para essa dimensão algumas empresas utilizam a avaliação por múltiplas fontes, chamada de avaliação 360 graus. Essa dimensão da avaliação é crítica na maior parte das organizações. Em sua maioria, penaliza severamente as pessoas que desviam dos comportamentos esperados; nas empresas privadas as pessoas são demitidas e nas empresas públicas são enviadas para a Sibéria organizacional.

A avaliação não intuitiva ocorre quando temos que pensar em alguém em posições ou situações de trabalho diferentes. A avaliação intuitiva é feita dentro de um conjunto de experiências que a pessoa já viveu e nas quais sua liderança tem condições de avaliar, mas quando temos que imaginar pessoas no processo sucessório da empresa ou para posições de diferente natureza, faz-se necessário um conjunto de referenciais mais estruturados para nos dar segurança para esse tipo de avaliação. Normalmente essas avaliações são colegiadas: o líder ou a pessoa que necessita tomar essa decisão consulta a opinião de outros, pares ou superiores.

A segunda constatação que tem embasado as pesquisas é que a avaliação ocorre em duas instâncias. À medida que os processos de avaliação amadurecem, caminham para serem realizados em duas instâncias. A primeira instância é a avaliação efetuada entre líder e liderado. Nela, a avaliação é efetuada a partir de parâmetros previamente estabelecidos, contratados entre líder e liderado ou definidos pela organização; seu uso é unicamente dedicado ao desenvolvimento da pessoa avaliada. Desse modo, mesmo que no processo de autoavaliação e avaliação do líder haja divergência, a avaliação será facilmente conciliada porque seu objetivo exclusivo é o desenvolvimento da pessoa avaliada. A segunda instância é a avaliação efetuada para definir remuneração, promoção, movimentações ou promoções. Na quase totalidade das organizações, nunca haverá dinheiro suficiente para aumentarmos o salário de todos os que merecem nem para promover todos os que têm condições. As avaliações nessa instância não são mais comparações de pessoas contra parâmetros, mas sim de pessoas contra pessoas. Na primeira instância, tínhamos uma avaliação absoluta; na segunda instância, temos uma avaliação relativa, em que os parâmetros utilizados na primeira instância são uma base para decisões, mas são necessários parâmetros adicionais. Normalmente, as avaliações na segunda instância são efetuadas em colegiados, ou seja, não é o líder avaliando seu liderado, mas um conjunto formado, na maior parte das empresas pesquisadas, pelo líder, seus pares e sua chefia.

Pôde-se observar que os sistemas de avaliação mais maduros caminham para as duas instâncias. Como a avaliação em colegiado estimula uma reflexão continuada sobre parâmetros para valorização e diferenciação das pessoas na organização, há, como resultado natural, um aprimoramento contínuo das políticas e práticas de gestão de pessoas e um aprimoramento do líder como gestor de pessoas.

Neste capítulo, são oferecidos ao leitor os resultados de práticas organizacionais encontradas ao longo dos trabalhos de campo realizados no Brasil. Parte desse trabalho foi de pesquisa e parte foi de intervenções em organizações públicas, privadas e do terceiro setor.

AVALIAÇÃO DE DESENVOLVIMENTO

A avaliação do desenvolvimento das pessoas raramente é estruturada pelas organizações, pois normalmente se estrutura a avaliação da performance e do comportamento. O motivo dessa ocorrência é o fato de a avaliação do desenvolvimento requerer referenciais mais elaborados. Para apresentarmos a avaliação do desenvolvimento, vamos inicialmente definir o que é desenvolvimento e a construção de parâmetros para medi-lo. Posteriormente, vamos apresentar algumas formas utilizadas por organizações brasileiras para mensurá-lo e, finalmente, vamos trabalhar as ações gerenciais decorrentes da avaliação de desenvolvimento.

Apesar de a estruturação desse tipo de avaliação ser rara nas organizações, é uma avaliação intuitiva, normalmente levada em conta quando pensamos ou organizamos ações de desenvolvimento de uma pessoa na organização. Essa reflexão é feita, também, pelas pessoas quando pensam em seu crescimento profissional ou em suas carreiras.

Mensuração do desenvolvimento

A mensuração do desenvolvimento está intimamente ligada à mensuração da complexidade das atribuições e responsabilidades da pessoa. Para o conjunto de ocupações podemos observar variáveis mais adequadas; de forma geral são utilizados os seguintes parâmetros:

- O impacto da ação ou da decisão de alguém sobre o contexto onde se insere. Esse impacto pode ser medido: pelo escopo da atuação da pessoa, partindo da responsabilidade por uma atividade até a responsabilidade por um negócio ou por toda a organização; pelo nível de atuação partindo de um nível operacional até o nível estratégico; pela abrangência da atuação, partindo de uma abrangência local até uma abrangência internacional.
- O nível de estruturação das atividades desenvolvidas pela pessoa: quanto menos estruturadas ou rotinizadas forem as atividades, maior a sua complexidade.
- Nível de autonomia decisória: quanto maior for o nível de autonomia da pessoa em relação a decisões sobre valores de

orçamento e faturamento, a ações estratégicas que podem definir o futuro da organização, a velocidade de resposta da empresa a estímulos do ambiente onde está inserida, a construção de parcerias estratégicas etc.

Uma vez definidas as variáveis diferenciadoras, podemos estabelecer a caracterização de parâmetros para os diferentes graus de complexidade, como, por exemplo: uma pessoa atua no primeiro degrau de complexidade quando suas atribuições e responsabilidades são de natureza operacional, têm uma abrangência local, a influência de suas ações ou decisões está restrita às suas atividades, suas atividades têm um alto grau de padronização, estruturação e/ou rotina e têm baixo nível de autonomia decisória.

Ao conseguirmos definir os diferentes graus de complexidade, podemos dizer qual nível caracteriza melhor o conjunto de atribuições e responsabilidades de uma pessoa. Eventualmente, podemos ter uma pessoa em transição de um nível de complexidade para outro. Dessa forma é mais fácil visualizar o desenvolvimento de alguém. É comum elegermos rótulos para classificar as pessoas sem notar qual é, de fato, o nível de contribuição delas. As organizações acham que as pessoas desenvolvem-se aos soluços como, por exemplo: um analista júnior vai dormir uma bela noite e é abençoado e acorda analista pleno; trata-se de um milagre: do dia para a noite, a pessoa merece um novo nível na estrutura salarial da organização, e ganha um novo *status*. De fato, o que ocorreu é que o analista júnior foi desenvolvendo atribuições e responsabilidades de complexidade crescente até assumir a envergadura de um analista pleno. Nesse momento a organização o reconhece; o reconhecimento acontece "*a posteriori*"; a organização assume o risco de perder a pessoa por retardar o reconhecimento.

A escala de complexidade permite a construção de referências mais precisas para avaliar o desenvolvimento da pessoa e auxilia no diálogo da liderança com as pessoas. Além disso, permite que seja verificada a eficiência de ações de desenvolvimento. Será que as ações de desenvolvimento permitiram à pessoa adquiriu condições para lidar com maior complexidade? Ao responderemos essa questão, podemos verificar a eficiência das nossas ações de desenvolvimento.

Exemplos de mensuração do desenvolvimento

Para mensurar o desenvolvimento, utilizamos variável de complexidade. Essas variáveis são diferentes para cada agrupamento profissional. É necessário verificarmos quais são as melhores variáveis para diferenciar a complexidade para um determinado grupo, como, por exemplo: para executivos, variáveis ligadas ao impacto de decisões, a abrangência de atuação e os níveis de autonomia decisória são bons indicadores; para pessoas com atividade operacional, variáveis ligadas ao nível de estruturação de sua atividade, à autonomia decisória e ao impacto de erros podem ser boas variáveis.

O que é uma variável de complexidade? Como vimos no Capítulo 2, é um indicador que permite perceber o desenvolvimento de uma pessoa em sua atividade. Caso a pessoa, além de executar sua atividade, seja capaz de orientar outra pessoa, ela tem um degrau de complexidade a mais em relação à pessoa que só consegue executar sua atividade. Em trabalhos com jornalistas, pudemos verificar que um ponto importante no diferencial de complexidade é quando o jornalista de texto consegue escrever na linguagem do veículo em que atua; imagine um homem de 40 anos escrevendo para um adolescente de 15 anos em um veículo destinado a esse público.

Para tornar mais concreta a complexidade, em muitas organizações foi efetuada uma associação com competências. Competências são entregas desejadas pela organização, como, por exemplo: trabalhar em equipe, ter foco nos resultados, desenvolver pessoas etc. Nesse caso, a competência é descrita em diferentes níveis de complexidade. Para cada agrupamento de atividades conseguimos visualizar um espectro de complexidade, e é importante segmentá-lo de forma a que cada degrau de complexidade fique bem visível, facilitando, desse modo, o enquadramento das pessoas nos diferentes degraus e possibilitando às pessoas visualizarem as exigências sobre ela no próximo degrau. A seguir, apresento no Quadro 6.1 um exemplo de espectro de complexidade dividido em dez degraus utilizado por uma universidade pública para definir a carreira dos servidores técnicos e administrativos.

Quadro 6.1 – *Exemplo de níveis de complexidade*

NÍVEL	RESUMO DA COMPLEXIDADE
10	Coordena projetos/processos, considerando a interface com outros processos/projetos e sendo referência dentro e fora da Universidade em sua área de conhecimento. Participa do planejamento e do processo decisório sobre mudanças nas atividades e nos processos adotados na área em que atua, analisando o impacto na Universidade, considerando o presente e o futuro da Instituição. Coordena equipes multidisciplinares/interinstitucionais.
9	Participa da estruturação de atividades, considerando os impactos em sua própria equipe/setor e em outras equipes/áreas. Influencia a definição conceitual dos processos e atua considerando as interfaces com outros processos/projetos. Participa do planejamento das atividades e da utilização dos recursos na área em que atua, analisando o impacto no macroprocesso do qual faz parte. Coordena equipes funcional e tecnicamente.
8	Realiza atividades com autonomia. Participa e sugere melhorias na estruturação de atividades, procedimentos e rotinas que seguem padrões adotados na área e que promovem impacto nos processos/áreas relacionados. Orienta outros profissionais em estágios anteriores.
7	Realiza, de forma reflexiva, atividades do setor, incluindo as a serem estruturadas, orientando-se pelas metas estabelecidas pela chefia imediata. Propõe à chefia melhorias de execução das atividades sob sua responsabilidade, considerando os impactos nos setores de interface. Interage com a equipe para garantir atuação integrada e busca de objetivos comuns.
6	Executa atividades estruturadas, seguindo os padrões adotados no setor em que atua. Sugere critérios para a organização e sistematização das informações necessárias e para atividades desenvolvidas no setor, com foco no desenvolvimento eficiente de suas atividades e da equipe em que atua.
5	Executa atividades seguindo normas e padrões predeterminados pela chefia imediata. Sugere melhorias/soluções relacionadas à execução de suas atividades. Coleta e organiza informações necessárias para a realização das atividades da equipe em que atua.
4	Executa atividades seguindo rotinas predeterminadas pela chefia imediata. Solicita orientações, e eventualmente sugere melhorias em suas atividades, à chefia e interage com os funcionários que executam trabalhos relacionados às suas atividades. Eventualmente atua supervisionando equipes que executam serviços rotineiros e predefinidos.
3	Executa atividades específicas, de apoio operacional, documental e/ou administrativo, típicas de sua área de atuação, que exijam qualificação e experiência para o estabelecimento de rotinas e sob supervisão.
2	Auxilia a área em que atua, executando atividades específicas, segundo rotinas previamente definidas, sob orientação constante. (Colabora com os técnicos de sua área de atuação na execução de seus serviços.)
1	Executa atividades auxiliares, de sua área e outras tarefas correlatas, conforme orientação recebida do superior imediato.

Fonte: Elaboração própria.

A diferença entre o nível 1 e o 10 na carreira caracteriza o espectro de complexidade. No caso apresentado, há uma divisão do espectro de complexidade em 10 níveis; caso aumentássemos para 12, por exemplo, faria com que a distinção entre os degraus se tornasse mais difícil. De outro lado, caso dividíssemos o espectro de complexidade em oito degraus, a caracterização de cada degrau ficaria mais nítida.

A partir dessa caracterização, podemos definir sua influência nas diferentes competências e requisitos de capacidade exigidos das pessoas, como mostra a Figura 6.1 a seguir:

Figura 6.1 – *Construção de competências a partir das variáveis de complexidade*

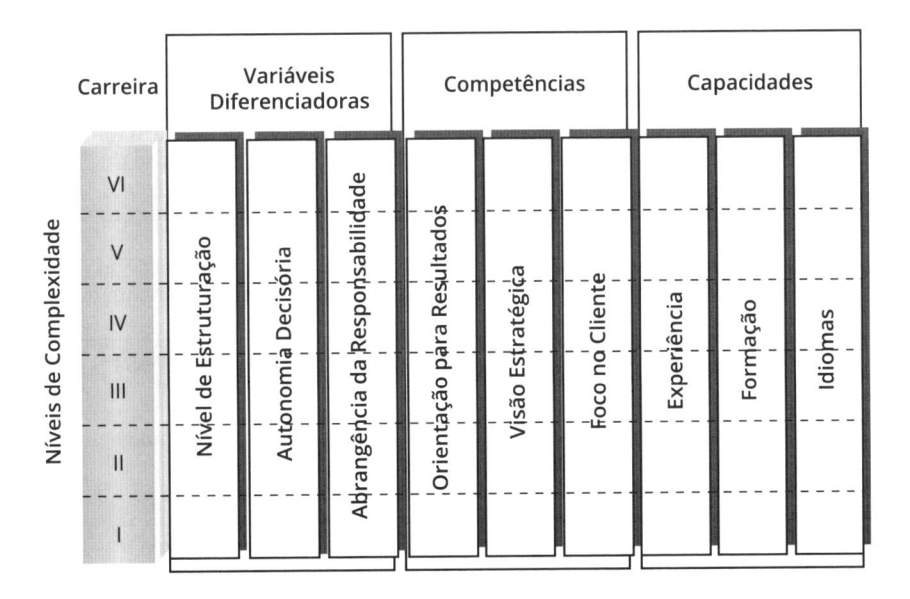

Fonte: Elaboração própria.

Para exemplificar, vamos ver uma competência descrita em diferentes níveis de complexidade. Para tanto, vamos trabalhar uma competência genérica como liderança com espírito de equipe e vamos trabalhá-la usando os referenciais de complexidade apresentados pelo caso da universidade pública estudada. Para construir esse exemplo, foram escolhidos os níveis de complexidade de 7 a 10. No exemplo apresentado no Quadro 6.2, as palavras em negrito traduzem a competência, e as palavras sublinhadas traduzem o nível de complexidade.

Quadro 6.2 – *Exemplo de competência dividida em níveis de complexidade*

1	LIDERANÇA COM ESPÍRITO DE EQUIPE
	Mobiliza os esforços e influencia positivamente as pessoas, oferecendo *feedbacks*, reconhecendo contribuições individuais e coletivas, orientando e criando oportunidades para o desenvolvimento profissional de cada funcionário, conquistando credibilidade e confiança e a ação da equipe para o alcance dos objetivos a partir da integração com outros profissionais.
Nível	Atribuições e Responsabilidades
7	**Integra** a equipe **e gerencia estilos e personalidades variadas, demonstrando respeito à individualidade.** **Distribui** atividades **factíveis, de modo a manter os funcionários motivados.** Promove **o entendimento entre as pessoas e adota medidas para mantê-lo favorável ao desenvolvimento dos trabalhos.** **Orienta e apoia o desempenho e o desenvolvimento** da equipe que chefia, **reconhecendo as contribuições e viabilizando condições de crescimento.**
8	**Mobiliza** os esforços da equipe **para alcançar os objetivos** da área **e assumir** os resultados, **atentando para os** efeitos e interfaces com outras áreas da Unidade. Envolve sua equipe **no planejamento e execução das atividades** da área/ processos que gerencia **solicitando opiniões, valorizando contribuições e obtendo seu comprometimento.** **Promove ações para estimular o desenvolvimento** dos indivíduos de sua equipe, **delegando atividades conforme o estágio de desenvolvimento de cada um,** valorizando suas ideias e contribuições.
9	**Orienta a atuação dos** funcionários sob sua responsabilidade **e delega autoridade** às chefias **subordinadas, promovendo uma cultura de responsabilização.** **Dissemina,** na Unidade, **os objetivos estratégicos a serem alcançados,** atuando conforme a missão e os valores institucionais. **Articula-se com representantes de** outras unidades, **contribuindo para a** integração da universidade. **Contribui para a criação de ambiente participativo e harmônico na** unidade sob sua responsabilidade **e estabelece clima de confiança e comprometimento, favorecendo a motivação das pessoas e gerenciando os conflitos de modo eficaz.**
10	**Adota postura de liderança proativa, assertiva e empreendedora, sendo reconhecido como modelo** na universidade, **em sua área de atuação.** **É referência na aplicação** de modelo de gestão **em que predomine a gestão participativa, com orientação para resultados e o desenvolvimento de pessoas.** **Contribui para o modelo de gestão** da Universidade, **considerando os** interesses e valores institucionais e as expectativas dos diversos atores envolvidos, inclusive a sociedade. **Articula-se com representantes de** instituições parceiras, **contribuindo para a** integração entre instituições de ensino, pesquisa e extensão.

Fonte: Elaboração própria.

No Quadro 6.2, verificamos que a partir da definição de uma determinada competência podemos traduzir as entregas em diferentes níveis de complexidade. Algumas organizações definem as competências e os níveis de complexidade em separado e o avaliador é quem faz o julgamento em que nível de complexidade a pessoa atua, e assume uma postura mais exigente caso a pessoa esteja atuando em um nível maior de complexidade, e menos exigente se a pessoa atua em um nível menor de complexidade. Deixar o ajuste na percepção do líder é muito arriscado quando a organização não tem maturidade em processos de avaliação; a recomendação é de que inicialmente a caracterização da complexidade seja cuidadosa, para, posteriormente, tornar-se uma referência mais ampla.

Descrição de casos e exemplos de avaliação de desenvolvimento

Ao longo de várias experiências para mensurar o desenvolvimento, foi possível verificar bons resultados ao utilizarmos os estudos de Mihaly Csikszentmihalyi (1975), com um referencial psicanalítico, e de Guilliam Stamp (1989), mais tarde traduzido para a gestão de pessoas. Esses autores verificam que o desenvolvimento harmonioso de uma pessoa ocorre quando ela enfrenta desafios compatíveis com a sua capacidade. Desse modo, ao aumentar sua capacidade, está apta a enfrentar desafios maiores e, ao enfrentar desafios maiores, é estimulada a aumentar sua capacidade.

Entretanto, quando a pessoa é desafiada em um nível superior à sua capacidade, entra em um estado de apreensão que a conduz para um estado de ansiedade. No caso de a pessoa ser desafiada em um nível inferior ao da sua capacidade, leva à frustração, que a conduz, também, para um estado de ansiedade, como mostra a Figura 6.2.

Figura 6.2 – *Relação entre desafios e capacidade*

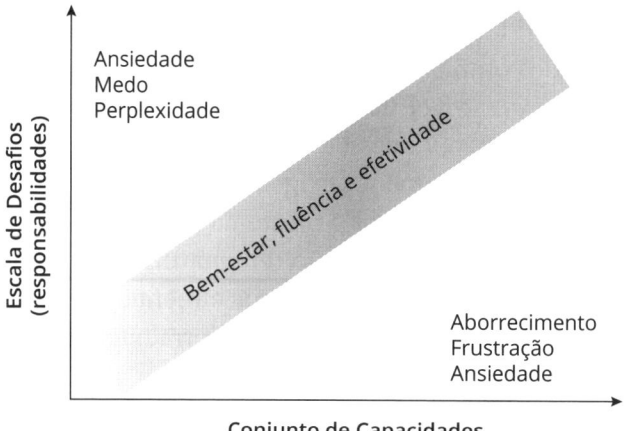

```
Escala de Desafios
(responsabilidades)

        Ansiedade
        Medo
        Perplexidade

                    Bem-estar, fluência e efetividade

                                Aborrecimento
                                Frustração
                                Ansiedade

        Conjunto de Capacidades
```

Fonte: Stamp (1989).

Para a construção de um instrumento de mensuração de desenvolvimento, nos apoiamos nos trabalhos de Mihaly e Stamp, com algumas alterações, com o objetivo de tornar esses conceitos mais instrumentais. Com esse propósito, colocamos os desafios no eixo x (abscissa) e a capacidade no eixo y (ordenada). Para mensurar o nível do desafio utilizamos a métrica da complexidade, conforme o exemplo apresentado na Figura 6.3, e para medir a capacidade, associamos as exigências do contexto onde a pessoa se insere, conforme apresentado na Figura 6.4. À medida que a pessoa atua em um nível maior de complexidade, maior é a exigência de formação e experiência. Os estudos de Guilliam Stamp (1989) demonstraram que a pessoa amplia sua percepção do contexto através da experiência e da formação. Por isso, podemos efetuar essa associação.

Figura 6.3 – *Mensuração do desafio através de escala de complexidade*

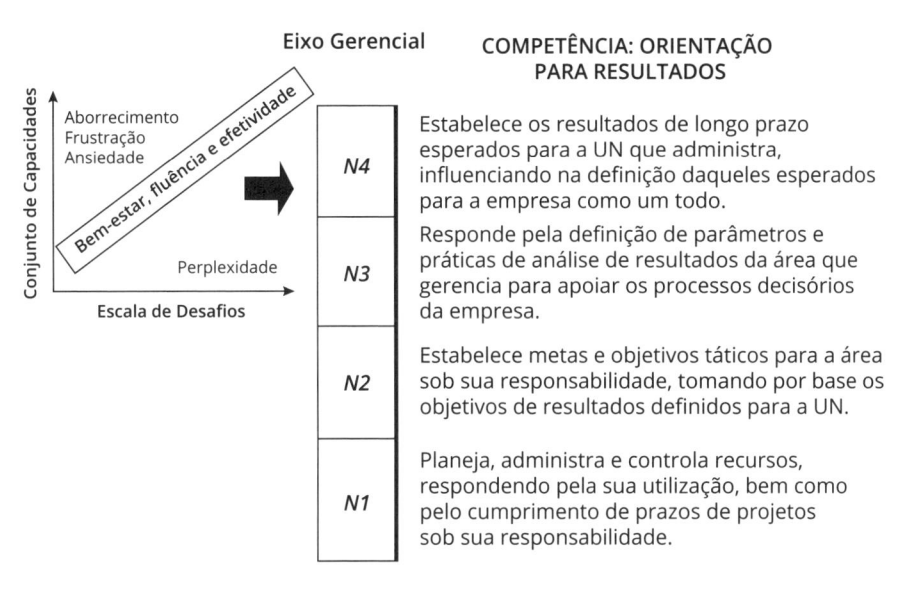

	Eixo Gerencial	COMPETÊNCIA: ORIENTAÇÃO PARA RESULTADOS
	N4	Estabelece os resultados de longo prazo esperados para a UN que administra, influenciando na definição daqueles esperados para a empresa como um todo.
	N3	Responde pela definição de parâmetros e práticas de análise de resultados da área que gerencia para apoiar os processos decisórios da empresa.
	N2	Estabelece metas e objetivos táticos para a área sob sua responsabilidade, tomando por base os objetivos de resultados definidos para a UN.
	N1	Planeja, administra e controla recursos, respondendo pela sua utilização, bem como pelo cumprimento de prazos de projetos sob sua responsabilidade.

Eixo vertical: Conjunto de Capacidades — Aborrecimento, Frustração, Ansiedade
Diagonal: Bem-estar, fluência e efetividade
Eixo horizontal: Escala de Desafios — Perplexidade

Fonte: Equipe Growth Consultoria.

Figura 6.4 – *Mensuração da capacidade*

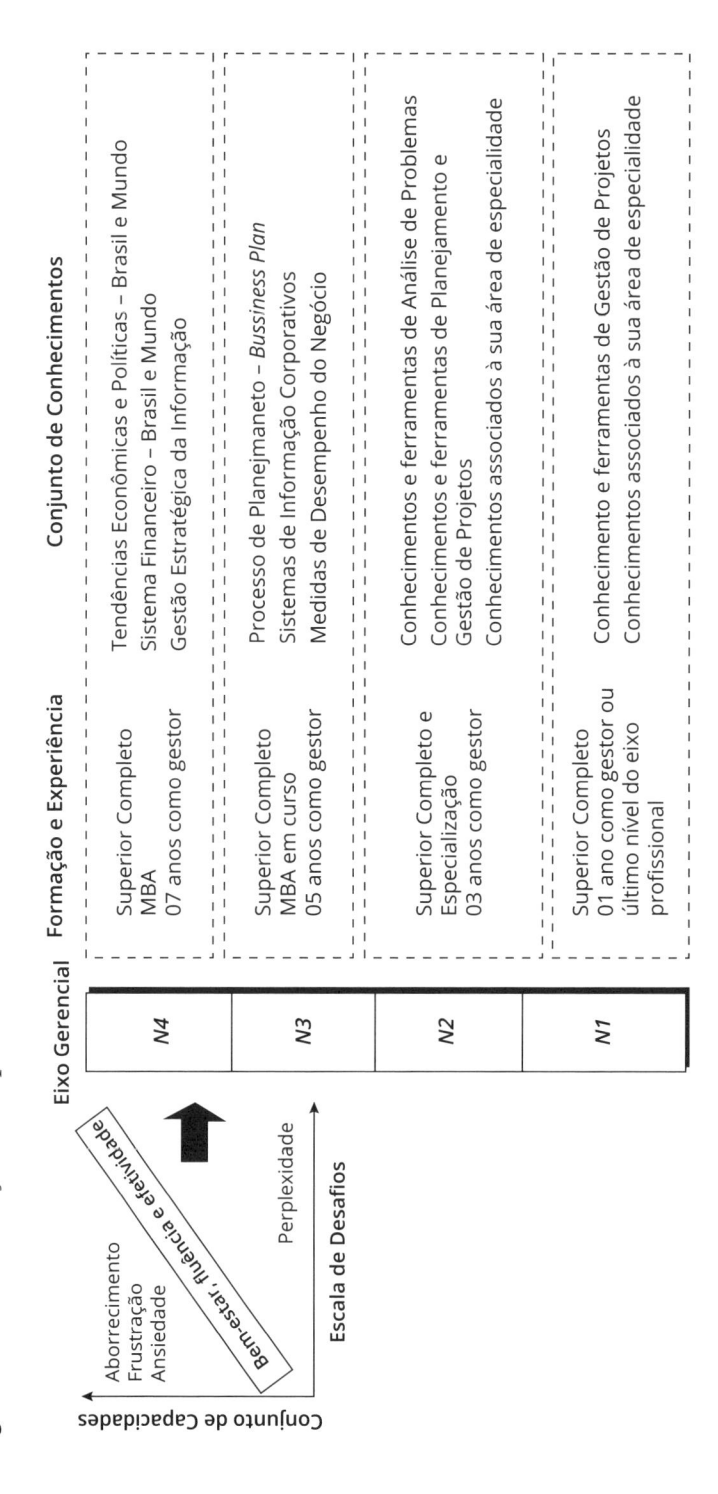

Eixo Gerencial	Formação e Experiência	Conjunto de Conhecimentos
N4	Superior Completo MBA 07 anos como gestor	Tendências Econômicas e Políticas – Brasil e Mundo Sistema Financeiro – Brasil e Mundo Gestão Estratégica da Informação
N3	Superior Completo MBA em curso 05 anos como gestor	Processo de Planejmaneto – *Bussiness Plan* Sistemas de Informação Corporativos Medidas de Desempenho do Negócio
N2	Superior Completo e Especialização 03 anos como gestor	Conhecimentos e ferramentas de Análise de Problemas Conhecimentos e ferramentas de Planejamento e Gestão de Projetos Conhecimentos associados à sua área de especialidade
N1	Superior Completo 01 ano como gestor ou último nível do eixo profissional	Conhecimento e ferramentas de Gestão de Projetos Conhecimentos associados à sua área de especialidade

Escala de Desafios

Aborrecimento / Frustração / Ansiedade
Perplexidade
Bem-estar, fluência e efetividade

Conjunto de Capacidades

Fonte: Equipe Growth Consultoria.

A partir desses conceitos foi possível construir um conjunto de parâmetros adaptados a cada realidade organizacional. A seguir, nas Figuras 6.5, 6.6, 6.7 e 6.8 é apresentado um exemplo dessa aplicação. Cabe ressaltar que existem diferentes formas de aplicar o conceito e não somente da forma descrita a seguir. Trata-se de uma organização que atua na operação em telefonia celular.

Figura 6.5 – *Avaliação das competências*

EXEMPLO DE FORMULÁRIO DE AVALIAÇÃO
Eixo de Engenharia e Tecnologia / Nível 4

Competência	Atribuições e Responsabilidades	NA	D	A	S
Visão do Negócio	Executa atividades de apoio à operação que exigem a aplicação de conhecimento técnico, sob supervisão.	0	1✓	2	3
Domínio Tarefa/ Processo	Domina a execução de atividades que requerem a aplicação de conhecimento técnico específico, com autonomia.	0	1✓	2	3
Foco no cliente	Troca informações e experiências, junto às equipes das atividades com as quais se relaciona, mantendo-se atualizado com as possíveis tendências do mercado e da empresa.	0	1	2	3✓
Orientação de Resultados	É orientado por resultados na execução de atividades que requerem o uso de conhecimentos técnicos específicos	0✓	1	2	3
Inovação	Identifica a melhor solução para problemas designados à sua equipe de trabalho.	0	1	2✓	3
Inovação	Desenvolve alternativas técnicas visando à manutenção e ao aprimoramento de padrões, garantindo que as operações de sua área se desenvolvam em conformidade com o estabelecido.	0	1	2✓	3
Gestão Integr. Proc., Rec. e Prazos	Acompanha/responde pela utilização de recursos e cumprimento de prazos de projetos sob sua responsabilidade.	0	1	2✓	3
Gestão do Conhecimento	Disponibiliza informações relevantes das atividades que desempenha a outras áreas da organização.	0	1	2	3✓
Capacidade de Análise	Analisa situações de trabalho que requerem conhecimento técnico e sugere o melhor encaminhamento, dentre as alternativas possíveis.	0	1✓	2	3
	Média = (0 + 3 + 6 + 6)/9 atribuições = 1,66	0	3	6	6

Fonte: Elaboração própria.

Na Figura 6.5 são apresentadas oito competências descritas no nível 4 de complexidade; no nível 3 são descritas as oito competências em um nível menor de complexidade; e no nível 5 são descritas as oito competências em um nível maior de complexidade. As competências foram avaliadas em uma escala composta por quatro critérios: NA – não atende, D – em desenvolvimento, A – atende e S – supera. A escala é muito importante para o processo de avaliação, pois muitas vezes este perde legitimidade porque a escala de avaliação amplia a subjetividade. Essa ampliação da subjetividade ocorre quando se usa como escala a frequência com que a pessoa entrega a competência, nesse caso a frequência torna a avaliação subjetiva, ou quando se usa uma escala de 1 a 10, o que 3 para um avaliador não igual para outro avaliador. Por essa razão recomenda-se uma escala binária: a pessoa atende ou não atende.

No caso da organização analisada, foi oferecida essa orientação, porém ela encarou a escala binária como muito radical, já que uma pessoa que entregasse parcialmente a competência seria classificada como atendendo. Desse modo, criou-se em desenvolvimento para abranger as pessoas que atendem parcialmente a competência. Criou-se também o critério supera; a superação pode ser de um quilometro ou um centímetro. A condição para que a pessoa seja enquadrada nesse critério é o fato de atender o nível seguinte, no caso o nível 5. Essa é uma informação relevante porque indica que a pessoa está sendo administrada no nível 4 enquanto já entrega no nível 5. Trata-se de uma pessoa que a organização pode perder para o mercado.

Figura 6.6 – *Avaliação da capacidade*

EXEMPLO DE FORMULÁRIO DE AVALIAÇÃO
Eixo de Engenharia e Tecnologia – Nível 4

	Capacidade	NA	D	A	S
Formação	Técnico na área	0	1	2 ✓	3
Experiência	3 anos	0	1 ✓	2	3
Conhecimentos	Inglês intermediário	0	1 ✓	2	3
	Word Básico	0	1	2 ✓	3
	Excel Básico	0 ✓	1	2	3
Formação	Graduação em Engenharia	0	1	2	3
Experiência	Estágio	0	1	2	3
Conhecimentos	Inglês Básico	0	1	2	3
	Word Básico	0	1	2	3
	Excel Básico	0	1	2	3
Média = (0 + 2 + 4 + 0)/5 requisitos = 1,2		0	2	4	0

Fonte: Elaboração própria.

A Figura 6.6 apresenta avaliação do quanto a pessoa atende às necessidades de formação e de experiência exigidas para o nível de complexidade 4. A escala dessa avaliação é idêntica à avaliação das competências. Foram estabelecidas notas para cada critério: NA – não atende, vale 0; o D – em desenvolvimento, vale 1; o A – atende, vale 2; e o S – supera, vale 3.

A partir dessas notas foi possível encontrar um ponto no gráfico que combina competências e capacidade, conforme mostra a Figura 6.7.

Figura 6.7 – *Posicionamento de uma pessoa no gráfico de desenvolvimento*

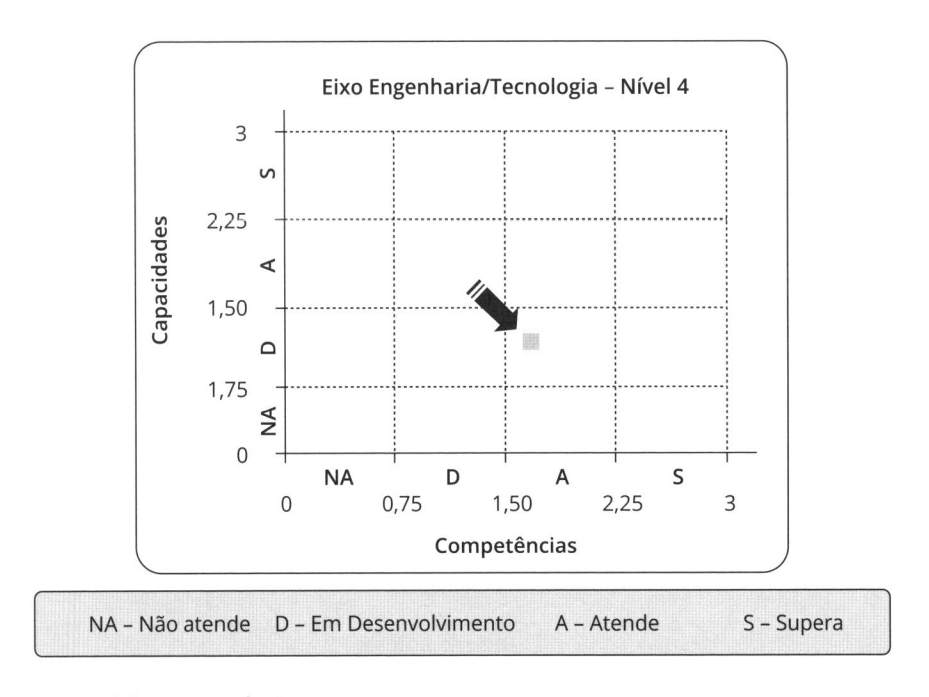

```
Eixo Engenharia/Tecnologia – Nível 4
```

Capacidades (eixo Y): 0, 1,75 (NA), 1,50 (D), 2,25 (A), 3 (S)
Competências (eixo X): 0, 0,75 (NA), 1,50 (D), 2,25 (A), 3 (S)

NA – Não atende   D – Em Desenvolvimento   A – Atende   S – Supera

Fonte: Elaboração própria.

Assim como foi possível posicionar o avaliado do exemplo, é possível posicionar as demais pessoas, conforme mostra a Figura 6.8. Nessa figura, vemos pessoas superando tanto na competência quanto na capacidade. Essas pessoas devem ser analisadas quanto a ações de retenção, caso a organização não as queira perder.

Figura 6.8 – *Posicionamento de toda a equipe no gráfico de desenvolvimento*

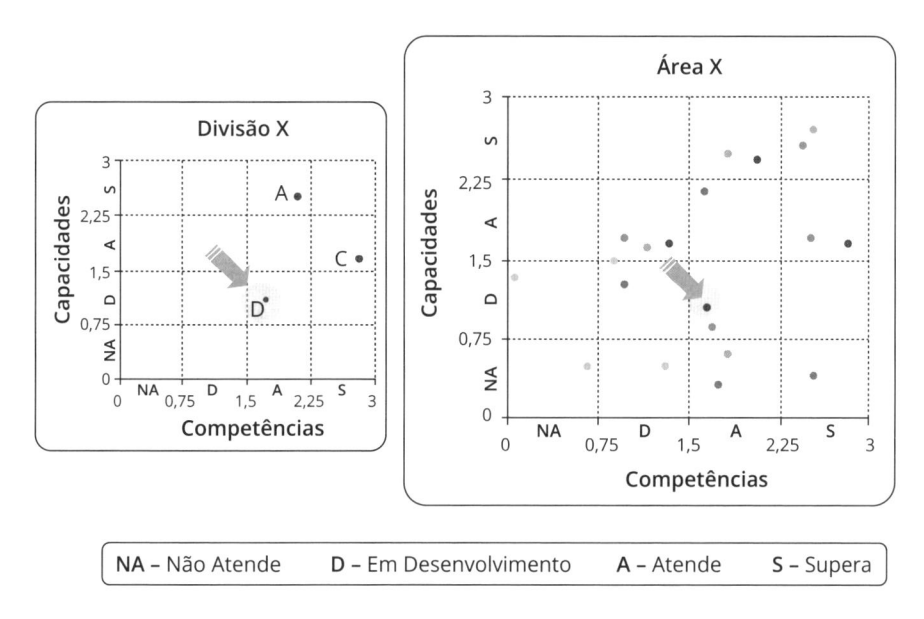

NA – Não Atende   D – Em Desenvolvimento   A – Atende   S – Supera

Fonte: Elaboração própria.

Na Figura 6.9 podemos verificar o posicionamento das pessoas no gráfico. Esse posicionamento pode oferecer indicações de endereçamento para ações de desenvolvimento, conforme demonstrado na Figura 6.9. A Figura 6.9 foi criada por uma organização do setor petroquímico.

Figura 6.9 – Endereçamento para as ações de desenvolvimento

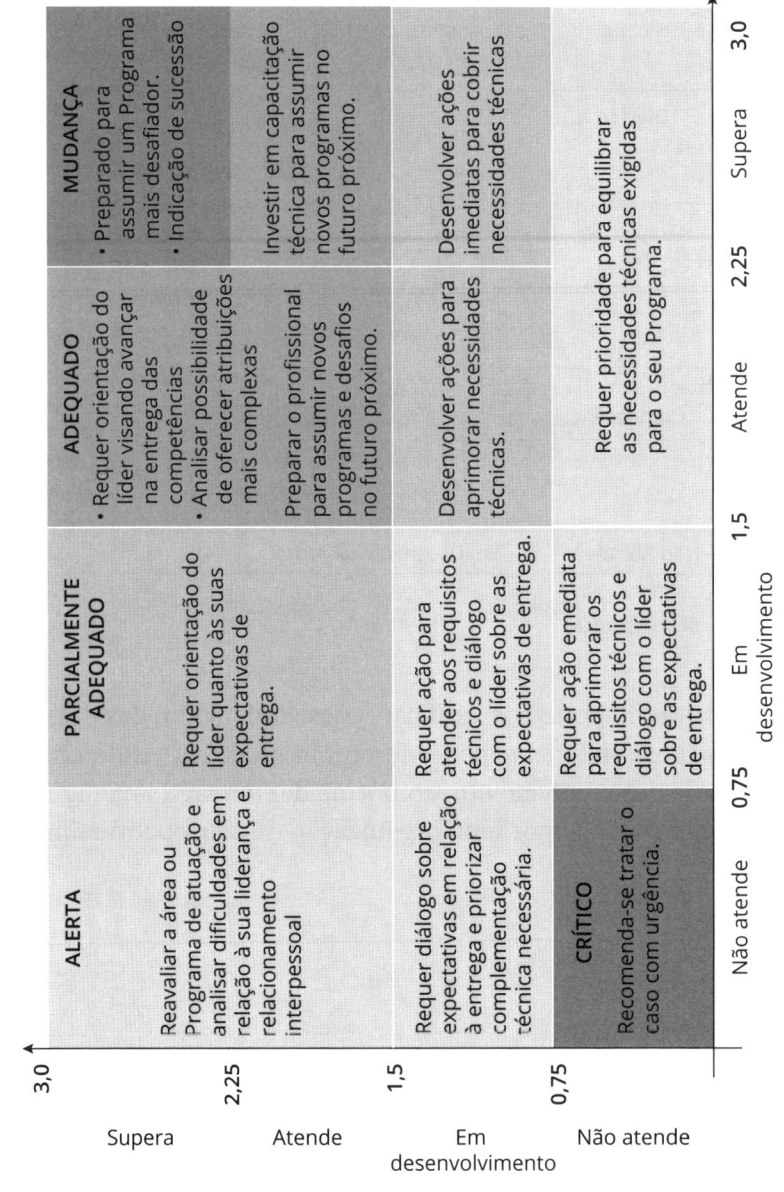

CAPACIDADES		COMPETÊNCIAS			
		Em desenvolvimento (0,75–1,5)	**PARCIALMENTE ADEQUADO** (1,5–2,25)	**ADEQUADO** (2,25)	**MUDANÇA** (Supera 3,0)
Supera (3,0)	**ALERTA**	Reavaliar a área ou Programa de atuação e analisar dificuldades em relação à sua liderança e relacionamento interpessoal	Requer orientação do líder quanto às suas expectativas de entrega.	• Requer orientação do líder visando avançar na entrega das competências • Analisar possibilidade de oferecer atribuições mais complexas Preparar o profissional para assumir novos programas e desafios no futuro próximo.	• Preparado para assumir um Programa mais desafiador. • Indicação de sucessão Investir em capacitação técnica para assumir novos programas no futuro próximo.
Atende (2,25)					
Em desenvolvimento (1,5)		Requer diálogo sobre expectativas em relação à entrega e priorizar complementação técnica necessária.	Requer ação para atender aos requisitos técnicos e diálogo com o líder sobre as expectativas de entrega.	Desenvolver ações para aprimorar necessidades técnicas.	Desenvolver ações imediatas para cobrir necessidades técnicas
Não atende (0,75)	**CRÍTICO**	Recomenda-se tratar o caso com urgência.	Requer ação emediata para aprimorar os requisitos técnicos e diálogo com o líder sobre as expectativas de entrega.	Requer prioridade para equilibrar as necessidades técnicas exigidas para o seu Programa.	

Fonte: Equipe Growth Consultoria.

Essa matriz de endereçamento auxilia o líder a construir com o membro de sua equipe um projeto de desenvolvimento, bem como ajuda em decisões sobre remuneração, processo sucessório e ações de retenção.

AVALIAÇÃO DE PERFORMANCE

A avaliação de performance ou de resultado é a mais presente em nossas organizações, particularmente naquelas em que a excelência operacional é a principal orientação estratégica. Normalmente esse tipo de avaliação está respaldado por objetivos ou metas previamente negociados com as pessoas, tanto no nível individual quanto no nível da equipe. O resultado pode ser atingido pelo esforço da pessoa ou equipe ou pelo desenvolvimento da pessoa ou da equipe. Como vimos anteriormente, o desenvolvimento é efetivo: à medida que uma pessoa atua em um nível maior de complexidade, isso se torna um patrimônio dela. Ao contrário ocorre com o esforço: a pessoa esforçada de hoje pode não ser a pessoa esforçada de amanhã, ou seja, o esforço não é efetivo, por isso recomenda-se que seja atribuída à performance uma remuneração contingencial, em outras palavras, uma remuneração variável.

Tem sido comum, no relacionamento com as organizações, ouvir das lideranças uma verdadeira apologia da avaliação de performance, como um instrumento importante para motivar e valorizar as pessoas que conseguem obter resultados para a organização. É importante termos muita cautela com a valorização da performance. Um aspecto fundamental do resultado é como ele foi obtido. Caso o resultado tenha sido obtido sem respeitar valores da organização ou da sociedade, sem respeitar as pessoas ou em detrimento da própria pessoa que obteve os resultados, teremos resultados fugazes, que não se sustentam no tempo. Esse ponto é fundamental. Pessoas que obtêm resultados a qualquer preço e a qualquer custo, são pessoas que obtêm resultados de curto prazo e comprometem os resultados de longo prazo para a organização. Outro aspecto fundamental é que, se estimularmos os resultados através do esforço das pessoas, embicamos a organização para o aqui e agora, estimulando o curto prazo. Para estimularmos o longo prazo necessitamos valorizar o desenvolvimento das pessoas; para tanto, as metas devem ser construídas de forma a desafiar as pessoas a lidarem com situações de maior complexidade. Finalmente, outro aspecto fundamental é como as metas são construídas; normalmente as lideranças acham que essa questão é simples, mas não é. Elas devem estar integradas entre si, caso contrário, as metas de uma unidade podem ser antagônicas às de outra unidade. O estabelecimento de metas exige maturidade da organização.

O que é performance e como mensurar

A obtenção dos resultados esperados a partir da atuação das pessoas é o que é chamado de performance. Algumas organizações chamam de desempenho, mas para a maior parte do mercado desempenho engloba desenvolvimento, performance e comportamento.

A obtenção de resultados pode ser efetuada através do esforço da pessoa ou de um grupo de pessoas e/ou através do desenvolvimento da pessoa ou de um grupo de pessoas. Vamos analisar isoladamente esses dois pontos. O resultado obtido através do esforço ocorre quando não há qualquer melhoria no processo de trabalho ou nos instrumentos utilizados para obter o resultado, bem como não há alteração ou inserção de conceitos e/ou forma de abordagem no trabalho executado. Nesse caso, o resultado adicional é obtido através de uma maior dedicação em termos de maior número de horas de trabalho ou maior esforço físico. O resultado através do esforço não se sustenta no tempo, já que sua obtenção sempre depende de uma dedicação extraordinária das pessoas.

O resultado obtido através do desenvolvimento advém de um aprimoramento do processo de trabalho ou dos instrumentos utilizados para a sua realização e, também, pode advir de uma nova forma de abordar o trabalho ou da alteração ou da inserção de conceitos utilizados para a realização do trabalho. Naturalmente, os resultados são obtidos através de uma combinação do esforço e do desenvolvimento. A questão principal aqui é o que está sendo estimulado quando pensamos na avaliação da performance: o esforço ou o desenvolvimento?

A performance normalmente é mensurada através de metas estabelecidas entre a pessoa ou grupo de pessoas e sua liderança. A construção dessas metas e o suporte que a pessoa recebe da organização e de sua liderança definem o foco no esforço ou no desenvolvimento. O foco no desenvolvimento ocorre quando a meta representa para a pessoa um desafio e a pessoa recebe suporte em sua capacitação para enfrentar o desafio e suporte em termos de equipamentos, orientação e condições de trabalho. O resultado obtido através do desenvolvimento é o que mais interessa para a organização, porque esse resultado é mais efetivo. O resultado obtido através do desenvolvimento oferece à organização uma mudança do patamar de performance, ou seja, é um resultado que se sustenta no tempo.

Infelizmente, o que assistimos na maior parte de nossas organizações é um estímulo ao esforço, explicado pelo despreparo da liderança e da própria organização. Ao enfatizar o esforço, inibimos o desenvolvimento das pessoas, mas, também, o desenvolvimento da organização. Como consequência, em muitas de nossas organizações as pessoas executam seu trabalho da mesma forma, dia após dia, sem nenhum estímulo para melhorar sua produtividade, em termos do trabalho realizado, qualidade do trabalho, segurança pessoal e patrimonial, preservação do meio ambiente, saúde física, mental e social etc.

A forma de mensurar a performance pode ser efetuada a partir do trabalho realizado ou através de metas previamente negociadas. A forma mais efetiva é através de metas previamente estabelecidas e reavaliadas continuamente. No passado, havia muita confusão entre objetivos e metas, mas nos últimos dez anos consolidou-se no mercado o uso de meta para designar os resultados a serem obtidos pelas pessoas ou grupos. As metas para atuarem como um referencial de mensuração da performance devem apresentar características SMART (AGUINIS, 2009, p. 97), como explicado no Quadro 6.3.

Quadro 6.3 – *Regra para o estabelecimento de metas: SMART*

	A meta deve ser:
eSpecífica	ou seja, determinar claramente o que e quanto deve ser realizado, o alvo.
Mensurárel	passível de mensuração objetiva, quantitativa.
Atingível	as metas devem ser realistas em termos de número e alcance.
Relevante	devem contribuir para os objetivos estratégicos da organização e representar fortemente o que a pessoa/grupo deve agregar/contribuir.
limitada no Tempo	indicar claramente quando o objetivo/meta deve ser aferido (não só em seu final, mas durante o processo).

Fonte: Aguinis (2009, p. 97).

O estabelecimento de metas, entretanto, não é algo simples, exige por parte da empresa um exercício de integração e foco em resultados mais amplos alinhados com o intento estratégico. Existem várias metodologias que auxiliam no desdobramento do intento estratégico em parâmetros para acompanhar a performance da organização e das pessoas. Esses parâmetros, segundo Hourneaux Junior (2010), podem ser:

- **Objetivo:** fim ou alvo que se deseja atingir no futuro.
- **Meta:** alvo específico e possível de ser quantificado a ser atingido para realizar um objetivo ou um resultado.
- **Indicador:** parâmetro, ou um valor derivado de parâmetros, que prové informação sobre um fenômeno. Indicadores têm significado sintético e são desenvolvidos para um propósito específico.
- **Plano de ação:** etapas/atividades ou conjunto de políticas e procedimentos necessários para o alcance da meta proposta no prazo definido e compreendem a definição das condições, recursos e prazos necessários para o alcance das metas.

As principais dificuldades que percebemos nas organizações para o acompanhamento das metas têm sido o sistema de informações. A concepção inicial dos sistemas de informação é pensada para acompanhar a performance da organização e não os indicadores de performance individual ou de grupos. A implantação de um sistema de metas gera a necessidade de revisão do sistema de informações e, portanto, um esforço e custos. Ao final desse processo, as organizações obtêm um sistema de informações mais focado e mais efetivo para atender às suas necessidades.

Performance e as outras dimensões do desempenho

A performance, por si só, não reflete a contribuição da pessoa ou grupo de pessoas para a organização, por isso a importância das outras dimensões: desenvolvimento e comportamento. Boa parte das empresas pesquisadas define, como indicador para recompensas como remuneração variável, um conjunto de parâmetros envolvendo aspectos quantitativos e qualitativos. Essa preocupação das organizações é justificada por uma série de argumentos apresentados por Hipólito (2012, p. 79):

- "Não basta obter os resultados, mas é importante reconhecer como esses resultados foram atingidos, ou seja, com base em quais **comportamentos**;
- A medida utilizada para análise do desempenho afere se a meta foi ou não atingida, no entanto, não expressa necessariamente aspectos relacionados à **qualidade** com a qual o trabalho foi realizado e entregue;
- A realização da meta não considera a **dificuldade** encontrada, tampouco o **esforço** que foi necessário alocar para sua efetivação;
- A atuação esperada dos profissionais vai muito além daquilo que é possível traduzir em 'meia dúzia de metas objetivas'. Um espaço para analisar qualitativamente o profissional permite reconhecer aspectos importantes, mas não presentes no conjunto de metas definidas."

Foi possível observar no acompanhamento de várias organizações uma tendência para valorização da performance a partir de aspectos quantitativos. Verificamos que, quando a organização não tem um sistema estruturado de avaliação, as pessoas valorizadas são as esforçadas e apresentam boa performance em aspectos quantitativos. Essa prática resulta em uma gestão de alto risco e voltada para o aqui e agora, negligenciando o longo prazo e o futuro.

Para aprofundarmos essa reflexão, vale a pena relatar o caso de uma organização que instituiu como critério de decisão sobre as pessoas uma métrica envolvendo a performance em termos quantitativos e o comportamento da pessoa na relação com clientes, pares, subordinados e parceiros internos e externos. No início foi muito difícil abandonar o hábito de valorizar as pessoas que superavam suas metas quantitativas, porque elas tinham grande impacto nos resultados do negócio. Gradativamente, as lideranças foram percebendo que as pessoas que tinham bons resultados quantitativos, mas tinham problemas no relacionamento ou não agiam de forma alinhada com os valores da organização, eram pessoas que não sustentavam seus resultados no tempo. Gradativamente, as lideranças e as pessoas passaram a valorizar os aspectos qualitativos e isso teve um impacto muito positivo nos resultados. Durante a crise nos mercados internacional e brasileiro em 2008 e 2009, o setor da organização analisada foi muito abalado, mas em função de uma gestão mais efetiva ao final desse período a organização saiu fortalecida e com ampliação de sua fatia no mercado em que atua.

Exemplos de avaliação e valorização da performance

Nos casos analisados foi possível verificar que a maioria das organizações que estruturaram a avaliação da performance efetuou um vínculo com o pagamento de remuneração variável. Nessas organizações foi possível verificar uma melhoria contínua nos indicadores de performance.

Os parâmetros utilizados para mensurar a performance devem estar no domínio das pessoas envolvidas, ou seja, deve ficar clara a contribuição de cada um para os resultados da organização. Um caso que marcou a pesquisa sobre performance foi o de uma organização que produzia produtos a partir de chapas de alumínio. Na década de 1980, estava com um grande problema de estocagem de seus produtos e pronta para investir em mais espaço quando entraram em contato com técnicas de eficiência desenvolvidas inicialmente pela Toyota e, posteriormente, disseminadas para outras empresas japonesas e para o mundo. Os principais aspectos dessa abordagem são chamados de:

- Kamban – metodologia de programação de compras, produção e de controle de estoques que gera redução de estoques, de tempo de fabricação, de áreas de estocagem, de falta de produção e de gargalos na produção.
- Just-in-time (jit) – chamada de produção a tempo prevê redução de prazos de produção e de entrega, eliminando o tempo em que materiais e produtos ficam parados no estoque, aliando, ao mesmo tempo, melhoria na qualidade e produção pela detecção precoce de problemas.

Para colocar em prática essas metodologias foi necessário um trabalho de mudança de cultura e a capacitação das pessoas. Verificou-se que a organização tinha resultados positivos a partir do aproveitamento de mais de 70% das chapas de alumínio, e essa foi a marca para medir a produtividade. Atrelou a remuneração variável com percentuais crescentes em relação ao aproveitamento das chapas de alumínio. Essas medidas incrementaram a remuneração das pessoas que ali trabalhavam e a produtividade da organização que, em vez de adquirir mais espaço para os seus produtos, desfez-se de espaços.

Muitas organizações buscam construir indicadores de performance individual. Essa tarefa não é simples, mesmo porque, em muitas situações, é interessante estimular o resultado obtido de forma coletiva. O mais comum é uma combinação de resultados individuais com resultados coletivos.

A definição de resultados esperados é sempre um processo delicado, que deve ser ao mesmo tempo desafiador e exequível. Por isso, a recomendação é que tenha início em uma reflexão estratégica da organização ou negócio para, posteriormente, ser desdobrada para todas as unidades e atividades. Esses resultados devem ser discutidos com as pessoas para a construção de compromissos e verificação de oportunidades de melhoria, que muitas não são percebidas em um movimento de cima para baixo na estrutura organizacional. As oportunidades de melhoria devem percorrer o caminho de baixo para cima para consolidar o planejamento. É importante ressaltar que observamos em algumas organizações a relevância da integração de processos, em que uma meta arrojada em um dos processos pode gerar um grande desequilíbrio nos demais, assim como o fato de uma unidade superar suas metas pode trazer grande problema para outras unidades. Nesses casos, a integração do planejamento é crucial. Um caso que nos chamou a atenção foi de uma usina de açúcar e álcool onde não havia uma integração entre o planejamento das atividades agrícolas com as atividades industriais, gerando grande perda de produtividade, que, para esse setor, é algo crítico. Outro caso foi de uma organização atuando no setor de serviços com processos extremamente integrados, onde havia uma atenção muito grande ao planejamento, e as pessoas recebiam sua remuneração variável integral se ficassem entre 95% a 105% de suas metas; qualquer resultado abaixo ou acima era penalizado com redução da remuneração variável.

O estabelecimento de metas e o seu acompanhamento são fundamentais para a efetividade do processo de avaliação da performance. Em organizações com orientação estratégica voltada para a excelência operacional, a atenção para definição e acompanhamento contínuo de resultados é prática normal e outros tipos de orientação estratégica, como, por exemplo: foco no cliente ou inovação tecnológica, há necessidade de maior atenção.

O estabelecimento de metas deve conciliar vários interesses. Por isso, é importante analisarmos as bases que podem ser utilizadas para o estabelecimento de metas. A seguir são apresentadas algumas sugestões:

- intento estratégico da organização ou negócio;
- objetivos da organização, da unidade e/ou da área;
- aquisição de competências organizacionais e/ou coletivas;
- desenvolvimento individual ou do grupo.

As metas podem ser quantitativas (financeiras ou não) ou qualitativas. As metas qualitativas estão normalmente associadas a prazos, qualidade, aprimoramentos em processos, execução de projetos, inserção de conceitos, métodos ou instrumentos etc. O Quadro 6.4 apresenta algumas ideias sobre itens relevantes para o estabelecimento de metas em uma organização que atua no setor de serviço; e o Quadro, 6.5, alguns exemplos de metas dessa mesma organização.

Quadro 6.4 – *Exemplos de itens para o estabelecimento de metas*

	Categoria de Metas
Rentabilidade	• Rentabilidade do negócio • Eficiência no fluxo financeiro (recebimento, aplicação, pagamento etc.) • Redução dos custos operacionais sob responsabilidade da área • Redução das despesas operacionais • Cumprimento dos padrões orçamentários
Prazos	• Cumprimento do cronograma físico e/ou financeiro
Custos	• Massa salarial • Produtividade da equipe (resultado × custos ou resultado "*per capita*")
Tecnologia	• Racionalização do trabalho • Qualidade e/ou velocidade de resposta
Administração de Pessoas	• Formação de sucessores • Rotatividade • Formação de quadros para Empresa

Fonte: Joel Dutra.

Quadro 6.5 – *Exemplos de metas*

Objetivo da Área • Desenvolvimento dos projetos de recursos humanos

Metas/Plano de Ação das Áreas
• Implementação do 2º semestre de seis das seguintes políticas de RH:
  – Salários
  – Treinamento
  – Participação nos Lucros e Resultados
  – Avaliação de Desenvolvimento
  – Avaliação de Desempenho
  – Recrutamento e Seleção
  – *Trainees* e Estagiários
  – Benefícios

Objetivos Individuais • elaboração do projeto sobre a política x até a data y; • realização de duas reuniões de divulgação da política x até a data y com avaliação de reações entre bom e ótimo; • fixação em conjunto com as áreas responsáveis, dos indicadores de sucesso da política x até a data y para emissão de relatórios de acompanhamento após 30, 60 e 90 dias após a data y; • realização de pesquisa sobre nível de informação e satisfação sobre a política x até a data y e emissão de relatório 30 dias após.

Fonte: Joel Dutra.

A negociação de metas e o seu acompanhamento entre a pessoa ou grupo e a liderança geram um compromisso mútuo: para as pessoas, o compromisso é o de buscar obter os resultados contratados; e da liderança e/ou organização, prover os recursos e as condições necessárias para que as pessoas obtenham os resultados. Nesse contexto, cabe ressaltar os papéis das pessoas e da liderança conforme apresentado no Quadro 6.6.

Quadro 6.6 – *Processo para o estabelecimento de metas*

ITEM	PROCESSO DE ESTABELECIMENTO DE METAS
Característica	Negociação dos parâmetros/critérios através dos quais a pessoa será avaliada.
Resultados	Metas que agreguem valor aos objetivos estratégicos da organização. Compromisso em relação às metas. Metas que representem desafios de desenvolvimento profissionais e pessoais.
Papel da liderança e da organização	Orientação para estabelecimento de metas. Disponibilização de recursos. Capacitação.
Papel da pessoa	Proposição de metas individuais. Busca de condições para atender às metas. Capacitação.

Fonte: Joel Dutra.

O acompanhamento das metas é muito importante, e a grande dúvida é até que ponto é adequado rever metas no meio do caminho. A revisão de metas sem critério pode gerar a perda de legitimidade da avaliação de performance e um sentimento de injustiça na distribuição da remuneração variável. A revisão de metas deve ocorrer diante de mudança nas premissas utilizadas para seu estabelecimento, e as metas devem ser repactuadas em todos os níveis e instâncias da organização, caso contrário não deve haver alteração. O estabelecimento de critérios e limites para a revisão de metas é fundamental para assegurar a legitimidade do processo e criar maior responsabilidade no estabelecimento delas.

O acompanhamento das metas deve ser sistemático, avaliando a compreensão destas por parte das pessoas e as condições objetivas para alcançá-las. A recomendação quanto aos papéis no processo de acompanhamento é apresentada no Quadro 6.7.

Quadro 6.7 – *Processo para o acompanhamento de metas*

ITEM	PROCESSO DE ACOMPANHAMENTO DE METAS
Característica	Monitoramento do grau de dificuldade e/ou facilidade com que a pessoa está lidando com os parâmetros/critérios negociados.
Resultados	Orientação à pessoa/equipe. Revisão das condições de trabalho ou dos recursos necessários; Revisão do processo de capacitação.
Papel da liderança e da organização	Aferição/revisão das metas estabelecidas. "*Feedback*" sobre a performance das pessoas/equipe.
Papel da pessoa	Avaliação das facilidades/dificuldades encontradas para o alcance das metas. Revisão das capacitações necessárias para alcance das metas.

Fonte: Joel Dutra.

Ao final do período estabelecido para a obtenção de resultados, o alcance das metas deve ser avaliado e devem ser construídas as bases para a fixação de metas para o período subsequente. O nível de alcance das metas será um parâmetro importante para o estabelecimento de remuneração variável. O alcance de metas é insumo para outras análises importantes sobre a pessoa.

A pessoa é considerada para atuar em níveis de complexidade superiores aos atuais se tiver obtido os resultados a que se propôs. O fato de a pessoa ter obtido o resultado com o qual havia se comprometido, mesmo em situações de grande adversidade, é um indicador importante de que a organização e a liderança podem apostar nela para situações mais exigentes. Por isso a performance é um componente importante na avaliação da pessoa em conjunto com os indicadores de desenvolvimento. As informações obtidas sobre a pessoa na avaliação de desenvolvimento são ratificadas ou não através da avaliação de performance.

AVALIAÇÃO DE COMPORTAMENTO

O comportamento é uma dimensão difícil de ser avaliada. Enquanto nas dimensões desenvolvimento e performance podemos minimizar a subjetividade, na dimensão comportamento não é possível. Essa dimensão é totalmente subjetiva, já que é sempre a percepção de uma pessoa sobre outra. Mesmo com tentativas de criar comportamentos observáveis, verificamos que não há redução da subjetividade. Apesar disso, a avaliação do comportamento é fundamental, pois a maioria das organizações penaliza fortemente os desvios comportamentais.

Foi possível observar, naquelas organizações que se dispuseram a trabalhar os aspectos comportamentais, que muitas pessoas competentes puderam ser recuperadas com investimentos em suas deficiências comportamentais. Normalmente, esses investimentos ajudam as pessoas em outras dimensões de sua vida. O trabalho em aspectos comportamentais apresenta um custo baixo e recupera pessoas importantes para a organização.

Há na literatura um debate interessante sobre atitude e comportamento. Para alguns autores, o comportamento é um componente da atitude (ROBBINS, 2005; BRECKLER, 1984; CRITES JR.; FABRIGAR; PETTY, 1994). Para esses autores, a atitude é uma afirmação avaliadora em relação a objetos, pessoas ou eventos e tem três componentes: **cognição**, parte crítica da atitude; **afeto**, que se refere a emoções e sentimentos; e **comportamento**, que se refere à intenção de se comportar de determinada maneira em relação a alguém ou alguma coisa. Para outros autores, a atitude é um componente do comportamento individual nas organizações (GRIFFIN; MOORHEAD, 2006; LINCOLN, 1989), e é influenciado por um conjunto de aspectos, tais como: personalidade, contrato psicológico, maturidade e atitudes no trabalho.

No mercado, o termo "comportamento" é utilizado para expressar a relação que a pessoa estabelece com a organização em vários aspectos, tais como: identidade com os valores, os produtos e o intento estratégico da organização; relacionamento com colegas, chefes subordinados, clientes, fornecedores etc.; trabalho realizado e desafios profissionais; condições de trabalho e ambiente; políticas e práticas organizacionais. Para a construção de parâmetros para avaliar o comportamento é possível agrupar esses aspectos do relacionamento em três categorias, em função da natureza dessas relações. A primeira é a adesão da pessoa aos valores da organização. Essa categoria é importante porque traduz a identidade que a pessoa tem com organização e seus propósitos, e traduz o quanto a pessoa age de acordo com os valores organizacionais.

A segunda categoria agrupa o relacionamento interpessoal, enfatizando o quanto a pessoa respeita o outro. A terceira é atitude da pessoa diante do trabalho, ou seja, o quanto a pessoa é comprometida com o que faz e com os acordos assumidos com a organização. Os parâmetros construídos para avaliar o comportamento não têm como propósito pasteurizar o comportamento das pessoas, mas sim orientá-lo de forma a agregar valor para a própria pessoa, para a organização e para as demais pessoas. Esses parâmetros devem valorizar e abraçar a diversidade.

Essas três categorias são independentes. Podemos ter na organização pessoas com bom relacionamento interpessoal, mas sem nenhum compromisso com o que fazem. Podemos ter, ao contrário, pessoas com um alto nível de comprometimento com o que fazem e sérios problemas no relacionamento interpessoal. Por isso, essas três categorias são importantes para balancear o conjunto de parâmetros a serem utilizados para avaliar o comportamento.

Exemplos de práticas na avaliação do comportamento

Para estabelecer parâmetros orientadores do comportamento das pessoas, são usados comportamentos observáveis, ou seja, enunciados que permitem um diálogo sobre o comportamento da pessoa em sua relação com a organização e as pessoas. Para observarmos um determinado comportamento é necessário visualizar vários aspectos deste, como, por exemplo: podemos dizer que uma pessoa é comprometida com seu trabalho quando essa pessoa é assídua, cumpre os compromissos que assumiu, demonstra satisfação com seu trabalho, apresenta-se disposta a enfrentar novos desafios etc. Desse modo, para construirmos instrumentos para avaliação do comportamento é importante definir um conjunto pequeno de comportamentos a serem observados, porque cada comportamento exigirá um conjunto de observações. Recomenda-se que esse número não ultrapasse sete comportamentos a serem observados. Sete comportamentos podem se desdobrar em 20 a 30 aspectos a serem observados. Um número excessivo de observações torna o exercício da avaliação do comportamento trabalhoso e desestimula sua prática.

A mensuração do comportamento, diferentemente da mensuração do desenvolvimento ou da performance, é subjetiva, porque será sempre a percepção de uma pessoa sobre o comportamento de outra. Posso, por exemplo, achar que uma determinada pessoa é comprometida e, com as mesmas evidências, outro avaliador achar que a pessoa não é comprometida. Por isso, a escala recomendada para avaliar comportamentos observáveis é a frequência com a qual a pessoa apresenta o comportamento.

A seguir, é apresentado o exemplo de uma organização do setor petroquímico que construiu os comportamentos a serem observáveis tomando como base os valores da organização e aspectos importantes apontados pelas lideranças. No Quadro 6.8 são apresentados os aspectos inspiradores para a construção dos comportamentos a serem avaliados.

Quadro 6.8 – *Fontes de inspiração*

Avaliação do Comportamento

	Fonte de inspiração
V A L O R E S	**VALORIZAÇÃO DAS PESSOAS** Respeitamos as individualidades, valorizamos os talentos e desenvolvemos as pessoas, pois acreditamos que a capacidade de realização da empresa depende do potencial de transformação de seus colaboradores.
	ESPÍRITO DE EQUIPE Incentivamos os esforços coletivos para obter os melhores resultados. Reconhecemos que o compartilhamento de conhecimentos potencializa o aprendizado, leva a decisões mais consistentes e induz ao maior comprometimento dos participantes.
	SUPERAÇÃO Persistimos na suplantação de obstáculos e metas com iniciativa e criatividade, visando obter desempenhos superiores para a perpetuação dos negócios.
	SENSO DE URGÊNCIA Atuamos, pronta e criteriosamente, para atender às necessidades e prioridades da empresa, colaboradores, clientes, fornecedores, acionistas e sociedade.
	INTEGRIDADE Agimos com transparência, justiça, ética e responsabilidade nas inter-relações pessoais e em todas as ações voltadas ao negócio, ao meio ambiente e à sociedade.

Proposta das lideranças	Postura de liderança
	Política de qualidade

Fonte: Equipe de Consultoria.

Cada um dos itens a serem trabalhados na avaliação foram desdobrados em comportamentos observáveis conforme apresentado no Quadro 6.9 apresentado a seguir:

Quadro 6.9 – *Exemplo de desdobramento de comportamentos observáveis*

Fonte de Inspiração	Comportamentos Observáveis	Desdobramento	Descrição
VALORIZAÇÃO DAS PESSOAS	RESPEITO ÀS INDIVIDUALIDADES	Respeita as diferenças	Respeita as diferenças entre os profissionais, sejam elas de natureza cultural, religiosa ou política, e zela pela preservação dos direitos individuais.
		Valoriza a Diversidade	Valoriza a diversidade em sua equipe, tirando dela as condições para análises mais amplas e precisas.
		Estimula o Desenvolvimento	Estimula as pessoas com que interage a que se desenvolvam continuamente e cria as condições necessárias para que esse desenvolvimento possa ocorrer.
	DESENVOLVIMENTO DE PESSOAS	Orienta o Desenvolvimento	Atua como orientador do desenvolvimento das pessoas de sua equipe, orientando quanto aos critérios definidos pela organização e sinalizando as possibilidades existentes.
		Agregador	Reúne os componentes da equipe em torno de um objetivo comum.
		Positivo	Mantém postura otimista, mesmo diante de dificuldades, contagiando a visão do grupo/equipe.

ESPÍRITO DE EQUIPE	**ESPÍRITO DE EQUIPE**	Colaborativo	Demonstra-se aberto e disposto a auxiliar ou ajudar o grupo, contribuindo/cooperando sempre que possível.
		Empático	Sua postura, voltada ao respeito e à consideração em relação às pessoas, faz com que estas se identifiquem naturalmente com o avaliado.
		Flexível	É aberto ao debate, respeitando a opinião dos outros e revendo sua opinião sempre que necessário.
		Conciliador	Harmoniza clima de disputas, buscando aliar interesses diversos.
	SUPERAÇÃO/ REALIZAÇÃO	Realizador	Atua com foco em realizações, canalizando esforços para o alcance e a superação dos objetivos e metas estabelecidos.
		Persistente	Não desiste com facilidade, persistindo mesmo diante de dificuldades e obstáculos.
		Comprometido	Demonstra-se comprometido e envolvido com a organização, com seu trabalho e com o grupo com o qual interage.
		Iniciativa	Demonstra iniciativa em suas ações, identificando oportunidades antes dos outros e transformando--as em realizações.
		Velocidade	Responde com agilidade e rapidez às situações, aproveitando as oportunidades e/ou resolvendo problemas antes que eles ganhem maiores proporções.

SUPERAÇÃO		Melhoria contínua	Percebe em cada situação de trabalho oportunidades de melhoria e aperfeiçoamento, de modo a alcançar, de forma incremental, a excelência.
	MELHORIA CONTÍNUA	Criatividade	Demonstra criatividade em suas ações, apresentando soluções únicas e inovadoras que agregam valor à organização.
		Orientado a mudanças	Apresenta postura positiva e não reativa a mudanças, orientando as pessoas com quem interage para que estas também assimilem com tranquilidade as transformações da organização.
SENSO DE URGÊNCIA	SENSO DE URGÊNCIA	Define prioridades	Estabelece prioridades para suas ações e para a equipe pela qual é responsável, considerando relevância e impactos para a organização e para aqueles com os quais interage.
		Disciplina	Administra adequadamente o tempo, demonstrando disciplina e concentração na realização de suas atividades.
		Integridade	Compartilha e exercita os princípios e valores da organização, atuando eticamente no âmbito pessoal, organizacional, social e ambiental.

INTEGRIDADE	INTEGRIDADE	Transparência	Age de modo claro e transparente, não omitindo informações e deixando claras as intenções e os motivos de suas ações e decisões.
		Senso de justiça	Suas decisões se baseiam em análises impessoais e criteriosas da situação, transmitindo àqueles com que interage sentimento de justiça e imparcialidade.
	MOBILIZAÇÃO	Mobilizador	Estabelece ambiente motivador para as pessoas com quem trabalha, propiciando senso de propósito e esclarecendo o significado e a importância do trabalho a ser executado, contribuindo na implantação da política de gestão e no seu contínuo desenvolvimento e aprimoramento.
		Coach	Oferece continuamente *feedback* e orientação aos profissionais com quem se relaciona, de modo a propiciar o desenvolvimento e aprimoramento contínuos e o amadurecimento da relação profissional.
POSTURAS DE LIDERANÇA	ACESSIBILIDADE	Abertura	Encontra-se acessível e aberto a *feedback*, criando ambiente propício para que os outros possam expressar suas opiniões e sugestões e estabelecendo canais de comunicação adequados aos processos da organização e a todas as partes interessadas.

		Receptivo	Valoriza e estimula a participação e a manifestação de diversos pontos de vista e respeita as opiniões, considerando ser esta uma prática que propicia decisões mais seguras e consistentes.
	EQUILÍBRIO EMOCIONAL	Equilíbrio	Mantém postura equilibrada e controlada, mesmo sob pressão ou diante de situações conflituosas.
POLÍTICA DE QUALIDADE	**Criação de Valor**	Criação de Valor	Age orientado para agregar valor a todos com quem interage, compreendendo clientes, colaboradores, fornecedores, acionistas e comunidade.
	Aspectos Legais	Aspectos Legais	Orienta-se pelas obrigações legais, normativas e demais requisitos relacionados às atividades da organização.
	Prevenção	Prevenção	Atua previamente aos potenciais perigos, riscos e impactos ambientais e sociais relacionados às atividades da Organização.

Fonte: Equipe de consultoria.

As descrições apresentadas no Quadro 6.9 foram a base para que fosse construída a avaliação de comportamento na organização analisada. A escala adotada para avaliar os comportamentos foi de frequência com a qual a pessoa apresentava o comportamento descrito. Essa escala é apresentada na Figura 6.10 a seguir.

Figura 6.10 – *Escala de avaliação de comportamento*

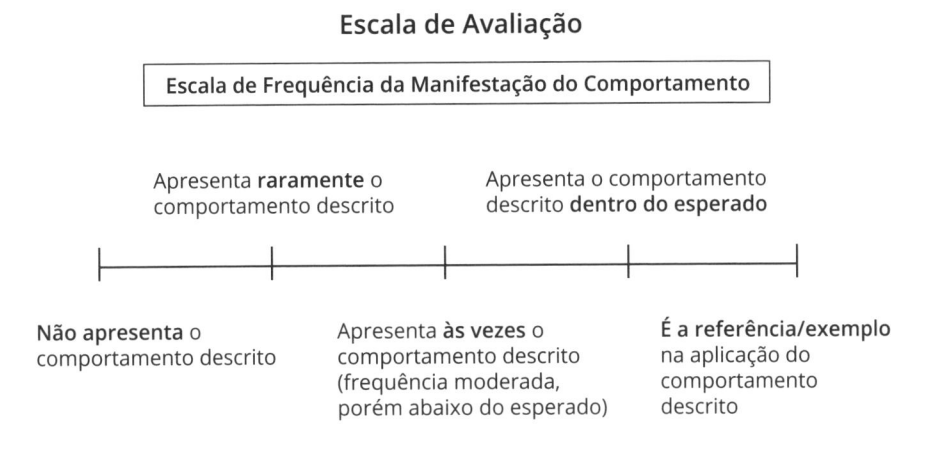

Escala de Avaliação

Escala de Frequência da Manifestação do Comportamento

Apresenta **raramente** o comportamento descrito

Apresenta o comportamento descrito **dentro do esperado**

Não apresenta o comportamento descrito

Apresenta **às vezes** o comportamento descrito (frequência moderada, porém abaixo do esperado)

É a referência/exemplo na aplicação do comportamento descrito

Fonte: Equipe de consultoria.

A escala de avaliação permite alinhar as percepções entre a pessoa avaliada em um diálogo de desenvolvimento com a liderança.

Por se tratar de uma avaliação com caráter subjetivo, encontramos muitas empresas empregando avaliações por múltiplas fontes, popularmente chamada de "avaliação 360°". Esse tipo de avaliação é efetuado por aqueles que conhecem a pessoa a ser avaliada e podem opinar sobre o seu comportamento. Há uma gama muito grande de possibilidades no uso desse tipo de avaliação (REIS, 2000; HIPÓLITO, 2002); normalmente, quando são envolvidos pares, subordinados e/ou clientes (externos ou internos) são escolhidas três ou mais pessoas, para que possam ficar anônimas. Em algumas organizações, os resultados desse tipo de avaliação vão somente para a pessoa avaliada. Dessa forma, seus avaliadores não ficam constrangidos com o fato de estar gerando futuros problemas para a pessoa avaliada.

A avaliação por múltiplas fontes é efetiva quando o foco é o comportamento, mas não é efetiva quando o foco é o desenvolvimento. Essa constatação é importante porque durante quase toda a década de 1990 esse tipo de avaliação foi considerado uma panaceia para mitigar a subjetividade das avaliações. Quando avaliamos o comportamento de alguém não precisamos conviver diariamente com essa pessoa, como, por exemplo: eu me encontro com uma pessoa três vezes ao longo de um ano e nas três vezes a postura da pessoa foi arrogante, prepotente e mal-educada, eu não preciso encontrá-la uma quarta vez e talvez nem queira, para formar uma opinião em relação ao seu comportamento para comigo.

Quando avaliamos o desenvolvimento, é diferente. Lembrando que a pessoa se desenvolve quando assume atribuições e responsabilidades de maior complexidade e para fazê-lo necessita ampliar sua percepção do contexto. Vamos supor que tenhamos uma pessoa a ser avaliada e essa pessoa atue em um determinado nível de complexidade. O fato de atuar nesse nível de complexidade pressupõe que tenha um nível de compreensão de seu contexto. O líder dessa pessoa, por suposto, atua em um nível maior de complexidade e, portanto, tem um nível de compreensão do contexto maior do que a pessoa avaliada, por isso o líder visualiza oportunidades de desenvolvimento para a pessoa que esta não consegue visualizar. De outro lado, o subordinado da pessoa avaliada atua, por suposto, em um nível menor de complexidade e, portanto, tem um nível menor de compreensão do contexto, fazendo com que tenha dificuldade de visualizar o tamanho dos desafios enfrentados pela pessoa avaliada, como, por exemplo: o quanto o subordinado de uma pessoa pode determinar se esta atende ou não às demandas da organização em termos de visão estratégica ou de visão sistêmica. Do mesmo modo, os pares têm dificuldade de perceber a entrega do colega e os clientes conseguem perceber a entrega daquilo que recebem, mas os clientes não recebem toda a entrega da pessoa para a organização. Por isso, a avaliação por múltiplas fontes não é efetiva para avaliar o desenvolvimento da pessoa. Normalmente essa avaliação é efetuada entre líder e liderado.

AVALIAÇÃO DE POTENCIAL

Enquanto a avaliação de desempenho, em suas três dimensões: desenvolvimento, performance e comportamento, é intuitiva, naturalmente as lideranças efetuam esse tipo de avaliação, a avaliação de potencial não é intuitiva. Esse tipo de avaliação implica imaginarmos uma pessoa atuando em uma realidade mais exigente ou diversa daquela vivenciada por ela. A partir do refinamento dos critérios e processos de avaliação podemos predizer o desempenho futuro de uma pessoa em uma mesma posição, mas o mesmo não acontece quando pensamos na pessoa em situações profissionais diversas. A dificuldade de predizer o sucesso ou a adequação da pessoa em uma situação inusitada em sua carreira é o que tem motivado e conduzido as organizações a investirem em instrumentos, referenciais e parâmetros para auxiliar nesse tipo de decisão. Essa decisão é fundamental para suportar projetos de crescimento ou expansão do negócio, reduzir o risco sucessório, viabilizar projetos de internacionalização e assim por diante.

Pela dificuldade de se fazer uma avaliação de potencial e pelo impacto de decisões dessa natureza para a organização e para a pessoa, normalmente essa avaliação é feita de forma colegiada, envolvendo as chefias imediata e mediata, pares e pessoas responsáveis por processos e/ou projetos estratégicos para a organização. Ao longo dos últimos 20 anos, procurou-se levantar e estruturar critérios utilizados pelas organizações para auxiliar na identificação de potenciais. Também, trabalharam-se os principais referenciais conceituais utilizados pelas empresas que atuam no Brasil. Esse material será apresentado a seguir, além de expormos algumas experiências bem-sucedidas na identificação e preparação de potenciais. Muitas organizações chamam de talento as pessoas com potencial para assumirem posições de maior complexidade ou críticas para o negócio.

Formas para identificar pessoas com potencial

As pessoas com potencial ou talentos são aquelas que têm condições de ocupar no futuro posições críticas para a sobrevivência, o desenvolvimento e/ou a expansão da organização ou do negócio. A natureza das posições críticas varia em função do momento que organização está vivendo. No Brasil, ao longo dos últimos 20 anos e no presente, a liderança sempre foi uma posição crítica, há uma escassez de pessoas que reúnam, ao mesmo tempo, capacidade técnica e de gestão e condições de agrupar pessoas em torno de um propósito.

As organizações que atuam no Brasil experimentaram um crescimento muito intenso, particularmente a partir de 2006. Para dar conta dessa expansão, necessitaram de pessoas que com muita velocidade conseguissem ocupar posições de maior complexidade. No quadro de crescimento rápido e de expansão é necessário identificar pessoas em condições de crescer com maior velocidade e com alto grau de contribuição para os resultados. Para identificar essas pessoas, há um esforço no processo de captação e nos processos internos de avaliação. Essa identificação não é um processo fácil, pois uma pessoa que parece um potencial aos olhos de um gestor não o é aos olhos de outro. Por isso, na maior parte das organizações foram estabelecidos critérios formais ou informais para identificar pessoas com potencial para contribuir para os resultados da organização no futuro.

No estabelecimento de critérios, a primeira questão que surge é se a pessoa é um potencial ou está potencial. Inicialmente parece ser uma questão semântica, mas ao nos atentarmos mais verificamos que é uma questão de ordem. Caso encaremos a pessoa como potencial, ela sempre será e quem não é nunca será. Ao assumirmos que a pessoa é um potencial passamos a criar estigmas, rotulando pessoas que são potenciais e pessoas que não são potenciais. Embora as principais teorias que embasam essa discussão proponham que a pessoa é potencial, como veremos a seguir, a proposta do grupo de pesquisadores ao qual pertenço é que a pessoa seja encarada como estando potencial. Essa postura em relação ao tema é embasada em observações empíricas e mais pragmáticas. Ao encararmos a pessoa como estando potencial, podemos estabelecer as bases para que ela entre nesse estado e para que ela saia desse estado, ao mesmo tempo em que criamos critérios transparentes para o acesso à condição de potencial para as pessoas interessadas.

As teorias mais utilizadas pelas empresas que atuam no Brasil são oriundas dos trabalhos de Elliott Jaques (1967; 1988; 1990; 1994) e Guilliam Stamp (1989; 1993; 1993j; 1994j; 1994a), que trabalham o conceito de "*work level*", e Lombardo e Eichinger (1996; 2001), que trabalham o conceito de agilidade do aprendizado.

O conceito de *work level* foi criado por Elliott Jaques (1967) para designar níveis de complexidade, Jaques já produzia reflexões a esse respeito no final dos anos 1950. Em 1956, ele escrevia sobre o assunto e o livro *Equitable Payment* foi publicado pela primeira vez em 1961. Jaques lançava a ideia de *"time span"*, ou seja, "o maior período de tempo durante o qual o uso do discernimento é autorizado e esperado, sem revisão por um superior" (1967, p. 21). Os trabalhos desse autor e de seus seguidores já foram apresentados no Capítulo 5.

A partir do referencial criado por Jaques, Guilliam Stamp (1989), realizaram-se ao longo da década de 1980 várias pesquisas procurando um padrão no processo de desenvolvimento das pessoas. Padrões já sinalizados por Jaques desde seus primeiros trabalhos (1967). Stamp (1989) verificou que a pessoa que tem um ritmo de desenvolvimento, ou seja, um ritmo para absorver atribuições e responsabilidades de maior complexidade, no futuro tende a manter esse ritmo caso tenha condições favoráveis. Para lidar com maior complexidade, a pessoa necessita ter uma compreensão do contexto em nível equivalente, chamado pela autora de nível de abstração.

A partir dessas constatações procurou estabelecer padrões e criar instrumentos para aferição do nível de abstração das pessoas e, com isso, predizer as possibilidades de a pessoa ampliar seu nível no tempo. Essa predição é efetuada a partir da análise da biografia da pessoa e o seu ritmo de desenvolvimento projetado para o futuro, conforme mostra a Figura 6.11. Segundo Stamp, as pessoas nascem e/ou recebem em sua socialização as bases para um desenvolvimento mais acelerado ou não e algumas pessoas vão ficar limitadas em um determinado nível de complexidade por não terem condições de aumentar seu nível de abstração além de um determinado nível. Portanto, algumas pessoas têm potencial para crescer em um ritmo mais acelerado e outras não.

Figura 6.11 – *Análise das tendências de desenvolvimento da pessoa*

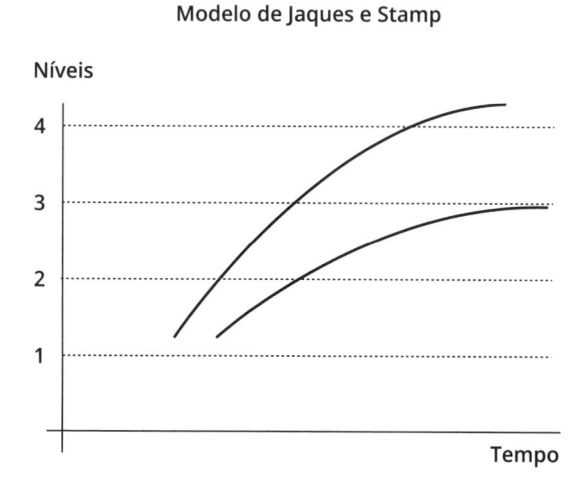

Fonte: Stamp (1989).

Outra abordagem vem de Lombardo e Eichinger (1989; 1996; 2000; 2001), que acreditam que as pessoas têm características e instrumentos que lhes permitem um nível acelerado de aprendizagem. A aprendizagem a que os autores se referem não se diferencia muito do nível de abstração apresentado por Stamp. Embora os autores não citem um ao outro, as premissas utilizadas por ambos vêm da mesma base, ou seja, o nível de compreensão das demandas sobre a pessoa.

Segundo Lombardo e Eichinger (2000), a agilidade de aprendizado pode ser categorizada em quatro agrupamentos. Essa categorização permitiu a criação de um questionário para avaliar como é a pessoa em relação à sua agilidade. Essas quatro categorias são apresentadas no Quadro 6.10, apresentado a seguir:

Quadro 6.10 – *Categorias da agilidade de aprendizado*

Categorias do Aprendizado	Evidências
Agilidade mental	• Curiosos, têm interesses amplos. • Interessados nos "porquês", na essência das coisas, na raiz dos problemas. • Confortáveis com complexidade, fascinados por problemas difíceis. • Encontram paralelos e contrastes; conseguem captar tendências. • Pensadores críticos, questionam a sabedoria popular e eventuais premissas, "vão além", explicam seu raciocínio. • Mudam facilmente de direção, lidam bem com ambiguidade e situações incertas. • Encontram soluções criativas para problemas difíceis. • Têm perspectiva ampla e procuram o novo.
Agilidade com pessoas	• Interessados no que os demais têm para dizer. • Cabeça aberta – compreendem os outros e são abertos a suas opiniões. • Bons comunicadores – consideram sua audiência. • Têm autoconhecimento, respondem bem a *feedback* e buscam o desenvolvimento pessoal. • Conhecem seus limites e buscam compensar as fraquezas, são transparentes. • Bons gestores de conflitos lidam com eles construtivamente. • Sentem-se confortáveis com diversidade. • Imparciais, não são tendenciosos e conseguem expor pontos de vista com os quais não concordam.

Agilidade com pessoas	• Podem exercer vários papéis, comportam-se de acordo com as situações. • Gostam de ajudar os outros a serem bem-sucedidos e compartilham os créditos. • Politicamente ágeis. • Pessoas leves e agradáveis, sabem usar bem o humor.
Agilidade com mudanças	• Experimentadores, gostam de "fuçar" e testar coisas: ideias, produtos ou serviços. • Gestores de inovação, buscam diferentes fontes de informação e gerenciam ideias para que sejam colocadas em prática. • Visionários, fornecem ideias preliminares e introduzem novas perspectivas. • Aceitam crítica. • Assumem responsabilidade, lidando com as consequências de maneira filosófica e não pessoal.
Agilidade com resultados	• Flexíveis e adaptáveis. • Desempenham bem em situações novas que vivenciam pela primeira vez. • Têm *drive*, trabalham duro em várias frentes e fazem sacrifícios pessoais. • Seguros de si, têm presença marcante e altos padrões de excelência. • Inspiram os outros, usam a motivação para construir equipes. • Conseguem expor seus casos ou pontos de vista com paixão e energia. • Constroem times de alta performance. • Obtêm sucesso mesmo em situações que apresentem desafios significativos. • Entregam resultados, não se deixando abater por circunstâncias instáveis ou difíceis.

Fonte: Elaboração própria, adaptado de Lombardo e Eichinger (1996; 2000).

Muitas organizações utilizam instrumentais, como os sugeridos por Stamp e por Lombardo e Eichinger, para servir de referência em discussões sobre as pessoas. Os resultados obtidos pelos instrumentos são cotejados com a avaliação feita pelas lideranças e, a partir daí, são encaminhadas decisões sobre as pessoas. A quase totalidade das organizações pesquisadas encara o potencial como um estado, ou seja, para essas organizações a pessoa está potencial.

Instrumentos e processos utilizados para avaliar potencial

Um primeiro passo para a avaliação de potencial ou talentos é definir quem são essas pessoas para a organização ou negócio. Na pesquisa efetuada com as empresas que atuam no Brasil, listamos os principais itens utilizados para identificar quem são as pessoas que estão em estado de potencial. A seguir é apresentada a lista desses itens:

Lista de itens utilizados pelas organizações para identificar potenciais:

- estabilidade emocional diante de pressão;
- disposição para inovar e para assumir riscos;
- trânsito entre pares do superior hierárquico;
- respeito e referência entre pares pelo comportamento e pelo conhecimento técnico;
- investimento em seu desenvolvimento;
- velocidade de crescimento;
- adesão aos valores da organização;
- construção de parcerias internas e externas;
- desenvolvimento de subordinados e pares;
- entrega das competências estabelecidas pela organização;
- solidez de caráter (exemplos: defende princípios éticos, é coerente e consistente e comunica-se com respeito).

Um ponto comum a todas as organizações pesquisadas foi o fato de que a pessoa, para ser considerada em estado de potencial, deve ter total adesão aos valores da organização. Esse aspecto é fundamental mesmo em organizações nas quais o sistema de avaliação de potencial não é formal.

Um indicador forte para identificar pessoas em estado de potencial é o quanto a pessoa lida com níveis extraordinários de pressão em sua posição atual. A importância desse indicador é que, se a pessoa vier a assumir posições de maior complexidade, terá que enfrentar situações de maior complexidade.

Além dos itens utilizados para identificar quem está no estado de potencial, são utilizados outros parâmetros, que chamamos de auxiliares, mas que se mostraram de grande relevância na escolha de potenciais. Esses fatores são listados a seguir:

- idade;
- disponibilidade para mobilidade geográfica;
- domínio dos conhecimentos específicos necessários para a posição (para posições táticas e tático-operacionais);
- expectativa de evolução profissional.

A idade é um elemento importante, principalmente se a organização estabelece uma idade-limite como base para a aposentadoria. Vamos supor que a organização tenha como expectativa a aposentadoria das pessoas aos 60 anos para criar renovação. Por exemplo, caso tenhamos uma pessoa com 57 anos e com potencial para situações mais complexas, teremos, por parte da organização, cautela para considerar essa pessoa um potencial.

Em outras organizações, a disponibilidade para mobilidade geográfica é essencial, principalmente quando as operações da organização estão distribuídas em várias localidades e regiões. Empresas brasileiras em processo de internacionalização valorizam a mobilidade.

Em muitas situações a posição visualizada para a pessoa exige conhecimentos técnicos ou de mercado. Esse é um ponto que limita as escolhas.

Finalmente, e muito importante, é verificar se a pessoa quer assumir posições de maior complexidade. Foi possível verificar situações em que a organização contava com a pessoa e esta não estava disposta, naquele momento, a assumir posições de maior complexidade.

Uma questão impactante, desde o início de nossa pesquisa, foi o fato de a maior parte das empresas pesquisadas confundir pessoas em estado de potencial com pessoas críticas, ou chamadas por algumas organizações de pessoas-chave. Potencial e pessoas-chave são formas diferentes de encarar as pessoas na organização. As pessoas críticas ou pessoas-chave são pessoas que a organização não quer e/ou não pode perder. Para observarmos a diferença de perspectiva, é apresentada a seguir uma lista de critérios utilizados pelas organizações para definir uma pessoa crítica ou pessoa-chave:

- domínio de conhecimento/tecnologia crítica;
- domínio da história da organização;
- desenvolvedor de lideranças;
- referência para o mercado e para *stakeholders*;
- domínio de processos críticos;
- modelo de competências;
- experiência internacional;
- capacidade para assumir desafios em diferentes áreas.

Por exemplo, as pessoas que dominam a fórmula do xarope para fazer o guaraná em uma empresa de refrigerantes é uma pessoa-chave para a organização, ela detém um conhecimento crítico e não pode ser perdida. Porém, essa pessoa não é necessariamente um potencial, ou seja, talvez eu não possa pensá-la em posições mais complexas. Eventualmente, podemos ter uma pessoa-chave que é, também, um potencial, mas são critérios de natureza diferente. Por decorrência, nas organizações mais amadurecidas esses critérios são distintos para evitar confusões na avaliação de potenciais.

Estabelecidos os critérios, o passo seguinte é definir o processo de avaliação. O processo normalmente é colegiado e as pessoas a serem avaliadas já passaram por uma primeira peneira, que é a avaliação de desenvolvimento, performance e comportamento. Normalmente, as pessoas que serão avaliadas como potencial foram inicialmente indicadas nos processos de avaliação mais intuitiva. Recomenda-se, portanto, que todos os avaliadores envolvidos efetuem, prévia e individualmente, uma avaliação das pessoas indicadas para a avaliação de potencial.

A seguir, no Quadro 6.11, é apresentado um exemplo de critérios utilizados por uma organização que atua no setor de mineração para avaliação de potenciais para posição de liderança. Essa prática estimula os participantes a chegarem à reunião com uma opinião formada em relação às pessoas indicadas para serem avaliadas, caso contrário há o risco de as pessoas seguirem o posicionamento da chefia ou de indivíduos que, por suas características, tenham alguma forma de ascendência sobre o grupo.

Quadro 6.11 – *Exemplo de fatores utilizados para análise de potenciais*

Nomenclatura: NA – não atende; **BI** – baixa intensidade; **FE** – frequência esperada; **EE** excede o esperado

DIMENSÕES:

1. **Pares** – Diz respeito a como o avaliado se relaciona com os pares de sua chefia.

Desdobramentos	Descrição	NA	BI	FE	EE
Trânsito junto a pares	Possui um bom relacionamento com os pares de sua chefia.	0	1	2	3
Agregador	É visto como alguém que traz boas contribuições ao grupo.	0	1	2	3
Participativo	Ao participar de reuniões, expressa livremente suas opiniões.	0	1	2	3

2. *Network* – Maneira como o indivíduo se relaciona interna e externamente à organização.

Desdobramentos	Descrição	NA	BI	FE	EE
Trânsito entre áreas	Transita bem nas diversas áreas da organização.	0	1	2	3
Relacionamento interno	Tem um bom relacionamento com pessoas de todos os níveis na organização.	0	1	2	3
Relacionamento externo	Tem um bom relacionamento com parceiros externos.	0	1	2	3
Rede de relacionamentos	Pessoa que busca desenvolver *networking* relacionado à sua área de atuação.	0	1	2	3

3. Crescimento – Diz respeito à preocupação do indivíduo com o seu auto desenvolvimento.

Desdobramentos	Descrição	NA	BI	FE	EE
Autodesenvolvimento	É percebida como uma pessoa preocupada com o seu autodesenvolvimento.	0	1	2	3
Aperfeiçoamento	Busca constantemente se aperfeiçoar em sua área de atuação, preocupado sempre em implementar melhorias no trabalho desenvolvido.	0	1	2	3
Complexidade das tarefas	Procura desenvolver tarefas com maior nível de desafio e complexidade.	0	1	2	3
Iniciativa	Recebe bem os *feedbacks*, buscando aprimoramento em pontos identificados como deficientes.	0	1	2	3

4. Realizações – Diz respeito a como o indivíduo desenvolve o que lhe é demandado.

Desdobramentos	Descrição	NA	BI	FE	EE
Metas	Implementa planos de ações, visando ao cumprimento das metas e observando os padrões de qualidade, segurança e meio ambiente.	0	1	2	3
Empenho	Quando recebe uma tarefa empenha-se ao máximo para entregá-la de maneira satisfatória, muitas vezes superando as expectativas.	0	1	2	3
Proatividade	É uma pessoa proativa que sempre traz os problemas com sugestões para a sua solução.	0	1	2	3
Disponibilidade	Está sempre disponível para enfrentar os novos desafios que lhe são colocados.	0	1	2	3

5. **Comportamentos e atitudes** – Diz respeito aos comportamentos e às atitudes esperados dos gestores a partir dos valores da empresa.

– Comportamento ético:

Desdobramentos	Descrição	NA	BI	FE	EE
Integridade	Age diante das pessoas com as quais mantém contato (subordinados, fornecedores, clientes, pares/colegas) de modo íntegro e honesto, procurando soluções que sejam justas e equilibradas para todos.	0	1	2	3
Imparcialidade	Procura atuar sempre de modo imparcial, oferecendo as mesmas condições e oportunidades a todos e utilizando os mesmos critérios em suas decisões, independentemente dos envolvidos.	0	1	2	3
Clareza e transparência	Transmite para as pessoas com as quais convive as informações necessárias para que possam compreender suas decisões e opiniões e para que possam desempenhar adequadamente o seu trabalho. Não retém informações que possam ser úteis a outros profissionais, preservando, no entanto, aquelas de caráter confidencial e sigiloso.	0	1	2	3
Coerência	Demonstra-se coerente em suas decisões e ações, praticando consistentemente aquilo que prega.	0	1	2	3

– Excelência no trabalho:

Desdobramentos	Descrição	NA	BI	FE	EE
Melhoria contínua	Procura introduzir melhorias nas suas atividades, não se acomodando com o nível de desempenho alcançado.	0	1	2	3
Apoio ao aperfeiçoamento contínuo	Estimula os profissionais com os quais se relaciona (sejam subordinados, pares ou outros) a melhorarem continuamente suas atividades e oferece apoio para que essa melhoria possa ocorrer.	0	1	2	3

Princípios da qualidade	Valoriza, pratica e incentiva o exercício dos princípios da qualidade, respeitando as normas e agindo de forma a prevenir a ocorrência de problemas.	0	1	2	3
Iniciativa e rapidez	Demonstra iniciativa e rapidez em suas ações, identificando e aproveitando oportunidades e solucionando problemas antes que eles ganhem maiores proporções.	0	1	2	3
Energia	Encara as dificuldades e os obstáculos de modo positivo e extrai deles a motivação e a energia para superá-los.	0	1	2	3
Apoio à superação	Incentiva as pessoas com quem se relaciona a superarem desafios, oferecendo auxílio e colaboração quando necessário.	0	1	2	3
Comprometimento	Demonstra-se comprometido e envolvido com a organização, com o grupo com o qual interage e com seu trabalho, esforçando-se para que se atinjam os objetivos fixados.	0	1	2	3
Abertura às mudanças	Reage positivamente às mudanças, orientando pessoas para que elas assimilem com tranquilidade as transformações da organização.	0	1	2	3

– Respeito às pessoas:

Desdobramentos	Descrição	NA	BI	FE	EE
Respeito às diferenças	Respeita as diferenças entre as pessoas, sejam de qualquer natureza (cultural, religiosa, racial, de gênero, política etc.), e estimula os outros a fazerem o mesmo.	0	1	2	3
Valorização da diversidade	Demonstra e reforça o valor e a importância da diversidade no local de trabalho, constituindo equipes compostas por profissionais com diversas visões e formações e que possam, em conjunto, gerar soluções adequadas para a empresa.	0	1	2	3

		NA	BI	FE	EE
Receptividade	Estimula as pessoas a participarem ativamente no local de trabalho e a manifestarem sua opinião, respeitando-a mesmo que seja diferente da sua.	0	1	2	3
Respeito à vida	Cuida para que as práticas de segurança sejam respeitadas, orientando pessoas sempre que necessário e propiciando condições que evitem a ocorrência de acidentes.	0	1	2	3

– Respeito à comunidade e ao meio ambiente:

Desdobramentos	Descrição	NA	BI	FE	EE
Relacionamento com a comunidade	Cuida para que seja mantida uma relação positiva entre a empresa e a comunidade, levando em consideração os impactos de suas ações e decisões nos âmbitos social e ambiental.	0	1	2	3
Equilíbrio com o meio ambiente	Considera os impactos de suas ações no meio ambiente, procurando minimizá-los. Conscientiza outros profissionais sobre a importância de preservar o meio ambiente e os impactos desse ato para a qualidade de vida das pessoas e para a empresa.	0	1	2	3

– Espírito de equipe:

Desdobramentos	Descrição	NA	BI	FE	EE
Relacionamento positivo	Conquista o respeito, a credibilidade e desenvolve relacionamentos positivos com outros profissionais (pares, clientes, subordinados etc.).	0	1	2	3
Colaboração	Mostra-se disponível e disposto a contribuir com os outros, ajudando o grupo sempre que possível.	0	1	2	3
Disseminação do espírito de equipe	Constrói e reforça o "espírito de equipe" junto aos profissionais que administra ou na relação com outras áreas/pessoas, reconhecendo e estimulando as ações que promovam e favoreçam a união do grupo e inibindo aquelas que prejudiquem a coletividade.	0	1	2	3

Flexibilidade	É aberto ao debate, respeitando a opinião dos outros e revendo sua opinião sempre que necessário.	0	1	2	3
Conciliador	Harmoniza clima de disputas, buscando aliar interesses diversos.	0	1	2	3
Abertura	Mostra-se acessível, deixando que as pessoas se sintam confortáveis para expressar suas opiniões e sugestões sobre seus comportamentos e atitudes e para consultá-lo sempre que necessário.	0	1	2	3

– **Desenvolvimento e gestão de pessoas:**

Desdobramentos	Descrição	NA	BI	FE	EE
Estímulo ao desenvolvimento	Encoraja as pessoas com as quais interage a se desenvolverem pessoal e profissionalmente, reconhecendo o esforço daqueles que buscam seu autodesenvolvimento e criando condições para que ele possa ocorrer.	0	1	2	3
Orientação ao desenvolvimento	Orienta as pessoas de sua equipe a se desenvolverem, esclarecendo as necessidades e oportunidades da empresa e procurando conciliá-las com as preferências e características dos profissionais.	0	1	2	3
Gestão do clima	Zela para que se estabeleça um clima agradável e de amizade na equipe que administra e com aquelas pessoas com quem mantém contato, reforçando comportamentos positivos e atuando rapidamente para que pequenos problemas de relacionamento não se intensifiquem.	0	1	2	3
Esclarecimento de papéis	Atua para que as pessoas da equipe que administra compreendam o trabalho a ser realizado e sua importância para a empresa, percebendo dúvidas e esclarecendo o que estiver ao seu alcance.	0	1	2	3
Feedback	Comunica para as pessoas seus pontos fortes, qualidades e dificuldades, de modo que possam melhorar sempre.	0	1	2	3

Fonte: Elaboração própria, adaptado de caso pesquisado.

A partir da avaliação devem ser negociados programas de desenvolvimento com as pessoas envolvidas. Recomenda-se que esse processo seja transparente e é fundamental para construir com as pessoas uma cumplicidade em relação ao seu desenvolvimento. Somente dessa forma haverá comprometimento delas em relação às ações decorrentes do plano. Como já discutimos, quando falamos de desenvolvimento estamos nos referindo a preparar as pessoas para responsabilidades e atribuições de maior complexidade. Na maior parte das empresas pesquisadas (DUTRA, 2004), as ações de desenvolvimento estão voltadas para aumentar a eficiência das pessoas em suas posições. Essa forma de pensar é reativa, ou seja, prepara as pessoas para o ontem e não para o amanhã.

O processo de desenvolvimento das pessoas para assumirem posições de maior complexidade implica expô-las a situações mais exigentes e oferecer o suporte necessário para que consigam obter os resultados esperados. A exposição a situações mais exigentes sem suporte pode gerar frustração e uma sensação de incapacidade, fazendo com que a pessoa se retraia para novas experiências. Ao prepararmos as pessoas para uma situação gerencial, devemos oferecer a elas projetos ou atividades que tenham tanto demandas técnicas ou funcionais quanto demandas políticas.

As demandas políticas colocarão as pessoas em contato com a arena política da organização; nesse caso, é fundamental que a pessoa receba o suporte necessário para conseguir ler o contexto onde estará inserindo-se e conseguir encontrar uma forma de relacionar-se onde preserve a sua individualidade. Embora essa constatação pareça óbvia, é algo normalmente esquecido pelos gestores, particularmente quando se está preparando alguém para posições gerenciais.

Recomenda-se o seguinte fluxo de atividades para que a avaliação de potencial ocorra de forma natural e tranquila. Na Figura 6.12 é apresentado um exemplo de fluxo de trabalho.

Figura 6.12 – *Fluxo para avaliação de potencial*

1. Avaliação de Desempenho
2. Indicação Inicial de Potenciais
3. Comitês de Avaliação
4. Indicação de Potenciais e ações de desenvolvimento
5. Consolidação dos resultados
6. Plano Individual de Desenvolvimento

Fonte: Elaboração própria.

Os comitês de avaliação de potencial devem ser estruturados depois de um processo de avaliação de desempenho (desenvolvimento, performance e comportamento). Definidas as pessoas indicadas como potencial, é importante consolidar o trabalho dos diferentes comitês, com o objetivo de analisar a qualidade dos trabalhos e uniformidade de critérios. Finalmente, construir os planos de desenvolvimento.

PROCESSOS COLEGIADOS DE AVALIAÇÃO

A evolução dos processos de avaliação nas organizações conduz à construção de duas instâncias. A primeira é a avaliação efetuada no âmbito do(a) avaliador(a) e do(a) avaliado(a), seu objetivo é única e exclusivamente o de desenvolver a pessoa avaliada. A segunda instância é feita de forma colegiada e tem como principal objetivo definir diferenciações entre as pessoas. Essas diferenciações implicam aumentos salariais, ações para retenção, promoções, movimentações, indicações para o processo sucessório ou para posições críticas para o negócio ou demissões. As diferenciações devem ser efetuadas em função do merecimento da pessoa e das limitações orçamentárias da organização. Desse modo, nem todos os que merecem um aumento salarial o terão; a questão é distinguir entre as pessoas que merecem aquelas que merecem mais.

Nos últimos anos foi possível assistir a uma evolução nos critérios e processos colegiados de avaliação nas empresas pesquisadas. Na sequência, vamos apresentar como são construídas as dinâmicas em algumas dessas empresas e qual tem sido a efetividade desses processos. Foi possível constatar que os processos colegiados contribuíram muito no aperfeiçoamento dos critérios e processos para se efetivar as avaliações de pessoas.

Composição, preparação e condução de processos colegiados

O processo de avaliação de pessoas está intimamente ligado ao processo de valorização e reconhecimento das pessoas. Os critérios são os mesmos, mas os processos são diferentes. A avaliação implica uma decisão sobre quem eu vou reconhecer ou valorizar, enquanto os demais processos estabelecem parâmetros para a ação. Quando a avaliação implica uma comparação da pessoa frente a parâmetros, embora seja um processo subjetivo, o resultado da avaliação será traduzido na construção de um diálogo de desenvolvimento. Caso haja um equívoco na avaliação seu efeito é diluído e a pessoa avaliada e sua liderança podem fazer os acertos de rumo necessários para reparar o equívoco. Quando a avaliação implica uma comparação de uma pessoa em relação a outra e as decisões decorrentes podem ter um grande impacto sobre a relação da pessoa com seu trabalho e com a organização, um equívoco tem a possibilidade de gerar graves consequências para a pessoa e para a organização. Por essa razão que a avaliação de segunda instância é realizada, na maior parte das organizações pesquisadas, de forma coletiva.

Reunir líderes para avaliar pessoas e tomar decisões sobre elas não é um processo fácil. Em razão disso, é um processo evitado na maior parte das empresas brasileiras, realizado apenas quando há o amadurecimento da gestão de pessoas que cria as bases e a pressão para que ocorra. Essa pressão é exercida quando as pessoas avaliadas são esclarecidas e exigentes, quando há um processo mais transparente de valorização e carreira e/ou quando as lideranças se sentem ameaçadas quando não decidem sobre as pessoas de forma conjunta. A organização, quer privada ou pública, nunca terá recursos suficientes para aumentar o salário de todos os que merecem nem para promover todos os que estão em condições de exercer trabalhos mais complexos. Com recursos escassos há necessidade de priorizar quem será aumentado ou promovido, mas com base em que critérios? Caso não existam critérios legítimos, essas decisões serão sempre alvo de disputas políticas, e as pessoas com maior influência ou habilidade para se locomover na arena política serão privilegiadas e privilegiarão suas equipes.

Em algumas organizações essas decisões ficam na mão do presidente, apoiado por equipe técnica. Naturalmente, a equipe técnica que irá subsidiar as decisões do presidente torna-se alvo de constantes críticas. O presidente, por seu lado, acaba assediado por seus diretores e gerentes que buscam benesses para si e para sua equipe. A formação de colegiados faz com que, dentro de limites orçamentários e regras de conduta para valorizar e reconhecer as pessoas, os próprios gestores decidam quem privilegiar e por que motivo. Ao terem que tomar essas decisões, tornam-se mais propensos a definir coletivamente regras para que os auxiliem a tomar essas decisões e consigam, posteriormente, justificar seu posicionamento para as suas equipes.

Na pesquisa foi possível observar que inicialmente as lideranças querem criar uma quantidade enorme de critérios para poder avaliar as pessoas nas mais diferentes perspectivas possíveis, tornando o processo moroso e difícil. Em um segundo momento percebe-se que não são necessários tantos critérios e que é possível criar uma sinergia entre eles. Aqui o processo torna-se mais ágil, porém mais complexo, exigindo mais preparo das lideranças para argumentar a favor de sua equipe. Finalmente, há um entendimento mais uniforme por parte da liderança, da organização e das próprias pessoas sobre o que valorizar.

Como uma técnica para combinar variáveis de natureza diferente, as empresas brasileiras utilizam uma matriz de dupla entrada. O mais comum é agrupar as pessoas nessa matriz em nove quadrantes, em que cada um apresenta um tipo de endereçamento. O nome mais comum é *"nine box"*, embora algumas empresas chamem de nove quadrantes ou *"nine blocks"*.

Algumas pessoas atribuem poderes mágicos às técnicas e pelo fato de aplicarem o "*nine box*" acreditam que todos os seus problemas de análise estão resolvidos. São apresentados a seguir dois exemplos dessa técnica e é possível verificar que, dependendo do que colocamos como variáveis nos eixos, as análises dos quadrantes variam muito.

Primeiramente, trago duas experiências, uma de uma organização de origem francesa que adaptou para o Brasil o modelo da matriz e outra de uma organização brasileira no setor de construção civil. Em ambos os casos, no eixo x (abscissa) é colocada um escala de atendimento de competências e comportamentos, e no eixo y (ordenada) é colocada uma escala de performance, ou seja, em que nível a pessoa alcançou suas metas. A organização brasileira foi motivada a buscar essa escala porque suas lideranças valorizavam basicamente o alcance de metas sem levar em conta como haviam sido alcançadas. A partir da implantação da matriz, houve uma mudança gradativa da atitude das lideranças e das pessoas em relação aos critérios de valorização. A seguir, é apresentado na Figura 6.13 o exemplo da empresa francesa:

Figura 6.13 – *Exemplo de matriz de avaliação*

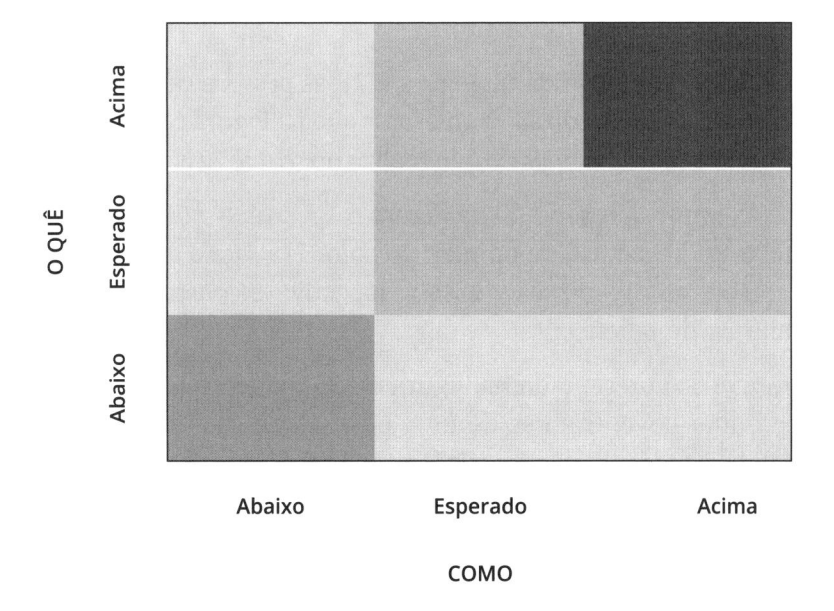

Fonte: Elaboração própria.

Nessa matriz é interessante observamos as extremidades do gráfico. No caso de uma pessoa que está acima no "como" e acima no "o quê", quais seriam as recomendações em termos de desenvolvimento, carreira, processo sucessório, retenção e remuneração? Em um olhar mais desavisado, poderíamos pensar em uma pessoa pronta para maiores desafios, mas isso pode não ser verdade, já que não temos informações suficientes para esse encaminhamento. Podemos ter uma pessoa excelente na sua performance e em seu comportamento e sem condições de assumir posições de maior complexidade. De qualquer modo, uma pessoa nesse quadrante é um exemplo a ser seguido e, portanto, muito importante para a organização. Provavelmente é uma pessoa que a organização não quer perder.

Quando analisamos o quadrante onde a pessoa está acima no "o que" e fica abaixo no "como", temos uma situação que inspira cuidado. Nesse quadrante podemos ter uma pessoa que, embora traga bons resultados no curto prazo, compromete-os no longo prazo ou que cria um ambiente negativo ou ruim à sua volta ou que trate as pessoas com desrespeito etc.

Outro exemplo é de uma empresa do setor industrial que trabalha no eixo x (abscissa) o desempenho, envolvendo o desenvolvimento, a performance e o comportamento.

Na matriz apresentada na Figura 6.13 as pessoas caracterizadas na coluna acima do esperado são as mesmas que na Figura 6.12 estão caracterizadas no quadrante mais do que realiza no "o que" e acima no "como".

No exemplo apresentado na Figura 6.13, o eixo y (ordenada) mostra qual é a perspectiva, na opinião do comitê, sobre o quanto a pessoa pode crescer na organização. Essa perspectiva é construída com base na avaliação de potencial.

Na matriz apresentada na Figura 6.13, quando temos uma pessoa no quadrante nove, trata-se de uma pessoa que está acima em todos os parâmetros em sua atual posição e pode crescer até dois degraus na estrutura organizacional. Essa pessoa deve ser indicada para o processo sucessório.

Figura 6.14 – *Exemplo de matriz de avaliação*

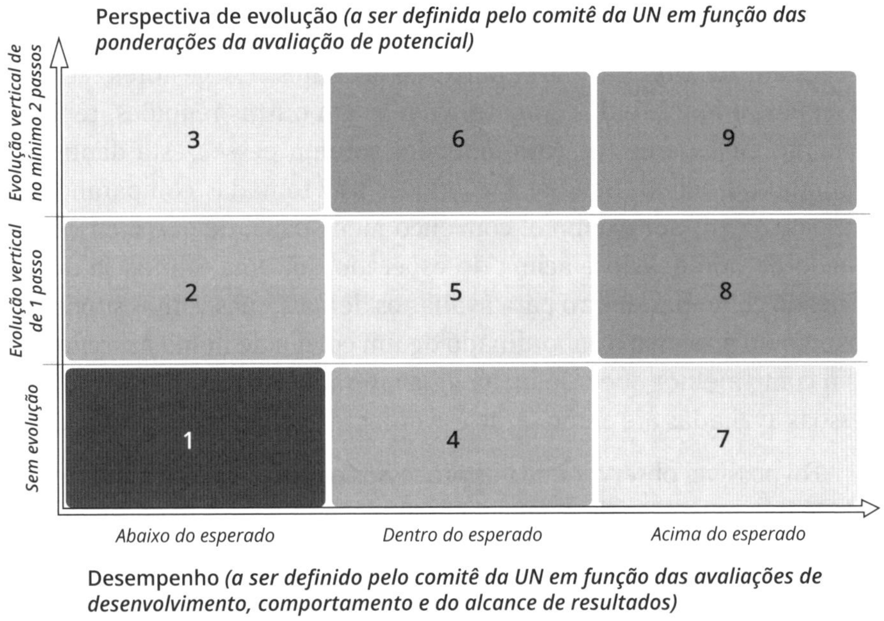

Perspectiva de evolução *(a ser definida pelo comitê da UN em função das ponderações da avaliação de potencial)*

	Abaixo do esperado	Dentro do esperado	Acima do esperado
Evolução vertical de no mínimo 2 passos	3	6	9
Evolução vertical de 1 passo	2	5	8
Sem evolução	1	4	7

Desempenho *(a ser definido pelo comitê da UN em função das avaliações de desenvolvimento, comportamento e do alcance de resultados)*

Fonte: Equipe de consultoria.

O exemplo de matriz apresentado na Figura 6.13 engloba todas as avaliações no mesmo espaço, tornando a análise da pessoa mais completa e profunda. Na pesquisa realizada, encontramos seis organizações que utilizavam matrizes parecidas. Em três delas tivemos a oportunidade de preparar as lideranças para as reuniões de comitês e acompanhamos algumas dessas reuniões. No preparo das lideranças, a ênfase era no preparo prévio para a reunião. Nessas reuniões, o líder está com seus pares e seu superior hierárquico, está avaliando as pessoas, mas, também, está sendo avaliado. Os comitês são arenas políticas onde os participantes estão disputando espaços e vivendo uma grande exposição. Os critérios utilizados para avaliar os membros da equipe são, também, utilizados para avaliar os avaliadores. Os colegiados tornam-se um ambiente complexo para as lideranças, estimulando um preparo prévio para evitar exposições negativas.

Um líder que negligencia na avaliação de sua equipe e atribui aos seus subordinados as notas máximas terá muita dificuldade para se explicar diante de seus pares e seu superior. As posições do líder têm que estar muito bem fundamentadas, mesmo que seus argumentos sejam rebatidos no comitê.

Como funciona a maior parte dos comitês. Os gestores, através de sua experiência e dos embates vividos em outras reuniões, têm um conjunto de parâmetros para defender se uma pessoa está dentro do esperado ou acima. Sempre as decisões são tomadas comparando as pessoas. Se eu, por exemplo, convenço meus pares de que meu subordinado de nome João é acima do esperado, há uma tendência de ser utilizado como parâmetro para avaliar os demais, mas vamos supor que no meio do processo o subordinado de um colega de nome Antônio seja visto como melhor que o João, há uma alteração nos critérios e todas as pessoas avaliadas até então serão novamente avaliadas no novo padrão.

Foi possível observar que nos processos colegiados com maior maturidade há um padrão de exigência mais elevado. Nossa explicação para esse fato é que em um processo mais maduro há mais foco na cobrança e nos critérios de valorização, fazendo com que as pessoas apresentem um melhor desempenho.

Nos seis casos analisados que usam matrizes semelhantes à Figura 6.13, as lideranças preparam-se para os colegiados efetuando previamente as avaliações de suas equipes, um diálogo com cada membro de sua equipe, a análise crítica de sua equipe e um exercício de posicionamento de cada um nos quadrantes da matriz. Desse modo, quando chegam aos comitês estão bem-preparados. Durante a realização dos comitês, um líder pode perceber que foi muito rigoroso na análise de um membro de sua equipe ou que foi pouco rigoroso. Essa percepção é um complemento ao diálogo que já havia mantido com a pessoa e ajuda-o a recalibrar as ações de desenvolvimento e o rigor da cobrança em relação à sua equipe.

Na maior parte das organizações, os colegiados descem na estrutura organizacional. Os diretores são avaliados pelo presidente em conjunto com alguns membros do conselho, os gerentes são avaliados pelos diretores em conjunto com o presidente e assim por diante. Existem, entretanto, rituais interessantes. Em uma das organizações pesquisadas o presidente, os diretores e gerentes ficam reunidos durante três dias, avaliam todas as pessoas da empresa e tomam as decisões gerenciais pertinentes. Em outra organização que tem vários negócios, é efetuada uma rodada de avaliações dentro da estrutura e depois as lideranças são reunidas para proceder a avaliações cruzadas por função. Desse modo, todo pessoal de finanças é avaliado pelas pessoas de finanças, todo pessoal de tecnologia da informação, todo pessoal de segurança do trabalho e assim por diante. Neste último exemplo, o processo colegiado de avaliação por função permite a troca de experiências, o aperfeiçoamento dos padrões de valorização na função, a descoberta de pessoas interessantes para intercâmbio entre unidades de negócio e a construção de ações conjuntas de desenvolvimento de pessoas.

A organização deve procurar criar rituais para a avaliação colegiada o mais alinhado possível à sua cultura; assim procedendo, há uma maior chance de ser assimilado por todos.

CONCLUSÕES

Neste capítulo procuramos caracterizar e apresentar exemplos e técnicas para avaliação de pessoas tanto em dimensões mais intuitivas como: desenvolvimento, performance e comportamento, quanto em uma dimensão não intuitiva, chamada de avaliação de potencial ou de talentos. Esta última exige o suporte de parâmetros para pensar a pessoa em um nível mais exigente de complexidade ou para fazer frente a novas situações profissionais. Pudemos discutir os resultados de pesquisas realizadas ao longo dos últimos 20 anos, em que é possível constatar a existência de duas instâncias de avaliação de pessoas; na primeira, o foco é o desenvolvimento da pessoa avaliada e é realizada na relação entre líder e liderado; na segunda, o foco é remuneração, promoções, carreira, processo sucessório, retenção etc. e é realizada, na maior parte das organizações pesquisadas, em processos colegiados. Por essa razão, abrimos um espaço neste capítulo para discutir os processos colegiados de avaliação.

A avaliação de pessoas tem recebido pouca atenção pela literatura brasileira e é um processo fundamental para pensarmos uma gestão de pessoas estratégica e integrada. A avaliação de pessoas é o elemento dinâmico na gestão de pessoas por fornecer subsídios para todas as decisões e ações gerenciais, como veremos com maior profundidade no próximo capítulo.

Além disso, a avaliação, por ser um ritual, tem um grande poder educacional das lideranças na gestão de suas equipes e de contínua revisão das políticas e práticas de gestão de pessoas. Essa característica da avaliação tem impulsionado outra linha de pesquisa, que é a comparação entre o amadurecimento do processo de avaliação e a maturidade da gestão de pessoas. Até o presente momento temos percebido uma relação muito íntima entre o estágio de amadurecimento da avaliação e da gestão de pessoas. Para efetuar essa análise, procuramos criar categorias para os diferentes estágios de amadurecimento da avaliação que serão apresentadas no próximo capítulo.

QUESTÕES E EXERCÍCIOS DO CAPÍTULO 6

Questões para fixação

- Qual é a principal diferença entre as avaliações de desenvolvimento e de performance?
- Por que pensamos em avaliações intuitivas e não intuitivas?
- No que difere a avaliação do comportamento em relação às avaliações de desenvolvimento e performance?
- Qual é a importância da avaliação para a gestão de pessoas?
- Quais são as duas instâncias de avaliação de pessoas?
- Qual é a técnica mais utilizada na avaliação colegiada?

Questões para desenvolvimento

- Como podemos relacionar as dimensões das avaliações e o tipo de remuneração?
- Por que podemos relacionar o amadurecimento do processo de avaliação e a gestão de pessoas?
- Qual é o papel da avaliação no sistema integrado de gestão de pessoas?

- Por que a avaliação tem um papel pedagógico no desenvolvimento dos líderes na gestão de suas equipes?
- Como pode ser caracterizada a avaliação colegiada?

EXERCÍCIOS E ESTUDOS DE CASO

Caso 1

A Quentinha é uma organização que atua fornecendo alimento pronto para outras organizações, canteiros de construção civil e para eventos e que administra refeitórios. É uma organização que nasceu há 50 anos, em São Paulo, fornecendo alimento pronto, passou a administrar refeitórios e, posteriormente, ampliou sua atuação para todo o Brasil. Há cerca de cinco anos os dirigentes sentiram a necessidade de rever o processo de avaliação de pessoas para que ele possa estimular o desenvolvimento dos colaboradores e, principalmente, identificar pessoas para assumir futuras posições de liderança. Essa preocupação nasceu das perspectivas de crescimento da organização aliada a uma escassez de pessoas qualificadas no mercado de trabalho.

Inicialmente houve grande resistência dos líderes em avaliar suas equipes, primeiramente por se sentirem inseguros com o uso dos resultados e, posteriormente, pelo fato de os resultados das avaliações serem utilizados para definir aumentos salariais e para destacar pessoas para ter acesso a programas de desenvolvimento profissional. Esses dois aspectos levaram os líderes a superavaliarem suas equipes.

A direção da organização está preocupada com os resultados da avaliação, em que 90% das pessoas avaliadas receberam nota máxima de seus líderes. Caso a direção não tome uma atitude, haverá uma desmoralização do processo de avaliação.

Questões para o caso:

- Quais foram os principais equívocos na implementação do processo de avaliação de pessoas na Quentinha?
- Como poderíamos reverter essa situação?

- Quais seriam as recomendações para a direção dessa organização para estimular a preparação de pessoas para o seu futuro?

Caso 2

A Doce Felicidade é uma usina que produz açúcar e álcool. Atualmente possui três usinas no interior do Estado de São Paulo e no início dos anos 2000 investiu no refino do açúcar. Atualmente é uma importante fornecedora do mercado brasileiro de açúcar refinado.

A organização tem como diferencial uma operação muito bem articulada, em que a área agrícola dialoga com a área industrial. O sistema de avaliação sempre privilegiou a performance, e a Doce Felicidade tem um programa agressivo de remuneração variável. As pressões recebidas nos últimos anos geraram preocupação, por parte da direção, com a avaliação do desenvolvimento e do comportamento de seus colaboradores.

José Canas, Diretor de Pessoas, recebeu a incumbência de pensar em uma revisão da avaliação de pessoas. A primeira ação de José Canas foi conversar com os gerentes da organização a respeito do projeto e foi surpreendido por uma grande resistência. Os gerentes acreditam que a avaliação de performance é objetiva e as avaliações de desenvolvimento e de comportamento são subjetivas.

Questões para o caso:

- Para a Doce Felicidade é muito importante aprimorar a avaliação de pessoas. Qual deve ser a configuração da avaliação visando estimular o desenvolvimento dos colaboradores?
- Como as resistências dos gerentes podem ser trabalhadas para a criação de um clima favorável ao aprimoramento da avaliação de pessoas?

BIBLIOGRAFIA DO CAPÍTULO 6

AGUINIS, H. *Performance management*. 2th ed. New Jersey: Pearson/Prentice Hall, 2009.

BRECKLER, S. J. Empirical Validation of Affect, Behavior and Cognition as Distinct Components of Attitude. *Journal of Personality and Social Psychology*, p. 1191-1205, May 1984.

CRITES JR., S. L.; FABRIGAR, L. R.; PETTY, R. E. Measuring the Affective and Cognitive Properties of Attitudes: Conceptual and Methodological Issues. *Personality and Social Psychology Bulletin*, p. 619-634, Dec. 1994.

CSIKSZENTMIHALYI, Mihaly. *Beyond boredon and anxiety*. San Francisco: Jossey Bass, 1975.

DUTRA, J. S. *Competências:* conceitos e instrumentos para a gestão de pessoas na empresa moderna. São Paulo: Atlas, 2004

GRIFFIN, Ricky W.; MOORHEAD, Gregory. *Fundamentos do comportamento organizacional.* São Paulo: Ática, 2006.

HIPÓLITO, J. A. M.; REIS, G. G. A avaliação como instrumento de gestão. In: FLEURY, M. T. L. et al. *As pessoas na organização*. São Paulo: Gente, 2002.

_____ ; DUTRA, Joel S. *Remuneração e recompensa*. São Paulo: Elsevier, 2012.

HOURNEAUX JUNIOR, F. Relações entre as partes interessadas (*stakeholders*) e os sistemas de mensuração do desempenho organizacional. Tese (Doutorado) – Departamento de Administração da Faculdade de Economia, Administração e Contabilidade da Universidade de São Paulo, 2010.

JAQUES, Elliott. *Equitable payment:* a general theory of work, differential payment and industrial progress. London: Pelican Books, 1967.

_____ . *Requisite organization*. Arlington: Cason, 1988.

_____ . In praise of hierarchy. *Harvard Business Review*, Jan./Feb. 1990.

_____ ; CASON, Kathryn. *Human capability.* Falls Church: Cason, 1994.

LINCOLN, James R. Employee work attitude and management practice in the U. S. and Japan: evidence from a large comparative study. *California Management Review*, p. 89-106, Autumn 1989.

LOMBARDO, Michael M.; EICHINGER, Robert W. *Preventing derailment:* what to do before it's too late. Greensboro: Center for Creative Leadership, 1989.

_____ . *DFYI:* for your improvement, a guide for development and coaching. Minneapolis: Lominger International, a Korn/Ferry Company, 1996.

_____ . High Potentials and High Learners. *Human Resources Management*, Hoboken. v. 39, number 4, p. 321, winter, 2000.

LOMBARDO, Michael M. *The leadership machine*. Minneapolis: Lominger international, a Korn/Ferry Company, 2001.

REIS, G. G. *Avaliação 360 graus:* um instrumento de desenvolvimento gerencial. São Paulo: Atlas, 2000.

ROBBINS, Stephen P. *Comportamento organizacional*. São Paulo: Pearson, Prentice Hall, 2005.

STAMP, Gilliam. The individual, the organizational and the path to mutual appreciation. *Personnel Management*, p. 1-7, Jul. 1989.

_____. *The essence of Levels of Work*. Documento interno da Bioss – Brunel Institute of Organization and Social Studies, Jun. 1993.

_____. *Making the most of human capital for competitive advantage*. Documento interno da Bioss – Brunel Institute of Organization and Social Studies, Jun. 1994.

_____. *Key Relationship Appreciation*. Documento interno da Bioss – Brunel Institute of Organization and Social Studies, Aug. 1994.

_____; STAMP, Colin. Wellbeing at work: aligning purposes, people, strategies and structure. *The International Journal of Career Management,* v. 5, nº 3, p. 2-36, 1993.

7

Ações gerenciais decorrentes da avaliação

INTRODUÇÃO

A avaliação é elemento dinâmico nos processos e práticas de gestão de pessoas. A partir da avaliação são tomadas decisões sobre as pessoas. As políticas de gestão de pessoas oferecem balizas para a tomada de decisão, mas qualquer decisão é tomada a partir de uma avaliação da pessoa, formal ou informal. Portanto, a avaliação só tem sentido se gerar uma ação gerencial.

Nas organizações com processos maduros de avaliação as decisões gerenciais sobre as pessoas estão sempre vinculadas a um sistema formal de avaliação. À medida que esse vínculo torna-se mais profundo, temos uma maior efetividade e sinergia nas práticas de gestão de pessoas. Por que isso ocorre? O sistema de avaliação estimula as lideranças a criarem um pacto sobre o que é relevante considerar na avaliação e na valorização das pessoas; à medida que todas as ações são decorrentes dos parâmetros criados pelas próprias lideranças, aumenta o nível de coerência e consistência das decisões sobre as pessoas. O propósito deste capítulo é discutir as ações gerenciais decorrentes do processo de avaliação. Vamos analisar essas ações na perspectiva da organização e das pessoas. A efetividade de uma ação gerencial em gestão de pessoas está intimamente ligada ao fato de fazer sentido tanto para a organização quanto para as pessoas.

PRINCIPAIS AÇÕES GERENCIAIS DECORRENTES DA AVALIAÇÃO

Num sistema integrado de gestão de pessoas as várias políticas e práticas guardam entre si coerência e consistência, o que permite uma sinergia entre elas e um diálogo entre a gestão de pessoas e a estratégia organizacional. A integração do sistema se dá a partir de um conjunto de fatores em que o mais importante é o alinhamento conceitual, ou seja, o mesmo critério que uso para dizer que uma pessoa está se desenvolvendo deve ser utilizado para valorizar a pessoa em sua remuneração e sua carreira. Outro fator importante são os critérios utilizados para avaliar as pessoas. Esses critérios, como um produto de consenso sobre o que é mérito e sobre o que deve diferenciar pessoas na organização, têm um efeito sobre como tomar decisões sobre ações de desenvolvimento, remuneração, carreira, sucessão, movimentação e retenção, conforme vimos no Capítulo 6 deste livro.

A avaliação de pessoas tem o papel dinâmico em um sistema integrado de gestão de pessoas, porque é através dela que serão tomadas as decisões. Vamos discutir a seguir como essas decisões são tomadas e em que momento do processo.

Na maior parte das empresas pesquisadas em que o sistema de avaliação está em um estágio amadurecido, temos o seguinte fluxo anual no processo de avaliação:

Final do período fiscal

A maior parte das organizações considera o período fiscal utilizando o calendário civil, janeiro a dezembro. Normalmente, de 2 a 3 meses antes de fechar o período fiscal, as lideranças e as pessoas preparam-se para efetuar um diálogo de avaliação ou um diálogo de desenvolvimento, avaliando os resultados do período fiscal e planejando as metas para o próximo período fiscal. As decisões nesse momento são relativas às metas, compromissos de desenvolvimento e de performance e à construção de um plano individual de desenvolvimento.

As metas são consolidadas no planejamento organizacional e os planos individuais de desenvolvimento podem ser utilizados como um guia para orientar os investimentos em ações de desenvolvimento. Algumas organizações, para auxiliar no planejamento individual de desenvolvimento, oferecem para as pessoas um calendário de cursos regulares, organizados por grupos de profissionais, por temas e pelo nível de maturidade profissional da pessoa. Ao mesmo tempo, os planos individuais de desenvolvimento oferecem um insumo importante para que a organização avalie a demanda por capacitação.

Os planos individuais de desenvolvimento são um insumo, para algumas organizações, no planejamento de movimentações e carreira; nesses casos, as pessoas informam nos planos seus objetivos de carreira. Em uma das organizações pesquisadas há um processo complementar para a carreira, em que a pessoa reflete sobre sua carreira, discute com a sua liderança e gera um plano individual de carreira, o qual tem o papel de complementar o plano de desenvolvimento.

Neste período os resultados dos diálogos de avaliação são tabulados para subsidiar os processos colegiados de avaliação.

Início do período fiscal

Normalmente, de 2 a 3 meses após o início do período fiscal são realizados os processos colegiados de avaliação. Em aproximadamente metade das organizações pesquisadas há apenas uma avaliação colegiada em que são tomadas todas as decisões sobre as pessoas. Na outra metade há dois ou mais encontros do colegiado, cada um com objetivos diferentes. Recomenda-se que, quando a organização está implantando a avaliação colegiada, seja efetuada mais de uma reunião para não sobrecarregar os avaliadores.

O principal papel dos colegiados é a avaliação comparando todas as pessoas pertencentes a uma determinada unidade. Os comitês são formados pelos líderes das pessoas e o superior hierárquico dos líderes.

Um comitê com esse objetivo, nas empresas pesquisadas, avalia, em um período de 4 horas, de 10 a 15 pessoas; com base nesses números, devem ser dimensionados tanto a constituição quanto o trabalho do comitê. Nessa avaliação há um processo de comparação entre as pessoas e sua classificação. Com base nessa classificação as pessoas avaliadas podem ser encaminhadas para a análise em outros encontros do comitê com o objetivo de decidir sobre aumentos salariais, promoção, processo sucessório e retenção.

Na avaliação colegiada são utilizadas as tabulações efetuadas a partir dos diálogos entre líder e liderados realizados no período anterior. Além desses dados, os comitês, para comparar as pessoas, utilizam fatores de análise complementares. Esses fatores variam de organização para organização e, mesmo na mesma organização, variam de grupo profissional para grupo profissional. Entretanto, foi possível observar que alguns fatores são mais frequentes nos critérios de avaliação utilizados pelos colegiados. A seguir são listados alguns desses fatores:

- o nível de performance da pessoa em comparação com o grau de dificuldade ou complexidade das metas;
- alinhamento da pessoa em relação aos valores da organização e qualidade do relacionamento interpessoal;
- grau de facilidade ou dificuldade para executar suas atribuições e responsabilidades;
- dedicação e comprometimento da pessoa com a organização e resultados.

Parte das organizações pesquisadas utiliza o primeiro encontro para classificar as pessoas e decidir sobre o endereçamento para discussão de remuneração, carreira, sucessão e retenção. Essas discussões e decisões são efetuadas nos encontros subsequentes do comitê. Os encontros seguintes do comitê serão para decidir sobre quem terá seu salário aumentado e em que valor, quem serão as pessoas pensadas para o processo sucessório, ações críticas de retenção e promoções.

Para a questão salarial o principal parâmetro é o grau de diferenciação que a pessoa teve em relação às demais e seu posicionamento na faixa salarial, como, por exemplo: temos uma pessoa que está situada acima do esperado em relação aos demais e está no início de sua faixa salarial, o aumento salarial para essa pessoa será prioritário; outra pessoa está dentro do esperado e seu salário está na média da faixa, o aumento salarial para essa pessoa não é uma prioridade. O fato de uma pessoa ser considerada uma prioridade no aumento salarial não significa que ela terá seu salário aumentado, é necessário considerar a disponibilidade de verba orçamentária para aumentos. Os aumentos salariais podem ser na mesma faixa salarial ou o comitê pode indicar uma promoção na carreira, com mudança de faixa salarial. A última palavra sobre o aumento salarial será sempre do líder da pessoa avaliada.

Em algumas das organizações pesquisadas a avaliação colegiada valida o montante ou parte do montante relativo à remuneração variável. Nesses casos, além do alcance das metas, criam-se critérios qualitativos, geralmente ligados ao comportamento da pessoa. Em nossa pesquisa foi possível acompanhar um caso interessante em um banco de atacado, em que um dos diretores teve sua remuneração variável reduzida pelo comitê em função da forma como liderou sua equipe para alcançar os resultados.

Outro parâmetro para o aumento salarial está ligado a quanto a pessoa é crítica para efeitos de retenção; nesses casos são utilizados dois conjuntos de parâmetros, conforme comentamos no Capítulo 6: as pessoas consideradas em estado de potencial e as consideradas pessoas--chave. A retenção dessas pessoas está ligada a vários aspectos, sendo a remuneração um deles. A verba orçamentária tem que ser dividida entre as pessoas com salários defasados, os potenciais e as pessoas-chave. Por essa razão que essas decisões devem ser tomadas de forma coletiva, são muitas variáveis a serem consideradas.

Para as questões de processo sucessório o comitê constrói um mapa sucessório e a indicação de pessoas que já estão prontas para assumir posições de maior complexidade e de pessoas que estarão em futuro próximo. Essas decisões oferecem a base para ações de desenvolvimento das pessoas avaliadas e de movimentação. Não são todas as pessoas que são avaliadas nessa fase, são somente aquelas que na primeira reunião do comitê foram indicadas com potencial para assumir posições de maior complexidade.

Ações após a avaliação colegiada

Após o período destinado para as reuniões dos comitês de avaliação, são encaminhadas ações e decisões tomadas pelos colegiados. As principais são as seguintes:

- Na maior parte das organizações que utilizam colegiados as movimentações salariais ocorrem após o período de reuniões dos comitês, normalmente nos dois meses subsequentes. A maioria elege um mês do ano para efetuar os ajustes.
- O mapa sucessório recomendado pelos comitês é validado pelos níveis superiores e, no caso das organizações de capital nacional, chegam ao Conselho.
- Com relação às ações de retenção há um cronograma para o posicionamento dos líderes das pessoas indicadas como críticas, propondo ações. Em algumas organizações existe um coordenador das ações de retenção que efetua o monitoramento do processo e reporta os resultados para a alta administração.
- As ações de desenvolvimento para pessoas consideradas no estado de potencial são de responsabilidade do líder, mas nas organizações em que há uma educação corporativa estruturada, há um processo compartilhado de responsabilidades.

Poucas organizações têm um sistema de monitoramento contínuo das ações recomendadas pelos comitês. Fica a cargo de a liderança implantá-las e acompanhá-las sem nenhuma cobrança estruturada por parte da alta administração. Esta é uma diferença marcante quando comparamos organizações de capital internacional, principalmente de origem dos EUA, com as organizações de capital nacional. Em nossa pesquisa pudemos observar que nas organizações de capital internacional são itens frequentes, na agenda da alta direção, questões ligadas à gestão de pessoas. Nas organizações de capital nacional muitas das decisões tomadas pelo comitê não são implantadas ou executadas, não há acompanhamento e cobrança delas.

Através das experiências bem-sucedidas na execução das decisões colegiadas, verificamos que é fundamental uma cobrança de cima para baixo. Se a alta administração não estiver comprometida com o aprimoramento da gestão de pessoas, o amadurecimento das políticas e das práticas ocorre de forma lenta e sempre na esteira das pressões efetuadas por pessoas e/ou pelo contexto em que a organização se insere.

AÇÕES GERENCIAIS DECORRENTES DOS COLEGIADOS

As ações gerenciais decorrentes da avaliação de pessoas são fundamentais para conferir legitimidade ao processo e para garantir a coerência e consistência dessas ações. Como todas as ações saem de uma mesma base de reflexão, essas ações criam entre si uma sinergia que assegura os resultados almejados com consistência, gerando nas pessoas uma percepção de coerência e justiça.

As ações gerenciais podem ser agrupadas em função de sua finalidade nos seguintes itens:

- processo sucessório;
- retenção;
- remuneração, carreira e desenvolvimento;
- movimentação.

Processo sucessório

O processo sucessório como ação gerencial decorrente da avaliação oferece como principal ganho uma maior eficiência da liderança. Vários autores vêm trabalhando as dificuldades de transição entre os diferentes níveis de complexidade gerencial. Podemos destacar os trabalhos de Elliott Jaques (1967, 1988, 1990 e 1994), de Rowbottom e Billis (1987) e de Stamp (1989; 1993; 1993j; 1994j; 1994a), que estabelecem níveis de complexidade gerencial, trabalhando basicamente o processo decisório, o trabalho de Dalton e Thompson (1993), que discutem as dificuldades típicas na passagem da pessoa para um nível de complexidade maior em sua carreira, e o trabalho de Charan (2001; 2008), que descreve os níveis de complexidade gerencial e as dificuldades típicas no processo de ascensão profissional.

Em nossas pesquisas sobre liderança nas organizações brasileiras (DUTRA, 2008), encontramos muitas das situações descritas por esses autores. As mais comuns são os gerentes levarem para suas novas posições as responsabilidades que tinham no nível anterior. Isso acontece como resultado de dois aspectos: a dificuldade de delegar suas responsabilidades anteriores para sua equipe e o fato de se sentirem mais confortáveis acumulando as novas e velhas responsabilidades. Esse fenômeno faz com que os gestores tenham dificuldade de atuar plenamente em seus novos níveis de complexidade, acumulando muitas das responsabilidades que deveriam ser exercidas por seus subordinados. Nas organizações, utiliza-se o termo "nivelar por baixo", para expressar esse fenômeno, no qual, em todos os níveis organizacionais, observamos os gestores assumindo responsabilidades que deveriam ser de seus subordinados.

As dificuldades típicas encontradas são:

- Bons executores que se tornam líderes operacionais têm dificuldade de delegar, tendem a assumir a execução e utilizar seus subordinados para auxiliar na execução. A dificuldade típica apontada por Charan (2001) é a de conciliar delegação com execução.
- Bons gerentes operacionais que se tornam gestores táticos têm dificuldade de encarar seus subordinados como líderes de pessoas, continuam encarando-os como executores. As dificuldades típicas nesse caso, segundo Charan (2001 e 2008), são a do gestor, de se tornar um líder de líderes, e também a de desenvolver o aprimoramento das interfaces com seus pares. Esse segundo aspecto é muito crítico, há uma tendência de o gestor tático de se encastelar em sua área de atuação e assumir uma postura de defesa de suas posições, construindo muros em vez de estradas de ligação com as demais áreas.
- Bons gerentes táticos têm dificuldade de estreitar as ligações com *stakeholders* quando assumem gerências estratégicas. Nesse caso, a dificuldade típica é olhar e se posicionar na relação com interlocutores externos; o gestor tende a ficar olhando

para os processos internos e tem grande dificuldade de se consolidar na relação com o ambiente externo.

Essas dificuldades fazem com que os gerentes estratégicos invadam o espaço dos gerentes táticos e estes, por sua vez, invadam o espaço dos gerentes operacionais. Essa situação não é facilmente percebida pelos gestores e eles, como resultado, têm uma grande dificuldade de preparar sucessores. Esse tópico será aprofundado no Capítulo 8 deste livro.

Retenção

O processo de retenção implica um diálogo com as pessoas-alvo. Há, entretanto, uma discussão antecedente: estrategicamente é interessante reter a pessoa, pensando que, ao retê-la, podemos criar um bloqueador para o desenvolvimento de outras? A pressão criada por um mercado mais competitivo a partir da abertura da economia levou as organizações a oferecerem mais condições para o desenvolvimento das pessoas, sem que houvesse, entretanto, condições para absorver todas as pessoas desenvolvidas. Essa nova realidade foi ocasionando transformações na configuração dos quadros das empresas, exigindo pessoas mais capacitadas. A estrutura dos quadros operacionais em empresas de base tecnológica, dos quadros de profissionais técnicos e dos quadros gerenciais foi deixando de se assemelhar a uma pirâmide para se assemelhar a um pote. Nessa nova configuração há uma baixa demanda por pessoas para lidar com situações pouco exigentes e por pessoas para lidar com situações que exigem altíssima especialização. Há uma grande demanda por pessoas para lidar com situações exigentes, mas com um nível de maturidade equivalente ao que o mercado classifica como pleno e sênior, como, por exemplo, o quadro de engenheiros em uma empresa de base tecnológica, em que há baixa demanda por engenheiros muito juniores e por engenheiros acima do nível sênior e uma maior demanda por engenheiros de nível pleno e sênior. No grupo gerencial a grande demanda está no nível tático.

Pesquisando organizações dos setores petroquímico e elétrico no início dos anos 2000, foi possível (DUTRA, 2004) notar que as posições de alto nível das carreiras técnicas estavam totalmente preenchidas, obstruindo as possibilidades de progressão na carreira dos níveis inferiores. Os jovens engenheiros, ao entrarem nessas organizações, percebiam um horizonte muito curto para seu desenvolvimento e saíam delas ou do setor. Com o tempo, o nível intermediário da carreira, em que havia a maior demanda por profissionais, foi se esvaziando e isso foi gerando alguns efeitos perversos:

- Jovens engenheiros sendo demandados para assumir precocemente responsabilidades de maior nível de complexidade, porém sem perspectivas de crescimento no longo prazo, ocasionando a rotatividade da carreira desses profissionais no nível júnior e pleno. Essa rotatividade era ocasionada por não haver perspectivas concretas de crescimento na carreira em um espaço de tempo compatível com outras carreiras existentes no mercado.
- Como a demanda da organização se concentra em níveis de complexidade equivalentes ao nível intermediário da carreira e como havia poucas pessoas para fazer frente a essa demanda, os engenheiros mais experientes tiveram que acumular responsabilidades de menor complexidade, frustrando-os por terem sua capacidade subutilizada.
- Mesmo assim, havia necessidade de suprir essa demanda e as alternativas foram: buscar pessoal sênior no mercado, pagando salário de mercado, mas com baixa capacidade de retenção, já que eles não viam possibilidade de crescimento no longo prazo, e buscar pessoal já aposentado, agravando o quadro de progressão dentro da carreira para o pessoal mais jovem.
- Pressão sobre a massa salarial pela retenção, por muito tempo, das pessoas muito seniores e pela necessidade de trazer do mercado pessoas com maior experiência.
- Dificuldade de repor o pessoal no topo da carreira por não haver pessoas preparadas no nível intermediário.
- Dificuldade para gestão do conhecimento: à medida que o pessoal se aposenta, leva capacidade técnica e gerencial da organização, por não haver para quem passar o conhecimento, já que existe falta de pessoas para fazer a ligação entre

os profissionais muito seniores e o pessoal que está no início da carreira.

Em pesquisas em setores de grande mobilidade, como o financeiro e de operações em telefonia, observamos (DUTRA, 2009) fenômeno semelhante em termos de configuração de carreira e efeitos perversos. Os motivos são diferentes: enquanto nos setores petroquímico e elétrico o fenômeno se dá pela baixa mobilidade, no setor financeiro e de operações em telefonia se dá pelo fato de essas organizações não terem paciência em esperar a formação das pessoas.

Qual é a solução? Criar uma rotatividade mais ampla, ou seja, perder aqueles profissionais mais experientes? Administrar por crise e solucionar caso a caso? Criar outras opções de carreira? O que temos visto, em trabalhos de intervenção através de consultoria, são organizações agindo de forma intuitiva e fazendo todas essas coisas ao mesmo tempo. Entretanto, por ser de forma intuitiva, não têm consciência do problema, já que atuam sobre as consequências e não sobre as causas. Desse modo, não conseguem eliminar o agente causador do problema. Para eliminar o agente causador, haveria necessidade de uma revisão na lógica do fluxo de carreira. Essa lógica deveria prever um crescimento das pessoas até o nível sênior e, após esse momento, preparar as pessoas para saírem da carreira ou da organização. Isso é importante porque alguns parâmetros foram se alterando ao longo desta década no Brasil:

- As carreiras estão mais curtas, as pessoas estão percorrendo o espectro de suas carreiras em um intervalo de tempo menor.
- As pessoas estão mais ligadas ao seu desenvolvimento e o mercado tem oferecido, como um fator de atração e retenção, a aceleração na carreira, ou seja, em um intervalo de tempo menor a pessoa se desenvolve mais e passa a valer mais no mercado.
- As pessoas estão se preparando para vivenciar diferentes carreiras ao longo de suas vidas. O auxílio às pessoas para se tornarem aptas para outras carreiras torna-se algo cada vez mais valorizado pelo mercado.

- Outras dimensões da vida das pessoas vêm ganhando importância e, cada vez menos, estão dispostas a abrir mão da família, amigos e ações comunitárias em prol de ascensão profissional.

Frente a esse quadro, a revisão do fluxo de carreira implica:

- Oferecer para os profissionais uma progressão profissional ajustada às características do setor em que a organização atua.
- Abrir posições no topo da carreira, estimulando as pessoas que lá chegam a pensarem em alternativas de carreira.
- Preparar as pessoas para saírem da carreira ou da organização a partir de um determinado ponto de suas trajetórias.
- Oferecer, aos profissionais localizados no topo de suas carreiras, desafios ligados à formação de profissionais que estão iniciando suas carreiras.

Enfim, o discurso da retenção de talentos necessita ser revisitado, é necessário considerar que perder talentos talvez seja o caminho para formar talentos em um fluxo contínuo.

O mesmo raciocínio se aplica à carreira gerencial. Em organizações com gestores de nível estratégico envelhecidos há um desestímulo para a permanência de jovens e promissores gestores de nível tático.

Por essa razão a questão da retenção tem que ser discutida em colegiado, tendo como pano de fundo a discussão estratégica de gestão de pessoas.

Remuneração, carreira e desenvolvimento

Há uma estreita ligação entre remuneração, carreira e desenvolvimento. Se considerarmos o desenvolvimento com a absorção de atribuições e responsabilidades de maior complexidade, a carreira como degraus de complexidade e as faixas salariais expressando diferentes níveis de complexidade, verificamos que estão muito interligados.

A avaliação vai permitir definir se uma pessoa está sub-remunerada por atuar em um nível de complexidade acima da faixa salarial em que está enquadrada ou se está super-remunerada por atuar em um nível de complexidade abaixo da faixa salarial. Essa percepção permite estabelecer critérios para priorizar os aumentos salariais. Mas a análise da remuneração é mais profunda. Caso a pessoa esteja em um processo intenso de desenvolvimento, a remuneração fica para um segundo plano, porque a pessoa sabe que a remuneração irá acompanhar seu crescimento profissional.

Quando analisamos o mercado, verificamos que, desde o final da década de 1990, as pessoas estão dispostas a trocar salário por desenvolvimento, porque percebem claramente que, quando se desenvolvem, seu valor de mercado cresce. Verificamos que as organizações que oferecem oportunidades de crescimento para as pessoas são mais atrativas e as retêm com mais facilidade. Por serem mais atrativas, podem oferecer um salário abaixo de mercado e, ainda assim, oferecer melhores condições de ganho para os profissionais, conforme discutimos no Capítulo 5.

Movimentação

A movimentação das pessoas na organização é o aspecto mais delicado nas ações gerenciais decorrentes da avaliação de pessoas. O primeiro aspecto é a decisão de desligar uma pessoa; normalmente quando surge esse posicionamento do comitê, o gestor é instado a posicionar-se quanto a um desligamento imediato ou a possibilidade de a pessoa ser recuperada. Caso a pessoa possa ser recuperada, haverá um acompanhamento muito próximo com metas de curtíssimo prazo. Nesses casos o gestor da pessoa avaliada fica em uma situação difícil, porque terá que demonstrar que a pessoa conseguiu se recuperar ou terá que desligá-la.

Outro aspecto da movimentação é quando, ao contrário, temos uma pessoa com grande potencial para assumir posições de maior complexidade e o gestor não se sente à vontade para abrir mão dela para outra atividade ou área na organização. Observou-se, nas organizações de capital nacional, que os gestores sentem-se donos de pessoas e raramente estão dispostos a dividi-las com a organização. É interessante observar a reação dos membros do comitê, de um lado sentem-se muito bem quando um membro de sua equipe é valorizado pelos pares e pelo superior, de outro lado têm um sentimento de perda quando esse membro de sua equipe é cogitado para assumir posições em outras unidades. Em razão desse fato, é muito importante observar o comportamento dos membros do comitê e reprovar atitudes de desvalorização de pessoas ou de "escondê-las" do comitê.

Finalmente, outro aspecto da movimentação é a necessidade de criar condições objetivas de desenvolvimento quando a pessoa em sua posição não tem mais espaço para crescimento profissional. Vamos analisar algumas situações:

- Um gerente tático está muito distante da complexidade do trabalho de seu diretor. Esse gerente jamais terá condições de suceder seu diretor se não experimentar situações de trabalho mais exigentes. Nesses casos o gerente tático nunca terá essa oportunidade com o conjunto atual de atribuições e responsabilidades. Caso a organização queira prepará-lo como um sucessor do nível estratégico, deverá movimentá-lo para uma posição mais exigente ou oferecer-lhe atribuições e responsabilidades de maior complexidade.

- Em uma mineradora, duas posições gerenciais são muito importantes: a de gerente de operações e a de gerente de manutenção. Esses gerentes cresceram na operação da organização e sempre exerceram sua liderança em um ambiente hierarquizado. Para desenvolvê-los para uma realidade política mais exigente, é muito importante que essas pessoas vivenciem posições em que a liderança aconteça por influência, como, por exemplo: uma gerência de segurança, uma gerência em atividade-meio etc. Em situação similar, uma organização industrial com diversas plantas no Brasil usa a posição de *supply chain* para oferecer aos gerentes de planta a possibilidade de vivenciar uma posição de maior complexidade e a oportunidade de desenvolver a liderança por influência.

- Uma organização de capital brasileiro vivendo um processo intenso de internacionalização de suas operações necessita que pessoas em processo de desenvolvimento experimentem experiências fora do país.

Nessas três situações as decisões sobre movimentação são muito importantes. O comitê deve decidir em quem apostar para essas movimentações. Como preparar a pessoa e oferecer suporte em seu desenvolvimento. Para que as movimentações ocorram, a organização e suas lideranças necessitam desenvolver uma cultura em que as pessoas sejam um ativo da empresa e não de seus chefes.

IMPORTÂNCIA DA AVALIAÇÃO PARA AS PESSOAS

Até este momento olhamos de forma privilegiada para os impactos da avaliação de pessoas para a organização ou negócio. Vamos abordar os impactos e os ganhos para as pessoas que trabalham na ou para a organização ou negócio.

Em nossas pesquisas perguntamos para as pessoas quais eram suas maiores expectativas em relação a um sistema de avaliação. Três aspectos sempre foram os mais mencionados como expectativas: ter um histórico das contribuições da pessoa para a organização, aumentar o diálogo com a liderança e ter critérios previamente estabelecidos para a avaliação.

As pessoas valorizam o histórico de suas contribuições porque a sua biografia na organização e suas realizações são lembradas por pessoas que permanecem, mas, à medida que há uma rotatividade das pessoas ou um crescimento intenso da organização, essa memória é perdida. A falta de memória faz com que a pessoa tenha que provar a cada momento seu valor para a organização. Foi frequente ouvir as pessoas dizerem que têm que começar tudo de novo a cada mudança de liderança.

A avaliação de pessoas propicia um histórico dos resultados a cada período, em que são registrados os resultados das avaliações e dos diálogos entre líder e liderado e em que estão os planos individuais de desenvolvimento. Esse material acumulado é um insumo importante nas avaliações colegiadas e também quando um líder recebe alguém em sua equipe. Essas preocupações asseguram à pessoa o uso do seu histórico para considerá-la no futuro da organização ou negócio.

Para que isso ocorra é fundamental um compromisso da organização e das lideranças em utilizar essas informações para decisões sobre as pessoas. Em parte das empresas pesquisadas a análise dos comitês levava em conta o histórico da pessoa na organização para compará-la às demais. Em uma das empresas pesquisadas, uma das análises efetuadas para indicar uma pessoa para o processo sucessório ou classificá-la como um talento é a avaliação do plano individual de desenvolvimento. O objetivo aqui é verificar o quanto a pessoa está comprometida com o seu desenvolvimento e a clareza com que percebe suas necessidades de aprimoramento profissional.

À medida que as pessoas percebem que os registros do processo de avaliação estão sendo utilizados de forma efetiva, elas se tornam mais ciosas sobre o conteúdo desses registros e passam a acompanhar o que está sendo registrado em seu arquivo. Esse processo vai ganhando força e outras informações passam a constar desses registros, tais como: cursos efetuados, ações de capacitação realizadas pela pessoa, participação em projetos internos e externos etc.

As pessoas valorizam, também, o diálogo com suas lideranças. Um resultado natural do amadurecimento dos processos de avaliação é o enriquecimento do diálogo entre líder e liderado. Esse diálogo permite que a pessoa perceba as expectativas, tanto do líder quanto da organização, em relação a sua atuação e em relação ao foco de seu trabalho. O diálogo permite a mitigação dos problemas cotidianos de comunicação entre líderes e liderados e entre colegas de trabalho.

Várias vezes ouvimos das pessoas, em processos de avaliação que estavam sendo iniciados, o quanto estavam satisfeitas pelo fato de haver algum critério para serem avaliadas e valorizadas pela organização. Mesmo tendo questionamentos quanto à adequação dos critérios para a realidade da organização, tinham clareza que o aperfeiçoamento deles era uma questão de tempo.

Além de atender às expectativas das pessoas, o processo estruturado de avaliação permite outros ganhos para elas. Esses ganhos ficaram bem evidentes quando conversávamos com pessoas que haviam trabalhado em empresas em que o processo era amadurecido e vinham para trabalhar em empresas que estavam iniciando processos estruturados de avaliação.

O principal ganho é a segurança que a pessoa sente no relacionamento com suas lideranças, no qual as expectativas entre as pessoas e a organização são discutidas de forma aberta e a pessoa sabe o que esperar da relação. Além desse aspecto, a certeza de que o tratamento será justo e equânime e, caso não seja, há canais para discutir. Essa sensação é oriunda da consistência e coerência das políticas, práticas e decisões tomadas em relação às pessoas.

EVOLUÇÃO DA AVALIAÇÃO DE PESSOAS

Ao longo de nossa pesquisa procuramos observar um padrão na evolução da avaliação de pessoas nas organizações com o propósito de estabelecer uma relação entre os estágios de amadurecimento da avaliação e o nível de maturidade da gestão de pessoas. Essa relação está sendo trabalhada, mas conseguimos estabelecer um padrão para a evolução da avaliação de pessoas. Esses padrões poderão ajudar as organizações na análise do seu processo de avaliação e na verificação dos próximos passos para seu aprimoramento.

Observamos que os processos colegiados de avaliação de pessoas representam um estágio de amadurecimento dos processos. O aprimoramento dos processos colegiados torna as decisões e ações ligadas à gestão de pessoas mais consistentes e coerentes, em decorrência disso, as políticas e práticas tornam-se mais integradas e sinérgicas entre si.

Por essa razão estudamos o estágio de amadurecimento do processo de avaliação de pessoas como um elemento importante de diagnóstico das políticas e práticas de gestão de pessoas. Observamos os seguintes estágios de amadurecimento da avaliação de pessoas:

- No primeiro estágio, a organização não possui um processo estruturado de avaliação ou possui um processo que não é atualizado há muito tempo e tornou-se um ritual burocrático.
- No segundo estágio, cria-se um processo estruturado de avaliação a partir de uma construção coletiva na qual é estabelecido pela liderança um pacto sobre um conjunto de critérios para avaliar e valorizar as pessoas. Normalmente, esses critérios

traduzem o que a organização encara como mérito das pessoas, através dos quais elas devem ser diferenciadas.

- No terceiro estágio, o processo estruturado é consolidado, torna-se um ritual e é repetido em ciclos. Normalmente, os ciclos são anuais e a cada um os critérios são aprimorados; desse modo, o pacto estabelecido entre os líderes é fortalecido.

- No quarto estágio, há a percepção da necessidade de criar duas instâncias de avaliação, porque na medida em que a avaliação do gestor é utilizada para definir remuneração e oportunidades de ascensão, essa avaliação é distorcida e o gestor passa a receber uma grande pressão de seus liderados para avaliá-los bem, para que tenham acesso privilegiado às benesses oferecidas pela organização. Caso não haja uma segunda instância, a avaliação pode ser desmoralizada; este é um ponto de inflexão; observamos que muitas iniciativas morrem quando não há coragem de instituir um processo colegiado de avaliação. Observamos também que as organizações públicas têm mais dificuldade para conseguir construir um processo colegiado do que as privadas. Neste estágio as decisões na segunda instância são basicamente referentes à remuneração e promoções.

- No quinto estágio, o processo colegiado é aprimorado e observa-se uma simplificação dos critérios para avaliação. Neste estágio são introduzidas análises mais complexas visando decisões gerenciais sobre as pessoas mais alinhadas com a estratégia da organização ou do negócio. Neste estágio também são introduzidas decisões referentes à sucessão e retenção. Normalmente, neste estágio as organizações têm dificuldade para acompanhar e controlar as decisões sobre o desenvolvimento e a preparação de pessoas para sucessão ou decisões sobre retenção de pessoas críticas.

- No sexto estágio, o processo colegiado já é um ritual de gestão consagrado na organização e as principais decisões sobre as pessoas emanam desse processo. Neste estágio as organizações incorporam o acompanhamento e o controle das decisões. Nesse momento a avaliação deixa de ser um incidente e torna-se algo que está no cotidiano da organização e das pessoas.

- No sétimo estágio, o processo de avaliação quase não é percebido pelas pessoas porque faz parte do cotidiano da gestão da organização ou do negócio. Observamos que neste estágio há um profundo respeito em relação às pessoas, suas aspirações e projetos de desenvolvimento profissional e pessoal.

Percebemos que a partir do terceiro estágio são estabelecidas práticas de diálogo entre líder e liderado. A cada estágio esse diálogo ganha maior importância e maior efeito no alinhamento entre as expectativas da pessoa e as expectativas da organização.

INDICADORES DE SUCESSO DO PROCESSO DE AVALIAÇÃO

Conforme discutimos no Capítulo 6, se fossemos pensar em indicadores de sucesso para o processo de avaliação, seriam a qualidade do diálogo dos líderes com os liderados e a efetividade das ações de desenvolvimento das pessoas. Sem dúvida esses dois aspectos são essenciais para consagrar o processo de avaliação. Vamos traduzir esses aspectos e outros em indicadores observáveis para mensurarmos e acompanharmos o amadurecimento e o sucesso da avaliação de pessoas.

Além dos indicadores relacionados a seguir, é muito importante que haja um interesse genuíno de melhoria constante do processo de avaliação. Encontramos casos de sucesso quando a organização indicou um grupo de gestores como responsáveis pela melhoria contínua do processo de avaliação. É importante que o processo de avaliação não seja da área de recursos humanos da organização, mas algo que interessa e pertence a toda a organização e a cada gestor em particular. Esse grupo de gestores, em seus primeiros passos, estabeleceu indicadores de sucesso do programa e procurou se municiar de informações para acompanhá-los.

Clima organizacional

O clima é um parâmetro interessante para acompanhar os resultados dos processos de avaliação quando analisamos a resposta das pessoas em questões relativas ao diálogo com a liderança, acesso a informações relevantes para sua relação com a organização, oportunidades de desenvolvimento, suporte da liderança etc.

A pesquisa de clima pode revelar os impactos positivos oriundos do amadurecimento do processo de avaliação ou problemas típicos de um processo que não está adequado às necessidades das pessoas e da organização.

As pesquisas realizadas pelas organizações podem apontar esses problemas por negócio, área, região geográfica ou por grupos de pessoas. Essa segmentação da pesquisa permite localizar problemas e dar mais foco na intervenção e no aprimoramento dos processos de avaliação.

Nas organizações que realizam regularmente pesquisas de clima são inseridas questões de acompanhamento e controle para verificar a efetividade de políticas e práticas de gestão de pessoas e/ou para verificar a efetividade das ações de preparação das lideranças.

Canais de comunicação

As organizações que possuem canais de comunicação com seus colaboradores podem utilizar o conteúdo e a frequência com que ocorrem acessos ao programa como um indicador de sucesso do diálogo entre líder e liderado. Esses canais permitem verificar problemas típicos de comunicação e de diálogo entre líderes e liderados, bem como localizar grupos ou líderes com problemas específicos de relacionamento e de diálogo.

Os canais podem oferecer indicadores importantes da efetividade do sistema de avaliação de pessoas e podem oferecer insumos para o estabelecimento de metas de melhoria na relação entre pessoas e entre líderes e liderados.

Sugestões

Um dos resultados interessantes das metodologias de produtividade e efetividade oferecidas pela experiência japonesa, na década de 1980, foi a criação de estímulos e de condições concretas para as pessoas sugerirem melhorias nos processos, práticas e instrumentos de gestão e operação das empresas. As sugestões são estimuladas à medida que são colocadas em prática.

O fluxo de sugestões e seu aproveitamento pela organização são um bom indicador de foco no desenvolvimento da organização e das pessoas. Caso a organização tenha essa prática, pode utilizar os resultados das sugestões como um indicador para acompanhar a efetividade dos processos de avaliação e de diálogo entre líder e liderado.

Ambulatório médico

O ambulatório médico é outra fonte importante de informações. Diante do sigilo da relação médico e paciente, muitas pessoas usam o ambulatório médico para expressar seu estado de humor e seus problemas na relação com a liderança e com a organização.

Sem que o sigilo entre médico e paciente seja quebrado, o contato regular com os médicos e alguns indicadores que podem ser apontados pelo ambulatório oferecem informações preciosas para acompanhar o impacto do sistema de avaliação na melhoria do diálogo entre líder e liderado.

Em um dos casos analisados, ao olharmos com atenção para os afastamentos por estresse e suas possíveis causas, percebemos que 80% dos casos eram compostos por pessoas em posição de liderança e que, desses casos, 65% eram devidos a uma percepção equivocada por parte da pessoa das expectativas de performance de sua liderança e da organização. Essa percepção equivocada era causada pela falta de alinhamento das expectativas, gerando falta de efetividade por parte da pessoa e uma pressão elevada sobre ela. Acreditamos que o caso analisado seja revelador de muitas situações semelhantes em nossas organizações.

Produtividade

Indicadores de performance e de produtividade são bons mensuradores da efetividade do processo de avaliação. Verificamos que um resultado do amadurecimento dos processos de avaliação é a criação de metas de performance que são, ao mesmo tempo, metas de desenvolvimento organizacional e das pessoas. Em uma das organizações analisadas, um grupo operacional tinha como objetivo o ganho de produtividade e qualidade, melhoria nos indicadores de segurança do trabalho e no relacionamento entre os integrantes do grupo; para tanto, teriam o suporte da engenharia de produção e consultor interno de recursos humanos. O alcance da meta implicava um desenvolvimento no processo de trabalho e do relacionamento e trabalho em equipe das pessoas envolvidas, portanto, para alcançar a meta das pessoas, teriam que investir em seu desenvolvimento e gerar um desenvolvimento no processo de trabalho.

O exemplo descrito ilustra como as metas podem ser negociadas de forma a beneficiar todos os envolvidos; as pessoas crescem e a organização ganha maior efetividade. A obtenção desse resultado não é algo simples, exige preparo das lideranças, instrumentos de controle e acompanhamento mais sofisticados e um pacto sobre a importância dessas atitudes na organização.

Alcance de metas

As metas devem ser desafiadoras e factíveis. A forma como elas são construídas, o grau de dificuldade que apresentam para serem alcançadas e os índices de alcance das metas são bons indicadores do amadurecimento do sistema de avaliação.

Esses indicadores podem ser acompanhados através de questionários distribuídos para líderes e liderados ou através de questões na pesquisa de clima.

Os colegiados, ao se reunirem, podem acompanhar esse indicador e recomendar ações de aprimoramento.

A natureza das metas e seu alcance é um item sempre importante de análise. O quanto patrocinam o desenvolvimento da organização e o desenvolvimento das pessoas. Essa visão crítica pode evitar a elaboração de metas que reforcem o *status quo*. Em situações mais delicadas, podem criar nas pessoas um comportamento acomodado no sucesso, em alguns casos que acompanhamos, a preocupação dos dirigentes era o fato de a liderança da organização estar acomodada no sucesso e ter perdido o senso de urgência, caso surgisse qualquer crise as pessoas poderiam não estar preparadas emocionalmente para enfrentá-la.

Em uma das organizações analisadas, o presidente tinha essa preocupação. Estávamos em 2007 e a organização vinha surpreendendo a matriz com a superação de metas desafiadoras nos últimos cinco anos. Todos estavam felizes e confiantes com o contínuo desenvolvimento da organização e os ganhos da filial brasileira no contexto mundial, mas o presidente estava preocupado com a falta de senso de urgência da liderança diante de uma eventual crise. No segundo semestre de 2007, começou a preparação da liderança com ênfase na criação de um senso de urgência caso surgisse uma crise. A crise de 2008 encontrou essa organização preparada e isso foi fundamental para que continuasse em sua trajetória de sucesso e de conquista do mercado em que atua.

Rotatividade

A rotatividade é outro indicador importante. Nesse caso a análise da rotatividade é onde e como ela se dá. Temos organizações em que a rotatividade faz parte do negócio, tais como aquelas que atuam em: entretenimento, *call centers*, *fast food* etc.; nesses casos a rotatividade é acompanhada de perto porque tem um grande efeito sobre os custos. Temos organizações nas quais a rotatividade é muito baixa, tais como: petroquímicas, siderúrgicas, mineradoras etc.

Independentemente da natureza do negócio, a rotatividade deve ser analisada em sua qualidade, quem está indo embora e quando. Percebemos em diferentes setores que a rotatividade estava acontecendo com pessoas que estavam nas organizações há pouco tempo e, em sua maioria, jovens. Pessoas que a organização não queria perder.

Em 2010, quando iniciamos nossa pesquisa "As Melhores Empresas para se Começar a Carreira", em parceria com a Editora Abril, verificamos uma preocupação no mercado de reter os jovens. Ao analisarmos os dados da pesquisa em 2010 e 2011, verificamos que as organizações que estavam respondendo melhor às expectativas dos jovens eram as que tinham estabelecido formas de diálogo com eles. Esses dados foram confirmados nas pesquisas de 2012 e 2013.

Em 2010 e 2011 as organizações estavam agindo de forma intuitiva, sem ter consciência do que faziam. Já em 2012 e 2013 verificamos que as organizações que melhor atenderam às expectativas dos jovens eram aquelas que tinham programas previamente concebidos com o objetivo de abrir e/ou ampliar o diálogo com eles. Em 2010 e 2011 as organizações que tinham programas de *mentoring*, em que o mentor era um gestor sênior da organização ou um profissional técnico especializado, tinham melhorado o diálogo com os jovens. Por que isso ocorreu? A explicação é que o jovem tinha dupla interlocução, via uma perspectiva mais ampla de carreira e, principalmente, os gestores seniores e os técnicos especializados perceberam que a organização e as lideranças imediatas não estavam preparadas para dialogar com eles. A partir dessa constatação, as organizações prepararam-se para ser mais amigáveis com os jovens.

Esse exemplo mostra a importância do diálogo e é um importante indicador da efetividade do sistema de avaliação.

CONCLUSÕES

Um fator crítico no sucesso da avaliação estruturada de pessoas é o processo. Como ele é construído, o quanto se torna um ritual efetivo, o quanto é apropriado por cada pessoa e cada gestor da organização e o quanto é objeto de melhoria permanente.

Para que o processo seja efetivo, é necessário que seja uma produção coletiva e que cada um sinta-se proprietário do processo e responsável pelo seu aprimoramento contínuo. Por isso o processo, os critérios de avaliação e os instrumentos não podem ser construídos por um pequeno grupo de pessoas ou em uma mesa distante da realidade organizacional e das aspirações delas.

O acompanhamento sistemático do processo, sua revitalização contínua e o aprimoramento constante dele devem ser de responsabilidade de toda a organização e não de uma área funcional específica.

Neste capítulo, tivemos a oportunidade de aprofundar a discussão sobre a relação entre o amadurecimento da avaliação de pessoas e o nível de maturidade da gestão de pessoas. O aprimoramento da avaliação tem um grande impacto na qualidade do diálogo entre líder e liderados e no relacionamento entre a organização e seus colaboradores.

QUESTÕES E EXERCÍCIOS DO CAPÍTULO 7

Questões para fixação

- Quais são as principais ações gerenciais decorrentes dos colegiados?
- Qual é a importância da avaliação para as pessoas?
- Quais são os estágios de evolução da avaliação de pessoas em uma organização?
- Quais são os principais indicadores que podem ser utilizados para mensurar o sucesso da avaliação de pessoas?
- Qual é a importância dos processos colegiados na avaliação?

Questões para desenvolvimento

- Qual é a relação que podemos fazer entre o amadurecimento da avaliação e o amadurecimento da gestão de pessoas nas organizações?
- Quais são as principais dificuldades para traduzir em ações gerenciais os resultados da avaliação?
- Dos estágios de amadurecimento da avaliação, qual é o mais crítico por ser um momento em que a avaliação pode ser desmoralizada?
- Quais são as principais reivindicações das pessoas em relação ao processo de avaliação?
- Por que as indicações dos ambulatórios médicos podem ser um bom indicador de sucesso do processo de avaliação de pessoas?

EXERCÍCIOS E ESTUDOS DE CASO

Caso 1

A Engrenagem Perfeita é uma organização que atua no setor metalúrgico, sendo fornecedora de autopeças para a indústria automobilística. Suas instalações estão em São Caetano do Sul, cidade da Grande São Paulo. Da década de 1950 até 2009, pertencia a empresários brasileiros e em 2010 foi vendida para uma organização de origem alemã. A Engrenagem Perfeita é uma organização que se notabilizou por sua excelência técnica e operacional e por sua capacidade de inovação.

Entretanto, a gestão de pessoas sempre foi relegada a um segundo plano. Com a compra pela empresa alemã houve um processo de assimilação da cultura e dos procedimentos da matriz. Entre os procedimentos, um que recebeu grande atenção foi o de avaliação de pessoas. Inicialmente foram estabelecidos os critérios através dos quais as pessoas seriam avaliadas e valorizadas, posteriormente, esses critérios foram aprimorados e adequados à realidade brasileira e, no presente, a organização está vivendo sua quarta rodada em que incluiu uma avaliação colegiada. Nessa avaliação colegiada os líderes devem posicionar seus subordinados em uma matriz com nove quadrantes, conforme mostra a figura abaixo. No eixo x (abscissa), as pessoas são avaliadas em relação ao seu desenvolvimento e comportamento; e no eixo y (ordenada), as pessoas são avaliadas em relação ao alcance de suas metas.

A inclusão da matriz de avaliação foi resultado da percepção do novo Diretor de Gestão de Pessoas, que está empenhado em transformar uma cultura de valorização de resultados sem considerar seus custos e perdas para uma cultura que valoriza os resultados obtidos dentro dos valores da organização e respeitando as pessoas.

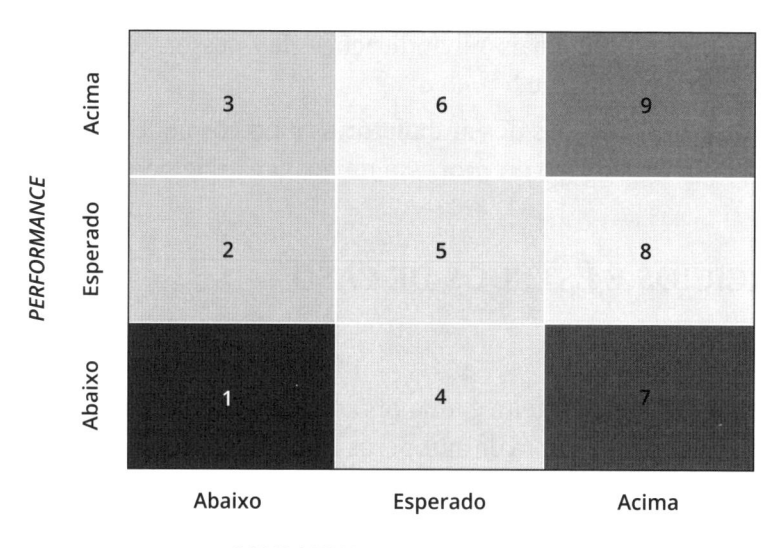

	PERFORMANCE		
Acima	3	6	9
Esperado	2	5	8
Abaixo	1	4	7
	Abaixo	Esperado	Acima

COMPORTAMENTO E DESENVOLVIMENTO

Questões para o caso:

- Quais devem ser as ações gerenciais em termos de desenvolvimento, remuneração, retenção e carreira para alguém avaliado no quadrante 9?
- Quais devem ser as ações gerenciais em termos de desenvolvimento, remuneração, retenção e carreira para alguém avaliado no quadrante 7?
- Quais devem ser as ações gerenciais em termos de desenvolvimento, remuneração, retenção e carreira para alguém avaliado no quadrante 3?
- Quais devem ser as ações gerenciais em termos de desenvolvimento, remuneração, retenção e carreira para alguém avaliado no quadrante 1?

Caso 2

A Florestal é uma organização que produz celulose. Desde a década de 1990 tem um processo consolidado de avaliação de pessoas. Esse processo é constituído de duas instâncias. Na primeira, o líder dialoga com seu liderado acerca de um plano individual de desenvolvimento. A segunda avaliação é colegiada, em que os líderes discutem o futuro das pessoas e as necessidades da organização.

Entretanto, apesar desse processo evoluído de avaliação, as lideranças têm muita resistência de dividir as pessoas com a organização, e recentemente a equipe de gestão de pessoas que acompanha a atuação dos colegiados tem percebido a ação de alguns líderes em não expor seus liderados para não perdê-los. Esse fato está preocupando a alta administração, que tem a sensação de que o processo de avaliação necessita ser revitalizado.

Questões para o caso:

- Como a organização pode revitalizar o processo de avaliação para que haja uma mudança de comportamento dos gerentes que procuram esconder seus liderados?
- Em que estágio de amadurecimento está a avaliação de pessoas nessa empresa?

BIBLIOGRAFIA DO CAPÍTULO 7

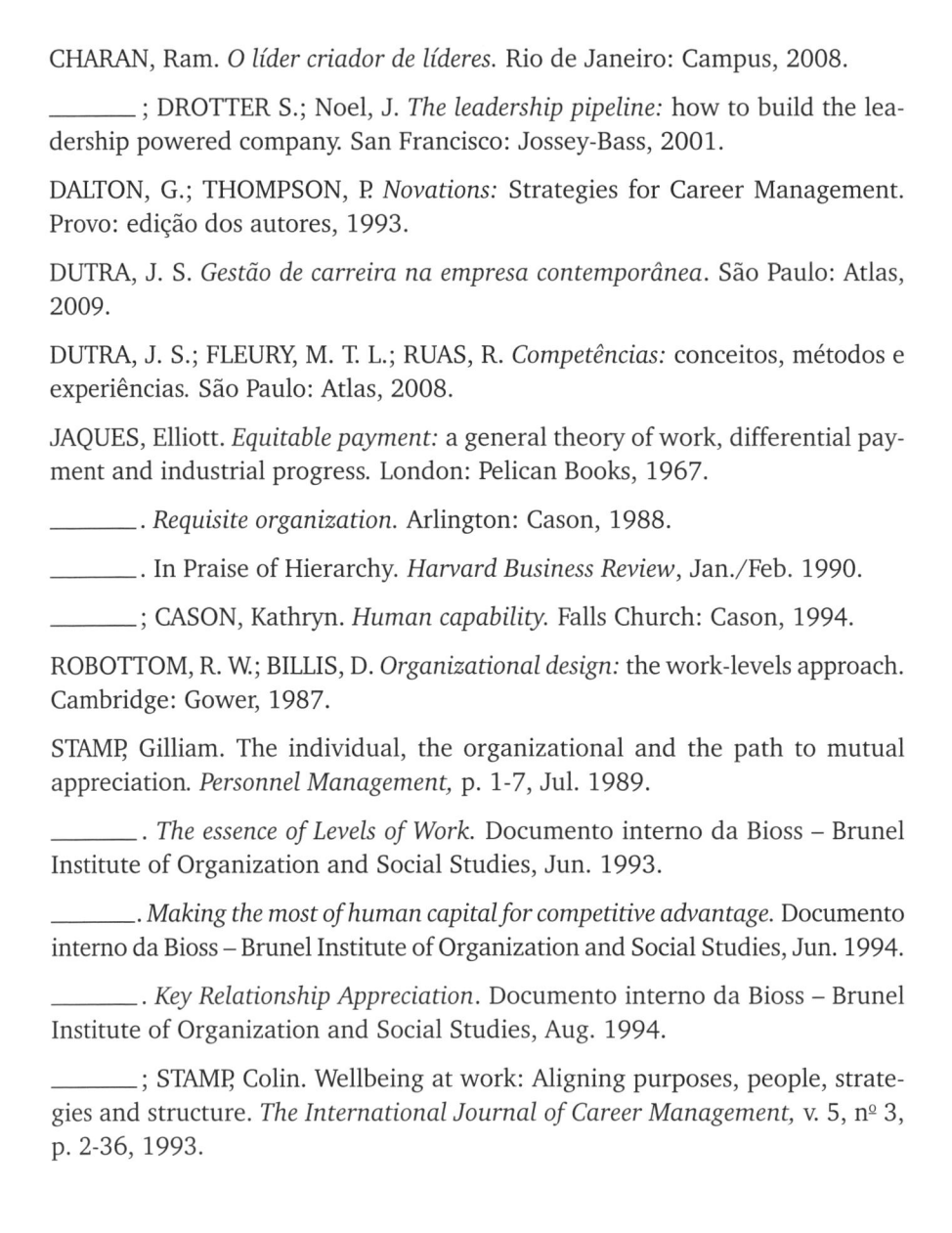

CHARAN, Ram. *O líder criador de líderes.* Rio de Janeiro: Campus, 2008.

_____ ; DROTTER S.; Noel, J. *The leadership pipeline:* how to build the leadership powered company. San Francisco: Jossey-Bass, 2001.

DALTON, G.; THOMPSON, P. *Novations:* Strategies for Career Management. Provo: edição dos autores, 1993.

DUTRA, J. S. *Gestão de carreira na empresa contemporânea.* São Paulo: Atlas, 2009.

DUTRA, J. S.; FLEURY, M. T. L.; RUAS, R. *Competências:* conceitos, métodos e experiências. São Paulo: Atlas, 2008.

JAQUES, Elliott. *Equitable payment:* a general theory of work, differential payment and industrial progress. London: Pelican Books, 1967.

_____ . *Requisite organization.* Arlington: Cason, 1988.

_____ . In Praise of Hierarchy. *Harvard Business Review*, Jan./Feb. 1990.

_____ ; CASON, Kathryn. *Human capability.* Falls Church: Cason, 1994.

ROBOTTOM, R. W.; BILLIS, D. *Organizational design:* the work-levels approach. Cambridge: Gower, 1987.

STAMP, Gilliam. The individual, the organizational and the path to mutual appreciation. *Personnel Management,* p. 1-7, Jul. 1989.

_____ . *The essence of Levels of Work.* Documento interno da Bioss – Brunel Institute of Organization and Social Studies, Jun. 1993.

_____ . *Making the most of human capital for competitive advantage.* Documento interno da Bioss – Brunel Institute of Organization and Social Studies, Jun. 1994.

_____ . *Key Relationship Appreciation*. Documento interno da Bioss – Brunel Institute of Organization and Social Studies, Aug. 1994.

_____ ; STAMP, Colin. Wellbeing at work: Aligning purposes, people, strategies and structure. *The International Journal of Career Management,* v. 5, nº 3, p. 2-36, 1993.

Parte IV

DISCUSSÕES AVANÇADAS NA GESTÃO DE PESSOAS

Nesta parte do livro iremos trabalhar temas de discussão mais recentes em nossas organizações e, por essa razão, pouco desenvolvidos. Vamos trazer para os nossos leitores experiências de organizações brasileiras, detalhando acertos e desacertos e apresentando os aprendizados em relação à sucessão e ao desenvolvimento de lideranças.

A sucessão é uma discussão recente em todo o mundo, e no Brasil, em particular, está em seu início. Em 2011 efetuamos um levantamento bibliográfico e encontramos trabalhos acadêmicos sobre sucessão familiar, mas nenhum sobre sucessão nas organizações. Em contraponto, em 2011, em nossa pesquisa sobre as melhores empresas para se trabalhar, 77% tinham experiência em sucessão estruturada. Motivo pelo qual na revisão deste livro foi incluído esse tema.

A questão da liderança é também recente no Brasil. Até os anos 1990 vivemos uma economia protegida, com um nível baixo de competitividade. Até então, o líder caracterizava-se por ser um bom técnico. A partir dos anos 1990, as lideranças procuraram preparar-se para atuar em um mercado mais exigente, investindo em seu desenvolvimento como gestores. Nas pesquisas sobre liderança realizadas no Brasil, verifica-se que o grande problema de nossa liderança no presente é comportamental. Os problemas mais comuns são: comunicação, lidar com a diversidade, delegação e construção de parcerias internas e externas. Por esse motivo, o tema liderança foi incluído nesta edição do livro e dentro da discussão sobre temas avançados em gestão de pessoas.

8

Sucessão

INTRODUÇÃO

A sucessão é um processo que está sempre presente nas organizações, mas somente nos últimos anos vem sendo estruturado. No trabalho desenvolvido por Ohtsuki (2012) são apontadas três abordagens para compreender como se deu a evolução da reflexão sobre a sucessão:

- **Planejamento de reposição:** um dos primeiros estágios da estruturação do processo sucessório nas organizações é o planejamento de reposição, em que os executivos seniores identificam, dentre seus reportes diretos e indiretos, seus sucessores, sem que sejam consideradas as necessidades do negócio ou dos indivíduos. A abordagem centrada na reposição tem como premissas a baixa competitividade do ambiente de negócios; a estabilidade da estrutura organizacional e dos processos internos; a fidelidade do empregado ao empregador em troca de segurança no emprego e a obediência dos empregados às determinações de carreira da organização (LEIBMAN; BRUER; MAKI, 1996; WALKER, 1998).
- **Planejamento sucessório com ênfase no desenvolvimento:** considera a avaliação de pessoas, o coração, e o

desenvolvimento, a espinha dorsal desse movimento porque, além de tornar a escolha dos candidatos mais objetiva e transparente, permite conhecer as necessidades de desenvolvimento dos indivíduos, propor ações que possam atender a essas necessidades e integrar os processos de planejamento sucessório e de desenvolvimento de liderança. As necessidades de desenvolvimento e as ações para atender a essas necessidades são igualmente orientadas pelo mesmo conceito. As pessoas são desenvolvidas para atuar numa posição específica, com ênfase nos aspectos técnicos do trabalho (METZ, 1998).

- **Planejamento sucessório com ênfase nas necessidades estratégicas do negócio:** para a maioria dos autores estudados, o planejamento sucessório deve ser abordado como um conjunto de normas e procedimentos claros e objetivos, que leve em conta as necessidades estratégicas do negócio e, ao mesmo tempo, integre práticas de gestão de pessoas, formando um sistema de gestão sucessória ao invés de apenas gerar um plano, como é o caso das abordagens anteriores (DUTRA, 2010; LEIBMAN; BRUER; MAKI, 1996; MABEY; ILES, 1992; METZ, 1998; RHODES; WALKER, 1987; ROTHWELL, 2010; TAYLOR; MCGRAW, 2004; WALKER, 1998). Nesse enfoque, a abrangência do processo sucessório é determinada pelo nível de importância crítica das posições. São consideradas posições críticas todas as posições de gestão ou técnicas que, se mantidas vagas, poderiam inviabilizar a realização da estratégia do negócio (ROTHWELL, 2010).

Ohtsuki (2012) construiu uma comparação entre essas três abordagens apresentada no Quadro 8.1.

Observamos pelo relato das experiências ocorridas nos EUA e das experiências acompanhadas no Brasil que a preocupação com a estruturação do processo sucessório ocorre com a profissionalização de grandes grupos organizacionais. O CEO (*Chief Executive Officer*) nos EUA e o presidente no Brasil tornam-se o elo entre o Conselho de Administração, normalmente composto por representantes dos acionistas e profissionais especializados, e o corpo de executivos. A extrema importância desse elo no diálogo do Conselho com a organização despertou a preocupação com a sua sucessão, no Brasil mais de 80% dos processos sucessórios estruturados surgiram por demanda do Conselho de Administração.

Quadro 8.1 – *Comparativo das abordagens sobre sucessão*

ESTRUTURAÇÃO DO PROCESSO SUCESSÓRIO	Abordagem		
	Reposição	Desenvolvimento	Alinhamento com negócio
Premissa	Estabilidade	Estabilidade	Mudança
Objetivo	Identificar *back ups*	Desenvolver indivíduos para posições específicas	Desenvolver *pool* de talentos
Posições consideradas	Posições executivas seniores	Todas as posições de liderança	Posições críticas
Critérios de escolha dos candidatos	Informais e subjetivos	Descrição do cargo	Competências estratégicas
Desenvolvimento	Não há preocupação	Para o cargo	Para agregar valor para o negócio
Processo	Rígido e pontual	Rígido e pontual	Flexível e dinâmico
Comunicação	Confidencial	Controlada	Ampla

Fontes: Ohtsuki (2012), com base em Dutra (2010), Friedman (1986), Groves (2007), Hall (1986), Leibman, Bruer e Maki (1996), Metz (1998) e Rothwell (2010).

A preocupação com a sucessão para posições críticas sempre esteve presente nas organizações, mas na maior parte delas é administrada de forma intuitiva e a portas fechadas. A estruturação do processo sucessório ganha importância em um ambiente mais competitivo, as organizações tomam consciência que não podem colocar o negócio ou a estratégia em risco por falta de pessoas preparadas para assumir posições de liderança ou técnicas.

No acompanhamento de vários processos ocorridos no Brasil, tanto em empresas de capital nacional quanto internacional, verificamos que as organizações, de forma natural, caminharam para a divisão da sucessão em duas partes, como se fossem dois processos dialogando continuamente. Um deles trata do mapa sucessório e o outro trata do desenvolvimento das pessoas capazes de assumir posições de maior nível de complexidade. O mapa sucessório é um exercício estratégico e visa avaliar qual a capacidade da organização de repor pessoas em posições críticas para o negócio. Esse processo é confidencial por gerar um conjunto de informações e posicionamentos voláteis, como, por exemplo: verifico que tenho três pessoas prontas para uma determinada posição e consigo estabelecer uma ordenação dessas pessoas em função de seu nível de adequação, mas no momento de efetivar a sucessão percebo que, por causa de mudanças no contexto, os critérios que foram utilizados no mapa sucessório devem ser alterados. Por isso, as informações do mapa sucessório não devem ser divulgadas, pois podem gerar expectativas irreais.

Ao lado do mapa sucessório, é fundamental o contínuo estímulo, suporte e monitoramento do desenvolvimento das pessoas. O foco do desenvolvimento não é o aumento da eficiência das pessoas em suas posições, mas sim a preparação delas para posições de maior complexidade. Esse processo deve ser claro e transparente; é muito importante construir uma cumplicidade entre a pessoa e a organização no processo de desenvolvimento. Para isso, a pessoa deve saber para o que está sendo preparada. Nesse caso, a informação a ser transmitida para a pessoa não é a de que ela está sendo preparada para a posição x ou y, mas de que está sendo preparada para uma posição de maior nível de complexidade, a qual será definida em função das necessidades da organização que o futuro irá determinar.

A estruturação sistemática da sucessão tem gerado vantagens inesperadas e, muitas vezes, não percebidas pelas organizações; vamos apresentar essas vantagens ao longo deste capítulo.

A literatura sobre sucessão é bem reduzida no mundo todo. Em sua maior parte, trabalha a sua estruturação. Existe, no entanto, um aspecto pouco explorado na literatura que é essencial na sucessão: trata-se dos aspectos emocionais na relação entre sucessores e sucedidos, na relação entre essas pessoas e a organização e na relação dessas pessoas com seus projetos de vida. Vamos discutir, neste capítulo, a gestão dos aspectos emocionais no processo sucessório.

Neste capítulo, não iremos discutir a sucessão familiar, ou seja, a sucessão na gestão do patrimônio familiar e a separação entre família e empresa. Nossa discussão ficará restrita à sucessão no contexto da organização, podendo ou não incluir membros da família.

Para discutir a sucessão, organizamos este capítulo em quatro partes: na primeira parte, é apresentada uma descrição das políticas e práticas para a construção e discussão de mapas sucessórios e do acompanhamento do desenvolvimento de pessoas; na segunda parte, vamos discutir as vantagens e riscos da estruturação da sucessão; na terceira, vamos discutir a gestão das emoções que afloram durante o processo sucessório; e, finalmente, na quarta parte, apresentamos a importância da estruturação da sucessão para maior eficiência no aproveitamento das lideranças da organização.

ESTRUTURAÇÃO DA SUCESSÃO

Na maior parte das organizações brasileiras não existe uma estruturação da sucessão. Isso não quer dizer que a questão não esteja na agenda dos principais dirigentes da organização: a sucessão é sempre uma preocupação quando se pensa na continuidade da organização, de um negócio ou de uma estratégia. A não estruturação do processo faz com que se dependa da sensibilidade dos dirigentes para que a sucessão se torne efetiva. Como é um processo custoso, em termos emocionais e de alocação de tempo, pode ser relegado a um segundo plano, o que faz com que, em um momento crítico, a organização se veja ameaçada por não ter preparado alguém.

A estruturação do processo sucessório, entretanto, não é simples. Ela significa balizar as expectativas das pessoas e implica um posicionamento claro da organização sobre qual a contribuição esperada das pessoas. Estruturar a sucessão, no entanto, oferece uma série de vantagens ao permitir um conhecimento mais profundo sobre as pessoas e sobre como elas se desenvolvem dentro da organização. Uma série de problemas que podem estar inibindo o desenvolvimento da organização é revelada nesse processo e pode ser tratada de frente e de forma coletiva.

Um exemplo comum de problema enfrentado nos processos sucessórios é a indicação de alguém para ser preparado para uma posição gerencial. Esta é uma das questões mais complexas na sucessão, e vamos entender o porquê. No Capítulo 4, discutimos as trajetórias de carreira e entendemos que, quando alguém deixa uma posição técnica ou funcional para se tornar um gerente, está efetuando uma transição de carreira. A posição gerencial é caracterizada pela gestão de recursos escassos, ou seja, o gerente necessita obter resultados tendo que disputar com seus pares os recursos humanos, tecnológicos e financeiros disponibilizados pela organização. Portanto, há uma grande demanda de articulação política na gestão desses recursos. Os gerentes se caracterizam por atuar na "arena política" da organização e não simplesmente por liderar pessoas.

Nem sempre um bom profissional técnico ou funcional tem o perfil para atuar na "arena política", e não por problemas de capacidade, mas sim de valores: existem pessoas que não valorizam a atividade gerencial e, portanto, têm dificuldade para se desenvolver nessa atividade. No processo sucessório, é muito difícil identificar essas pessoas; o ideal é criar condições para prepará-las e expô-las a situações que exijam traquejo político, para posteriormente analisar como foi a atuação da pessoa, se gostou da experiência, quais são os pontos a serem aprimorados etc. Esse exemplo mostra como o processo de escolha das pessoas para posições gerenciais é complexo e há dificuldades a serem enfrentadas nesse processo. A ausência da estruturação faz com que se coloque em posição gerencial alguém que se destaca na posição técnica ou funcional, gerando o risco de se perder um excelente profissional e de se obter um péssimo gerente. Nesse caso, a solução é, geralmente, demitir a pessoa, em uma organização privada, ou tirar-lhe espaço político, em uma organização pública.

No acompanhamento da estruturação do processo sucessório em várias organizações atuando no país, observamos que, na maior parte delas, ocorreu através de tentativa, erro e ajuste. Embora a estruturação tenha ocorrido dessa forma, houve sempre um respeito muito grande à cultura organizacional. O respeito à cultura é muito importante, é fundamental a escolha de uma abordagem que seja de fácil assimilação pela organização. Foi possível notar que um número reduzido de organizações estudadas havia efetuado um mapeamento das experiências vividas por outras organizações, o que poderia ter evitado alguns equívocos e abreviado o caminho percorrido. Um aspecto comum em todos os casos bem-sucedidos, com os quais trabalhamos, foi o fato de o núcleo de poder da organização estar profundamente comprometido com o processo e o trabalho ter começado de cima para baixo. Os ajustes foram sendo efetuados a cada ciclo do processo, gerando um aprimoramento contínuo.

Ao analisar experiências de organizações brasileiras, ao longo dos anos 2000, foi possível verificar que todas foram caminhando, de forma natural, na direção da constituição de dois processos distintos, que correm em paralelo e estão intimamente ligados: o mapa sucessório e os programas de desenvolvimento para a sucessão. Vamos a seguir descrever esses dois processos, como evoluíram e o "estado da arte".

Mapa sucessório

O mapa sucessório é um exercício estratégico para verificar:

- quais são as pessoas em condições para assumir atribuições e responsabilidades em níveis de maior complexidade;
- a capacidade da organização de desenvolver pessoas para assumir posições mais exigentes;
- apontar as principais fragilidades na sucessão para posições críticas para a sobrevivência ou desenvolvimento da organização.

A discussão sobre o mapa sucessório dever ser, idealmente, um processo colegiado. Esse colegiado é normalmente chamado de comitê de sucessão e constituído pelos níveis responsáveis pelas posições sobre as quais irá se discutir, como, por exemplo: a discussão da sucessão de diretores da organização deve ser realizada entre o presidente e os diretores, a sucessão do presidente deve ser feita entre o conselho de administração ou acionistas e o presidente. Para ilustrar a composição do comitê de sucessão, é apresentado o exemplo de umas das organizações pesquisadas na Figura 8.1.

Figura 8.1 – *Exemplo de formação de comitês de sucessão*

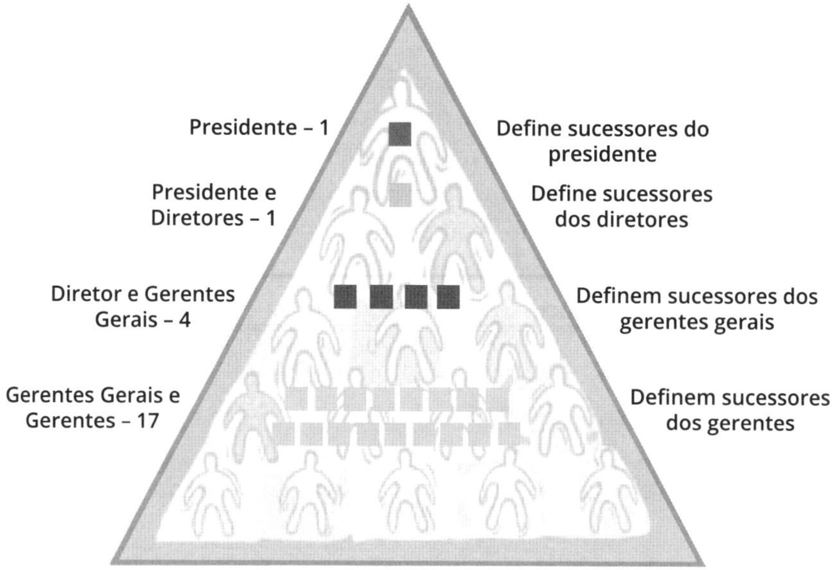

- Presidente – 1 — Define sucessores do presidente
- Presidente e Diretores – 1 — Define sucessores dos diretores
- Diretor e Gerentes Gerais – 4 — Definem sucessores dos gerentes gerais
- Gerentes Gerais e Gerentes – 17 — Definem sucessores dos gerentes

Fonte: Equipe de consultoria da Growth.

Para a reunião, devem ser levadas informações detalhadas sobre todas as pessoas cogitadas como eventuais sucessores. Durante a discussão sobre os eventuais sucessores, emergem informações fundamentais para orientar o desenvolvimento das pessoas que estão sendo cogitadas como sucessores.

A construção do mapa sucessório deve ser um ritual exercitado periodicamente. Recomenda-se que sejam estabelecidos intervalos nunca superiores há um ano, em que são repassadas as pessoas capazes e em condições de serem preparadas para as posições críticas da organização ou negócio. Esse ritual é composto de várias etapas que podem variar em função da cultura e do desenho organizacional. A seguir, descrevemos as etapas típicas dos processos pesquisados no Brasil:

Etapa 1 – Processo de avaliação de todas as pessoas consideradas aptas ou em condições de serem preparadas para ocupar posições críticas dentro da organização ou negócio. A indicação dessas pessoas pode ser efetuada em reuniões gerenciais, pelos gestores individualmente, ou através de sistemas institucionalizados de avaliação, os quais, geralmente, abrangem todas as pessoas da empresa.

Etapa 2 – Indicação inicial de pessoas cogitadas para o processo sucessório a partir dos resultados dos processos de avaliação. Essa indicação pode ser efetuada a partir dos resultados da avaliação, entre os quais o coordenador do processo sucessório estabelece critérios de corte, ou em reuniões gerenciais, em que são indicadas pessoas que serão submetidas a uma análise dos comitês de sucessão.

Etapa 3 – Reunião dos comitês de sucessão. A constituição dos comitês normalmente é estabelecida por áreas de afinidade, envolvendo um número ideal de sete a nove pessoas. Participam os gestores que irão avaliar pessoas capazes de assumir posições equivalentes às suas na organização e os superiores hierárquicos desses gestores. O ritual estabelecido nesses comitês é uma discussão prévia dos critérios a serem utilizados para avaliar as pessoas indicadas para sucessão, e os critérios passam normalmente pelos seguintes aspectos:

- nível de desenvolvimento da pessoa, ou seja, o quanto está pronta para assumir responsabilidades e atribuições de maior complexidade;
- consistência da performance ao longo do tempo, ou seja, se a pessoa atingiu de forma consistente os objetivos negociados com a organização;
- comportamento adequado, ou seja, se a pessoa apresentou um relacionamento interpessoal, uma atitude diante do trabalho e um nível de adesão aos valores da organização dentro de padrões adequados na opinião dos avaliadores;
- potencial para assumir novos desafios, geralmente analisado a partir de velocidade de aprendizado, comportamento diante de desafios, inovações apresentadas em seu trabalho;
- aspectos pessoais, tais como: idade, disponibilidade para mobilidade geográfica, conhecimentos específicos etc.;
- nível de prontidão para assumir posição de maior complexidade, normalmente se avalia se a pessoa pode assumir imediatamente – nesse caso, a pessoa está pronta – ou se ela deve

ser preparada para poder assumir futuramente – nesse caso, procura-se avaliar em quanto tempo ela estará pronta.

Nesta etapa, os avaliadores discutem a inclusão de pessoas na análise que não haviam sido pensadas previamente e, se for o caso, pessoas que foram indicadas e devem ser excluídas por apresentarem características ou por estarem vivendo situações que a impediriam de serem cogitadas ou preparadas para o processo sucessório. Após essas ações preliminares, as pessoas são avaliadas uma a uma e o resultado final dos trabalhos do comitê deve ser:

- indicação de pessoas para o processo sucessório;
- avaliação de cada possível sucessor quanto ao seu nível de preparo para assumir responsabilidades e atribuições de maior complexidade;
- indicação de uma ordem de prioridade das posições a serem ocupadas pelos sucessores escolhidos;
- recomendação de ações de desenvolvimento e acompanhamento para cada um dos sucessores escolhidos;
- estabelecimento de indicadores de sucesso no desenvolvimento de cada um dos sucessores escolhidos;
- avaliação de aspectos que possam vir a restringir o desenvolvimento dos sucessores escolhidos e as ações para minimizar ou eliminar esses aspectos.

Etapa 4 – A validação do mapa sucessório será sempre efetuada em, pelo menos, um nível acima dos gestores que participaram do comitê de sucessão; isso é importante para que seja construído o suporte político para o processo de escolha dos sucessores. A validação dos mapas sucessórios é efetuada de forma concomitante com a sua consolidação. A consolidação, por sua vez, deve abranger a organização como um todo e possibilitar que a alta direção visualize as situações críticas, tais como: posições nas quais não há sucessores internos, níveis de comando nos quais não há sucessores ou, ainda, uma quantidade muito reduzida de sucessores frente às necessidades da organização ou negócio. Essas informações permitirão uma reflexão estratégica sobre a gestão de pessoas, tais como: aceleração do desenvolvimento, alteração dos critérios de contratação, preparação das lideranças para desenvolvimento de sucessores, mapeamento no mercado de trabalho de pessoas para as posições-chave sem sucessores internos.

Etapa 5 – O mapa sucessório deve ser um instrumento indicativo para a efetivação da sucessão. No momento em que um processo de sucessão for iniciado, deve ser ponderada a especificidade da situação, e a indicação da melhor pessoa para aquela posição nem sempre é a que está em primeiro lugar na ordem de prioridade no mapa sucessório. Nesse sentido, o mapa sucessório é fugaz, serve como exercício para estabelecer a ação sobre as pessoas, prepará-las para a sucessão e construir uma visão das fragilidades da organização em relação a pessoas internas capazes de dar continuidade a programas, estratégias e negócios.

Etapa 6 – Um dos principais resultados do exercício dos comitês de sucessão é a indicação de ações de desenvolvimento para cada um dos sucessores escolhidos. Durante o processo de avaliação, surgem considerações e informações importantes para orientar a construção de um programa de desenvolvimento individual para os sucessores. É importante que haja uma sistematização dessas informações e fique a cargo da chefia imediata da pessoa o suporte para a realização do programa de desenvolvimento. Algumas organizações instituem responsáveis por programas de desenvolvimento e acompanhamento do desenvolvimento dos sucessores. Em quase 50% das organizações pesquisadas, a coordenação do processo sucessório e a gestão das ações de desenvolvimento estão sob a responsabilidade da unidade responsável pela educação corporativa.

A seguir apresentamos a Figura 8.2, mostrando as etapas. Recomenda-se que haja um processo contínuo e que essas etapas estejam amarradas a uma agenda anual, na qual cada uma delas deva ocorrer em determinado período do ano. Dessa forma, o ritual proposto para a construção do mapa sucessório é absorvido pela organização com naturalidade.

Figura 8.2 – *Etapas para a construção do mapa sucessório*

1. Avaliação de Desempenho
2. Indicação Inicial de Sucessores
3. Comitês de Sucessão
4. Indicação de Sucessor e Validação do Mapa sucessório
5. Recomendação do Mapa Sucessório
6. Plano Individual de Desenvolvimento

Fonte: Elaboração própria.

Para a construção do mapa sucessório, temos observado um bom resultado quando os membros do comitê de sucessão fazem uma avaliação prévia das pessoas indicadas, particularmente em relação aos aspectos comportamentais, como o exemplo citado no Capítulo 6, quando tratamos de avaliação de potencial.

No mapa sucessório, para cada posição-chave da organização podem ser indicadas as seguintes informações:

- **Pessoas consideradas aptas ou em condições de serem preparadas:** organizadas em prioridade pelo nível de preparo ou pelo perfil para a posição. Normalmente são associadas, para cada pessoa indicada para a posição, as seguintes informações: idade, tempo na posição atual, formação, idiomas, disponibilidade para movimentação geográfica, nível de desenvolvimento, performance, adequação comportamental, avaliação do comitê quanto a potencial e nível de prontidão, recomendações advindas de avaliação externa, histórico na organização, aspirações profissionais e pessoais, programa de desenvolvimento individual contratado entre a pessoa e a organização.

- **Situação da posição:** normalmente são associadas a cada posição-chave as seguintes informações: nível de importância estratégica da posição para o momento da organização, quantidade e qualidade das pessoas indicadas para a posição, disponibilidade de pessoas externas para ocupar a posição, possibilidade de desdobramento da posição em duas ou mais posições e, nesse caso, possíveis ocupantes para as posições desdobradas.
- **Projeção da demanda:** por posições em casos de expansão da organização ou negócio, de forma orgânica ou por aquisição. Nesse caso são considerados normalmente os seguintes aspectos: quadro projetado por negócio, função e local; análise das principais lacunas e ações preventivas; avaliação dos riscos e impactos da falta de pessoas para suportar a expansão, particularmente quando envolve processos de internacionalização; avaliação de fontes de suprimento alternativas.

O mapa sucessório servirá de guia para a tomada de decisões e, no caso de situações inesperadas, permitirá maior velocidade na formação de consenso e posicionamento.

Programas de desenvolvimento

Enquanto o mapa sucessório é algo confidencial e deve ser tratado com grande reserva, os programas de desenvolvimento devem ser negociados e bem transparentes. É fundamental construir com as pessoas uma cumplicidade em relação ao seu desenvolvimento, somente dessa forma haverá comprometimento delas em relação ao processo. O que temos visto nas organizações é a proposta de desenvolver todas as pessoas que se mostrarem em condições e dispostas a fazê-lo, independentemente de estarem ou não no mapa sucessório. Essa postura tem se mostrado efetiva pelas seguintes razões:

- A organização está preparando pessoas que não estão no mapa sucessório no momento, mas poderão estar no futuro.
- Criam-se condições concretas de desenvolvimento. De acordo com nossas pesquisas, esse aspecto é muito valorizado pelas pessoas.
- Constrói-se uma cultura de desenvolvimento das pessoas que se reflete em uma cultura de desenvolvimento da organização.
- A organização prepara-se para o seu futuro e assume uma postura proativa em sua relação com o contexto no qual se insere.

Como discutimos no Capítulo 4, o desenvolvimento e a preparação das pessoas para responsabilidades e atribuições de maior complexidade. Em pesquisas realizadas ao longo dos anos 1990 verificamos que na maior parte das empresas pesquisadas (DUTRA, 2004) as ações de desenvolvimento estão voltadas para aumentar a eficiência das pessoas em suas posições; essa forma de pensar é reativa, ou seja, as pessoas são preparadas para o ontem e não para o amanhã. Observamos que as organizações que estruturaram seus processos sucessórios passaram a assumir um posicionamento mais proativo no preparo das pessoas, estimulando-as a assumirem atribuições e responsabilidades de complexidade crescente e, ao mesmo tempo, trabalhando as lideranças para oferecerem as condições concretas para que isso ocorra.

Na lógica de pensarmos a preparação das pessoas para o amanhã, é interessante observarmos como desafiar cada integrante da equipe dentro de sua capacidade; dessa forma conseguimos estimular toda a equipe. Em nossas pesquisas sobre a liderança no Brasil (DUTRA, 2008), observamos que as lideranças bem-sucedidas tinham como característica o fato de manterem toda a sua equipe desafiada; mas, infelizmente, constatamos que a maior parte das lideranças pesquisadas se apoiava em uma ou duas pessoas de sua equipe, estimulando o desenvolvimento somente dessas pessoas e marginalizando as demais do processo de desenvolvimento. Constatamos que há uma grande quantidade de pessoas subutilizadas nas organizações, uma capacidade instalada nas organizações que não é utilizada porque está marginalizada das ações de desenvolvimento.

O mesmo raciocínio deve ser efetuado quando pensamos no processo sucessório. Os programas de desenvolvimento voltados para a sucessão devem ser inclusivos e todas as pessoas devem ser cogitadas. Esses programas, entretanto, apresentam características muito particulares. Quando estamos preparando alguém para uma posição gerencial e essa pessoa não tem ainda nenhuma experiência gerencial, estamos diante de uma possível transição de carreira, ou seja, de uma possível mudança de identidade profissional. Por mais que a pessoa queira essa transição, é fundamental verificar se ela tem estrutura para tal e seu nível de preparação.

O processo de desenvolvimento das pessoas para assumirem posições de maior complexidade implica expor essas pessoas a situações mais exigentes e oferecer o suporte necessário para que consigam obter os resultados esperados. A exposição a situações mais exigentes sem suporte pode gerar frustração e uma sensação de incapacidade, fazendo com que a pessoa se retraia para novas experiências. Ao prepararmos as pessoas para uma situação gerencial, devemos oferecer-lhes projetos ou atividades que tenham tanto demandas técnicas ou funcionais quanto demandas políticas.

As demandas políticas colocarão as pessoas em contato com a arena política da organização; nesse caso, é fundamental que a pessoa receba o suporte necessário para conseguir ler o contexto em que estará se inserindo e conseguir encontrar uma forma de se relacionar com ele que preserve o seu jeito de ser, a sua individualidade. Embora essa constatação pareça óbvia, é algo normalmente esquecido pelos gestores, particularmente quando se está preparando alguém para o processo sucessório.

As discussões para a construção do mapa sucessório são um insumo importante para a construção de um plano de desenvolvimento individual, o qual será sempre de responsabilidade da chefia imediata, que poderá ou não contar com apoio de áreas internas ou especialistas externos. A construção e o acompanhamento dos planos de desenvolvimento não são algo simples de se fazer e são, geralmente, relegados a um segundo plano nas organizações. Uma prática interessante que observamos em algumas organizações foi colocar na agenda das reuniões ordinárias das diretorias e gerências a cobrança das ações de desenvolvimento e os seus resultados. Por isso é interessante, no mapa sucessório, criar indicadores de sucesso para os planos individuais de desenvolvimento para permitir seu monitoramento de forma coletiva. Essa prática faz com que os gestores coloquem em suas agendas, por consequência, o acompanhamento do plano individual de desenvolvimento de seus subordinados.

Outra prática que vale a pena destacar é a análise, nos processos de avaliação e nos processos sucessórios, do plano de desenvolvimento individual contratado entre a pessoa e a organização. A qualidade das ações de desenvolvimento, o cumprimento do plano e os resultados obtidos são insumos importantes para avaliar o nível de comprometimento da pessoa com o seu desenvolvimento. Outra análise interessante é verificar os planos de desenvolvimento individual das pessoas subordinadas à pessoa que está sendo avaliada, verificando a qualidade e o nível de suporte ao desenvolvimento de sua equipe de trabalho. Essas práticas colocam os planos de desenvolvimento individual em um patamar elevado de importância para todos os gestores da organização.

VANTAGENS E RISCOS DA ESTRUTURAÇÃO DA SUCESSÃO

Rothwell (2005a), ao analisar a realidade americana, desenha um quadro preocupante com o processo sucessório, no qual um quinto dos executivos das maiores empresas estará em condições de aposentadoria nos próximos anos, assim como 80% dos executivos seniores e 70% da média gerência no serviço público e 50% de toda força de trabalho do governo federal. No caso da realidade americana, esse cenário preocupa porque não há pessoas preparadas para assumir essa lacuna. No caso brasileiro, embora nossa realidade seja diferente por causa de nossa demografia, temos muitos motivos para nos preocuparmos com o processo sucessório.

Com uma população mais jovem pressionando a aposentadoria precoce da população de executivos na faixa dos 50 aos 65 anos, tanto na iniciativa privada quanto no setor público, coloca-se no foco de preocupação a construção do processo sucessório. Como trabalhar a saída dessa população entre 50 e 65 anos e como criar o processo de transferência de conhecimentos e sabedoria para a população mais jovem? Essas questões podem ser respondidas através de um processo estruturado e refletido de sucessão.

Rothwell (2005a; 2005b) desenvolveu pesquisas em 1993, 1999 e 2004 sobre a importância da estruturação de processos sucessórios. Nelas, foram apontadas as 13 principais razões para se realizar essa estruturação, as quais o autor sintetiza em seis benefícios:

- Criação de critérios que permitem identificar e trabalhar pessoas que podem oferecer para a organização uma contribuição diferenciada para o desenvolvimento e/ou sustentação de vantagens competitivas. O uso contínuo desses critérios permite seu aperfeiçoamento, constituindo-se em filtros importantes para captação, desenvolvimento e valorização de pessoas que podem fazer diferença. Esses critérios, de outro lado, contribuem para atrair e reter pessoas que se sentem valorizadas e percebem um horizonte de desenvolvimento profissional.
- O processo estruturado permite uma ação contínua de educação das lideranças na identificação e preparo das futuras lideranças. Essa ação educacional continuada permite o aprimoramento das lideranças para a organização, assegurando, ao longo do tempo, lideranças cada vez mais bem preparadas para os desafios a serem enfrentados pela empresa ou negócio.
- Estabelecimento de uma ligação segura entre o presente e o futuro da organização, ou seja, através de um processo estruturado, as transições de liderança são efetuadas sem haver interrupção do projeto de desenvolvimento organizacional, oferecendo segurança para empregados, acionistas, clientes e formadores de opinião no mercado em que a empresa atua.
- Definição de trajetórias de carreira para as lideranças atuais e futuras, sinalizando o que a empresa espera em termos de contribuições e entregas, bem como quais são os critérios para ascensão na carreira. De outro lado, as pessoas sabem o que podem esperar da empresa em termos de horizonte para o seu desenvolvimento e como se preparar.
- Alinhamento entre o desenvolvimento das pessoas e as necessidades da organização. Por meio de um processo estruturado

de sucessão, é possível uma negociação contínua de expectativas entre as pessoas e a organização, desse modo, é possível alinhar o desenvolvimento das pessoas com as necessidades futuras da organização.
- Adequação da liderança para o futuro da organização, por meio da discussão combinada das possibilidades oferecidas pelo mercado e da capacidade futura da empresa para ocupar espaços. A preparação das futuras lideranças permite uma oxigenação contínua, oferecendo diferentes percepções sobre os espaços ocupados e novos espaços para a organização ou negócio.

Em nossas experiências com as organizações brasileiras, verificamos que esses benefícios são também percebidos por aqui. Vale a pena refletir sobre a novidade que os processos estruturados representam para nós. Pudemos verificar que muitas organizações brasileiras foram estruturando seus processos por tentativa/erro/ajuste. Nesses casos, os benefícios começam a ser percebidos após a consolidação do processo na cultura da organização; durante a consolidação, as ações não guardam entre si a necessária sinergia para que todos os benefícios apontados por Rothweel (2005a) sejam observados. Entretanto, nas organizações em que o processo já está consolidado, os benefícios são facilmente observados.

Para a estruturação do processo e sua consolidação, Rothwell (2005a) aponta 10 passos:

Passo 1 – Posicionamento do núcleo de poder da organização. O passo inicial é o suporte político das pessoas que comandam a organização, materializado no apoio explícito dos acionistas e/ou presidente. Esse suporte político ocorrerá se o processo sucessório conseguir traduzir as prioridades e principais expectativas dos principais dirigentes da organização.

Passo 2 – Estabelecimento das competências exigidas e critérios de valorização das lideranças. A partir desses critérios, é possível identificar pessoas que podem agregar valor para a organização e contribuir de forma efetiva para o desenvolvimento dela.

Passo 3 – Criação de processos de avaliação do desenvolvimento que possibilitem a orientação do desenvolvimento das lideranças e a formação de consenso em relação às pessoas que podem ser indicadas e preparadas para assumir no futuro posições de liderança.

Passo 4 – Implantação de um sistema de avaliação de performance no qual as lideranças possam ser estimuladas a aprimorar de forma contínua a sua contribuição para os objetivos e estratégias organizacionais.

Passo 5 – Identificação de pessoas com potencial de desenvolvimento e que possam assumir com facilidade responsabilidades e atribuições de maior complexidade.

Passo 6 – Estabelecimento de planos individuais de desenvolvimento, construídos com o objetivo de trabalhar tanto lacunas existentes entre a performance atual e a esperada quanto lacunas para assumir responsabilidades e atribuições de maior complexidade.

Passo 7 – Implantação e acompanhamento do plano individual de desenvolvimento, lembrando que 90% desse processo ocorrem no dia a dia do trabalho executado pela pessoa.

Passo 8 – Mapeamento dos sucessores a partir dos processos de avaliação e da resposta das pessoas ao plano individual de desenvolvimento.

Passo 9 – Construção do mapa sucessório entre os gestores e dirigentes da organização e de compromissos com a preparação das pessoas indicadas para a sucessão. Rothweell (2005a) assinala que aqui está o calcanhar de Aquiles do processo sucessório, porque essa atividade é relegada para um segundo plano. Cabe assinalar aqui a importância da criação de um ritual para a construção do mapa sucessório.

Passo 10 – Avaliação contínua dos resultados obtidos com a preparação dos sucessores, principalmente em relação à perda de pessoas que estavam sendo trabalhadas como sucessores; análise dos processos de sucessão ocorridos na organização; avaliação do nível de aproveitamento dos talentos internos para as posições que se abrem na organização e economia gerada pelo aproveitamento interno.

O trabalho de Rothwell é importante por se basear em pesquisas e em sua vivência, e os passos descritos alertam para a necessidade de processos estruturados de sucessão. A experiência em organizações brasileiras e a análise dos modelos de sucessão em filiais com sede fora do país mostram como características importantes dos processos de sucessão que não foram enfatizados por Rothwell (2005a; 2005b):

- Separação entre a elaboração do mapa sucessório, atividade realizada de forma coletiva e confidencial, e a realização dos planos individuais de desenvolvimento, atividade liderada pelo gestor da pessoa e negociada continuamente entre ambos.
- Processos de avaliação individuais, realizados entre o gestor e a pessoa, levando em conta o desenvolvimento, a performance e o comportamento e que geram um plano individual de desenvolvimento. Neste caso, a avaliação é absoluta, ou seja, é a avaliação da pessoa contra parâmetros, conforme vimos no Capítulo 6.
- Processos de avaliação colegiada, nos quais são analisados o desenvolvimento, a performance e o comportamento das pessoas e o potencial de cada um. Neste caso, a avaliação é relativa, ou seja, são pessoas comparadas com pessoas, utilizando-se os parâmetros como um pano de fundo. Nessas avaliações colegiadas, são tomadas decisões sobre as pessoas que devem ser consideradas para o processo sucessório, para aumentos salariais e para promoções. Conforme discutimos no Capítulo 6, é importante ressaltar que, quando falamos de promoções e aumentos salariais, estamos lidando com recursos escassos e não é possível, na maior parte das vezes, aumentar o salário de todos os que merecem nem promover todos os que estão preparados para isso.

Os trabalhos desenvolvidos nas organizações brasileiras mostraram que as características do processo sucessório descritas acima foram sendo encontradas ao longo de uma caminhada na busca de uma prática que conseguisse atender às suas necessidades e que, ao mesmo tempo, minimizasse os impactos negativos nas pessoas. Esses impactos negativos nas pessoas são o principal risco dos processos estruturados de sucessão, e muitas organizações aprenderam isso da pior forma, sofrendo os efeitos negativos e tentando minimizá-los.

Para exemplificar a questão dos riscos, vamos relatar dois casos ocorridos em organizações brasileiras. A organização A, um grande grupo de negócios, viveu a necessidade de uma transformação cultural profunda para poder sobreviver e sair da crise fortalecida. O processo sucessório ajudou a organização nesse intento; a companhia trouxe um novo presidente e necessitava rever todo o seu quadro de dirigentes, cada um foi contatado para discutir seus objetivos pessoais e o projeto de desenvolvimento profissional. A partir daí, foi se desenhando uma nova estrutura que contemplasse as necessidades da organização e as expectativas dos dirigentes; nesse processo, verificou-se que não haveria como conciliar alguns interesses e essas pessoas deixaram a organização. As que permaneceram assumiram o compromisso de se preparar para as necessidades futuras da organização. Durante 18 meses, a nova estrutura foi gestada e as pessoas, preparadas. Ao final a estrutura sucessória foi implementada com grande sucesso. Os benefícios gerados foram valiosos: velocidade na absorção de um novo conjunto de valores, já que as pessoas que assumiram as posições-chave eram pessoas legítimas dentro da cultura organizacional e conheciam muito bem o negócio; custo reduzido para implantação da nova estrutura, uma vez que, das posições em aberto, 80% foram ocupadas por pessoal interno; estímulo aos demais níveis gerenciais, por verificarem o aproveitamento das pessoas da casa no processo de transformação organizacional.

Quais foram os problemas enfrentados pela organização? Não havia tradição de sucessão, sempre que havia uma crise, a organização buscava fora pessoas para equacionar o problema, frustrando as expectativas das pessoas de dentro e gerando uma alta rotatividade de dirigentes. A falta de uma cultura de sucessão tornou o trabalho do novo presidente, de institucionalizar um processo sucessório durante um momento de crise, mais difícil. Na instalação da discussão sucessória associada à necessidade de enxugamento do quadro (no espaço de três anos, houve a dispensa de um terço dos profissionais), houve perda de pessoas importantes para a organização. Entretanto, o processo sucessório instalado foi o mais adequado para o momento da empresa: esse processo se inicia com a negociação com as pessoas sobre suas novas posições. Essa negociação trouxe serenidade para se efetivar as transformações necessárias, mas muitas pessoas se sentiram preteridas ao longo do processo. Após a transformação descrita, foi estabelecido um processo contínuo de discussão sucessória.

A organização B estava vivendo um momento de consolidação após um período de grandes transformações tanto em sua cultura quanto em sua estrutura organizacional. O presidente executivo da organização B foi convidado para presidir o Conselho de Administração B e a participar do Conselho da Holding, e iniciou um processo de sucessão para a sua posição e para todas as posições gerenciais. Inicialmente se estabeleceu um processo transparente, em que todas as pessoas em condições de competir pelas posições seriam contempladas. O início do processo gerou uma grande ansiedade em todos e, para cada posição, foram indicados indivíduos em condições de competir. Para a posição do presidente, foram identificados três diretores; após dois anos e meio, um deles assumiu a posição. Os resultados foram muito bons, houve a continuidade da gestão e a organização B experimentou um grande crescimento após o processo.

Quais foram os problemas enfrentados pela organização B? Foi criada uma grande ansiedade em torno do processo sucessório e, obviamente, havia torcidas organizadas em torno de cada pretendente à posição de presidente. No momento da escolha, havia também a expectativa de que os dois não escolhidos fossem embora da organização, assim como em relação às posições imediatamente abaixo. A saída de pessoas-chave foi minimizada porque, durante o processo, cada pessoa foi sendo trabalhada e a organização tinha expectativa de um crescimento acelerado com a criação de inúmeras possibilidades para novas posições gerenciais e de direção. A criação de um processo sucessório em que as pessoas são destinadas a posições previamente definidas limita o aproveitamento de talentos. O ideal é que as pessoas sejam preparadas para posições de maior complexidade e não para uma posição determinada, mesmo porque o desenho da organização é muito volátil e deve se acomodar às contingências e à disponibilidade de pessoas. Durante os processos sucessórios, não é incomum repensar a estrutura em função das pessoas disponíveis na organização.

ASPECTOS COMPORTAMENTAIS DO PROCESSO SUCESSÓRIO

A literatura sobre o tema não apresenta um aspecto fundamental no processo sucessório, que são as emoções e aspectos comportamentais associados. A literatura e o relato de casos privilegiam a identificação e preparação de sucessores e praticamente não tratam da pessoa a ser sucedida. Verificamos que a preparação de pessoas para assumir posições de maior complexidade é muito exigente em relação ao gestor dessas pessoas. Essa exigência se deve ao fato de que a maior parte das ações de desenvolvimento envolve uma ação conjunta da pessoa e de seu gestor.

O aspecto mais importante do preparo de uma pessoa para lidar com situações mais complexas é colocá-la frente a frente com a situação; isso significa que, quando se está preparando um gerente tático para assumir uma gerência estratégica, é necessário colocá-lo em atividades que impliquem o seu trânsito na arena estratégica, quer seja pela coordenação de projetos estratégicos para a organização, quer seja assumindo responsabilidades de um gestor estratégico. De qualquer modo, o gestor dessa pessoa tem que, de um lado, orientá-la a ler o contexto estratégico da organização e dar respostas para as demandas desse contexto e, de outro lado, preparar seus pares e sua chefia para receber seu subordinado e avaliá-lo em sua capacidade de transitar pelo nível estratégico. Essas duas atividades são consumidoras de tempo e exigem uma grande generosidade do gestor na transferência de sua experiência e sabedoria para o subordinado.

Essa ação de preparação de pessoas para posições de maior complexidade faz com que o gestor se sinta, em muitos momentos, ameaçado, sem o amparo de seus pares e de seu superior e, também, não reconhecido pelo próprio subordinado que está preparando. Lidar com essas sensações, que nem sempre refletem a realidade dos fatos, é muito difícil, particularmente quando o gestor não tem interlocutores para discutir essas sensações. Recomenda-se que, no processo sucessório, haja um trabalho especializado, realizado por pessoal interno ou externo, de suporte aos gestores na preparação de seus subordinados para o processo sucessório. Recomenda-se, ainda, que um gestor não trabalhe ao mesmo tempo mais do que duas pessoas para o processo sucessório, em função do desgaste emocional e do tempo a ser despendido nisso.

Algumas organizações têm discutido como incluir, no processo de valorização dos gestores, o seu sucesso em processos de preparação de seus subordinados para sucessão. A valorização desses gestores é fundamental, mesmo porque nem todos apresentam facilidade para a preparação de futuras lideranças. Os gestores que têm a capacidade de preparar futuras lideranças devem ser diferenciados pela organização e valorizados.

Acompanhamos o relato de casos de empresas australianas e neozelandesas que instituíram grupos de discussão e acompanhamento para os gestores que estão desenvolvendo futuras lideranças, em que são discutidas e trabalhadas as dificuldades individuais e em que é analisada a estrutura oferecida pela organização para facilitar o trabalho desses gestores. Os resultados são muito interessantes no aperfeiçoamento dos processos sucessórios e na preparação das futuras lideranças.

Um raro trabalho explorando a questão comportamental do processo sucessório foi realizado por Goldsmith (2009). Nesse trabalho o autor estabelece um diálogo com o presidente de uma organização que está preparando uma sucessora diante de sua aposentadoria iminente. No diálogo o autor aconselha o residente sobre coisas que deve e não deve fazer. Um exemplo interessante descrito pelo autor é traduzido nas Figuras 8.3 e 8.4. Na Figura 8.3, o autor recomenda que, durante o período que resta para o presidente chegar à sua aposentadoria, ele faça o seguinte: abandone gradativamente sua posição de liderança passando-a para o sucessor; que ajude na preparação e legitimidade do sucessor; à medida que seu sucessor ocupe seu espaço na organização, comece a desenvolver o seu novo projeto de vida.

Figura 8.3 – *Processo de transição efetivo*

Fonte: Goldsmith (2009, p. 14).

Na Figura 8.4, o autor relata o que tem observado na prática das organizações, os presidentes nessa situação de transição não querem abandonar a liderança. Ao não fazê-lo, não criam espaço para o desenvolvimento de seu sucessor nem para que ele construa a legitimidade necessária para ocupar a posição. Ao mesmo tempo esses presidentes não constroem seu novo projeto de vida e, quando deixam sua posição, sofrem com a transição de carreira que necessitam efetuar.

Figura 8.4 – *Problemas no processo de transição*

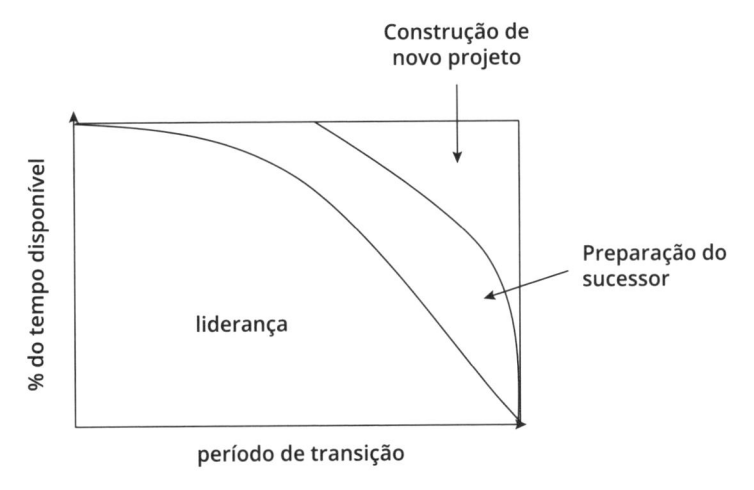

Fonte: Goldsmith (2009, p. 16).

As pessoas analisadas pelo autor são inteligentes e bem formadas, mas mesmo assim não conseguem trabalhar bem sua transição. Um amigo psicanalista trouxe uma importante contribuição para compreender esse fenômeno. Para ele as pessoas falam o que pensam, mas fazem o que sentem. Muitas vezes, em situação de grande pressão emocional, as pessoas não percebem sua incoerência e afirmam que estão preparando seus sucessores com grande veemência, mas na prática não conseguem oferecer espaço para o desenvolvimento deles. A sucessão é sempre cercada de grande pressão; significa, para muitos gestores, uma ameaça ao seu espaço político na organização.

MAIOR EFICIÊNCIA DA LIDERANÇA

Conforme discutimos no Capítulo 7, verificamos nos trabalhos com as lideranças que há, nas organizações brasileiras públicas e privadas, uma tendência de os gestores levarem para suas novas posições as responsabilidades que tinham no nível anterior (CHARAN, 2001). Isso acontece como resultado de dois aspectos: os gestores têm dificuldade de delegar suas responsabilidades anteriores para sua equipe e sentem-se mais confortáveis acumulando as novas e velhas responsabilidades. Esse fenômeno faz com que os gestores tenham dificuldade de atuar plenamente em seus níveis de complexidade, acumulando muitas das responsabilidades que deveriam ser exercidas por seus subordinados. Nas empresas, utiliza-se a expressão *nivelar por baixo* para expressar esse fenômeno.

O *nivelamento por baixo* dificulta a preparação de pessoas para o processo sucessório, já que o gestor ocupa o espaço de seu subordinado. Como resultado, o subordinado não percebe com clareza qual é a distância a ser percorrida para ocupar a posição superior. Como o gestor nivela para baixo sua atuação, é comum que o subordinado construa a falsa percepção de estar próximo do nível de responsabilidade de seu gestor. Quando surge uma oportunidade, essa pessoa não consegue compreender por que não foi pensada para ocupar a posição, uma vez que, em sua percepção, já fazia algo muito próximo do exigido.

A estruturação do processo sucessório tem como resultado, além da preparação de pessoas para posições-chave, a possibilidade de reversão desse quadro. Se pensarmos que todas as pessoas estão sendo preparadas para atuar em níveis de responsabilidade mais complexos, podemos dizer que a organização, nesse processo, vai se "nivelando por cima". As principais implicações do "nivelamento por cima" observadas nessas organizações são:

- gestores mais dispostos e preparados para delegar e desenvolver a sua equipe, como condição para almejarem posições mais complexas;
- instalação de uma cultura de desenvolvimento das lideranças e maiores desafios profissionais para as pessoas;
- criação de mecanismos mais elaborados para avaliação e acompanhamento do desenvolvimento das pessoas, particularmente aquelas em condições de assumir maior responsabilidade de liderança ou técnica;

- um ganho financeiro para a organização, na medida em que ela recebe muito mais contribuição das pessoas com a mesma massa salarial.

Tornar a liderança mais eficiente é um dos aspectos mais relevantes do processo sucessório estruturado, mas, ao mesmo tempo, o menos visível nas organizações, basicamente porque não se tem colocado luz sobre o fato, nem nas discussões profissionais nem na literatura sobre o tema.

CONCLUSÕES

A estruturação do processo sucessório vem se tornando uma questão crítica para as organizações: sua compreensão e o uso adequado das técnicas existentes para oferecer suporte à sucessão podem trazer um grande número de vantagens e se tornar um diferencial competitivo fundamental.

Embora tenhamos dedicado este capítulo ao processo sucessório, é importante destacar que a questão sucessória anda de mãos dadas com os processos de desenvolvimento. Não é possível pensar a estruturação do processo sucessório sem, ao mesmo tempo, pensar na estruturação de um sistema de gestão de carreira e desenvolvimento. Enquanto o processo sucessório privilegia os interesses da empresa, a carreira é um espaço de conciliação de expectativas entre as pessoas e a organização.

No próximo capítulo, vamos aprofundar as questões relativas ao desenvolvimento de lideranças, questão complementar à nossa discussão sobre o processo sucessório. A preparação de lideranças é fundamental para suprir as necessidades da organização, mas, principalmente, para torná-las formadoras de futuros líderes.

QUESTÕES E EXERCÍCIOS DO CAPÍTULO 8

Questões para fixação

- Qual é a importância da estruturação do processo sucessório para a organização contemporânea?

- Como o processo sucessório tem sido estruturado nas organizações brasileiras?
- Quais são as vantagens e riscos da estruturação do processo sucessório?
- Por que é importante analisar os aspectos comportamentais no processo sucessório?
- Qual é o impacto do processo sucessório no desenvolvimento da liderança?

Questões para desenvolvimento

- Qual é a origem das resistências na estruturação do processo sucessório nas organizações brasileiras?
- Por que o processo sucessório é dividido em mapa sucessório e programas de desenvolvimento?
- Como o processo sucessório estruturado pode contribuir para o desenvolvimento da organização?
- Por que as lideranças sentem-se ameaçadas com o processo sucessório estruturado?
- Qual é o papel do líder no desenvolvimento de seu sucessor?

EXERCÍCIOS E ESTUDOS DE CASO

Caso 1

Você é gestor(a) de uma equipe de 16 pessoas que atuam como analistas. Todos têm formação superior e se distribuem da seguinte forma: 3 analistas consultores são os mais experientes de sua equipe; 5 analistas seniores, analistas com muita experiência tanto na organização quanto no mercado; 6 analistas plenos, analistas com experiência de 2 a 5 anos na organização e no mercado; 2 analistas juniores, pessoas recém-formadas que você está desenvolvendo. Um dos seus analistas consultores o procurou para conversar sobre carreira e vocês agendaram uma reunião para a qual você quer se preparar. Repassando alguns pontos, você constatou o seguinte:

- Trata-se de uma pessoa de sua total confiança, muito respeitado por seu posicionamento e atuação técnica e admirado por toda a equipe por estar sempre trazendo inovações e informações relevantes sobre sua área de atuação e por ser uma pessoa muito generosa, sempre dividindo conhecimentos e estimulando o desenvolvimento dos demais.
- Você pensou em preparar essa pessoa como seu sucessor, mas ao designá-lo para projetos nos quais havia uma maior exposição política, apresentou grandes dificuldades para negociar prazos para o projeto, de realizar as interfaces necessárias e de obter os recursos necessários.
- Inicialmente, você pensou que com um pouco de estímulo e suporte a pessoa poderia superar as dificuldades encontradas no relacionamento político. Suas tentativas foram frustradas porque os projetos com características mais políticas nunca estimularam seu subordinado.
- Você vem percebendo certa inquietação por parte de seu subordinado e que isso está, provavelmente, motivando a reunião. Até o presente você nunca havia encontrado uma oportunidade para efetuar uma conversa mais profunda sobre o futuro de seu subordinado na organização. Você acredita que há espaço para o crescimento técnico dele na organização.

De outro lado, você sabe que seu subordinado tem feito uma reflexão sobre a sua carreira na organização e percebe que está batendo com a cabeça no teto da carreira, tanto na empresa quanto no mercado, e acredita que seu caminho natural seria migrar para a trajetória gerencial.

Questões para o caso:

- Quais são as condições para você pensar o seu subordinado como seu sucessor ou como uma pessoa para ocupar no futuro uma posição gerencial na organização?
- Caso seu subordinado possa ser pensado para uma posição gerencial, qual deveria ser o seu papel em sua preparação?

Caso 2

A Comunicação a Jato é uma organização especializada na área editorial e comunicação eletrônica. No período de 2008 a 2011, necessitou efetuar uma grande reestruturação de suas despesas e reduziu seu quadro em 30%. Em 2008 houve uma primeira reestruturação organizacional com perda de pessoas importantes para a empresa, gerando preocupação com o processo sucessório e reposicionamento do quadro diretivo e gerencial.

No início de 2009, o processo sucessório foi iniciado com o contato efetuado pelo Vice-Presidente de Recursos Humanos com cada um dos demais vice-presidentes, quando levantou as expectativas em relação ao desenvolvimento e carreira deles e dessas expectativas o que poderia ou não ser levado para o Presidente. Essas expectativas foram levadas ao Presidente pelo Vice-Presidente de Recursos Humanos e também foram levantadas as expectativas do Presidente em relação aos seus vice-presidentes. Esse mesmo processo foi efetuado com os diretores em relação aos vice-presidentes. Durante o primeiro semestre de 2009, a estrutura organizacional foi sendo construída levando em consideração as necessidades da organização e as expectativas dos vice-presidentes e diretores. Em setembro de 2009, a proposta estava negociada e todos os vice-presidentes e diretores receberam orientação e suporte em relação aos pontos a serem trabalhados para estarem prontos para suas posições. No primeiro semestre de 2011, a estrutura estava completamente implementada conforme o planejado em 2008.

A Veste Bem é uma organização que atua no segmento de vestuário. No final de 2008, seu Presidente Executivo tinha 3 anos para sua aposentadoria e foi "convidado" a buscar um sucessor. O prazo estabelecido para o processo sucessório foi de 3 anos, ou seja, final de 2011. O Presidente, em conjunto com o Diretor de Recursos Humanos, estabeleceu um processo que não só abrangia sua posição, mas abrangia todas as posições gerenciais da organização. O processo consistia em identificar todos os possíveis candidatos às posições gerenciais e prepará-los para essas posições. O processo deveria ser transparente, ou seja, a pessoa deveria saber que estava sendo preparada para assumir uma determinada posição. Para a posição do Presidente Executivo, foram indicados três diretores, e durante o processo cada um dos indicados recebeu suporte externo para o seu desenvolvimento, através de um trabalho de *coaching*.

O processo sucessório trouxe para a organização um aprendizado relevante, como por exemplo: desenvolver a identificação de pessoas capazes de assumir posições de maior complexidade, acompanhamento do desenvolvimento das pessoas, lidar com a expectativa das pessoas não indicadas para a sucessão, lidar com a frustração das pessoas indicadas para a sucessão e que não foram escolhidas etc.

Os dois processos foram muito bem-sucedidos; a comunicação a Jato efetuou uma grande transformação estrutural sem ruído e mantendo a motivação e a alta estima de toda sua população. A Veste Bem efetuou as sucessões com sucesso e não perdeu aquelas pessoas preparadas para a sucessão e que não ascenderam.

Questões para o caso:

- Qual deve ser a abordagem para o processo sucessório: uma contínua conciliação de expectativas entre as necessidades da organização e das pessoas ou a preparação de todas as pessoas que tenham condições para assumir posições de maior complexidade?
- Como deve ser trabalhada pela empresa a frustração das pessoas que não têm suas expectativas atendidas?
- Como trabalhar a competição de várias pessoas pela mesma posição?

BIBLIOGRAFIA DO CAPÍTULO 8

CHARAN, R.; DROTTER, S.; NOEL, J. *The leadership pipeline:* how to build the leadership powered company. 1st. ed. San Francisco: Jossey Bass, 2001.

DUTRA, J. S.; FLEURY, M. T. L.; RUAS, R. *Competências:* conceitos, métodos e experiências. São Paulo: Atlas, 2008.

DUTRA, J. S. Processo sucessório. In: _____ (Org.). *Gestão de carreira na empresa contemporânea*. São Paulo: Atlas, 2010. p. 1-19.

FRIEDMAN, S. D. Sucession systems in large corporations. *Human Resource Management,* v. 25, nº 2, p. 191-213, Jan. 1986.

GOLDSMITH, M. *Succession:* are you ready? Boston: Harvard Business Press, 2009.

GROVES, K. S. Integrating leadership development and succession planning best practices. *Journal of Management Development*, v. 26, nº 3, p. 239-260, 2007.

HALL, D. T. Dilemmas in linking succession planning to individual executive learning. *Human Resource Management*, v. 25, nº 2, p. 235-265, 1986.

LEIBMAN, M.; BRUER, R. A.; MAKI, B. R. Succession management: the next generation of succession planning. *People and Strategy*, v. 19, nº 3, p. 16-30, 1996.

MABEY, C.; ILES, P. The Strategic integration of assessment and development practices: succession planning and new manager development. *Human Resource Management Journal*, v. 3, nº 4, p. 16-34, 1992.

METZ, E. J. Designing succession systems for new competitive realities. *People and Strategy*, v. 21, nº 3, p. 31-38, 1998.

OHTSUKI, C. H. *A gestão sucessória em empresas não familiares no Brasil:* um estudo de caso. Dissertação (Mestrado) – Faculdade de Economia, Administração e Ciências Contábeis da USP, 2012.

RHODES, D. W.; WALKER, J. W. Management Succession and Development Planning. *Human Resource Planning*, v. 7, nº 4, p. 157-175, 1987.

ROTHWELL, W. J. *Effective succession planning.* 4th. ed. New York: AMACOM, 2010.

ROTHWELL, W. J. et al. *Career planning and succession management.* Westport: Praeger, 2005a.

ROTHWELL, W. J. *Effective succession planning.* New York: Amacom, 2005b.

TAYLOR, T.; MCGRAW, P. Succession management practices in Australian organizations. *International Journal of Manpower*, v. 25, nº 8, p. 741-758, 2004.

WALKER, J. W. Perspectives: do we need successon planning anymore? *People and Strategy*, v. 21, nº 3, p. 9-12, 1998.

9

Liderança

INTRODUÇÃO

A realidade brasileira é muito particular no que se refere à forma como nossas lideranças organizacionais foram desenvolvidas. Desde o início do século XX temos uma participação ativa na construção de nossa cultura, política e economia (CARONE, 1977 e 2001; DEAN, 1971), mas ao mesmo tempo temos como característica um comportamento autoritário e paternalista (DA MATTA, 1978; VELHO, 1981). Nossas características culturais e econômicas foram historicamente voltadas para dentro, de um lado em função do isolamento, oceano a leste e floresta a oeste, e da geografia, hemisfério sul e outro lado em função da forma de colonização (FURTADO, 1977). O resultado foi o desenvolvimento industrial suportado por um modelo, adotado na segunda metade do século passado, de substituição de importações (FURTADO, 1977; TAVARES, 1976), e abraçado pelo governo militar como forma de reservar o mercado para as organizações brasileiras nascentes e para atrair capital internacional de investimento. Nesse contexto, de reserva de mercado e baixa competitividade, o perfil da liderança em nossas organizações foi, predominantemente, de conhecimento técnico para assumir posições gerenciais e de direção e de empreendedorismo para iniciar e desenvolver negócios.

Em meados da década de 1990, com a abertura econômica e estabilidade da economia e das instituições, as organizações brasileiras passam a viver um ambiente mais competitivo, comparável a padrões internacionais. A partir desse momento há necessidade de um perfil de liderança organizacional diferente, o líder deve agregar valor para uma organização mais efetiva e competitiva em padrões globais. Muitas pessoas, atuando em nível gerencial e de direção, foram buscar seu aprimoramento em gestão de negócios dentro e fora do país; há um crescimento de cursos de pós-graduação e de extensão universitária para dar conta de uma nova demanda.

Temos acompanhado a liderança em nossas organizações de forma mais próxima desde o início dos anos 2000. Foi possível observar que atualmente nossas lideranças têm uma boa formação técnica e em gestão de negócios, entretanto, em muitas organizações brasileiras há uma excessiva valorização do técnico como líder e de um comportamento autoritário e paternalista.

O ambiente econômico brasileiro entra em uma nova fase, com condições favoráveis de crescimento dentro de um contexto de grande transformação e insegurança, caracterizando-se pelo aumento da volatilidade e da ambiguidade. Diante das pressões impostas às nossas organizações e de um futuro mais exigente, verificamos que nossas lideranças necessitam ampliar sua capacidade para gerenciar pessoas, criando e sustentando equipes de alta performance. Para tanto, elas têm como principal ponto de desenvolvimento suas habilidades comportamentais. Neste capítulo serão discutidos os desafios impostos à liderança em nossas organizações, o impacto sobre o perfil desta e ações de desenvolvimento.

BASES DA LEGITIMIDADE DA LIDERANÇA

As organizações vivem em um ambiente em constante transformação que exige respostas rápidas e efetivas, respostas dadas em função das especificidades da situação requerendo flexibilidade e adequação. Nesse contexto, cresce a importância da liderança para construir a resposta mais adequada às demandas dentro de princípios éticos e dos valores organizacionais. A importância da liderança na organização contemporânea é também explicada por estar inserida em situações de crescente incerteza e ambiguidade, exigindo do líder coerência e consistência em relação aos seus princípios e valores de forma a sustentar sua credibilidade e legitimidade junto, tanto aos liderados quanto aos pares, superiores, parceiros e clientes.

Esse quadro estimulou ao longo dos últimos anos uma grande reflexão e produção sobre a liderança. O foco da maior parte da literatura é sobre o perfil e características do líder, e o foco de pesquisa do nosso grupo foi sobre o processo de liderança, para a compreensão do papel do líder e do liderado em um contexto mais exigente. A base para a pesquisa foi o trabalho iniciado por Michael Useem (1999 e 2002), que, ao focar no processo de liderança, percebe que os líderes que fizeram a diferença em distintas situações não foram superpessoas, mas sim pessoas comuns que fizeram um conjunto de pequenas coisas que criaram resultados importantes para suas organizações e para as pessoas.

Um olhar desavisado sobre as pressões sobre o líder nos faz crer que somente uma superpessoa seria capaz de fazer frente a elas, isso porque:

- As organizações têm se tornado mais complexas, não só em termos tecnológicos, mas também em termos das relações organizacionais e de suas relações com o ambiente em que se insere. Essa complexidade exige da liderança organizacional uma compreensão mais ampla do contexto de modo a perceber os vários desdobramentos possíveis de suas decisões. Ao mesmo tempo, essa complexidade exige um profundo conhecimento do negócio ou da área de atuação para garantir a qualidade técnica das decisões e a viabilidade delas.
- O ambiente mais exigente se materializa em liderados cada vez mais bem preparados em termos de formação e informação, em pressões advindas da necessidade de continuamente ter que conciliar interesses conflitantes, em assumir cada vez mais riscos profissionais e pessoais e maior desgaste emocional na orientação de pessoas e na delegação de decisões em situações de incerteza e ambiguidade.

Entretanto, em nossas pesquisas encontramos pessoas comuns que estão fazendo frente a esses desafios usando sua sensibilidade e mobilizando suas equipes em torno de um projeto comum. Observamos que na realidade de nossas organizações cabe cada vez menos a legitimidade do poder do líder é oriunda do poder burocrático (WEBER, 1987; MAXIMIANO, 2000). Cada vez mais a liderança informal e a formal misturam-se na pessoa do líder. A liderança formal assentada no poder político e econômico não é suficiente para obter o engajamento, o comprometimento, das pessoas que compõem a equipe de trabalho; vem surgindo gradativamente uma nova base de sustentação do poder do líder organizacional: agregação de valor para a equipe e para a organização. Observamos que essa é a forma que líderes de sucesso têm conseguido mobilizar sua equipe em um ambiente de incerteza e ambiguidade e de grande pressão.

Pudemos verificar, portanto, que a legitimidade se dá quando o líder consegue, de forma contínua e ao mesmo tempo, agregar valor para os membros de seu time e para a organização ou negócio. Constatamos que a fonte de poder do líder é cada vez mais a sua contribuição para seus pares, subordinados e parceiros, e cada vez menos o título do cargo ou posição na hierarquia. Com o fortalecimento das estruturas organizacionais ou decisórias matriciais, construção de parcerias com fornecedores e clientes cada vez mais densas e maior exigência sobre as pessoas, a liderança se assenta, cada vez mais, na capacidade do líder de conciliar expectativas divergentes.

Para a realização da pesquisa, desenvolvemos alguns padrões do que poderíamos chamar de sucesso no trabalho realizado em organizações brasileiras. O sucesso foi demarcado por bons resultados para a organização e para as pessoas frente a desafios de transformação da cultura organizacional ou de reverter um quadro de ameaças à sobrevivência da organização. Ao mesmo tempo em que procuramos pessoas que enfrentaram desafios com sucesso, procuramos entrevistar líderes que participaram de nossos cursos de formação executiva. Pudemos comprovar que os parâmetros encontrados por Useen (1999) foram observados em nossa realidade, tais como:

- Construção de um projeto comum entre seus liderados e, na maior parte dos casos, uma mobilização em torno de um propósito comum de toda a organização. Nesse caso, havia uma compreensão dos objetivos a serem alcançados e dos valores que norteavam as ações a serem empreendidas.
- Em momentos de ambiguidade, esses líderes pautaram-se pelos valores da organização e, na ausência destes, por seus valores. Esse aspecto é muito valorizado pela literatura (CASHMAN, 2011; COVEY, 2002) e muito importante em um ambiente de insegurança e ambiguidade. A coerência e consistência do líder proporcionam segurança para a equipe e, ao fazê-lo, tornam-na mais disposta a assumir riscos e inovar.
- Estimular e criar condições para que todos os membros da equipe troquem entre si o aprendizado obtido no alcance de objetivos. Esse é outro ponto enaltecido pela literatura sobre liderança e gestão (CHARAN; BOSSIDY, 2004). Desse modo, o líder consegue multiplicar o processo de desenvolvimento dos membros da equipe.
- Preparar a equipe para momentos de grande pressão. Esse foi um aspecto que nos surpreendeu na pesquisa. São raros os líderes que preparam a sua equipe para momentos de adversidade, a maior parte assume que o voo será em céu de brigadeiro, sem turbulências; quando a turbulência ocorre, a equipe pode perder seu equilíbrio emocional e deixar de fazer coisas que teria condições de fazer. Os líderes de sucesso sempre trabalharam suas equipes exigindo o máximo empenho, mantendo-as continuamente desafiadas e respeitando a individualidade de cada membro.
- Construir alianças entre pares e superiores para obter suporte político em momentos de crise. Esse é um aspecto trabalhado por poucos autores, a maior parte da literatura privilegia a relação do líder com sua equipe; desse modo, caso um líder seja uma pessoa sem prestígio junto aos pares e aos superiores, ele passa essa condição para a equipe; ao contrário, caso seja uma pessoa prestigiada, transfere o prestígio para os membros de sua equipe. A liderança junto aos pares e aos superiores

(USEEN, 2002) é um aspecto que observamos entre os líderes com sucesso, mesmo porque nesses casos viviam situações muito delicadas para sustentar sua legitimidade.

Uma marca comum entre as lideranças de sucesso foi o fato de manterem todos os membros da equipe desafiados o tempo todo. Infelizmente, observamos que, em função da pressão por resultados que recebe, a maior parte da lidcrança no Brasil apoia-sc cm uma ou duas pessoas de sua equipe, marginalizando as demais dos desafios e do desenvolvimento. Normalmente as lideranças escolhem pessoas com as quais se identificam ou aquelas que respondem melhor aos seus estímulos e excluem as demais.

MANTER O FOCO NO QUE É ESSENCIAL

Um aspecto que tem norteado o estudo do processo de liderança é a forma como o líder mantém a coesão do time. Verificamos que a forma mais comum é manter o grupo focado no que é essencial para ele. À medida que o líder procura manter o foco em objetivos organizacionais ou do negócio, fixa-se em uma base movediça, e isso pode comprometer sua credibilidade com relação à sua equipe. Porém, à medida que se foca no que é essencial para o time, constrói uma base sólida para cimentar a relação com o grupo.

As lideranças bem-sucedidas têm construído o foco em cima do desenvolvimento do grupo, ou seja, o compromisso estabelecido é que não importa o desafio ou o objetivo a ser perseguido, o importante é tirar proveito para o desenvolvimento do grupo como um todo e para cada membro em particular. À medida que esse pacto é construído pelo grupo, seus membros se ajudam mutuamente, criando um efeito sinérgico no desenvolvimento. Esse é um dos aspectos fundamentais para a criação de um grupo de alta performance e em constante crescimento.

A realidade organizacional, em geral, não estimula a criação de um pacto construído no desenvolvimento do grupo, uma vez que não valoriza o crescimento dele, e sim dos seus membros individualmente, nem oferece ao gestor autonomia para ajustes salariais, promoções e outras formas de reconhecimento mais substantivas. Cabe ao gestor e líder estabelecer as contrapartidas do desenvolvimento da equipe e de seus membros como parte do pacto firmado.

Uma minoria dos líderes pesquisados conseguiu estabelecer um projeto comum duradouro com sua equipe. Os que conseguiram têm isso como uma capacidade, verificamos que tinham uma história de sucesso em várias organizações e com diferentes equipes. Muitos dos líderes pesquisados desenvolveram essa capacidade de forma natural, a partir da sua sensibilidade em relação à realidade em que viviam. A questão estabelecida é se essa capacidade pode ou não ser desenvolvida nas pessoas. A resposta a essa questão é afirmativa, como veremos a seguir.

O LÍDER COM MAIORES CHANCES DE SUCESSO

Verificamos que não há um perfil único que garanta o sucesso do líder, mas pudemos detectar que aspectos comportamentais permitiram aos líderes pesquisados duas conquistas consideradas, por eles mesmos, críticas: construir um projeto comum com sua equipe e efetuar parcerias estratégicas, dentro e fora da organização.

A construção de um projeto comum está assentada na mobilização de toda a equipe, sem exclusões, e na construção de um pacto em torno de algo caro para todos os integrantes dela. Na maioria das situações pesquisadas, o cimento usado para agregar a equipe foi o desenvolvimento das pessoas e da equipe como um todo.

A efetivação de parcerias é o resultado de um comportamento ético e alinhado com os contratos firmados com os parceiros. A sustentação das parcerias na maior parte das vezes não depende exclusivamente do líder individualmente, mas do líder e de seus liderados. Por isso, os bons resultados da parceria dependem da construção pelo líder de compromissos com sua equipe.

Segundo nossos entrevistados, os comportamentos mais importantes a serem desenvolvidos pelos líderes para um diferencial em sua atuação são os seguintes:

- **Comunicação:** a base da comunicação é saber ouvir e compreender as demandas e expectativas das pessoas.
- **Delegação:** essa é uma das grandes limitações de nossas lideranças, a delegação é um exercício contínuo e necessita ser desenvolvido com cada integrante da equipe de forma individualizada, em que o desafio oferecido é dosado com o ritmo de desenvolvimento da pessoa.
- **Sustentação de relacionamentos:** a troca contínua e a mútua agregação de valor são as bases para sustentar relacionamentos e parcerias, para tanto o líder necessita disponibilizar sistematicamente tempo e energia própria e de sua equipe.

Nossa pesquisa utilizou os referenciais da liderança transformacional (NORTHOUSE, 2004; BERGAMINI, 2002; KUHNERT, 1994; BASS; AVOLIO, 1993) para suportar as discussões sobre os aspectos comportamentais. Ao entrevistarmos lideranças, observamos que as principais deficiências para assumir uma postura mais alinhada com os referenciais da liderança transformacional são os seguintes:

- **Diversidade:** nossos líderes tendem a escolher pessoas para suas equipes com as mesmas características de personalidade e tendem a ter dificuldades para lidar com pessoas diferentes. Esse fato limita as possibilidades de composição da equipe, além de criar um grupo que pensa igual diante das adversidades impostas pelo dia a dia.
- **Delegação:** há uma dificuldade de o líder confiar correndo risco; sempre que há risco envolvido, tende a trazer para si a decisão ou a ação em processos mais críticos. Essa postura dificulta o líder multiplicar-se nos membros de sua equipe.
- **Respeitar iniciativas da equipe:** há uma tendência de os líderes direcionarem os membros de sua equipe em relação ao que e como fazer o trabalho. Temos visto na literatura cada vez mais a apologia do compartilhar com a equipe o que e, principalmente, o como fazer (CHARAN; BOSSIDY, 2004).

Ao longo de nossa pesquisa acompanhamos os planos individuais de desenvolvimento de líderes de líderes em três organizações brasileiras que atuam em segmentos industriais. Verificamos que os planos de desenvolvimento eram compostos basicamente da indicação de cursos a serem feitos, bem como os planos de seus subordinados, também líderes. Levantamos a hipótese de que os líderes não tinham consciência de suas deficiências comportamentais, já que não havia nenhuma indicação de ações nesse sentido nos planos de desenvolvimento. Realizamos encontros para discussão sobre o tema com a liderança e constatamos que havia consciência das deficiências comportamentais, mas não sabiam como trabalhar o desenvolvimento delas.

DESENVOLVIMENTO DE LIDERANÇAS

No desenvolvimento de aspectos comportamentais, obtivemos bons resultados com a criação de rituais. Um dos casos mais interessantes foi o fato de os nossos pesquisados apontarem como uma grande dificuldade oferecer *feedback* positivo para seus subordinados. Verificamos que a dificuldade deles não era dar o *feedback*, mas sim de enxergar o positivo nas realizações de seus subordinados. Contratamos com nossos pesquisados a oferta, em suas reuniões semanais com a equipe, de 15 minutos de *feedback* positivo. Ao longo de seis semanas, em média, todos estavam dando *feedback* positivo. Ao terem que oferecer quinze minutos semanais de *feedback* positivo para suas equipes, aprenderam a observar aspectos positivos.

Assim como no exemplo citado, obtivemos resultados positivos com a criação de rituais para desenvolver, em nossos pesquisados, outras habilidades comportamentais, tais como: ouvir, comunicação, administração do tempo etc. Os nossos pesquisados eram líderes de líderes que, ao aprenderem a desenvolver habilidades comportamentais, conseguiram transmitir e ensinar seus subordinados a fazer o mesmo.

O desenvolvimento de habilidades comportamentais requer uma estratégia didática mais cuidadosa do que o desenvolvimento de habilidades técnicas ou de gestão. O cuidado com a estratégia didática se deve ao fato de estarmos trabalhando, de um lado, com pessoas acostumadas a lidar com situações que exigem pragmatismo e objetividade, e de outro lado, com aspectos abstratos e subjetivos. Temos obtido bons resultados com uma combinação de diferentes abordagens, que pode ser sintetizada pela Figura 9.1, apresentada a seguir.

Figura 9.1 – *Abordagens didáticas para desenvolvimento de lideranças*

Fonte: Elaboração própria.

A ideia é combinar diferentes abordagens didáticas para que criem um efeito sinérgico para estimular e suportar a mudança de comportamento do líder na relação com seu trabalho, com sua equipe, com seus pares, com parceiros internos e externos e com suas chefias imediatas e mediatas. As diferentes abordagens são:

- **O trabalho presencial:** deve ser muito cuidadoso para estimular a reflexão sobre comportamentos individuais sem expor ninguém, necessita, também, trazer um assunto abstrato para a dimensão do concreto vivido pelos participantes e, principalmente, oferecer instrumentos para que o participante desenvolva o comportamento tratado na aula. É fundamental que as pessoas saiam dos encontros em condições de exercitar o que vivenciaram.

- **O trabalho a distância:** deve privilegiar o estímulo a que as pessoas coloquem em prática o que vivenciaram; temos utilizado, para tanto, diários de bordo. O grande diferencial aqui é a formulação das questões para o exercício e o estímulo contínuo, realizado a distância, para que o participante efetue o exercício e a reflexão sobre ele.

- **Uso de técnicas de *coaching*:** são utilizadas de forma adaptada para dar foco ao desenvolvimento das habilidades comportamentais a serem desenvolvidas. O *coach* tem acesso aos diários de bordo de seu orientado e procura desenvolver um trabalho sobre as dificuldades encontradas por ele na aplicação prática dos conceitos, instrumentos e exercícios.
- **A troca de experiências:** é estimulada nas aulas presenciais, como parte da didática. É estimulada, também, em atividades específicas antes das aulas presenciais em que os participantes discutem dificuldades e descobertas vividas nos exercícios propostos nos diários de bordo.

Esse *mix* didático proporciona uma maior segurança no trabalho comportamental. Os resultados puderam ser comprovados a partir do levantamento de expectativas dos participantes e de suas chefias, do acompanhamento através dos diários de bordo e reuniões com os *coaches*. Além disso, foram realizadas entrevistas, três meses após o término do programa, com os participantes, chefias, subordinados e pessoas-chave no relacionamento com o participante.

Um dado interessante é sobre o tempo após o término do programa para avaliação; a literatura oscila entre um mês a seis meses como prazo ideal para efetuar a avaliação em aspectos comportamentais. Nossas experiências apontam para três meses como período ideal. Verificamos que em períodos superiores a três meses as pessoas têm uma maior dificuldade de relacionar objetivamente mudanças comportamentais com o programa. Quando trabalhamos as pessoas seis meses após o programa, elas estavam ainda muito gratificadas com ele e com as contribuições do programa em suas vidas, mas com dificuldades para detalhar ou argumentar em termos mais objetivos seus ganhos. O mesmo ocorreu com as chefias. Seis meses depois tinham dificuldades para responder a questões mais específicas sobre alterações comportamentais relacionadas ao programa.

Outro aspecto interessante para nossa análise é o fato de o programa ser realizado com participantes da mesma empresa (turmas fechadas) ou com participantes de diferentes empresas (turmas abertas). Até 2012 havíamos acompanhado somente turmas fechadas e, entre 2012 e 2013, pudemos acompanhar a experiência de uma turma aberta. As principais diferenças foram:

- Nas turmas fechadas há constrangimento em abrir questões ligadas ao relacionamento entre as lideranças, principalmente quando envolvem a hierarquia. As questões de relacionamento eram trabalhadas no *coaching* e pouco discutidas nas aulas presenciais. Nas turmas abertas, essas discussões foram trazidas nas aulas presenciais e no *coaching*.
- Nas turmas fechadas, observamos momentos nos quais foram criadas as bases para a formação de pactos de relacionamento entre os participantes, o que, naturalmente, não ocorreu nas turmas abertas. No entanto, nas turmas abertas houve muito mais troca entre práticas nas diferentes empresas. Os participantes das turmas abertas relataram que uma das grandes contribuições do programa foi o desenvolvimento de uma visão crítica sobre o relacionamento em suas organizações.

ETAPAS DE DESENVOLVIMENTO DO LÍDER

Observamos que os líderes, ao assumirem responsabilidades e atribuições de maior complexidade, passam por três fases típicas:

- A primeira é a fase de consolidação na nova posição. O gestor tem muita dificuldade de se desvincular das atribuições e responsabilidades do nível de sua posição anterior. Naturalmente sente-se melhor lidando com a complexidade de trabalhos que já domina, entretanto, isso dificulta a delegação e o desenvolvimento da equipe.
- A segunda fase é a de ampliar seu espaço político entre seus pares e superiores. Essa fase implica desenvolver e/ou aprimorar

as interfaces entre áreas complementares. A dificuldade é que esse tipo de ação implica mais trabalho no curto prazo para o gestor e sua equipe, por isso, essa fase só é iniciada após a consolidação da posição do gestor. Abrir a segunda fase antes de finalizar a primeira traz risco para o gestor.

- A terceira fase é o crescimento vertical, ou seja, é quando o gestor recebe delegação de seus superiores. Nessa fase o gestor assume projetos ou processos que exigem o trânsito em arenas políticas mais exigentes. Dificilmente o gestor recebe delegação se não tiver conseguido construir legitimidade, reconhecimento e trânsito entre seus pares, por isso, dificilmente a terceira fase ocorre sem que o gestor tenha conseguido ampliar seu espaço político.

O reconhecimento dessas fases ajuda na preparação do gestor para assumir gradativamente maior complexidade em sua posição. Observamos em nossa pesquisa que muitos gestores têm dificuldade de sair da primeira fase. Essa constatação está alinhada com o trabalho desenvolvido por Ram Charan (2010). Como vimos no Capítulo 8, muito líderes têm dificuldades para abandonar suas atribuições no nível anterior quando são promovidos. Foi possível constatar que a maior parte de nossas organizações utiliza de forma inadequada suas lideranças e têm problemas para desenvolvê-las. É por essa razão que vemos uma boa parte da liderança com dificuldades para sair da primeira fase de desenvolvimento, ou seja, têm dificuldade para consolidar sua posição por assumirem muitas atribuições e responsabilidades do seu nível anterior.

No desenvolvimento da liderança em termos comportamentais é importante perceber em que estágio está em relação à posição que ocupa na organização.

CONCLUSÕES

Como foi enfatizado ao longo deste livro, o líder tem um papel fundamental na gestão de pessoas nas organizações contemporâneas. Entretanto, face aos aspectos culturais e históricos da realidade brasileira, somente nos últimos anos nossas lideranças foram colocadas frente a frente com a gestão de pessoas.

O desenvolvimento de um líder na atualidade requer que este tenha consciência de suas carências em habilidades comportamentais. A habilidade comportamental é desenvolvida através da prática, como qualquer habilidade, entretanto, esse tipo de habilidade exige, para o seu desenvolvimento, o exercício envolvendo outras pessoas. Esse processo não tem uma fórmula, as pessoas têm que achar o seu jeito de fazer as coisas, de modo a se sentirem confortáveis.

Procuramos, através de nossas experiências, oferecer algumas contribuições para preparar nossa liderança para a gestão de pessoas. Essa é uma discussão que deve crescer em nosso país.

QUESTÕES E EXERCÍCIOS DO CAPÍTULO 9

Questões para fixação

- Por que é importante pensar no desenvolvimento da liderança?
- Quais são as bases de poder da liderança nas organizações contemporâneas?
- Quais são os líderes com maior chance de sucesso em um ambiente cada vez mais volátil e ambíguo?
- Como podemos desenvolver os líderes em aspectos comportamentais?
- Quais são as etapas de desenvolvimento do líder?

Questões para desenvolvimento

- Quais são os principais desafios no desenvolvimento da liderança em nossas organizações?
- Qual a importância do líder na gestão de pessoas na organização contemporânea?
- Por que os aspectos comportamentais são essenciais no desenvolvimento das lideranças nas organizações brasileiras?

- Qual é o papel dos rituais no desenvolvimento de habilidades comportamentais?
- Por que as lideranças têm dificuldades para consolidar seu papel em processos de ascensão na carreira?

EXERCÍCIOS E ESTUDOS DE CASO

Caso 1

Você acabou de assumir a Diretoria de Recursos Humanos e Desenvolvimento Organizacional de uma organização que atua na prestação de serviços de *software*. A Softsolve tem contratos com organizações nacionais e multinacionais de grande porte. O faturamento anual é de cem milhões de reais e conta com uma equipe de 635 colaboradores. Os seis sócios fundadores são brasileiros e estão à frente das áreas técnica, operacional e comercial da Softsolve. Você e o Diretor Financeiro são profissionais contratados para modernizar a Softsolve. Os processos decisórios são muito rápidos e a qualidade técnica dos projetos e produtos é reconhecida pelos clientes como muito boa. A Softsolve atravessa alguns problemas que requerem ação urgente:

- As pessoas que trabalham na Softsolve, embora tenham orgulho de pertencer, sentem-se alijadas das decisões, criticam o processo de comunicação da organização e não conseguem perceber uma carreira além da posição gerencial.
- As posições de diretoria são ocupadas por sócios e, quando surgiram oportunidades como a de Diretor Financeiro e a sua diretoria, foram trazidas pessoas de fora. Além disso, não há nenhuma perspectiva para que as pessoas possam vir a ser sócias da Softsolve.
- As pessoas que ocupam as posições gerenciais não foram preparadas. Essas pessoas são técnicas que, por sua competência nesse aspecto, foram promovidas para posições gerenciais. Esse fato está gerando um clima negativo e se não for tomada uma providência urgente o comprometimento das pessoas poderá ser quebrado.

Questões para o caso:

- Quais seriam as suas prioridades para equacionar os problemas descritos? Por quê?
- Das prioridades listadas na questão anterior, escolha uma delas e estruture um plano de ação para trabalhá-la. Descreva em detalhes cada etapa desse plano de ação apontando quais são: as atividades a serem realizadas; os resultados esperados e as pessoas envolvidas em cada etapa do plano de ação.
- Considerando que os sócios têm a intenção de dobrar o tamanho da organização a cada três anos, quais seriam as suas recomendações para que esse processo ocorra de forma sustentada.

Caso 2

A montagem de secadores de grãos da Enxuta, no interior do Estado do Paraná, é uma operação complicada. Os secadores de grãos têm uma altura de dois andares, contêm 3.000 partes e custam em média o valor de R$ 95.000,00. Ao invés de estabelecer uma operação em linha, para montar os secadores, a Enxuta decidiu dar a equipes responsabilidades de construí-los. Foram criados na fábrica grupos de trabalho autônomos.

Os membros das equipes podem trabalhar juntos da maneira como desejam ao montarem os secadores. Os empregados geralmente mudam suas tarefas dentro das equipes, como parte tanto de um programa formal de rotação quanto informalmente, com a aprovação de outros membros da equipe. Os operadores normalmente aprendem 3 das 4 tarefas básicas nos seus primeiros dezoito meses de trabalho: montagem, fabricação, usinagem, pintura e expedição. Além disso, ganham alguma experiência com os outros dois tipos de trabalho. Ao final dos dezoito meses, a maioria dos empregados adquiriu competência para constituir sozinho um secador de grãos completo.

Como parte do seu trabalho, os empregados participam no projeto e desenvolvimento de novos produtos e ferramentas. Em algumas áreas, compram ferramentas e materiais por conta própria, tendo que obter a aprovação da supervisão somente para compras superiores ao valor de R$ 2.000,00.

O trabalho não é restrito à fábrica como tal. Os empregados são, também, enviados para realizar serviços em outras áreas. Segundo o gerente da fábrica, Romeu Amado, "isto serve para ensiná-los sobre o impacto que causa, nos negócios de um fazendeiro, uma máquina que não funciona". Também aprendem mais sobre os aspectos técnicos: como o produto é utilizado no campo. E, além disso, eles se ajustam melhor aos nossos clientes, nosso "pão de cada dia".

Não há inspetores de qualidade, somente dois engenheiros e muitos chefes de turma. Como consequência, há muito envolvimento da equipe em tarefas de supervisão, incluindo contratação e promoção. Os empregados ajudam a selecionar novos membros de equipe e dois supervisores foram escolhidos, entre os empregados, para outra equipe. Um supervisor descreveu como suas funções diferem daquelas de gerentes de primeira linha tradicionais: "Não é aquela coisa tradicional de programar as atividades, pressionar as pessoas e anotar nomes. A maior parte do meu trabalho é aconselhamento e modificação de comportamento, isto é mais interessante."

Há vários tipos de reuniões. As mais importantes são, provavelmente, as semanais de equipe, nas quais são considerados os problemas de produção, qualidade, ferramentas, manutenção e comportamentais. A liderança nessas reuniões é revezada semanalmente. Há uma reunião mensal com toda a fábrica para discutir resultados financeiros e tendências econômicas (dados de produtividade são fornecidos diariamente para cada equipe). E um grupo de aconselhamento para toda a fábrica, composto por seis trabalhadores de produção, se encontra quinzenalmente com o gerente da fábrica: uma reunião que o Sr. Amado caracteriza como "válvula de escape". Um resumo das questões e respostas discutidas nessa reunião é afixado no quadro de boletins da fábrica.

Com todas essas reuniões de trabalho de equipe não é surpreendente que as habilidades interpessoais sejam vistas com críticas para o funcionamento bem-sucedido da fábrica.

Como isso está funcionando? A maioria dos empregados parece estar contente. Tereza Pimenta relata: "Basicamente você é seu próprio chefe.

Temos que enfrentar um desafio: como atender aos pedidos. Depende de nós quanto tempo é necessário. Sentimo-nos satisfeitos em realizar o melhor do que o padrão. A equipe descobre alguns dias depois como nos saímos em qualquer tarefa. Sempre tentamos superar os resultados do mês anterior".

Dados de absenteísmo e rotatividade também sugerem que os empregados, na sua maioria, respondem positivamente aos conceitos de equipe. O absenteísmo é de 1,2% em média, comparando com uma taxa típica de 5% ou mais para empregados em fábrica. A rotatividade é de 10 a 12% anualmente, comparada com a média de cerca de 35% para trabalhadores de produção no Estado do Paraná. Dos que deixam o emprego, menos do que 4% foram demitidos: o resto se demitiu, em sua maioria para estudar.

A gerência também está satisfeita com o modo de operação da fábrica. De acordo com o gerente da fábrica, as despesas totais de fabricação são consideravelmente inferiores às que foram projetadas quando a produção se iniciou. As reduções de custos são especialmente evidentes em despesas gerais, tais como ferramentas e material, e em custos indiretos de trabalho, tais como salários para funções de escritório, assessoria e supervisão. Além disso, o Sr. Amado gosta da maneira pela qual o equipamento e os materiais são utilizados pelos empregados. "Nós nos sentimos donos do equipamento", diz ele, "e as pessoas cuidam dele".

Os lucros também são excelentes. Na realidade, os lucros foram 20% superiores aos projetados para os dois primeiros anos. O Sr. Romeu Amado estima que "estejamos provavelmente 10% superiores em lucratividade quando comparamos com operações em outros lugares do ramo há 10 anos ou mais".

"Se não estivéssemos", acrescenta, "a fábrica do Paraná poderia estar com problemas. Afinal de contas, deve haver uma razão para fazer as coisas de modo diferente. A Enxuta quer ver se este sistema, que as pessoas aqui têm chamado de 'equipes de trabalho autogerenciadas', afeta realmente a produtividade. Não estamos nesse negócio por brincadeira; há muitas organizações competindo em nosso mercado."

Questões para o caso:

- Qual deve ser o preparo para gerentes trabalharem em uma organização de trabalho em que as pessoas têm autonomia?
- Qual é o papel de um líder em uma realidade como a descrita na Enxuta?
- Qual é o papel das equipes no suporte ao líder na gestão do negócio?

BIBLIOGRAFIA DO CAPÍTULO 9

BASS, B. M.; AVOLIO, B. J. Transformational leadership: a response to critiques. In: CHEMERS, M. M.; AYMAN, R. *Leadership theory and research:* perspectives and directions. San Diego: Academic Press, 1993. p. 49-80.

BERGAMINI, C. W. *O líder eficaz.* São Paulo: Atlas, 2002.

CARONE, E. B. *O pensamento industrial no Brasil (1880-1945).* Rio de Janeiro: Difel, 1977.

_____ . *Evolução industrial em São Paulo.* São Paulo: Senac, 2001.

CASHMAN, K. *Liderança autêntica:* de dentro de si para fora. São Paulo: M. Books, 2011.

CHARAN, R. et al. *Pipeline de liderança.* Rio de Janeiro: Campus, 2010.

_____ ; BOSSIDY, L. *Execução:* a disciplina para atingir resultados. Rio de Janeiro: Campus, 2004.

COVEY, S. R. *Liderança baseada em princípios.* Rio de Janeiro: Campus, 2002.

DA MATTA, R. *Carnavais, malandros e heróis.* Rio de Janeiro: Zahar, 1978.

DEAN, W. *A industrialização de São Paulo.* Rio de Janeiro: Difel, 1971.

FURTADO, C. *Formação econômica do Brasil.* São Paulo: Companhia Editora Nacional, 1977.

KUHNERT, K. W. Transforming leadership: developing people through delegation. In: BASS, B. M.; AVOLIO, B. J. *Improving organizational effectiveness through transformational leadership.* Thousand Oaks: Sage, 1994. p. 10-25.

MAXIMIANO, A. C. A. *Teoria geral da administração:* da escola científica a competitividade em uma economia globalizada. São Paulo: Atlas, 2000.

NORTHOUSE, P. G. *Leadership*: theory and practice. Thousand Oaks: Sage, 2004.

TAVARES, M. C. *Da substituição de importações ao capitalismo financeiro*. Rio de Janeiro: Zahar, 1976.

USEEM, M. *O momento de liderar*. São Paulo: Negócio, 1999.

_____ . *Liderando para o alto*. São Paulo: Negócio, 2002.

VELHO, G. *Individualismo e cultura*. Rio de Janeiro: Zahar, 1981.

WEBER, M. *A ética protestante e o espírito do capitalismo*. São Paulo: Pioneira, 1987.

Parte V

TENDÊNCIAS E PERSPECTIVAS PARA A GESTÃO DE PESSOAS

Nesta parte do livro serão trabalhadas as tendências para a gestão de pessoas no mundo e no Brasil. Uma parte dessa reflexão será a estruturação dos estudos que têm sido realizados nessa direção e outra parte será fruto das nossas pesquisas e eventos realizados nos últimos anos.

O objetivo desta parte do livro não é simplesmente especular em relação ao futuro da gestão de pessoas, mas fundamentalmente é lançar questões para reflexão. Essas questões devem servir de guias para futuros trabalhos sobre o assunto e para que tanto organizações quanto pessoas evitem os efeitos perversos do uso inadequado dos conceitos que sustentam a gestão de pessoas na organização contemporânea.

As questões ligadas à gestão de pessoas têm como característica fundamental a subjetividade, sendo sujeitas a diversas interpretações e formas de concretizá-las nas organizações. Por esse fato que é muito importante a discussão estruturada e incansável sobre como evoluem os conceitos para a gestão de pessoas e como são aplicados pelas organizações e pessoas.

Acredito que o futuro nos reserva, de um lado, a satisfação de construir novos rumos e caminhos para a gestão de pessoas e, de outro, um enorme trabalho para revisão de premissas, práticas e ferramentas que já não atendem mais às expectativas, necessidades e interesses das organizações e das pessoas. Essa revisão é particularmente difícil porque encontra a resistência de gestores e dirigentes educados em uma gestão mais autoritária e com baixo nível de diálogo com as pessoas. Por isso não será um processo fácil nem rápido, e é possível antever um longo e extenuante trabalho na renovação dos sistemas de gestão de pessoas nas empresas brasileiras.

10

O futuro da gestão de pessoas

INTRODUÇÃO

Necessitamos de novas formas de gerir pessoas, como pudemos verificar no decorrer do livro. As organizações de forma natural e espontânea estão alterando seu modo de gerir pessoas para atender às demandas e pressões provenientes do ambiente externo e interno. Essa reação natural e espontânea tem padrões comuns que caracterizam um novo modelo de gestão de pessoas, os quais foram apresentados ao longo do livro.

Podemos prever que as organizações estarão, cada vez mais, genuinamente preocupadas com o desenvolvimento das pessoas. Observamos que aquelas que apresentam experiências bem-sucedidas são paradigmáticas para o mercado e têm clara vantagem na disputa por pessoas que podem agregar um diferencial competitivo para seus negócios.

Podemos prever, também, que as organizações necessitarão de um número crescente de trabalhadores especializados. Essas pessoas necessitarão também de atualização contínua para manter sua competitividade no mercado de trabalho; serão, portanto, mais exigentes na sua relação com as organizações. Como decorrência os processos de movimentação, desenvolvimento e valorização das pessoas ganharão destaque para gerenciar a conciliação de expectativas entre elas e a organização e/ou negócio. Essa conciliação se tornará cada vez mais complexa e envolverá um conjunto cada vez maior de variáveis e de sutilezas.

É possível prever, portanto, transformações na ética das relações entre pessoas e organizações. As pessoas e organizações que não atenderem aos princípios éticos dessa relação terão crescentes dificuldades para movimentarem-se em um mercado cada vez mais exigente e complexo.

O FUTURO DAS RELAÇÕES DE TRABALHO NO BRASIL

As relações de trabalho, como vimos, tornar-se-ão mais complexas, tanto por conta da transformação das expectativas e necessidades das organizações e das pessoas quanto pela entrada de intermediários nessa relação. Vimos também que as organizações necessitarão preocupar-se com todas as pessoas com as quais mantiverem uma relação de trabalho, independentemente de qual seja a forma de contratação legal.

A maior complexidade das organizações, tanto em termos tecnológicos quanto das relações organizacionais, irá gerar um aumento de seu padrão de exigência em relação às pessoas. Essa maior exigência não será somente em termos de qualificação e/ou formação das pessoas, mas também de sua capacidade de resposta para as necessidades da organização e/ou negócio. Por conta disso, o investimento efetuado pela sociedade como um todo no desenvolvimento das pessoas será menos no conhecimento (saber) e na habilidade (saber fazer) e cada vez mais na competência (capacidade das pessoas de articular conhecimentos, habilidades e atitudes com o contexto em que se inserem).

Definir com precisão quais são as competências demandadas pela organização e pela sociedade será um fator essencial para garantir a sustentação de vantagens competitivas e para dar melhor foco aos investimentos em educação. Esse movimento será liderado pelas organizações e rapidamente outros segmentos da sociedade se incorporarão a ele.

O estabelecimento das competências requeridas das pessoas permitirá também uma maior agilidade na troca de carreiras profissionais por parte das pessoas. A reciclagem profissional será cada vez mais frequente em nossa sociedade e várias entidades estarão envolvidas nesse processo, tais como: sindicatos, associações profissionais, governo, escolas, organizações do terceiro setor etc.

OS EFEITOS PERVERSOS DA GESTÃO DE PESSOAS A SEREM EVITADOS

Como vimos, as organizações estão sendo pressionadas para rever a forma de gerir pessoas. Essa revisão é efetuada na maior parte dos casos como uma reação às pressões recebidas e com baixo nível de consciência dos fatos. Os casos bem-sucedidos são copiados sem preocupação com a compreensão do contexto em que ele estava inserido e nem com os aspectos geradores do sucesso. O baixo nível de consciência irá provocar o uso inadequado de conceitos e ferramentas. Esse uso inadequado criará uma série de efeitos indesejáveis, chamados de efeitos perversos.

Os efeitos perversos mais encontrados até aqui foram os seguintes:

- **Desarticulação conceitual:** existem muitas formas para interpretar e utilizar os novos conceitos, tais como: competência e complexidade. A articulação entre os conceitos e a prática é fundamental para sustentar a coerência da gestão de pessoas pela organização. A ausência dessa articulação tem gerado práticas de gestão de pessoas tradicionais revestidas de modernismos. Ou seja, as organizações têm um discurso moderno de gestão de pessoas e uma prática retrógrada. Neste caso, o discurso não consegue se sustentar no tempo e os conceitos são desacreditados.
- **Exploração do trabalhador:** os conceitos e práticas modernas de gestão são mais eficientes para gerar o comprometimento do trabalhador com a organização e/ou negócio. Esse maior comprometimento permite obter mais dedicação, produtividade e empenho do trabalhador sem que necessariamente seja oferecida uma contrapartida vantajosa, como, por exemplo: exigir padrões mais elevados de entrega sem que haja qualquer tipo de valorização e/ou desenvolvimento desse trabalhador, ampliar o nível de exposição e o risco profissional da pessoa

sem que ela tenha qualquer suporte político e/ou econômico para tanto etc.

- **Descolamento estratégico:** o modelo de gestão de pessoas adotado tem pouco compromisso com os objetivos estratégicos da organização e/ou negócio. Nesse caso, o modelo de gestão não irá sobreviver por muito tempo, trazendo uma série de problemas nas relações entre as pessoas e a organização. Esses problemas não têm canal para sua vazão através dos processos de gestão de pessoas, uma vez que o modelo não tem sustentação. Os problemas crescem em número e densidade, provocando fissuras na relação entre pessoas e organização. Essas fissuras podem gerar a perda de pessoas importantes para a organização, movimentos grevistas, falta de comprometimento das pessoas e/ou deterioração do clima organizacional.
- **Desarticulação com as pessoas:** o modelo de gestão, embora alinhado com os objetivos estratégicos da organização, está desarticulado em relação às expectativas e necessidades das pessoas. Nesse caso, as práticas de gestão de pessoas não têm credibilidade junto a elas e por isso também não conseguem se sustentar no tempo. Por não possuírem a legitimidade necessária, não conseguem dar vazão aos problemas gerados na relação entre as pessoas e a organização.

Esses efeitos indesejáveis são os mais comumente encontrados atualmente e podem ser evitados se as organizações e seus dirigentes mantiverem-se atentos às expectativas e necessidades da organização e das pessoas.

TENDÊNCIAS E DESAFIOS PARA A GESTÃO DE PESSOAS

Preparação de pessoas

A preparação de pessoas para o futuro do país e da organização é um grande desafio. Observamos vários movimentos no mercado de trabalho que, no seu conjunto, representam um importante ponto de atenção. Esses movimentos são:

- uma nova geração entrando no mercado a partir de 2009;
- maior longevidade, gerando uma maior diversidade etária no mercado de trabalho;
- ciclos mais curtos de carreira, com maior mobilidade entre carreiras;
- realidade organizacional em processo de crescente complexidade;
- escassez de mão de obra especializada e de lideranças.

Movimentos geracionais no mercado de trabalho

Uma das peculiaridades de nossa realidade, resultante de nossas características demográfica e histórica, é o aspecto geracional. Os estudiosos da questão geracional caracterizam uma nova geração quando há mudança significativa na forma de pensar e agir das pessoas. Nesse sentido, nos Estados Unidos e Europa, são consideradas as seguintes gerações: *babyboomers*, nascidos entre o final da década de 1940 e o final da década de 1960; geração X, nascidos do final da década de 1960 e ao longo da década de 1970; e geração Y, nascidos ao longo da década de 1980 e início da década de 1990. No Brasil, estudos realizados por Silva et al. (2011) e Veloso et al. (2011) confirmam a geração dos *baby boomers* como a das pessoas nascidas de 1946 a 1965, a geração X como as pessoas nascidas de 1966 a 1985, e uma nova geração, que pode ser chamada de Y ou Z, como as pessoas nascidas a partir de 1986.

A geração Y aparece nos Estados Unidos e na Europa no final da década de 1970 e ao longo da década de 1980, como consequência de grandes transformações, tais como: ambiente competitivo, com a entrada de novos *players*, consolidação da globalização, com sua ampliação para mercados e sistemas produtivos, alterações geopolíticas, caracterizadas com a queda do muro de Berlim, e transformações culturais, com o crescimento do **ser** em detrimento do **ter**. No Brasil, na década de 1980, vivíamos a continuidade do ambiente vivido na década de 1970, com um governo militar, restrições a importações, ambiente protegido e com baixa competitividade e uma inflação alta, que camuflava a incompetência na gestão das organizações. Em todas as nossas pesquisas (VELOSO; DUTRA; NAKATA, 2008), as pessoas nascidas na década de 1980 apresentavam as mesmas características das pessoas nascidas na década de 1970. Com uma pesquisa mais profunda realizada por Silva et al. (2011), confirmamos que as nossas marcas geracionais no Brasil são particulares.

Notamos uma alteração geracional, ou seja, alterações na forma de pensar e agir, nas pessoas nascidas a partir do ano de 1986. Essas pessoas cresceram em um ambiente bem diferente do vivido no início da década de 1980: ambiente econômico aberto e competitivo, tecnologia de informação acessível, transformações culturais intensas e estabilidade econômica e política. Essas pessoas começaram a entrar no mercado de trabalho no final da primeira década dos anos 2000 e passaram a estar maciçamente no mercado na segunda década dos anos 2000.

Essa geração caracteriza-se pelos seguintes aspectos positivos: a generosidade e a intransigência com a incoerência e com a inconsistência. Essa geração encontrou, inicialmente, as organizações despreparadas para recebê-las, mas nos anos subsequentes foram aprendendo a abrir um diálogo com os jovens e, principalmente, entre as diferentes gerações. Todos os nossos estudos mostram que as gerações são complementares. Em um ambiente de crescimento econômico e baixa oferta de pessoas qualificadas, as organizações terão vantagens competitivas importantes à medida que aprenderem a lidar com essa nova geração.

Longevidade e ciclos mais curtos de carreira

Há um alinhamento entre os estudiosos de cenários em relação a um aumento da longevidade nos próximos anos, basicamente pelos avanços da medicina. No Brasil viveremos nos próximos anos algo inédito em nossa história, que é a convivência no mercado de trabalho de diferentes gerações. Essa situação gera desafios em relação à convivência, equipes mais velhas do que sua liderança, benefícios, complementação de aposentadoria etc.

Fazendo um contraponto com a maior longevidade, observamos ciclos mais curtos de carreira. O ciclo de carreira significa o crescimento da pessoa em atribuições e responsabilidades de mesma natureza até um momento em que ela não vê mais perspectivas; usando uma metáfora, a pessoa bate com a cabeça no teto. O ciclo é medido pelo crescimento do nível de complexidade das atribuições e responsabilidades até um momento em que não há mais perspectiva de crescimento, quer na organização, quer no mercado de trabalho. Essa situação causa na pessoa uma natural angústia. Ela fica dividida, de um lado gosta e realiza-se com o que faz, e de outro, não tem mais futuro naquele tipo de trabalho.

Observamos, ao longo dos anos 1990, que o ciclo de carreira era de 20 a 25 anos em pessoas da geração dos *babyboomers*. Essas pessoas, ao fecharem o ciclo, estavam próximas da aposentadoria e sentiam o fechamento do ciclo como algo natural. Na primeira década dos anos 2000, observamos que a geração X, que entra no mercado de trabalho nos anos 1990, tem seu ciclo entre 15 e 18 anos. No final da primeira década de 2000, muitos estavam fechando seu ciclo por volta dos 40 anos de idade.

Esse fato trouxe para as organizações um novo desafio: pessoas jovens para a aposentadoria e já no final de suas carreiras. A alternativa de criar na organização mais espaço para essas pessoas é muito limitada. A saída tem sido ajudá-las a transitarem para outras carreiras. Temos observado que as organizações fazem esse movimento de forma reativa, mas o número de situações deve crescer. Acreditamos que a geração que entrou no mercado a partir do final da primeira década dos anos 2000 terá um ciclo de 12 a 15 anos, agravando mais esse quadro.

O quadro de escassez de mão de obra especializada e liderança impõe uma maior preocupação com atração e retenção e com o desenvolvimento das pessoas para assumirem posições de maior complexidade. Ao mesmo tempo, as pessoas estarão ascendendo mais rapidamente em suas carreiras e fechando seus ciclos mais rapidamente. O desafio é criar possibilidades para que elas possam ter bom ritmo de desenvolvimento e uma política de aproveitamento interno delas.

ORGANIZAÇÃO DO TRABALHO

A tecnologia tem criado impactos na organização do trabalho. Assistimos a dois impactos importantes. Um deles é o crescimento do trabalho a distância. Na pesquisa de 2009 das melhores empresas para se trabalhar, observamos que 69% das organizações relatavam oferecer trabalho a distância. Outro é o crescimento dos serviços compartilhados. Os serviços compartilhados caracterizam-se pela concentração de atividades de mesma natureza, gerando economia de escala; inicialmente, foram concentrados trabalhos repetitivos na empresa, tais como: folha de pagamentos, contabilidade e contas a pagar e a receber, para, posteriormente, envolverem também atividades ligadas a questões fiscais e tributárias, caixa único, serviços de contratação e treinamento e a cadeia de suprimentos (*supply chain*). Os serviços compartilhados podem gerar uma economia de 20% a 30% das despesas operacionais. Por essa razão, têm grande disseminação no setor privado e, neste momento, estendendo-se para o setor público.

O trabalho a distância e os serviços compartilhados têm o potencial para gerar grandes transformações na forma de organização do trabalho e para ampliar a complexidade na gestão de pessoas. Entretanto, outro aspecto vem se mostrando relevante, o questionamento da organização funcional do trabalho e das estruturas organizacionais. As estruturas matriciais, por processo e por projetos mostram-se muito mais efetivas do que as funcionais na busca de economia de escala em nível global e uso mais racional da capacidade humana instalada. Esse fato tem gerado novos tipos de pressão para a gestão de pessoas, tais como:

- As estruturas matriciais criam um posicionamento diferente para as pessoas, que passam a pertencer a diversas estruturas de trabalho e de comando ao mesmo tempo; com isso, desenvolvem diversos papéis e ocupam diversos espaços políticos.
- As estruturas por processo abandonam a lógica funcional e todas as pessoas estão focadas nos resultados e intentos estratégicos do processo. Independentemente de sua formação, a expectativa é que as pessoas tenham condições de assumir trabalhos diversos, transitando entre atividades-fim e atividades-meio.
- As estruturas por projeto organizam as pessoas em torno de projetos e a expectativa é, também, que a pessoa esteja focada no projeto, podendo assumir diferentes papéis.

Essas mudanças implicam uma forma diferente de olhar as pessoas na organização. As pessoas, atualmente, são referenciadas através de seus cargos ou de sua posição no organograma, mas fica a questão: na medida em que cargos e organogramas perdem seu valor como referência, o que será utilizado para ajudar as pessoas na estruturação da relação com seu trabalho, com sua carreira e com a empresa? Os conceitos de competência e complexidade serão cada vez mais o ponto de apoio para essa nova realidade.

PADRÕES CULTURAIS

Nos próximos anos, teremos um crescimento gradativo da carreira subjetiva em detrimento da carreira objetiva (HALL, 2002). Ou seja, cada vez mais, as pessoas tomarão decisões sobre suas vidas profissionais a partir de valores, família e compromissos sociais e, cada vez menos, a partir de salários e *status* profissional. Temos duas evidências importantes. A primeira vem da experiência vivida por jovens nos Estados Unidos na primeira década dos anos 2000, em que o casal decide buscar empregos menos glamorosos e com menores salários para poder cuidar dos filhos. Nos anos 1990, a mulher tinha sua carreira truncada por conta dos filhos, e os homens, uma carreira linear; agora, cada vez mais, o casal busca se organizar para cuidar dos filhos de forma a preservar a carreira de ambos. Esse movimento, que foi chamado de "*opt out*" (MAINIERO; SULLIVAN, 2006), tomou uma grande proporção na sociedade norte-americana, a ponto de estimular as organizações a apresentarem formas mais flexíveis de organização do trabalho.

O movimento "*opt out*" ainda não está completamente instalado no Brasil, mas acreditamos que a geração que está entrando no mercado de trabalho tem esses valores na sua relação com o cônjuge e com os filhos. Esta é a segunda evidência: é provável que essa geração, associada aos movimentos sociais, cristalizados nos Estados Unidos e Europa, influencie uma grande transformação cultural em que, cada vez mais, as pessoas subordinem seu projeto profissional ao projeto pessoal e familiar.

Outro aspecto das transformações culturais vem com o surgimento da carreira da família. Para exemplificar, há um grande escritório de advocacia, em que trabalham em conjunto o fundador, o seu filho e o seu neto. Os pais do fundador estão vivos e o neto do fundador tem filhos; temos, portanto, cinco gerações vivendo em conjunto e três trabalhando juntas. O que parece algo pitoresco tende a se tornar cada vez mais comum em nossa sociedade, em que os pais e os avós estarão cada vez mais envolvidos na carreira de seus filhos e netos.

Ao longo dos últimos 15 anos, pudemos notar a incorporação, na vida dos jovens casais brasileiros, do compartilhamento da carreira entre os cônjuges, caracterizada pela ajuda mútua para o crescimento na carreira e construção do projeto de família. Reflexões sobre esse assunto podem ser encontradas no trabalho de Santos (2011).

IMPACTO SOBRE A FORMA DE PENSAR A GESTÃO DE PESSOAS

Frente aos desafios que se apresentam para a gestão de pessoas, teremos grande pressão sobre a forma de pensar os parâmetros para estabelecer a movimentação, o desenvolvimento e a valorização das pessoas pela empresa. Podemos visualizar de imediato algumas pressões, descritas a seguir.

Transparência nos critérios

Atualmente, na maior parte das organizações do setor privado, os sistemas de carreira são inexistentes ou herméticos, ou seja, a maior parte das pessoas não sabe exatamente o que necessita fazer para ascender na carreira ou fazer jus a um diferencial no seu padrão de recompensa. Um sistema de gestão de pessoas transparente pressupõe coerência de critérios e equidade em sua aplicação. Há uma clara tendência de associação entre os sistemas de recompensa e os critérios de ascensão na carreira. À medida que ficam claros os critérios de ascensão profissional, o mesmo ocorre com os critérios de recompensa.

A pressão por maior transparência advém de um ambiente extremamente competitivo pela mão de obra. Atrair e reter pessoas interessantes para a organização ou para o negócio pressupõe oferecer perspectivas claras de ascensão profissional e, por consequência, crescimento salarial.

Recompensa em diferentes padrões de relação de trabalho

Os novos padrões de relações de trabalho são aqueles advindos do trabalho a distância, da atuação em estruturas matriciais e em estruturas por processos ou por projetos. Em todos esses casos, a lógica da organização funcional desaparece. As questões que se colocam se configuram em desafios importantes: como referenciar a pessoa em termos de sua evolução profissional e de seu processo de valorização, quando não existe mais o referencial funcional ou de cargo, quando o organograma é algo extremamente volátil?

Nesses casos, preponderará a lógica da contribuição da pessoa para o negócio ou para a organização. A forma de medir essa contribuição é analisar o nível de complexidade com que a pessoa trabalha, ou seja, o nível de complexidade de suas atribuições e responsabilidades, independentemente da nomenclatura de seu cargo ou posicionamento no organograma da empresa.

Fidelização da pessoa com a empresa

Em um ambiente extremamente competitivo, as pessoas terão diferentes ofertas de trabalho com diferentes formas de organização e relações de trabalho. As organizações conseguirão uma relação de compromisso das pessoas a partir de um conjunto de pequenas ações que, em seu conjunto, farão a diferença. A construção do comprometimento das pessoas com a organização estará, cada vez mais, nos detalhes. As pessoas estarão atentas a aspectos subjetivos da carreira e da valorização. O simbólico e o subjetivo na valorização ganharão importância e estarão de mãos dadas com os aspectos mais objetivos dela.

Diferentes vínculos empregatícios

As organizações trabalham com ações para racionalizar a sua massa salarial. Uma forma de fazê-lo é a terceirização de atividades que não sejam ligadas à sua atividade-fim. Terceirização implica cuidar da equidade de tratamento do terceiro, principalmente no que tange à criação de situações de trabalho que propiciem o desenvolvimento e crescimento na carreira. Há necessidade de equalização dos aspectos remuneratórios e de valorização dos terceiros em relação aos praticados para o pessoal da casa. As pessoas estarão trabalhando lado a lado, executando atividades e responsabilidades de mesma complexidade e natureza e com recompensas, eventualmente, diferentes.

Garantir a equidade nas possibilidades de desenvolvimento e valorização entre o pessoal da organização e o pessoal da empresa que presta serviços é um grande desafio. Novamente, a análise da complexidade das atribuições e responsabilidades do pessoal próprio e de terceiros será fundamental para garantir a equidade.

CONCLUSÕES

O propósito das reflexões apresentadas neste livro não se encerra em apontar desafios. É importante pensar que o mais importante, no contexto atual da gestão de pessoas, é que esses desafios se convertam em oportunidades, tanto para pessoas quanto para organizações (VELOSO, 2012).

A preparação para o futuro exige dois investimentos simultâneos. Um na modernização do sistema de gestão de pessoas e outro no estímulo e suporte ao desenvolvimento das pessoas a partir delas próprias.

A modernização do sistema de gestão de pessoas deve criar condições para que elas possam visualizar seu desenvolvimento, para que a empresa possa avaliar o poder de contribuição de todas as pessoas com as quais mantenha uma relação de trabalho e para que a organização e as pessoas possam conciliar suas expectativas de forma dinâmica.

As pessoas, de outro lado, não foram educadas a planejar as suas carreiras e o seu desenvolvimento. Caso não sejam estimuladas e apoiadas, não irão priorizar a reflexão sobre o seu desenvolvimento.

Como a questão do desenvolvimento é a pedra de toque para a competitividade da pessoa e da organização, a estimulação mútua nesse sentido será o alicerce para uma relação que pode suportar as adversidades do futuro.

QUESTÕES E EXERCÍCIOS DO CAPÍTULO 10

Questões para fixação

- Quais são os aspectos principais do futuro das relações de trabalho no Brasil?
- Quais são os possíveis efeitos perversos na gestão de pessoas a serem evitados?
- Por que é importante uma atenção especial ao preparo das pessoas?
- Qual é o principal aspecto nas futuras mudanças dos padrões culturais no Brasil que podem afetar a gestão de pessoas?
- Quais são os principais impactos na forma de pensar a gestão de pessoas frente às tendências na preparação delas, na organização do trabalho e nos padrões culturais?

Questões para desenvolvimento

- Quais podem ser os impactos para as organizações e para o mercado do uso de trabalhadores cada vez mais bem preparados em termos educacionais?
- Qual a importância para as organizações e para a sociedade como um todo da ênfase na competência em vez de ênfase no conhecimento e habilidade para a formação das pessoas?
- Como podem ser evitados os efeitos perversos na gestão de pessoas?
- Que recomendações podem ser oferecidas para as organizações e para as pessoas em seu preparo para um futuro cada vez mais turbulento e ambíguo?
- Como podem ser preparadas as organizações para fazer frente às tendências e desafios para a gestão de pessoas?

EXERCÍCIOS E ESTUDOS DE CASO

Caso 1

Braskem – Uma história de integração operacional

A cadeia petroquímica e do plástico no Brasil equivale a 8% do PIB industrial. É importante destacar que ao nos referirmos à cadeia produtiva petroquímica, tratamos de quatro fases produtivas: a extração e o refino pela Petrobras; as empresas de primeira geração ou as centrais petroquímicas de geração de insumos básicos (ex-Copene, Copesul e PQU); as indústrias de segunda geração, que transformam e obtêm os subprodutos petroquímicos diversos; e, finalmente, as indústrias de transformação.

A Braskem (controlada pelo grupo Odebrecht) é a maior empresa petroquímica da América Latina e está entre as três maiores indústrias brasileiras de capital privado. Foi criada em 2002 e gera cerca de 3.000 empregos diretos e 5.000 indiretos. Atua na primeira e segunda geração.

A Braskem é resultado da fusão de três grupos de organizações:

Grupo A – composto pela OPP e Trikem, duas empresas com plantas industriais em várias localidades do País. Lideravam a produção de termoplásticos e cloro-soda na América do Sul. As empresas pertenciam ao Grupo Odebrecht, e já possuíam uma gestão moderna e iniciaram suas atividades nos primeiros anos da década de 1980;

Grupo B – composto pela Copene, central de matérias-primas (primeira geração), e Polialdem, produtora de polietileno de alta densidade. A Copene, além de ser a central de matérias-primas, produz bens utilizáveis por outras empresas petroquímicas – fornecimento de vapor, águas, ar comprimido, gases industriais, energia elétrica – e presta serviços diversos às mesmas empresas. A história da Copene se confunde com a história do setor petroquímico. Foi instalada na década de 1970 através da associação de grupos nacionais, estrangeiros e do Estado na formação de empresas do setor petroquímico, trazendo para a Braskem uma cultura de empresa estatal;

Grupo C – composto pela Proppet, empresa produtora de resinas termoplásticas PET (empregadas na fabricação de embalagens plásticas) e DMT (utilizada na fabricação de tecidos, filmes, painéis de automóveis), e pela Nitrocarbono, produtora de caprolactama, cicloexano, sulfato de amônio e cicloexanona. Pertenciam a um grupo pioneiro da petroquímica brasileira, que investiu no setor quando começou a ser implantado, no início dos anos 1970.

O processo de fusão não foi fácil, apesar das semelhanças e alinhamento de interesses entre os três grupos de empresa. Para comandar a nova organização foi contratado um presidente profissional do mercado, para que não houvesse a influência de nenhum grupo, em comum acordo de todos os acionistas.

Como diagnóstico mais amplo, verificamos que os três agrupamentos apresentavam características bastante singulares com aspectos favoráveis à junção, tais como: processo produtivo e inserção no mercado. De outro lado, havia aspectos muito específicos, tais como: prioridade dada para o pessoal, processo decisório, planejamento e organização de atividades. O grande desafio para a fusão estava na questão dos princípios, por exemplo: as empresas do Grupo C tinham uma descrença na valorização das pessoas, como forma de obter maior efetividade e condições para o desenvolvimento. As empresas desse grupo vinham de sucessivas mudanças na orientação do negócio e rotatividade de sua direção. Ao mesmo tempo, as empresas do Grupo B, pela sua história ligada a uma cultura estatal, atribuíam grande valor às equipes de operações, fazendo com que direcionamentos provenientes de "cima para baixo" fossem sempre questionados. As empresas do grupo A tinham como cultura a valorização das pessoas e principalmente das lideranças, as quais foram sempre estimuladas a assumir a iniciativa em suas áreas de atuação.

O grande desafio era formar uma cultura única, reunindo o que havia de melhor em cada um dos três grupos de empresas.

A formulação conjunta de processos críticos foi a alternativa escolhida para a construção da cultura da Braskem. Os processos críticos escolhidos foram: gestão de pessoas, planejamento e execução e liderança e acompanhamento. A forma encontrada foi através de uma série de encontros, na forma de *workshop*, em que todos apresentaram suas experiências e decidiram sobre as melhores práticas. O resultado foi o estabelecimento de diretrizes, políticas e processos construídos coletivamente.

Diretrizes

A direção da nova organização decidiu priorizar o uso da TEO (tecnologia empresarial Odebrecht). A TEO estabelece, a partir de um planejamento integrado, um plano de ação para cada pessoa, ou seja, um conjunto de objetivos individuais, ligado ao sistema de remuneração variável. Os objetivos gerais e individuais são pensados para o horizonte de um ano e revisados semestralmente.

Políticas

O conjunto de políticas relativas aos processos críticos foi determinado por uma cúpula diretiva com a participação dos gestores e lideranças da nova organização, permitindo um equilíbrio entre agilidade no posicionamento estratégico e comprometimento organizacional.

Processos

No que se refere à gestão de pessoas, foram adotados os dois modelos mais bem estruturados, ou seja, da Copene (empresa do Grupo B) e OPP (empresa do Grupo A). Esses modelos já possuíam um alinhamento entre si e estavam focados na valorização das pessoas em função de sua contribuição para a empresa. Com isso houve um alinhamento em relação ao sistema de avaliação de pessoas e de remuneração.

O sistema de planejamento e execução foi inspirado na TEO. Anualmente a diretoria define os objetivos gerais e estes servem de base para o estabelecimento de objetivos individuais, num processo de mão dupla, ou seja, o processo é iniciado de cima para baixo e concluído a partir das contribuições que vêm de baixo para cima. Após seis meses, esses objetivos são revisados e são acrescidos objetivos para mais seis meses, de modo a se ter sempre um horizonte de 12 meses.

A liderança e o acompanhamento foram o resultado das diferentes práticas das empresas dos três agrupamentos. Prevalecendo, entretanto, a cultura das empresas do grupo A, em que cada pessoa tem um líder responsável pelo seu desenvolvimento e acompanhamento do plano de ação. Esse processo de liderança, na experiência dessas empresas, havia sido fundamental para sua agilidade decisória e contínuo processo de desenvolvimento.

Como conclusão, o processo de fusão ocorreu sem maiores incidentes e no período de um ano as pessoas haviam incorporado uma nova linguagem. Elas raramente se referiam às suas empresas anteriores, pois já haviam adquirido a identidade Braskem.

Questões para o caso:

- Qual é a importância da construção coletiva de padrões de avaliação e valorização de pessoas na construção de uma nova cultura em processos de fusão ou aquisição? Como esse processo pode ser construído?
- Frente às tendências e aos desafios para a gestão de pessoas, qual é o papel de processos de construção coletiva de padrões? Por quê?

Caso 2

A R. J. Smith é uma importante empresa internacional que atua em pesquisa de mercado. Seus serviços estão agrupados em duas categorias:

- Pesquisa sobre os veículos de comunicação – em que pesquisa itens, tais como: público, eficiência e abrangência geográfica.
- Pesquisa do varejo – em que pesquisa itens, tais como: distribuição, produtos consumidos por diferentes classes sociais, potencial de consumo de diferentes áreas geoeconômicas etc.

A R. J. Smith vem percebendo que seus clientes estão satisfeitos com os serviços prestados no que se refere às informações informadas pela empresa, mas esperam que a empresa possa oferecer serviços com maior agregação de valor. A principal expectativa dos clientes é a oferta de informações que possam indicar oportunidades e administração estratégica dos negócios. Nesse contexto, a empresa deveria ser também uma provedora de soluções, ou seja, de informações inteligentes. Informações que permitissem aos clientes observar o mercado por novos ângulos ou perspectivas.

A transformação da empresa numa provedora de soluções pressupõe uma mudança radical da postura de trabalho em todos os níveis. Não só do tipo de relação a ser estabelecida com os clientes, mas principalmente a estruturação dos trabalhos de campo. Essa interação implica um conhecimento profundo do negócio dos clientes.

A empresa espera reorientar seus produtos e a sua relação com o mercado durante 2004. Para tanto, está contratando você para assessorá-la.

Questões para o caso:

- Quais são as recomendações que você fará para a empresa?
- Como você estruturará o processo de trabalho para conduzir a transformação da R. J. Smith?
- Quais são as pessoas a serem envolvidas nesse processo?
- Que indicadores de sucesso você recomenda para acompanhar o sucesso desse processo?

BIBLIOGRAFIA DO CAPÍTULO 10

HALL, D. T. *Careers in and out of organizations*. London: Sage Publications, 2002.

MAINIERO, L. A.; SULLIVAN, S. E. The opt-out revolt: why people are leaving companies to create kaleidoscope careers. London: Nicholas Brealey Publishing, 2006.

SANTOS, H. B. *O processo de dual career family:* um estudo sobre os impactos e implicações na vida do casal. 2011. Tese (Doutorado) – Faculdade de Economia, Administração e Contabilidade, Universidade de São Paulo, 2011.

SILVA, R. C.; DIAS, C. A. F.; SILVA, M. T. G.; KRAKAUER, P. V. C.; MARINHO, B. L. Carreiras: novas ou tradicionais? Um estudo com profissionais brasileiros, 2011. Disponível em: <http://www.progep.org.br/MelhoresEmpresas/InfoDocs/GPR400%20-%20Carreiras%20novas%20ou%20tradicionais.pdf>. Acesso em: 18 jul. 2012.

VELOSO, E. F. R.; DUTRA, J. S.; NAKATA, L. E. Percepção sobre carreiras inteligentes: diferenças entre as gerações Y, X e *baby boomers*, 2008. Disponível em: <http://www.progep.org.br/MelhoresEmpresas/InfoDocs/VELOSO%20E_2008_Percep%C3%A7%C3%A3o%20sobre%20carreiras%20inteligentes_diferen%C3%A7as%20entre%20as%20gera%C3%A7%C3%B5es%20Y,%20X%20e%20baby%20boomers.pdf>. Acesso em: 18 jul. 2012.

VELOSO, E. F. R.; DUTRA, J. S.; FISCHER, A. L.; PIMENTEL, J. E. A.; SILVA, R. C.; AMORIM, W. A. C. Gestão de carreiras e crescimento profissional. *Revista Brasileira de Orientação Profissional*, v. 12, nº 1, p. 61-72, 2011.

VELOSO, E. F. R. *Carreiras sem fronteiras e transição profissional no Brasil:* desafios e oportunidades para pessoas e organizações. São Paulo: Atlas, 2012.

Impressão e acabamento:

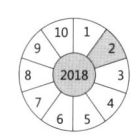

Geográfica editora